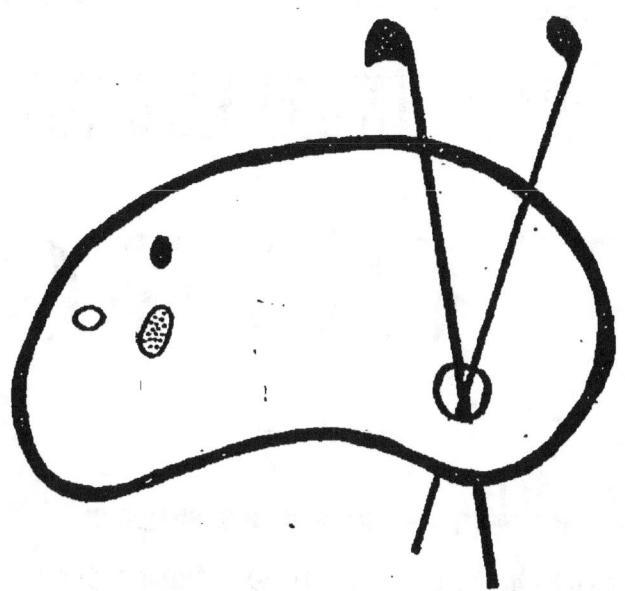

**DEBUT D'UNE SERIE DE DOCUMENTS
EN COULEUR**

A. J. WAUTERS

L'ÉTAT INDÉPENDANT
DU CONGO

HISTORIQUE — GÉOGRAPHIE PHYSIQUE
ETHNOGRAPHIE — SITUATION ÉCONOMIQUE
ORGANISATION POLITIQUE

BRUXELLES
LIBRAIRIE FALK FILS
15-17, RUE DU PARCHEMIN

1899

LIBRAIRIE FALK FILS
Rue du Parchemin, 15-17, Bruxelles

PUBLICATIONS GÉOGRAPHIQUES
DE
M. A.-J. WAUTERS

Le Mouvement géographique. Organe des intérêts belges au Congo, illustré de cartes, portraits et vues. 1884-1899. Seizième année. Paraissant tous les dimanches. Rédaction : rue Brédérode, 13, Bruxelles. Prix de l'abonnement : 12 francs pour la Belgique; 15 francs pour les pays de l'Union latine.

Le Congo illustré. Voyages et travaux des Belges dans l'État indépendant du Congo. Quatre volumes in-4° richement illustrés d'après des photographies prises au Congo. 1892-1895. Prix du volume : 8 francs.

Bibliographie du Congo. 1880-1895. Catalogue méthodique de 3,800 ouvrages, brochures, études et cartes relatifs à l'histoire, à la géographie et à la colonisation du Congo, avec la collaboration de M. Buyl. Un volume grand in-8° de 356 pages. Prix : 7 fr. 50 c. Bruxelles, 1895.

Stanley au secours d'Émin-Pacha. Un volume in-18 de 424 pages, avec illustrations et une carte. Paris, Quantin, 1890. Prix : 3 fr. 50 c.

Carte du bas Congo et du chemin de fer, à l'échelle de 1 : 1.000,000e. Prix : 1 franc.

Carte du chemin de fer du Congo, de Matadi au Stanley-Pool, à l'échelle de 1 : 160,000e; 4e édition se développant en une bande de 5m10 de longueur enfermée dans une couverture. Prix : 4 francs.

Carte de l'État indépendant du Congo, à l'échelle de 1 : 2,000,000e, en deux feuilles tirées en couleur (sous presse).

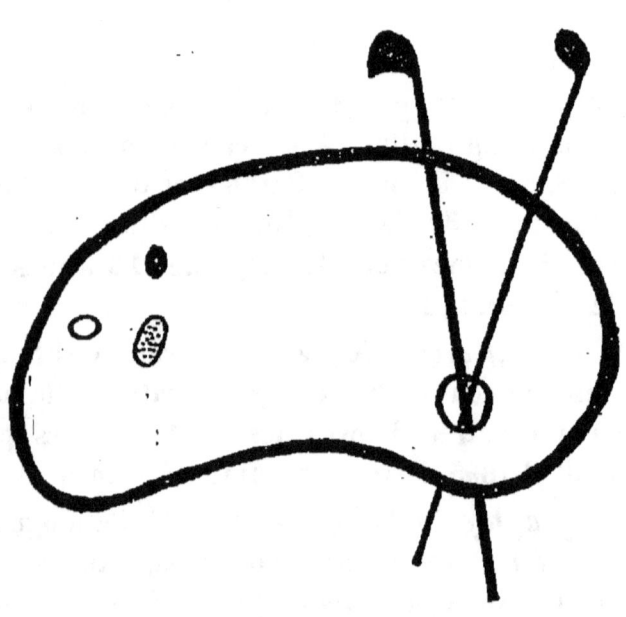

FIN D'UNE SERIE DE DOCUMENTS
EN COULEUR

L'ÉTAT INDÉPENDANT
DU
CONGO

A.-J. WAUTERS

L'ÉTAT INDÉPENDANT
DU CONGO

HISTORIQUE — GÉOGRAPHIE PHYSIQUE
ETHNOGRAPHIE — SITUATION ÉCONOMIQUE
ORGANISATION POLITIQUE

BRUXELLES
LIBRAIRIE FALK FILS
15-17, RUE DU PARCHEMIN

1899

BRUXELLES

P. WEISSENBRUCH, IMPRIMEUR DU ROI

45, RUE DU POINÇON

A

M. le Lt-Colonel THYS

Je dédie ce livre

en témoignage de sincère amitié

et en souvenir

de nos travaux communs.

A.-J. WAUTERS

Bruxelles, le 5 novembre 1898.

PRÉFACE

Les premières cartes qui, au xvi° siècle, montrèrent la forme approximative de l'Afrique méridionale, telle qu'elle venait d'être reconnue par Barthelemy Diaz, Vasco de Gama et les autres navigateurs portugais, présentaient sous l'équateur, au centre du continent, un vaste blanc portant l'inscription : « *Terra incognita* ».

Pendant plus de trois cents ans, cette terre inconnue, dont la légende faisait un désert sans fin, domaine d'animaux fantastiques, n'excita guère la curiosité de l'Europe. Il fallut l'ardeur scientifique qui s'est emparée de notre époque pour qu'on cherchât à faire tomber les voiles qui cachaient ses mystères et tirer de leur léthargie séculaire les peuples qui l'habitaient. Elle résista aux efforts des premiers investigateurs qui s'y aventurèrent, jusqu'au jour où Stanley la traversa, en suivant le cours du Congo. Quelques années après, la plus grande partie du vaste bassin de ce fleuve devint, par la volonté de son conquérant, le Roi des Belges, et grâce à l'accord sympathique des puissances, l' « État Indépendant du Congo ».

Dès lors, les progrès furent rapides, et chaque année, chaque mois même, apporta quelque contribution nouvelle à la science géographique. Aussi M. le baron von Richthofen a-t-il pu dire que « l'exploration du bassin du Congo est l'œuvre la plus considérable de ces derniers temps sur le continent africain ». Aujourd'hui, si le Congo nous réserve encore, sans nul doute, maintes surprises, il n'en est pas moins une des régions les mieux connues de l'Afrique centrale et l'on peut, sans témérité, entreprendre de le décrire.

Nous allons donc exposer l'histoire de la *Terra incognita* des cartographes du XVIe siècle et de son occupation par les Belges, au cours des quinze dernières années; faire la description du pays et des tribus barbares qui le peuplent; enfin, étudier sa situation économique et son organisation politique.

Il y a quelques années déjà qu'on nous prie de condenser, en un livre synthétique, le résultat de nos investigations et de nos études sur l'œuvre

congolaise. La tâche était complexe et ardue.
Mais la décision prise par le gouvernement belge
de mettre au programme de l'enseignement moyen
la géographie du Congo a vaincu nos hésitations
et nous avons résolu de mettre à la disposition
des professeurs et de la jeunesse des écoles un
précis qui fournît une substance facilement assimilable.

Estimant que les faits sont, par eux-mêmes,
suffisamment éloquents et que le lecteur en dégagera facilement une opinion, nous nous sommes
avant tout efforcé d'être exact et clair ; nous
avons rejeté les controverses oiseuses et fait, autant
que possible, abstraction de nos appréciations
personnelles, afin de pouvoir offrir au public une
œuvre « objective », pour nous servir d'une
expression qu'affectionnent les Allemands.

Les éléments d'information de toute espèce ne
nous ont pas fait défaut. Aucune entreprise coloniale récente ne possède, pensons-nous, une littérature aussi variée et aussi complète : dans notre
Bibliographie du Congo, nous avons pu relever et
classer près de 4,000 titres de travaux originaux.
Nous y renvoyons ceux de nos lecteurs qui se proposeraient d'étudier d'une manière approfondie l'un

ou l'autre des sujets que nous abordons dans ce livre; toutefois, nous avons eu le souci constant d'indiquer les sources où nous puisions, et chacun de nos chapitres est suivi de notes bibliographiques.

Afin de nous éclairer définitivement sur certains points, nous nous sommes vu forcé de procéder à des enquêtes supplémentaires; nous remercions ici les personnalités qui ont obligeamment répondu à nos questionnaires et qui nous ont communiqué des documents inédits.

D'autre part, quelques chapitres exigeaient, pour être traités avec autorité, des connaissances scientifiques spéciales; nous avons eu la bonne fortune d'obtenir le concours de M. Lancaster, directeur du service météorologique à l'Observatoire de Bruxelles et rédacteur de l'excellente revue *Ciel et Terre*; de M. Jules Cornet, professeur à l'École des mines de Mons, le géologue qu'ont mis en relief de brillantes explorations au Katanga et dans la région des chutes; de M. le Dr Jullien, ancien médecin de la Compagnie du chemin de fer du Congo. Ce livre leur doit ses meilleures pages et nous leur en exprimons notre vive reconnaissance.

Enfin, nous avons également des obligations dont

nous tenons à nous acquitter envers M. Georges Touchard, docteur en droit, qui nous a servi de secrétaire pour cette publication; qu'il reçoive nos remerciements pour sa collaboration dévouée.

Bruxelles, le 5 novembre 1898.

BIBLIOGRAPHIE GÉNÉRALE

A. — **Publications officielles.**

Protocoles et Documents de la Conférence de Berlin. 2 vol. in-f°. 1885.

Bulletin officiel de l'État Indépendant du Congo, 14 volumes in-8°, Bruxelles, 1885-1898.

Recueil administratif de l'État Indépendant du Congo. 3 vol. in-8°.

L'État Indépendant du Congo à l'exposition de Tervueren (1897). 1 vol. in-8° publié sous la direction de M. Liebrechts, par les soins de M. Masui.

Exposé des motifs du projet de loi approuvant l'annexion du Congo à la Belgique (*Documents parlementaires*, 1895, n° 91).

Documents concernant le Congo imprimés par ordre de la Chambre des représentants de Belgique. (Sessions de 1891-92, 1892-93, 1893-94 et 1894-95.)

B. — **Publications périodiques.**

Le Mouvement géographique, dirigé par A.-J. Wauters. 15 vol. in-f°, 1884-1898.

Bulletin de la Société d'études coloniales, 1894-1898. 5 vol.

La Belgique coloniale, dirigée par M. R. Vauthier, 1895-1898.

Petermann's Mittheilungen, dirigées par M. le Dr Supan. Gotha, Institut géographique de Justus Perthes.

Mittheilungen der Afrikanischen Geseelschaft in Deutschland. Berlin, 1879-1889.

Proceedings of the Royal Geographical Society et *Geographical Journal*, dirigé par M. Ravenstein. Londres.

C. — **Ouvrages généraux**.

Em. Banning. *Le Partage politique de l'Afrique d'après les transactions internationales les plus récentes*. 1 vol. in-8º, 1888.

Bourguignon, Cornet, Dryepondt, Firket, Lancaster et Meuleman. *Congo. Climat, constitution du sol et hygiène de l'État Indépendant du Congo*. 1 vol. in-8º Bruxelles, 1898.

F. Cattier. *Droit et administration de l'État Indépendant du Congo*. 1 vol. in-8º. Bruxelles, 1898.

A. Chapaux. *Le Congo historique, diplomatique, physique, politique, économique, humanitaire et colonial*. Bruxelles, 1 vol. in-8º, 1894.

H. Droogmans. *Quatre conférences sur le Congo*. Bruxelles, 1 br. in-8º, 1895

A. Germain. *La question du Congo et ses corrolaires devant le Parlement belge, 1885-1898*. Bruxelles, 1 vol. grand in-8º, 1899.

Elisée Reclus. *Le Congo* (Chapitre IV du tome XIII de la *Nouvelle géographie universelle*). Paris, 1888.

A.-J. Wauters. *Le Congo illustré*. 4 vol. in-4º illustrés d'après des photographies prises au Congo par MM. Étienne, Forfeit, de Macar, Demeuse, d'Hooghe, Lemery, Michel, Weyns, etc. Bruxelles, 1892-1895.

A.-J. Wauters avec la collaboration de A. Buyl. *Bibliographie du Congo*, catalogue méthodique de 3,800 ouvrages, brochures, notices et cartes relatifs à l'histoire, la géographie et la colonisation du Congo. Bruxelles, 1 vol. in-8º, 1895.

A.-J. Wauters. *Carte de l'État Indépendant du Congo*, à l'échelle du 2,000,000º. Bruxelles, 1899.

Manuel du voyageur et du résident au Congo. 3 vol. in-8º, publiés par les soins de la Société d'études coloniales.

L'ÉTAT INDÉPENDANT
DU
CONGO

PREMIÈRE PARTIE

HISTORIQUE

CHAPITRE PREMIER

LA DÉCOUVERTE DU CONGO AU XVe SIÈCLE.
LES ESSAIS D'EXPLORATION ET D'OCCUPATION
A LA BOUCHE DU FLEUVE, AU XVIe SIÈCLE.

Lorsqu'en 1481 Jean II monta sur le trône de Portugal, l'impulsion donnée par Henri le Navigateur à l'esprit de découvertes avait poussé les caravelles portugaises, le long des côtes inconnues du continent africain, jusque sous l'équateur. Les caps Bogador, Vert, Roxo, Mesurado et Santa-Catarina avaient été les grandes étapes de ces voyages audacieux.

Le premier acte du nouveau roi de Portugal fut d'affirmer ses droits sur ces rivages lointains, en faisant élever le fort de Saint-George de la Mine. Puis, ajoutant à ses titres celui de *Seigneur de Guinée*, il songea à faire des reconnaissances plus avant, son principal objectif étant toujours le commerce avec l'Orient et la découverte des Indes, qu'on cherchait à atteindre en contournant l'Afrique. Une nouvelle expédition fut donc chargée de reprendre l'exploration du littoral au point où l'avait laissée le dernier découvreur : au cap Santa-Catarina. Diego Cam en fut nommé « capitan mor », et les navires quittèrent Lisbonne dans le dernier trimestre de l'année 1484.

Les renseignements les plus précis que nous possédions sur ce voyage sont ceux que nous ont conservés les notes historiques dont Martin Behaïm enrichit son célèbre globe terrestre. Elles tirent leur valeur de ce qu'elles ont été rédigées par un témoin oculaire, car Behaïm fit partie de l'expédition : établi depuis 1481 à Lisbonne, où il avait acquis, grâce à ses connaissances mathématiques, la réputation d'un savant, il avait été adjoint à Cam en qualité de cosmographe.

Il semble que le fait capital du voyage fût la découverte de l'embouchure du Congo. Les notes du globe n'en font toutefois pas mention, mais le tracé comble cette lacune : le vaste estuaire du fleuve y est indiqué sous le nom de *Rio de Padron*, et la date « A. 1485 », inscrite au-dessous, indique l'importance que les explorateurs attachèrent à la découverte. Ils élevèrent à la bouche du fleuve un « padron » ou colonne commémorative dédiée à saint Georges. Les navigateurs durent être frappés de la force du courant de la puissante rivière et en parlèrent sans doute dès leur retour en Europe, car déjà le portulan de Séligo, de 1489, mentionne cette particularité dans une note : *Aqua dolze lingues lige á la mar.*

Du Congo, les découvreurs poussèrent leurs reconnaissances plus au sud. On a retrouvé les restes de leurs padrons aux caps Sainte-Marie et Negro, ainsi qu'au cap Cross, point extrême de leur navigation ; tout fait supposer que c'est de ce quatrième padron qu'il est question dans la note suivante du globe : *Jusqu'ici sont venus les vaisseaux portugais, qui y ont dressé leur colonne; au bout de dix-neuf mois, ils étaient de retour dans leur pays.*

Revenant donc du cap Cross sur leurs pas, ils s'arrêtèrent de nouveau à l'embouchure du Congo, pour envoyer une ambassade au chef de ce pays, dont la résidence Ambassa (depuis San-Salvador), était à quelques lieues dans l'intérieur. Après quoi, ayant décidé, de gré ou de force, quatre indigènes à les suivre en Europe, ils reprirent le chemin de Lisbonne, où ils arrivèrent vers le milieu de l'année 1486.

Les premiers documents cartographiques connus qui enregistrent les résultats de l'expédition de Cam, sont le portulan de Cristoforo Séligo et la carte de Henri Martellus, l'un et l'autre datés de 1489. Le globe de Martin Behaïm, exécuté à la demande du magistrat de Nuremberg, est de 1492.

Les premiers cartographes désignèrent le fleuve sous le nom de *Rio de Padrão*, — fleuve du padron, — en souvenir de la colonne plantée par Cam. D'autres lui donnèrent le nom de *Rio Poderoso*, — rivière puissante, — en raison de l'énorme volume d'eau qu'il déverse dans l'océan. Au siècle suivant, Lopez et les premiers missionnaires l'appelèrent *Zaïre*, altération du mot indigène *Nzadi*, qui signifie la grande rivière, nom que les Portugais continuent à employer, tandis que partout ailleurs on a adopté le nom de *Congo*, dérivé de *Rio de Congo*, fleuve du royaume du Congo, dénomination qui date du xviie siècle.

Cinq années après le retour de Cam, une nouvelle

expédition fut envoyée au Congo. Partie de Lisbonne le 19 décembre 1490, elle débarqua, le 21 mars suivant, à l'embouchure du fleuve, dans l'anse de Sogno (San-Antonio); elle était dirigée par Ruy de Sousa, envoyé en ambassade auprès du chef d'Ambassi. Les missionnaires, arrivés à la suite de l'expédition, baptisèrent ce chef et l'appelèrent don João da Sylva; ils donnèrent à sa résidence le nom de *San-Salvador*. Celle-ci était située non loin des sources de la Mpozo et les territoires sur lesquels le potentat exerçait sa suprématie s'étendaient entre cette rivière et la mer, le long de la rive sud du Congo. Les anciens chroniqueurs désignent ce pays sous le nom de *royaume du Congo*.

Ils vantent en termes pompeux la puissance et la richesse de son roi. « Lorsque la seconde ambassade portugaise, dit l'historien de Barros, arriva à San-Salvador pour y fonder une église chrétienne, on apprit tout à coup qu'une nation, habitant les îles d'un grand lac, menaçait le pays. Aussitôt le roi, ses principaux officiers et 100,000 de ses sujets se firent baptiser d'emblée, puis 80,000 hommes marchèrent sous la bannière de la croix contre les envahisseurs, qui furent chassés. » Le père Labat va plus loin. Il assure qu'en 1665, lorsque les indigènes se soulevèrent contre les Portugais, le chef de San-Salvador mit sur pied, pour les défendre, une armée de 900,000 hommes, un de ses vassaux, le chef de Bamba, disposant à lui seul de 200,000 à 400,000 hommes! Ces chiffres sont manifestement légendaires, de même, du reste, que les récits où les chroniqueurs du temps décrivent l'éclat de la capitale et de la cour du Congo.

La baie de San-Antonio et le village de San-Salvador sont les seuls points qui paraissent avoir été occupés pendant les xvie et xviie siècles. Quelques Portugais s'y établirent et y nouèrent des relations commerciales. Des missionnaires y élevèrent des chapelles et entreprirent l'évangélisation du district : tel fut le début de l'occupation européenne à la bouche du Congo.

Quant à l'exploration du pays et à la reconnaissance du fleuve, les archives et les chroniques portugaises ne révèlent aucun fait intéressant prouvant qu'elles aient été entreprises et poursuivies avec succès.

Quelques aventuriers ont remonté le Congo jusqu'à Noki et Matadi, voire jusqu'à la chute d'Yelala. On sait, en effet, qu'en 1520, un ancien capitaine de la flotte des Indes, nommé Georges de Quadra, fut chargé par le roi Emmanuel II de chercher une nouvelle route, à travers le continent, allant du Congo au pays du prêtre Jean d'Abyssinie. Mais, à San-Salvador, le projet du capitaine fut contrarié par l'administration locale ; il s'en retourna au Portugal.

En 1526, un certain Balthazar de Castro écrivit au roi Jean III au sujet du même projet ; mais il faut croire qu'aucune suite ne fut donnée à sa requête, puisque dix ans plus tard, le 28 mars 1536, un autre Portugais, du nom de Manoël Pacheco, résidant à San-Salvador, s'adressa, à son tour, au roi Jean, lui faisant savoir que le chef de San-Salvador le retenait pour lui faire construire deux embarcations, destinées à naviguer au-dessus de la cascade du fleuve. Pacheco, en terminant sa requête, disait : « J'ignore ce qui arrivera, mais il m'est impossible d'attendre plus longtemps que cette année, car si on ne fait pas maintenant cette découverte, on ne la fera jamais. »

Cette phrase démontre qu'à l'époque où elle a été écrite, — en 1536, — les Européens n'avaient pas dépassé la chute d'Yelala et ne connaissaient rien du pays situé en amont.

L'occupation politique des districts de San-Salvador et de Sonho prit fin en 1627. En cette année, obéissant sans doute aux suggestions des Portugais établis à San-Salvador, le chef nègre de cette résidence prétendit disposer, en faveur de ceux-ci, du district de Sonho, mais le chef de Sonho, qui se considérait comme indépendant, refusa de souscrire à cette cession. Il s'ensuivit un soulèvement qui, finalement, changea complètement la face des choses. Non seulement le chef de Sonho maintint son indépendance et garda son territoire, mais le chef de San-Salvador lui-même rompit ses rapports avec les Européens ; ceux-ci durent quitter le pays et se retirèrent à Saint-Paul de Loanda, qui, à partir de ce moment, devint la base des entreprises portugaises au sud de l'équateur. L'occupation portugaise à la rive gauche du bas Congo avait duré 137 ans.

En résumé, on sait très peu de chose de cette première période de l'histoire du Congo pendant le xvie siècle. Les seules stations européennes dont il est fait mention sont San-Salvador et Sogho. On n'a connaissance d'aucun voyage entrepris dans l'intérieur, ni d'aucune découverte géographique faite, autre que celle de la chute d'Yelala. Les anciens Portugais ne nous ont laissé aucune publication ni aucune carte relative à leur colonie. Toutefois, la *Relation du royaume du Congo*, par l'Italien Pigafetta, imprimée à Rome en 1598, et rédigée d'après les renseignements fournis par le Portugais Édouard Lopez, qui résida à San-Salvador et dans l'Angola de 1578 à 1591, mérite d'être signalée. Elle eût sans doute gagné à être écrite par le voyageur lui-même ; quelques pages extraordinairement fantaisistes et qui diminuent la valeur de l'ouvrage, n'y eussent certes pas figuré, notamment la description des sources du Nil, du Congo et du Zambèze, des royaumes du prêtre Jean et du Monomatapa, que Lopez n'a pu visiter qu'en rêve ; mais tel qu'il est, et en dépit d'évidentes exagérations, le document est précieux en ce qui concerne la région maritime, au sud de l'embouchure du Congo. Il en est de même de la carte du pays ; quant à celle qui représente l'Afrique centrale et méridionale, elle n'a pas la moindre valeur scientifique : ce n'est qu'une compilation des cartes italiennes et espagnoles antérieures : de Fra-Mauro (1457-1459), la Cosa (1500), Ramusio (1554), Castaldi (1564), Berteli (1571), Livio Sanuto (1588), etc.

Il convient d'ajouter, du reste, que toute la cartographie relative à l'intérieur de l'Afrique n'était, à cette époque, que le produit de l'imagination des géographes qui, pour suppléer à leur manque absolu de renseignements sur le centre du continent, n'hésitaient pas à prolonger l'Abyssinie du prêtre Jean jusqu'au territoire du chef congolais de San-Salvador. Ainsi firent Mercator (1541), Diego Homen (1558), Ortelius (1570), de Jode (1593), Janson (1610), De Witt (1670), Dapper (1680) et les autres. En ce qui concerne l'Afrique centrale, la mappemonde de la Cosa (1500), les belles sphères de Schoner (1520) et de Mercator (1541), pas plus que les cartes curieuses et imagées des nombreux compilateurs hollandais du siècle suivant, ne sont rédigées sur les résultats d'observations directes. Bien souvent, leurs fantaisies cartographiques inspirèrent les chroniqueurs et leur suggérèrent des tables du genre de celle-ci, extraite d'un ouvrage publié à Valence, par le père de Urreta, et qui montre bien qu'on ignorait absolument, au XVIIe siècle, le centre de l'Afrique :

« Le prêtre Jean d'Abyssinie, dit l'auteur, est occupé, avec beaucoup d'officiers et d'hommes, à enlever les rochers du fleuve Congo, pour rendre la navigation facile ; il est aidé par quelques ingénieurs que le duc de Florence lui a envoyés à cette fin. Ce travail terminé, les navires pourront sortir du lac au bord duquel est située la résidence du prêtre Jean (le lac Tsana, en Abyssinie), pour suivre le Congo, qui sort de ce lac, déboucher dans l'océan, au royaume du Congo et enfin naviguer jusqu'à Lisbonne et Séville. »

Les géographes français Delisle (1720) et Danville (1755) ont bien fait d'effacer de leurs cartes d'Afrique tous les détails que la fantaisie des siècles précédents y avait accumulés, en attendant l'arrivée des renseignements scientifiques que les explorateurs du XIXe siècle allaient enfin apporter.

BIBLIOGRAPHIE : J. BRUCKER : *Découvreurs et missionnaires dans l'Afrique centrale aux XVIe et XVIIe siècles.* — ID. : *L'Afrique centrale des cartes du XVIe siècle.* — L. CORDEIRO : *L'hydrographie africaine au XVIe siècle.* — CODINNE : *Padrons ou colonnes commémoratives portugaises.* — PIGAFETTA : *Relatione del Reame di Congo.* — JOMARD : *Les monuments de la géographie.* — LELEWEL : *Géographie du moyen âge* (avec atlas historique). — SANTAREM (DE) : *Recherches sur la découverte des pays situés à la côte occidentale d'Afrique.* — A.-J. WAUTERS : *Le Congo et les Portugais.*

La question du Zaïre. — Mémoire sur les droits et les prétentions du Portugal.

CHAPITRE II.

LA CONFÉRENCE GÉOGRAPHIQUE DE BRUXELLES ET L'ASSOCIATION INTERNATIONALE AFRICAINE.

L'ère des explorations scientifiques dans le bassin du Congo commence à la fin du xviii⁰ siècle, avec le voyage du Dr Lacerda qui, parti de Tété sur le Zambèze, en 1798, gagna la région du Shambezi, l'affluent principal du lac Bangwelo. Lacerda est le premier blanc qui pénétra dans le bassin du haut fleuve. Deux autres Portugais, Monteiro et Gamitto (1832), suivirent sa route. En 1843, un quatrième voyageur portugais, Graça, parti de la côte occidentale, pénétra dans le bassin du haut Kasaï, où il signala l'existence de l'empire du Lunda et de son chef, le Muata-Yamvo.

Ces trois expéditions méritent d'être mentionnées, mais c'est aux voyageurs de la Grande-Bretagne : Tuckey, Livingstone, Burton, Speke et Cameron, que revient l'honneur des premières grandes découvertes géographiques dans le bassin du Congo, pendant les trois premiers quarts du xix⁰ siècle.

L'exploration que le capitaine Tuckey mena, en 1816, le long du Congo, de Banana à Isangila, est, jusqu'à l'arrivée de Stanley, en 1878, la seule qui ait apporté des renseignements scientifiques sur le bas fleuve et la région des chutes. Avec celle de Burton et

Speke commence la série des grands voyages par la côte orientale : on doit à ces deux voyageurs la découverte du Tanganika, en 1858.

La part de Livingstone est plus considérable encore. Déjà, lors de sa traversée du continent, en 1854, — la première qui ait été entreprise dans la région équatoriale, — il avait reconnu quelques districts du bassin supérieur du Kasaï. Plus tard, au cours de l'expédition dans laquelle il succomba, il découvrit les lacs Moero (1867) et Bangwelo (1868), la partie méridionale du Tanganika (1869) et le cours du Congo à Nyangwe (1871).

Enfin, Cameron, parti de Zanzibar au secours de Livingstone, ne crut pas sa mission achevée lorsqu'il rencontra, à Tabora, la dépouille mortelle de l'illustre voyageur, que ramenaient à la côte ses noirs fidèles ; il continua vers l'ouest, explora à nouveau le Tanganika, découvrit l'émissaire qui le rattache au bassin du Congo (1874), arriva au fleuve, dont il se vit empêché de descendre le cours, pénétra dans la région inconnue située au delà de Nyangwe, remonta la vallée du haut Lomami, entrevit le lac Kasale et explora l'Urua et le Lunda.

A ces célèbres explorations, il convient d'ajouter, dans le bassin du haut Kasaï, la pointe poussée, par le Dr Pogge et le lieutenant Lux, jusqu'à la résidence du puissant chef du Lunda (1875-76), et, dans le bassin du haut Ubangi, les voyages de l'évêque Miami, qui alla jusqu'au Bomokandi (1872); du Dr Potagos, qui pénétra jusqu'au Bomu (1876); du Dr Junker, aux sources du Kibali (1877), et surtout la célèbre exploration du Dr Schweinfurth, si fertile en renseignements scientifiques et au cours de laquelle fut reconnu le cours moyen de l'Uele (mars 1870).

La publicité donnée aux sensationnelles découvertes faites au cours de ces grandes explorations, auxquelles se rattachaient celles qu'avaient conduites, avec non moins de hardiesse et de succès, dans d'autres parties du continent central, Nachtigal, Rohlfs, Grant, Baker, van der Deken, etc., n'avait pas tardé à produire, dans l'opinion publique européenne, un vif mouvement de curiosité et d'intérêt, en faveur de l'Afrique. Au récit de la mort si touchante et si noble de Livingstone, au bord du Bangwelo (1873), et des barbaries africaines dont chaque voyageur faisait le navrant tableau, il parut que l'Europe ne pouvait plus rester indifférente aux destinées du continent noir. De toutes parts, les dévouements s'offraient.

Il ne manquait, semblait-il, qu'un lien puissant pour coordonner les efforts, pour ne laisser aucune bonne volonté stérile. Ce fut cette dernière constatation qui conduisit Léopold II, roi des Belges, à convoquer une conférence géographique qui réunirait les voyageurs africains les plus notables, les présidents des grandes sociétés de géographie, des hommes politiques et des philanthropes.

L'assemblée se tint au palais du Roi, à Bruxelles, au mois de septembre 1876. L'Allemagne, l'Autriche-Hongrie, la Belgique, la France, la Grande-Bretagne, l'Italie et la Russie y eurent des représentants. Citons parmi les trente-sept personnalités qui répondirent à l'invitation qui leur fut adressée, les africanistes célèbres : MM. le Dr Nachtigal, le Dr Rohlfs, le Dr Schweinfurth, le lieut^t Lux, Duveyrier, le marquis de Compiègne, sir Bartle Frere, Grant, Cameron, sir William Mackinnon; parmi les délégués belges : MM. le baron Lambermont, Couvreur, Émile de Laveleye, Émile Banning, ce dernier remplissant les fonctions de secrétaire de la conférence, dont il fut aussi l'historiographe.

Le Roi présida l'assemblée et dans un remarquable discours d'ouverture exposa le programme de l'œuvre qu'il se proposait d'accomplir, les questions à étudier et à résoudre pour mener à bonne fin cette croisade de science, d'humanité et de progrès, digne du xixe siècle.

Les délibérations durèrent trois jours, les 12, 13 et 14 septembre. Les résolutions et déclarations que l'assemblée vota avant de se séparer résument l'œuvre et lui servent de programme. Telle fut l'origine de l'*Association internationale africaine*. En moins d'un an, elle constitua ses principaux organes. Avant de se séparer, elle élut une commission internationale composée du roi des Belges, président, de MM. le Dr Nachtigal et de Quatrefages, et de sir Bartle Frere, remplacé bientôt par M. Sandford, ancien ministre des États-Unis à Bruxelles. M. le baron Greindl fut son secrétaire général.

Une première réunion de la commission internationale se tint au palais, à Bruxelles, les 20 et 21 juin 1877. L'assemblée décida que la route commerciale partant de la côte orientale, en face de Zanzibar, et allant au Tanganika, serait choisie comme base des premières entreprises, et qu'une station serait établie à la rive du lac. Comme le comité belge était le seul comité national constitué depuis assez longtemps pour pouvoir jouer un rôle actif, on le chargea d'organiser la première expédition. Enfin, avant de se séparer, la commission adopta, pour l'*Association internationale africaine*, le drapeau bleu avec étoile d'or au centre.

Ainsi constituée, l'Association fonctionna de 1876

à 1884. Le comité belge envoya six expéditions : celles de Cambier, qui fonda la station de Karema (1879); de Popelin (1880); de Carter et Cadenhead, qui firent un essai malheureux d'introduction d'éléphants d'Asie en Afrique, en vue de l'élevage et de la domestication de l'éléphant indigène; de Ramaeckers et Becker (1881); de Storms, qui fonda la station de Mpala (1885); de Becker et Dhanis, qui ne quitta pas Zanzibar (1884).

Au comité allemand, on doit l'expédition Kaizer, Böhm et Reichard, qui fonda une station à Kakoma et pénétra jusqu'au Katanga (1881-84). Le comité français en organisa deux : celles de Bloyet (1880), qui fonda une station à Kondoa, et de de Brazza (1880), qui prit la route de l'Ogowe.

L'expédition de Brazza eut pour conséquence finale la fondation et le développement de la colonie du Gabon et du Congo français; celle de Böhm et Reichard fut le prélude de la prise de possession de l'Est africain par l'Allemagne. Quant aux expéditions belges, — il est permis de le dire aujourd'hui, — les résultats obtenus au cours de ces neuf laborieuses années ne répondirent, ni à la généreuse idée qui créa l'œuvre, ni aux sacrifices qu'exigea son application. Sur les vingt-cinq voyageurs que le comité envoya au lac, neuf seulement atteignirent le but. Le récit de leurs inutiles voyages de Zanzibar à Karema, réalisés au prix des plus louables dévouements et des plus laborieux efforts, ressemble, par bien des côtés, à un martyrologe. Ce fut un sombre début aux brillants exploits qui n'allaient pas tarder à se produire à la côte opposée du continent.

BIBLIOGRAPHIE : BANNING : *L'Afrique et la conférence géographique de Bruxelles.* — J. BECKER : *La Vie en Afrique.*

— R. Burton : *Voyage aux grands lacs de l'Afrique orientale*. — Cameron : *A travers l'Afrique*. — Liagre : *La Conférence géographique de Bruxelles et l'Association internationale africaine*. — Livingstone : *Exploration dans l'intérieur de l'Afrique australe*. — Id. : *Dernier Journal*. — Pogge : *Im Reich der Muata Jamvo*. — Schweinfurth : *Au Cœur de l'Afrique*. — Stanley : *Comment j'ai découvert Livingstone*. — Tuckey : *Relation d'une expédition entreprise en 1816*.

CHAPITRE III.

LA DESCENTE DU CONGO PAR STANLEY.
LE COMITÉ D'ÉTUDES DU HAUT CONGO
ET L'ASSOCIATION INTERNATIONALE DU CONGO.

Si l'on jette les yeux sur une carte d'Afrique de 1878, mise au courant des dernières découvertes, on constate qu'à cette époque encore, après les belles explorations de Burton, Speke, Livingstone, Schweinfurth, Cameron et Junker, l'immense bassin du haut Congo depuis Isangila jusqu'à Nyangwe, du pays du Muata-Yamvo à l'Uele, reste vierge de toute investigation. Quant au fleuve géant dont la bouche a été visitée par Diego Cam, en 1485, dont Tuckey a remonté le cours jusqu'à Isangila, en 1816, d'où vient-il? Jusqu'où pénètre-t-il au cœur du continent? On a visité, il est vrai, la région où s'étendent les grands lacs; mais les voyageurs et les géographes en sont toujours à formuler des hypothèses sur le bassin auquel ces vastes réservoirs appartiennent et sur le rôle de leurs émissaires. Livingstone continue à croire qu'il a découvert dans le Lualaba la branche initiale du Nil et dans le lac Bangwelo la source supérieure du grand fleuve d'Égypte. Schweinfurth identifie l'Uele avec le Chari; d'autres vont jusqu'à prendre l'une ou l'autre de ces lointaines rivières pour le haut cours de l'Ogowe ou du Gabon, contrairement à l'avis de Behm qui, dès 1872, dans les

Petermannsche Mitteilungen de Gotha, démontra, avec une très grande clairvoyance, que la rivière de Nyangwe ne pouvait être rattachée qu'au fleuve de Boma. Ce sera la gloire de Stanley d'avoir fait, au cours de la plus mémorable des explorations africaines modernes, la vérification de cette théorie.

Commissionné par deux grands journaux : le *New York Herald* et le *Daily Telegraph*, le voyageur américain part de Bagamoyo, à la côte orientale, le 17 novembre 1874, et gagne par la route de Speke le lac Victoria, dont il accomplit la circumnavigation. Il découvre ensuite le lac Albert-Édouard (janvier 1876) et fait la reconnaissance complète des rives du Tanganika (11 juin-31 juillet).

A Kasongo, il trouve établi Tippo-Tip, le trafiquant arabe de Zanzibar, qu'il interroge sur les moyens pratiques de reconnaître le cours du Congo en aval et qu'il décide à l'accompagner dans sa tentative hardie.

Le 5 novembre 1876, les deux expéditions, fortes ensemble de 400 hommes, quittent Nyangwe et pénètrent dans la grande forêt équatoriale. Au prix des plus pénibles efforts, la colonne lutte pendant quatorze jours contre la végétation géante qui l'étouffe et entrave sa marche, et elle atteint le fleuve, déjà décimée par la fatigue et la maladie. Tippo-Tip hésite, Stanley tient bon. Moitié par eau, moitié pédestrement le long de la rive, l'expédition reprend sa marche en avant. Mais de toutes parts surgissent les indigènes en armes. Pour passer, il faut livrer de nombreux combats et voici, en outre, que la petite vérole et la dysenterie se propagent, avec leur lugubre cortège de misères. L'expédition est arrivée au confluent de la rivière Kasuka; il y a cinquante jours qu'elle voit grandir chaque jour les difficultés et les périls de la route. Tippo-Tip déclare renoncer à une tâche qu'il considère comme étant au-dessus des forces humaines.

Stanley, lui, ne songe pas un instant à abandonner la partie; il arrachera son secret au grand fleuve. Ses hommes, dévoués, confiants, et que son ardeur enflamme, achèvent de réunir la flottille d'embarcations nécessaires au voyage et, le 20 décembre, après avoir pris congé des Arabes, l'expédition, forte encore de 150 personnes réparties sur 23 embarcations, s'engage dans l'inconnu mystérieux.

Le premier obstacle naturel qui arrêta la flottille fut la série de rapides à laquelle l'explorateur a donné son nom (*Stanley-Falls*); il fallut vingt jours pour le franchir ou le contourner (6-25 janvier 1877).

Le 1er février, l'expédition dépassa le confluent de l'Aruwimi, où les guerriers bazoko lui livrèrent un combat en règle. Puis ce fut le tour des Bangala, avec qui elle eut un engagement le 14. Ce fut le dernier conflit de la vaillante caravane avec les naturels. Le 9 mars, elle passait devant la bouche du Kasaï, arrivait, le 12, au Stanley-Pool et campait au village de Ntamo, qui, cinq ans plus tard, devait échanger son nom indigène contre celui de *Léopoldville*.

Les natifs de cette région étaient moins belliqueux que ceux des zones d'amont; mais, au delà du Pool, la nature allait se charger de dresser devant Stanley des obstacles d'un autre genre. Il eut alors à vaincre la colère du fleuve, torrent furieux roulant dans un lit profond, traversant des gorges tortueuses, tombant, écumant de terrasses en terrasses; aussi, l'explorateur mit-il cinq mois à franchir la succession de cataractes qui, sur 250 kilomètres, sépare le Pool de Boma, où l'expédition, décimée et à la fin de ses ressources, arriva enfin, le 9 avril 1877. Il y avait près de trois ans qu'elle avait quitté Zanzibar et neuf mois qu'elle était partie de Nyangwe. Des 356 compagnons nègres que Stanley avait à son départ, 115 seulement arrivèrent avec lui à l'autre côte du continent; ses trois compagnons anglais, Barker et les deux frères Pocock, avaient successivement péri à ses côtés; mais le but du grand voyage était atteint : une vaste courbe était décrite au cœur de l'Afrique équatoriale, l'un des plus grands problèmes de la géographie contemporaine était résolu. « Prodigieux exploit, dit Élisée Reclus, qui témoigne chez son auteur d'une audace et d'une énergie merveilleuses, d'une persévérance indomptable, d'un ascendant moral extraordinaire et d'un génie militaire de premier ordre. »

Aussi, le croquis de cette nouvelle traversée du continent mystérieux, qui parut dans le *Daily Telegraph* du 12 novembre 1877, produisit-il une légitime émotion dans le monde géographique et colonial. Les esprits clairvoyants comprirent aussitôt que la route, si longtemps cherchée pour la conquête du centre de l'Afrique à l'influence civilisatrice et à l'exploitation commerciale de l'Europe, était enfin trouvée.

En effet, à travers ces immenses régions où aucune voie terrestre n'est encore frayée, le Congo ouvrait un chemin qui menait jusqu'au cœur du continent. Comparés à ce fleuve géant, tous les autres, qui débouchent sur les deux côtes de l'Afrique équatoriale, ne sont que des rivières sans importance, à peine libres sur quelques kilomètres à la navigation à vapeur. Or, c'est bien le steamer qui devait être l'instrument de la conquête pacifique et rapide de l'Afrique centrale. Une petite flottille, transportée au

Stanley-Pool, lancée sur les eaux du Congo supérieur, devait faire plus, en quelques années pour elle, que trois siècles de laborieuses, coûteuses et héroïques tentatives de pénétration terrestre.

C'est ce dont on se rendit compte immédiatement à Bruxelles. Sur-le-champ, avec une intelligence qu'on ne saurait assez admirer, une modification radicale fut apportée dans l'orientation des entreprises belges; il fut décidé que Bagamoyo et Zanzibar seraient abandonnés pour Banana et Boma. Le nouveau plan d'ensemble des opérations futures fut esquissé avec une telle rapidité que, lorsqu'au mois de janvier 1878, Stanley revenant d'Afrique arriva à Marseille, il y trouva déjà deux délégués du roi Léopold, MM. le baron Greindl et le général Sanford, qui lui annoncèrent que ses découvertes avaient fait naître un projet grandiose pour la réalisation duquel son expérience et son concours actif étaient sollicités.

Quelques mois plus tard, Stanley apprit qu'il était question, non plus cette fois d'une expédition purement scientifique, mais d'une entreprise à la fois économique et politique, qui devrait faire de celui qui en prendrait le commandement, un explorateur doublé d'un conquérant. Il s'agissait d'aller s'enquérir des moyens pratiques de gagner le haut Congo, nouer des relations d'amitié avec les tribus commerçantes de ses rives, établir parmi elles des bases d'opérations, obtenir de leurs chefs des droits à l'occupation du pays afin de préparer l'édification d'une œuvre politique aussi inattendue qu'originale, aussi grandiose que généreuse, et qui devait, si elle se réalisait, transformer le bassin du Congo, hier encore ignoré, en une dépendance de l'Europe. En un mot, il fallait aller conquérir le grand fleuve et planter sur ses rives le drapeau bleu à étoile d'or.

Le projet était trop audacieux et trop neuf pour laisser indifférent celui que ses exploits avaient placé au premier rang des explorateurs africains. Dès le commencement du mois d'août, dans une nouvelle entrevue qu'il eut à Paris avec les délégués du roi Léopold, Stanley adhéra, en principe, à ses projets, et s'engagea à se rendre à Bruxelles à l'appel du Souverain.

L'entreprise qui devait donner naissance, sept années plus tard, à l'État du Congo, fut arrêtée à partir de ce moment, et chacune des questions relatives à son organisation fut discutée. Finalement, l'on décida qu'une société, ayant pour but l'étude du bassin du haut fleuve, serait fondée.

La réunion constitutive eut lieu le 25 novembre 1878. MM. Georges Brugmann, Delloye-Mathieu, Goffin, Kerdyck et Pencoffs, Léon Lambert, Lemmé et le baron Greindl adhérèrent aux statuts d'une société en participation, au capital d'un million de francs, désignée sous le nom de *Comité d'études du haut Congo*. Après la signature du contrat, l'assemblée décerna au Roi la présidence d'honneur, et conféra la qualité de membres d'honneur aux trois vice-présidents du comité belge de l'*Association internationale africaine* : MM. Dolez, le baron d'Anethan et Beernaert. Quelques semaines plus tard, le conseil d'administration choisit dans son sein, pour président, M. le colonel Strauch, qui venait d'être désigné comme secrétaire général de l'*Association internationale africaine*, en remplacement du baron Greindl, nommé ministre de Belgique à Mexico.

L'entreprise fut menée avec la plus fiévreuse activité et dans le plus grand secret. Si, après cette conception ambitieuse et originale, quelque chose doit encore étonner, c'est la rapidité, la discrétion et l'esprit de suite avec lesquels on la réalisa.

Dès le mois de février 1879, Stanley, à bord de l'*Albion*, quittait l'Europe pour Zanzibar, où il allait recruter des travailleurs et des porteurs. En mai, la première expédition, composée de treize agents : quatre Belges, trois Anglais, trois Américains, deux Danois et un Français, avec son matériel et ses approvisionnements, s'embarquait à Anvers, à bord du steamer *Barga*, et, le 14 août, elle arrivait à l'embouchure du Congo. Déjà l'*En Avant*, le *Royal*, la *Belgique*, l'*Espérance* et la *Jeune Africaine*, c'est-à-dire les premiers bâtiments de cette petite flottille de steamers appelée à conquérir le puissant Congo, mouillaient dans la crique de Banana. Le 21, escortés de leurs barques et de leurs allèges, ils levèrent l'ancre pour l'ascension du grand fleuve. La conquête était commencée.

En septembre, Stanley, dépassant Noki, limite de l'occupation européenne, s'arrêta à Belgique-Crique et jeta les fondations de la station de Vivi; puis, les steamers ayant été démontés, on entreprit leur transport à travers cette redoutable région des cataractes qui, depuis quatre cents ans, arrêtait toutes les tentatives de pénétration. Ce fut une époque de terribles épreuves que celle de cette marche sous le soleil de l'Afrique, dans l'atmosphère mortelle des moites vallées: ce fut une année d'effroyable labeur que celle pendant laquelle se poursuivit cette interminable série d'ascensions de pentes abruptes et désolées, suivies de descentes de rampes glissantes.

L'expédition allait lentement dans ce pays sans

routes, par les marais, par les ravins inondés, se frayant un chemin à la mine à travers le roc, à la hache à travers la forêt. A chaque moment, les bras manquaient pour traîner les véhicules chargés d'embarcations à vapeur, de maisons démontées, de meubles, d'outils, d'approvisionnements, de marchandises d'échange. Les adjoints de Stanley tombaient les uns après les autres. Il faillit lui-même être terrassé. A Bruxelles, c'était avec anxiété que l'on ouvrait chaque courrier. Mais la vaillante colonne avançait toujours : le 21 février 1880, elle atteignait Isangila ; le 1er mai 1881, elle fondait Manyanga, et, en décembre, elle parvenait au Stanley-Pool.

Ce fut l'époque héroïque. La grandeur de la lutte soutenait seule l'énergie de tous ces pionniers modestes, parmi lesquels aucun ne savait qu'il travaillait à la fondation d'un empire ! Ceux-là seuls qui ont été intimement et activement mêlés aux événements de ce début pourront raconter un jour par quelle succession d'espérances et de joies, de désillusions et de découragements, l'on passa à Bruxelles au cours de ces deux années. A certain moment, tout semblait compromis ; au courrier suivant, on renaissait à l'espérance.

D'autre part, certaines convoitises étaient à redouter. Certes, le chemin était libre, puisque le Congo n'était encore sous la domination d'aucune puissance européenne ; mais un drapeau pouvait surgir soudain et barrer la route. Sur la rive nord, M. de Brazza, parti du Gabon, s'avançait à marches forcées, ayant le Pool pour objectif. Sur la rive sud, MM. Capello et Ivens, partis de Saint-Paul de Loanda, exploraient le Kwango. Que l'explorateur français, après avoir pris possession de la rive septentrionale du Pool, passât sur la rive méridionale et, devant le drapeau de la France, Stanley, agent d'une société particulière, n'avait qu'à rebrousser chemin ; ou bien, que Capello et Ivens, après être arrivés au Kwango, descendissent cette rivière jusqu'au Congo, s'établissent à Kwamouth ou à Kinshasa, et Stanley se voyait obligé de battre en retraite devant le pavillon portugais.

Mais M. de Brazza, arrivé en septembre 1880 au Pool, s'arrêta sur la rive nord ; Capello et Ivens n'entreprirent pas la descente du Kwango ; et Stanley, traînant toujours à sa suite son matériel naval, passa entre ses concurrents et fonda Léopoldville. En décembre 1881, il lançait sur les eaux du haut fleuve l'*En Avant* et, bientôt après, le *Royal* et l'*A. I. A.* (*Association internationale africaine*). La route du haut Congo était à lui. La première partie était gagnée.

Alors, avec les vaillants petits steamers commencent les expéditions de reconnaissance, et toute une chaîne de stations est établie du Stanley-Pool aux Stanley-Falls. Sans cesse de nouveaux agents partent de Belgique : le colonel Van de Bogaerde, Gillis (1880), les docteurs von Danckelmann et Allart (1881), s'occupent d'organiser des établissements et de faire des observations à Vivi et dans la région des chutes ; les lieutenants Valcke, Harou, Braconnier (1880), Jansens, Orban, Liévin Van de Velde (1881), les capitaines Hanssens et Grant Elliott, les lieutenants Van Gèle, Coquilhat, Avaert, Haneuse, Mikic, Grang, Nilis (1882), gagnent le haut, ou explorent le pays voisin de Vivi et de Manyanga. Et les steamers vont et viennent, reculant les limites de l'inconnu, l'*En Avant*, si bien nommé, marchant toujours en éclaireur.

Tandis que les Belges préludent ainsi à la conquête du bassin du Congo par l'occupation de la région des chutes et des rives du haut fleuve jusqu'aux Stanley-Falls, des explorateurs appartenant à diverses nations continuent d'apporter d'importantes contributions géographiques à la connaissance des parties du centre restées si longtemps ignorées.

Thomson explore la région des sources du Shambezi, découvre la gorge de Mitwanzi et la Lukuga supérieure (1880); von Mechow reconnaît le Kwango moyen (1880); Wissmann et Pogge pénètrent dans le bassin du haut Kasaï et de ses affluents, et vont jusqu'à Nyangwe, où ils se séparent, Wissmann continuant seul sa route vers la côte orientale (1881-82); Giraud explore le lac Bangwelo, le Luapula, le lac Moero et arrive au Tanganika (1883); l'expédition Böhm et Reichard, partie de Zanzibar, poursuit ses investigations à l'ouest du même lac, reconnaît les gorges de Kiwele et de Djuo, découvre le lac Upemba (1883-84); enfin, le Dr Junker, venant de Khartoum, réapparaît sur le haut Uele, dont il explore en tous sens le bassin, pénétrant au sud dans celui de l'Aruwimi par le Nepoko, poussant à l'ouest jusqu'aux résidences des chefs azandes Doruma, Semio, jusqu'à la zériba d'Ali-Kobo, près de Djabir (1882-84).

A la même époque, Emin-Bey, gouverneur de la province égyptienne de l'Équateur, et le capitaine Casati vont au pays des Mombutu. L'orage qui gronde au nord, à la suite de la révolte du Mahdi (1881), de la prise de Khartoum et de la mort tragique du Gordon (26 janvier 1885), arrête leurs courses aventureuses, et ne va pas tarder à les réunir, à Lado d'abord, à Wadelaï ensuite, sans aucune communication avec le monde civilisé. Les résultats obtenus par les agents du roi des Belges au cours des trois premières années d'opérations furent, sous ce rapport, décisifs et conformes aux espérances du Comité de Bruxelles. Dès lors, celui-ci prit des résolutions nouvelles qui devaient avoir une immense portée.

Afin d'assurer l'avenir de l'œuvre qu'il s'apprêtait à édifier au Congo, le Comité comprit qu'il était nécessaire d'en établir, sans tarder, les bases d'une façon solide et régulière, afin d'empêcher que par la suite on pût lui susciter des difficultés politiques, arrêter ses efforts, compromettre sa réussite. Sans aucun doute, les territoires fertiles et populeux qui étaient révélés au monde, et sur le point d'être ouverts à son activité, allaient éveiller des convoitises nombreuses. En outre, on prévoyait l'arrivée de nouveaux Européens et il devenait indispensable d'établir une administration et une police en état, d'une part, d'affirmer l'occupation, d'autre part, d'écarter les fauteurs de désordres. En un mot, l'on devait mettre l'organisme naissant à l'abri d'un coup de main et rendre incontestables ses droits sur le territoire congolais, droits qui furent acquis, par traités, des chefs indigènes indépendants. C'est la conclusion de ces traités et l'importance que le Comité d'études attachait à leur complète régularité qui motivèrent, à la fin de l'année 1883, la mission spéciale dont fut chargé un colonial compétent en la matière, le général sir Frédéric Goldsmith, ancien haut fonctionnaire du gouvernement des Indes.

Devenu fondateur d'empire, le Comité d'études prend le titre d'*Association internationale du Congo* (A. I. C.) et redouble d'activité et d'audace.

De nouveaux agents : MM. Delcommune, le major Parminter, le lieutenant Dannfeldt (1883), le marquis de Pourtalès, le comte Posse (1884), rejoignent les organisateurs dans le bas Congo; de nouvelles expéditions ayant pour principaux officiers : les lieutenants Van Kerckhoven, Liebrechts, Wester, Gleerup (1883), Georges Le Marinel, Massari, Hakannson, quittent la Belgique, tandis qu'au Congo, Stanley et ses adjoints poursuivent leurs conquêtes, non seulement dans le haut, mais également dans le bassin du petit fleuve côtier, le Niadi-Kwilu.

L'action de l'A. I. C. dans cette région fut motivée par les prétentions territoriales du Portugal. En présence de l'établissement des Belges dans le bas Congo, le Portugal avait, en effet, affirmé à nouveau ses « droits historiques » à la souveraineté des deux rives du bas fleuve et du littoral avoisinant son embouchure, depuis 8° jusqu'à 5° 12' de latitude sud. Dans l'éventualité de la reconnaissance de ces prétentions par les puissances, il était indispensable, pour l'État futur, d'assurer aux régions du haut fleuve un autre débouché vers l'Océan.

C'est ce qui motiva la conquête de la vallée secondaire du Kwilu. Le capitaine Grant Elliott en fut chargé en décembre 1882. Avec ses adjoints Liévin Vande Velde, Spencer Burns, Destrain, Legat, Hodister, le marquis de Buofanti, il prit possession du pays et rattacha par une chaîne de stations Manyanga et Vivi, au littoral de Sette-Cama et de Massabe.

Les débouchés du fleuve à la côte et la région centrale du bassin n'étaient pas, à ce moment, les seuls territoires dont se préoccupait le Comité de Bruxelles. Les premières explorations des voyageurs allemands à travers le bassin du haut Kasaï avaient également appelé son attention sur ces territoires fertiles et populeux. Il en ambitionna la possession, et tandis que Grant Elliott et Vande Velde opéraient dans le Niadi-Kwilu (1883-84), que Delcommune plaçait le port de Boma sous le protectorat de l'A. I. C. (avril 1884), que Coquilhat s'établissait chez ces mêmes Bangala qui, sept années auparavant, avaient si mal reçu Stanley (mai 1884), le Comité organisait en secret une expédition militaire, chargée de lui conquérir le Lunda, le royaume du Muata-Yamvo.

Le lieutenant Wissmann, qui venait d'achever sa première traversée de l'Afrique, en reçut le commandement; il avait le Dr Ludwig Wolf, les lieutenants von François et Müller, pour adjoints. L'expédition quitta l'Europe à la fin de 1883, partit de Saint-Paul de Loanda et gagna l'intérieur par Malange. En novembre 1884, elle fondait la station de Luluabourg.

Ainsi, cinq années avaient suffi pour faire, jusqu'au centre du continent, les plus brillantes reconnaissances, visiter pacifiquement cent peuples nouveaux, obtenir des chefs indigènes plus de cinq cents traités de suzeraineté, fonder quarante établissements, jeter sur le haut fleuve, par delà les cataractes, cinq steamers, occuper le pays depuis le littoral jusqu'aux Stanley-Falls, depuis Bangala jusqu'à Luluabourg! L'Europe diplomatique ne pouvait pas rester spectatrice indifférente d'une entreprise aussi audacieuse et déjà couronnée de tant de succès.

BIBLIOGRAPHIE : BANNING : *L'Association africaine et le Comité d'études du haut Congo.* — BRAZZA : *Trois explorations dans l'Ouest africain effectuées de 1876 à 1885.* — CAPELLO et IVENS : *From Benguella to the territory of Jaca.* — GIRAUD : *Les lacs de l'Afrique équatoriale.* — PESCHUEL LOESCHE : *Kongoland.* — SCHUTT : *Reise im südwestlichen Becken des Congo.* — STANLEY : *Cinq années au Congo.* — THOMSON : *To the Central Afrikan Lakes and back again.* — L. VANDE VELDE : *La région du bas Congo et du Kwilou-Niadi.* — ID. : *Le bas Congo. Lettres inédites* (Congo Illustré, 1892).

CHAPITRE IV.

LA CONFÉRENCE DE BERLIN ET LA PROCLAMATION DE L'ÉTAT INDÉPENDANT DU CONGO.

Comme on l'a vu dans le chapitre précédent, dès les débuts de l'entreprise, le plan général de la conquête du bassin du Congo par le Comité de Bruxelles avait été nettement arrêté : il fut exécuté avec un esprit de suite et une promptitude remarquables. Déjà, en Europe, le but politique poursuivi au Congo par le roi des Belges n'était plus un secret pour les puissances : les négociations diplomatiques avaient marché de pair avec les prises de possession et l'occupation effective. La reconnaissance de la souveraineté de l'Association par le gouvernement des États-Unis d'Amérique, le 22 avril 1884, fut le premier succès sur ce terrain difficile.

Avec la France, qui avait épousé les projets cachés de M. de Brazza, et avec le Portugal, qui n'abandonnait aucune de ses prétentions historiques, les relations restaient tendues. A un moment même, un traité habilement obtenu de l'Angleterre par la diplomatie portugaise faillit tout compromettre (26 février 1884) : en échange de certains privilèges économiques, l'Angleterre reconnaissait la souveraineté du Portugal sur le littoral et sur les deux rives du bas Congo jusqu'à Noki. C'était priver les territoires de l'Association de toute communication avec l'Océan par l'estuaire du Congo, bien plus, de toute issue sur l'Océan, puisque, de son côté, M. de Brazza élevait des prétentions sur le bassin du Kwilu.

Devant ce péril qui, s'il n'était rapidement conjuré, pouvait ruiner tous ses projets, l'Association, abandonnée par l'Angleterre, se tourna vers la France, sa voisine en Afrique, et l'accord du 23 avril 1884 fut conclu; le gouvernement de la République s'engagea à respecter les stations et territoires libres de l'Association et à ne pas mettre obstacle à l'exercice de ses droits; l'Association, de son côté, déclara qu'elle ne céderait à quiconque ses possessions, et que si, par des circonstances imprévues, elle était amenée, un jour, à les réaliser, elle s'engageait à donner à la France *un droit de préférence* ([1]).

En même temps, les chambres de commerce de Londres, Rotterdam et Hambourg, s'élevèrent contre le traité. Mais rien n'y faisait; celui-ci semblait devoir être bientôt ratifié par le Parlement anglais, et à Lisbonne M. Lucien Cordeiro déposa aux Cortès un projet de loi créant la *province portugaise du Congo*, ayant pour chefs-lieux de districts Cabinda, Landana, Banana, Boma et Noki. C'est à ce moment qu'intervint, en protecteur, l'illustre homme d'État qui, à cette heure, présidait aux destinées de l'Europe. Le prince de Bismarck se déclara le champion de l'œuvre originale du roi des Belges. Au mois d'avril, en même temps qu'il transmettait à Lisbonne et à Londres les protestations de son gouvernement contre le traité du 26 février, il s'adressait à la France pour l'inviter à se

---

[1] Le gouvernement de la République a admis, depuis, que le droit de préférence accordé à la France ne pouvait être opposé à la Belgique. (*Convention du 5 février 1895.*)

joindre à lui, afin de régler par un accord général la question africaine. Puis, le 23 juin, à la séance de la commission du budget du Reichstag, il annonça ouvertement que les entreprises des Belges au Congo avaient pour but la fondation d'un État indépendant et que le gouvernement impérial était favorable à ce projet. Trois jours après, à la Chambre des communes, le chef du Foreign Office dénonçait le traité portugais. Le péril, l'un des plus grands qu'ait couru à ses débuts l'œuvre congolaise, était conjuré.

Les ouvertures que le prince de Bismarck avait faites à la France ayant été sympathiquement accueillies à Paris, et ayant rallié successivement les puissances, le gouvernement impérial d'Allemagne reconnut officiellement, le 3 novembre 1884, l'Assosociation internationale comme puissance souveraine, et invita les représentants des puissances à se réunir à Berlin, dans le but de rechercher et d'établir une entente internationale sur les principes suivants :

1° Liberté du commerce dans le bassin et les embouchures du Congo;

2° Application au Congo et au Niger des principes de la liberté de la navigation;

3° Définition des formalités à observer pour que des occupations nouvelles sur les côtes d'Afrique soient considérées comme effectives.

Comme on le voit, il n'est pas fait mention dans cet ordre du jour, qui fut celui de la Conférence, des difficultés politiques en litige. Bien qu'il existât une étroite corrélation entre la législation économique établie par la Conférence et la pensée politique qui l'avait provoquée, les questions de territoires furent laissées en dehors des délibérations de la haute assemblée.

La Conférence fut inaugurée, le 15 novembre, sous la présidence du prince de Bismarck. Quatorze puissances y étaient représentées : l'Allemagne, l'Autriche-Hongrie, la Belgique, le Danemark, l'Espagne, les États-Unis, la France, la Grande-Bretagne, l'Italie, les Pays-Bas, le Portugal, la Russie, la Suède et la Norvège et la Turquie. Chacune d'elles avait un ou deux plénipotentiaires. Chaque mission avait, en outre, ses conseillers techniques, parmi lesquels, pour les États-Unis, M. Stanley; pour la Belgique, M. Émile Banning; pour l'Allemagne, M. Woermann; pour l'Espagne, M. Francisco Coello; pour les Pays-Bas, M. de Bloeme; pour la France, M. le Dr Ballay; pour la Grande-Bretagne, sir Travers Twiss; pour le Portugal, M. Lucien Cordeiro. M. le baron de Courcel, représentant de la France, et M. le baron Lambermont, représentant de la Belgique, furent, dans la première séance, désignés respectivement comme président et rapporteur de la section centrale dans les travaux de laquelle M. Émile Banning joua, d'une manière occulte, un rôle capital.

Les délibérations de la Conférence se prolongèrent pendant trois mois. Ses résolutions sont consignées dans un document connu sous le nom d'*Acte général de Berlin*, et qui constitue un traité en sept chapitres et trente-huit articles. Les dix protocoles et les cinq rapports qui l'accompagnent en constituent un commentaire explicite et authentique. En voici une analyse succincte :

Acte général de Berlin.

Chapitre I. *Déclaration relative à la liberté du commerce.* — Après avoir conventionnellement délimité le bassin du Congo, le premier chapitre consacre le principe de la liberté commerciale, entendu dans son sens le plus absolu. Il ne pourra être concédé ni monopole, ni privilège d'aucune espèce en matière commerciale. Il ne sera perçu, d'ici à vingt ans, aucun droit d'entrée. Les étrangers jouiront du même traitement que les nationaux. La liberté d'établissement et de conscience, la tolérance religieuse sont garanties pour tous. Les populations indigènes seront protégées et il sera veillé à l'amélioration de leurs conditions morales et matérielles.

Chapitre II. *Déclaration concernant la traite des esclaves.* — Ce chapitre édicte des mesures spéciales pour combattre sur terre comme sur mer la traite des nègres. La tenue des marchés d'esclaves et le transport des esclaves sont interdits.

Chapitre III. *Déclaration relative à la neutralité du bassin du Congo.* — Les puissances exerçant un droit de souveraineté ou de protectorat ont la faculté de se proclamer neutres, sous certaines conditions. En cas de dissentiment surgissant au sujet ou dans les limites du bassin du Congo, les puissances signataires s'engagent, avant d'en appeler aux armes, à la médiation ou à l'arbitrage.

Chapitre IV. *Acte de navigation du Congo.* — La navigation du Congo et de ses affluents est libre. La route, le chemin de fer ou le canal tenant lieu d'une section obstruée du cours du fleuve est assimilé au fleuve même. Aucun péage maritime ou fluvial ne peut être établi. La navigation du Congo demeurera libre, même en temps de guerre, pour les bâtiments de toutes nations tant belligérantes ou autres, et la propriété privée demeure insaisissable, même sous pavillon ennemi, sur toutes les eaux régies par l'acte de navigation du Congo. Une commission internationale est spécialement chargée de surveiller l'application de la liberté de navigation et de transit.

Chapitre V. *Acte de navigation du Niger*. — La liberté de navigation sur ce fleuve est établie dans des conditions identiques à celles admises pour le Congo, sauf que l'administration du fleuve est réservée exclusivement aux puissances riveraines agissant séparément.

Chapitre VI. *Déclaration relative aux conditions à remplir pour les occupations territoriales sur les côtes d'Afrique.* — Toute prise de possession sur les côtes d'Afrique devra être notifiée et ne sera valable qu'à la condition d'être effective.

Chapitre VII. *Dispositions générales.* — Les puissances signataires se réservent d'introduire dans cet acte les modifications reconnues utiles. D'autres puissances peuvent y adhérer; leur adhésion entraîne pour elles les mêmes obligations et les mêmes avantages que pour les autres signataires.

Tandis qu'à Berlin les diplomates délibéraient et faisaient œuvre collective, les fondés de pouvoirs de l'Association du Congo — et plus particulièrement MM. Strauch, Pirmez et Couvreur — poursuivaient les négociations en vue de la reconnaissance de l'Association et de la délimitation de ses frontières. Celle-ci fut successivement reconnue comme puissance souveraine par la Grande-Bretagne, le 14 décembre 1884; par l'Italie, le 19; par l'Autriche-Hongrie, le 24; par les Pays-Bas, le 27; par l'Espagne, le 7 janvier 1885; par la Russie et la France, le 5 février; par la Suède et la Norvège, le 10; par le Portugal, le 14; par le Danemark et la Belgique, le 23. Les négociations avec la France et avec le Portugal furent particulièrement laborieuses et difficiles. Le résultat final fut un compromis qui concilia, sur des bases satisfaisantes, les intérêts des trois parties. La cession à la France du bassin du Kwilu, si vaillamment conquis, fut un sacrifice pour l'Association, mais celle-ci restait maîtresse de la rive droite du bas fleuve avec les deux ports principaux : Banana et Boma, rattachant ainsi à la mer son immense territoire intérieur, et elle acquérait, en outre, au nord de la rive droite, entre Manyanga et l'océan, une province d'une superficie équivalente à celle de la Belgique.

Le 23 février 1885 fut une journée historique, la véritable journée de la fondation de l'État du Congo. Dans la séance de ce jour, la Conférence reçut notification, de la part de M. le colonel Strauch, président de l'Association internationale du Congo, de la reconnaissance de celle-ci, comme État souverain, par toutes les puissances représentées à Berlin, en même temps que son adhésion à l'Acte général de la Conférence. Alors, tour à tour, chacun des membres de la haute assemblée se leva pour saluer de ses vœux le nouvel État, qui venait d'entrer publiquement dans le concert des nations, et rendre un solennel hommage à son fondateur.

Trois jours après, en clôturant les travaux de la Conférence, le prince de Bismarck prononça ces paroles significatives, les dernières qui furent dites avant la signature : « *Le nouvel État du Congo est appelé à devenir un des principaux gardiens de l'œuvre que nous avons en vue; je fais des vœux pour son développement prospère et pour l'accomplissement des nobles aspirations de son illustre fondateur.* »

Le but proposé par le « Comité d'études du Congo » et poursuivi par l' « Association du Congo » était donc atteint. Longtemps on avait cru que l'œuvre était au-dessus des forces et de la puissance de ses artisans ; qu'elle était même trop grande et trop vaste pour réussir. Grâce à son caractère élevé, aux efforts accomplis, aux sacrifices et aux dévouements à l'aide desquels elle avait été conduite, il n'avait néanmoins fallu que cinq années pour la faire triompher de tous les obstacles, et la faire entrer, dans des conditions exceptionnellement flatteuses, dans le droit public de l'Europe.

Il n'est pas douteux que le pays le plus surpris du résultat de la Conférence de Berlin fut la Belgique. Il y avait longtemps qu'elle ne s'intéressait plus aux entreprises lointaines et hardies ; de plus, les événements s'étaient si rapidement succédé, que la lumière n'avait pas encore eu le temps de s'y faire sur cette question du Congo. Il y eut bien à cette occasion, en l'honneur du Roi, toute une série de manifestations de la part des conseils communaux et des associations commerciales, industrielles et maritimes, mais l'opinion publique demeurait assez indifférente et incrédule. Aussi ce fut avec un étonnement croissant que l'on apprit que le Roi s'apprêtait à devenir le Souverain du nouvel État, et que, poursuivant son œuvre grandiose, il allait solliciter dans ce but, conformément aux prescriptions de l'article 62 de la Constitution belge, l'assentiment de la Législature. En effet, par une lettre en date du 15 avril 1885, Léopold II priait ses ministres de demander au Parlement l'autorisation qui lui était nécessaire. Elle lui fut accordée le 28, par la Chambre, et le 30, par le Sénat.

A la suite de ce double vote, le Roi notifia, le 1ᵉʳ août et à des dates ultérieures, aux chefs des gouvernements représentés à Berlin, la fondation de l'État et son propre avènement au trône. Voici le texte de ce document, qui constitue, en réalité, l'acte de naissance de « l'État indépendant du Congo ». Il est le premier où l'on trouve le titre définitif de la nouvelle puissance africaine et celui adopté par son chef :

> Le gouvernement de Votre Majesté a bien voulu reconnaître le pavillon de l'Association internationale du Congo comme celui d'un État ami.
> Lors de la signature de l'Acte général de la Conférence de Berlin, le président et les membres de cette haute assemblée ont, en recevant l'adhésion de l'Association à l'œuvre de la Conférence, manifesté leurs sympathies pour son entreprise. Aujourd'hui que la position de l'Association est fixée au point de vue international, que sa constitution territoriale est établie et que sa mission a reçu de précieux encouragements, je suis en mesure de porter à la connaissance de Votre Majesté et de son Gouvernement, que les possessions de l'Association internationale du Congo formeront désormais l'*État indépendant du Congo*. J'ai en même temps l'honneur d'informer Votre Majesté et son Gouvernement qu'autorisé par les Chambres législatives belges à devenir le chef du nouvel État, j'ai pris, d'accord avec l'Association, le titre de *Souverain de l'État indépendant du Congo*. L'union entre la Belgique et cet État sera exclusivement personnelle.
> Le nouvel État, j'en ai la ferme confiance, répondra à l'attente des puissances qui ont, en quelque sorte, salué à l'avance son entrée dans la famille des nations.

J'ai la ferme confiance que le nouvel État saura se montrer digne de la bienveillance de toutes les puissances ; je m'efforcerai de le guider dans cette voie et j'ose espérer que Votre Majesté et son Gouvernement voudront bien faciliter ma tâche en faisant un favorable accueil à la présente notification.

Je suis avec empressement, etc.

LÉOPOLD.

Le 1ᵉʳ août, M. Van Eetvelde, nommé administrateur des affaires étrangères, portait, en outre, à la connaissance des ministres des affaires étrangères des puissances représentées à la Conférence, que l'État indépendant du Congo « *se déclarait perpétuellement neutre, réclamait les avantages garantis par l'Acte général, en même temps qu'il assumait les devoirs que la neutralité comporte* ». Ce document complète la notification royale en définissant, en outre, les limites de l'État, conformément aux traités successivement conclus par l'Association avec l'Allemagne, l'Angleterre, la France et le Portugal.

Déjà depuis le 1ᵉʳ juillet, sir Francis de Winton, qui avait succédé à Stanley, avait fait connaître par lettre, aux chefs des missions et des maisons de commerce, la fondation de l'État, et le 19, à Banana, dans une cérémonie publique, il avait proclamé sa constitution sous la souveraineté du roi Léopold de Belgique.

Le 29 septembre, M. Camille Janssen s'embarquait pour le Congo, avec le titre d'administrateur général, et au début de l'année suivante, le siège de l'administration locale, établi jusqu'alors à Vivi, était transféré à Boma.

BIBLIOGRAPHIE : BANNING : *La Conférence africaine de*

Berlin et l'A. I. C. — IDEM : *Le partage politique de l'Afrique.* — OPPELT : *Léopold II, roi des Belges, chef de l'État indépendant du Congo.*

Acte et Protocoles de la Conférence de Berlin.

CHAPITRE V.

LES DÉCOUVERTES GÉOGRAPHIQUES DANS LE BASSIN CENTRAL, ET LES PROGRÈS DE L'OCCUPATION, DE 1885 A 1890.

Au moment de la réunion de la Conférence de Berlin, les agents de l'Association internationale du Congo n'avaient encore fait que compléter plus ou moins les découvertes de Stanley, le long de la branche maîtresse du fleuve, depuis Vivi jusqu'aux Falls. Avec l'année 1885 s'ouvre l'ère de ces explorations sensationnelles qui vont, pendant dix ans, faire l'étonnement et l'admiration du monde scientifique.

Leurs magnifiques découvertes sont dues à un effort international; la plupart des nations sont, en effet, représentées dans le groupe des explorateurs à qui l'on doit la reconnaissance des vastes territoires de l'État du Congo. La place nous manque pour détailler tant d'activité et de succès : nous devons nous borner à une énumération chronologique des principales expéditions, des découvertes les plus marquantes et des noms de ceux qui ont apporté les contributions les plus notables à nos connaissances géographiques.

L'année 1885 enregistre trois explorations capitales, fertiles en découvertes géographiques, celles de Grenfell, de Capello et Ivens, de Wissmann.

Le voyage que le rév. Georges Grenfell, missionnaire protestant anglais établi à Léopoldville, entreprit à bord du steamer *Peace*, durant les années 1884 et 1885, fit connaître la plupart des rivières dont Stanley avait signalé les confluents, lors de sa descente du fleuve. Il explora successivement l'Ikelemba, la Mongala, le Rubi, le Lomami, deux fois l'Ubangi, dont la découverte fit sensation, et qu'il remonta jusqu'à la passe de Zongo. Puis, en compagnie du lieutenant von François, il fit la reconnaissance du Ruki (août-octobre 1885), et avec le Dr Mense, celle du Kwango inférieur (décembre 1886).

L'expédition Capello et Ivens ne fut pas moins utile à la science. Au cours de leur traversée de l'Afrique (mars 1884-juin 1885), les deux officiers portugais pénétrèrent dans le bassin du Congo par la région des sources du fleuve et parcoururent le Katanga jusqu'à Bunkeia, reliant leur itinéraire à celui de Böhm et Reichard.

Quant à Wissmann et à ses adjoints, nous leur sommes redevables de la découverte du Kasaï et de ses grands tributaires, le Sankuru et la Lulua. L'expédition quitta Malange le 17 juillet 1884, se dirigeant vers l'est sans s'écarter sensiblement du chemin suivi avant elle par Bückner, Schütt et Pogge. Après avoir fondé un établissement à Luluabourg (novembre 1884), elle entreprit la descente de la Lulua inférieure, du moyen et du bas Kasaï. Jusqu'à ce moment, on avait supposé que cette dernière rivière se rattachait au Congo par le Ruki ou la Lulonga ; la navigation de Wissmann démontra sa connexion avec le Kwa de Stanley.

Partis de Luluabourg le 28 mai 1885, à bord du bateau en acier *le Paul Pogge*, et accompagnés de vingt pirogues, Wissmann, le Dr Ludwig Wolf, les lieutenants von François et Hans Mueller, arrivèrent sans encombre à Léopoldville, après avoir navigué cinquante jours. Quelques mois plus tard, Ludwig Wolf, à bord de l'*En Avant*, revenait sur ses pas pour reconnaître le Sankuru, dont l'expédition Wissmann avait, en passant, observé la bouche, et il remontait la rivière jusqu'aux chutes qui portent son nom (janvier-mars 1886). La nouvelle de la navigabilité du Kasaï, du Sankuru et du Lubefu fit sensation ; une nouvelle voie de pénétration large et profonde, accessible aux steamers du Stanley-Pool, et qui menait à quelques journées de marche du Manyema, était révélée.

Les travaux du Dr Oscar Lenz, qui effectua la traversée du continent par le Congo et le Zambèze, de Banana à Quelimane (septembre 1885-janvier 1887) ; de son adjoint, le Dr Oscar Baumann, auquel on est redevable du premier levé du fleuve, du Stanley-Pool aux Stanley-Falls ; de la mission française de délimitation, dirigée par le capitaine Rouvier ; les explorations du Kwango par les Drs Buttner et Wolf, et de la Lukenye par les lieutenants Kund et Tappenbeck ; les traversées de l'Afrique par le lieutenant suédois Gleerup, de Banana à Bagamoyo (septembre 1883-juin 1886), et du lieutenant Wissmann, de Banana à Quelimane (janvier 1886-août 1887), complètent le bilan de cette période 1885-86, si active et si féconde.

L'année 1887 présente un tableau non moins mouvementé, non moins brillant : à aucun moment du siècle, la curiosité et l'enthousiasme géographiques n'ont été plus grands.

Le 18 mars arrivait à Banana l'expédition envoyée d'Angleterre au secours d'Emin-Pacha, bloqué sur le haut Nil. Stanley la dirigeait. Coïncidence curieuse : tandis que, sept années auparavant, l'explorateur américain s'efforçait, à la bouche du Congo, d'ouvrir à la civilisation un nouveau et vaste champ d'action, le Soudan, à la voix d'un fanatique, se fermait à l'influence de l'Europe. En effet, en 1880, au moment même où la première expédition du « Comité d'études du haut Congo » s'installait à Vivi, un derviche du nom de Mohamed-Ahmed, originaire de Dongola sur le Nil, commençait à agiter le pays autour de Khartoum, se faisant passer pour un Sauveur investi d'une mission providentielle. Au mois de mai de l'année suivante, jugeant que l'heure était propice pour la réalisation de ses projets ambitieux, il se proclama ouvertement *Mahdi*. Son prestige allant en grandissant; il disposa bientôt d'une armée considérable, et défit les expéditions envoyées du Caire et de Souakin pour le réduire. En face de ce prophète triomphant et de son lieutenant Osman Digma, apparurent successivement Hicks-Pacha, Baker-Pacha, le général Graham et l'amiral Hewet; puis Gordon, le héros sans peur et sans reproche; enfin, une véritable armée anglaise, sous les ordres du meilleur général de la Grande-Bretagne, lord Wolseley. Pendant plus de trois ans (1881-84), ce fut, sur le Nil, une suite de luttes terribles, de sanglants mais inutiles combats, dont les conséquences finales, au point de vue de l'influence de l'Europe et de la civilisation, furent désastreuses : Baker battu, Gordon tué, Khartoum pris, Lupton et Slatin prisonniers, Wolseley en retraite, le Soudan d'Égypte retomba dans la barbarie.

Seuls, à Wadelai, trois hommes : Émin-Pacha, le Dr Junker et le capitaine Casati, avec quelques soldats restés fidèles, avaient réussi à se maintenir debout au milieu de la débâcle. Junker, se dévouant, résolut de faire connaître à l'Europe l'existence de ses deux compagnons d'infortune et leur situation critique : il réussit à atteindre Zanzibar le 10 janvier 1887. A sa voix, le monde civilisé s'émut, et l'Angleterre organisa immédiatement une expédition de secours, obtenant, pour la mener à bonne fin par la voie du Congo et de l'Aruwimi, le concours de l'explorateur valeureux qui avait retrouvé et secouru Livingstone, traversé le continent mystérieux, fondé l'État du Congo.

A la tête d'une caravane de 700 soldats, et accompagné de huit Européens : le capitaine Stairs, le Dr Parke, le major Barttelot, Monteney-Jephson, Jameson, Ward, Bonny et le mécanicien Walker, Stanley arriva au Pool, le 31 avril 1887, et s'y embarqua pour Yambuya, point terminus de la navigation sur le bas Aruwimi. Les dix-huit mois (1er juillet 1887-16 janvier 1889) consacrés à faire franchir à l'expédition la distance qui sépare ce point du lac Albert, comptent parmi les travaux les plus héroïques qui aient été accomplis dans le bassin du Congo. Le voyage s'effectua le long de la vallée de l'Aruwimi moyen et supérieur, jusqu'alors inconnu, à travers la grandiose et sinistre forêt équatoriale.

La jonction du chef de l'expédition de secours d'Émin et de Casati se fit le 17 février 1889, au camp de Kavali, sur le lac Albert, lequel fut levé deux mois après, les expéditions réunies abandonnant la province du Soudan égyptien et commençant cette retraite fameuse, au cours de laquelle elles reconnurent la rivière Semliki, le massif neigeux du Ruwenzori et le lac Albert-Édouard : merveilleux ensemble de découvertes qui couronne admirablement l'étonnante carrière d'explorateur de l'ancien reporter américain. La nouvelle traversée du continent qu'il accomplit en cette circonstance est la douzième de la liste (mars 1887-décembre 1889). Précisément à la même époque, le capitaine Trivier, que l'on s'est plu parfois à appeler « l'heureux rival de Stanley », réalisait la onzième, de Loango à Quelimane, par un voyage sans aucun relief ni résultat scientifique (décembre 1888-décembre 1889).

Jusqu'en 1887, l'honneur de l'exploration du bassin du Congo avait appartenu presque exclusivement à des Allemands, des Anglais, des Portugais, des Français, des Autrichiens. Bien que les Belges y fussent arrivés depuis six années déjà, se consacrant courageusement à l'œuvre de l'occupation et de l'administration du pays, aucun d'eux n'avait encore attaché son nom à une entreprise scientifique de quelque importance. A partir de cette année, ils allaient se signaler, à leur tour, sur ce terrain et, de plus, l'initiative privée allait se faire jour parallèlement à l'action gouvernementale.

Les premiers noms à signaler sont ceux des capitaines Thys et Cambier, de MM. Delcommune et Édouard Dupont, et du capitaine Van Gèle.

La *Compagnie du Congo pour le commerce et l'industrie*, qui se constitua à Bruxelles, le 27 décembre 1886, manifesta immédiatement l'activité dont elle et ses filiales ne devaient plus cesser de faire preuve, en organisant deux expéditions de reconnaissance et d'études : la première, sous la direction du capitaine Cambier, entreprit la levée de la région des cataractes que devait traverser le chemin de fer projeté; la deuxième, sous les ordres de M. Alex. Delcommune, devait faire la reconnaissance commerciale du bassin du haut Congo. Enfin, le capitaine Thys partit également, afin d'y prendre la direction supérieure des deux entreprises.

Le capitaine Thys revint le premier en Belgique, en février 1888. Il avait visité le bas Congo, séjourné dans la région des chutes, remonté le haut Congo jusqu'à Bangala et le Kasaï jusqu'à Luebo. Puis les ingénieurs qui avaient accompagné le capitaine Cambier rapportèrent des données précises sur la région située au sud de la route des caravanes, de Matadi au Stanley-Pool, préludant ainsi à une entreprise plus considérable et de la plus haute importance au point de vue de l'avenir de l'État.

M. A. Delcommune, qui avait reçu la mission de reconnaître la valeur économique du haut Congo, rentra le dernier. Après avoir transporté au Pool le steamer *le Roi des Belges*, il avait commencé, le 27 mars 1888, l'exploration du fleuve et de ses principaux tributaires, visité le lac Léopold II, la Lukenye, le Kasaï et le Sankuru; il était ensuite allé aux Stanley-Falls, s'était engagé dans le Lomami, qu'il avait remonté jusqu'à Bena-Kamba, révélant une nouvelle route fluviale, plus courte que celle du Sankuru, pour atteindre Nyangwe et le Manyema. En revenant, il avait pénétré dans l'Aruwimi, la Lulonga, le Ruki, le lac Tumba, et finalement dans le Kwango et son affluent principal, la Djuma (mars 1889).

A la même époque (juillet-décembre 1887), M. Dupont, directeur du Musée d'histoire naturelle de Belgique, parcourut la région des chutes, qu'il explora, au point de vue géologique, jusqu'à Kwamouth.

L'Ubangi, qu'Alex. Delcommune avait laissé en

dehors de ses explorations, devint le théâtre des investigations du capitaine Van Gèle. Reprenant la reconnaissance de la rivière au point où l'avait laissée Grenfell, c'est-à-dire à la passe de Zongo, il s'aventura au delà, en compagnie du lieutenant Liénart (octobre 1887). Mais, un accident étant survenu à son steamer l'*En Avant,* il fut forcé d'interrompre son voyage. L'année suivante le retrouva franchissant les rapides de Zongo avec deux bateaux, accompagné cette fois des lieutenants Georges Le Marinel, Hanolet et De Rechter (juin 1889). Il fonda les postes de Zongo, Banzyville et Yakoma; plaça sous la souveraineté de l'État le territoire de Bangasso, sultan des Sakara; remonta le Bomu, le Bili, et finalement l'Uele, transformant ainsi définitivement en vérité géographique l'hypothèse formulée, dès 1885, dans le *Mouvement géographique,* par l'auteur de ce livre, et d'après laquelle l'Uele du Dr Schweinfurth devait être le cours supérieur de l'Ubangi de Grenfell (octobre-décembre 1890).

En 1890 eurent lieu, dans le bassin de l'Uele, les explorations du capitaine Roget, dont les itinéraires relient ceux de Junker à ceux de M. Van Gèle; dans les districts de l'ouest, la marche de M. Dhanis à travers les chutes et le bassin du Kwango moyen; dans le centre, les reconnaissances de M. Hodister, qui remonta la Mongala et ses affluents, faisant entrevoir l'importance de cette rivière dont, deux ans plus tard, M. Schageström devait traverser le bassin, de Banzyville à Mobeka; enfin, dans le bassin du Luapula, autour des lacs Bangwelo et Moero, les pointes poussées par deux voyageurs anglais, Sharpe et Thomson.

C'est de 1890 que datent également les travaux géodésiques du capitaine Delporte, envoyé au Congo par le gouvernement belge. Malheureusement, la maladie ne permit pas à ce savant officier de pousser sa tâche aussi loin qu'il l'avait espéré. On lui doit, néanmoins, toute une série d'observations qui ont permis de dresser, sur des bases précises, le cours du fleuve depuis Banana jusqu'aux Stanley-Falls.

Ainsi, le bassin du Congo voyait, d'année en année, diminuer les vastes blancs de sa carte. Grâce aux steamers, les tributaires principaux du fleuve avaient été rapidement reconnus jusqu'au terminus de leur navigabilité. Plusieurs des stations créées le long de leurs rives étaient, en outre, reliées par des routes terrestres. A la fin de l'année 1890, un réseau d'itinéraires et de postes couvrait la carte des zones maritime et centrale du bassin, témoignant de la fièvre de la découverte, en même temps que des progrès de l'occupation méthodique du pays.

Mais les districts des confins restaient à explorer et à occuper. Vers le nord, les agents de l'État n'avaient guère dépassé le cours de l'Uele et de l'Aruwimi; au sud, la région où coulent parallèlement les rivières qui viennent déboucher à la rive droite du Kwango et à la rive gauche du Kasaï avait à peine été entamée; à l'est, les points extrêmes atteints étaient les centres occupés par les Arabes, sur le Lualaba, depuis les Stanley-Falls jusqu'à Nyangwe et Kasongo; enfin, toute la région du sud-est, c'est-à-dire l'Urua, le Katanga, ainsi que la rive occidentale du Tanganika, n'avait encore été l'objet, de la part de l'État, d'aucune tentative d'exploration. De ce côté, la station la plus lointaine était Lusambo, créée, en avril 1890, par M. Paul Le Marinel, un peu après la fondation du camp de Basoko par M. Dhanis (février 1889) et de celui de Djabbir par M. Roget (février 1890).

Ces bases d'opérations établies et outillées, et leurs communications avec les postes d'aval solidement organisées, de nouvelles expéditions allaient pouvoir se diriger vers les confins inconnus. Mais, avant d'en exposer les péripéties ainsi que les progrès que, sous tous les rapports, elles firent réaliser à la science, il convient de dire un mot d'une autre poussée, partie, elle, de la côte orientale : nous voulons parler de l'envahissement graduel des régions de l'est par les bandes dévastatrices à la solde des marchands arabes de Zanzibar.

Tandis que les Européens du XIXe siècle, guidés dans leur conquête par l'idée humanitaire, remontaient le Congo et ses affluents, les Arabes, mus par un exclusif esprit de lucre, atteignaient le Tanganika et bientôt après Nyangwe et les Falls. Razzieurs d'ivoire, ils étaient aussi marchands d'hommes. Ils continuaient les odieuses pratiques de cette traite des nègres, plaie hideuse que, durant trois siècles, l'Europe, inhumainement insensible, avait elle-même fait abondamment saigner, mais devant laquelle maintenant sa conscience se révoltait.

BIBLIOGRAPHIE : BATEMAN : *The first ascent of the Kassaï.* — BUTTNER : *Reise durch das Congoland.* — BAUMANN : *Durch Massailand zur Nilquelle.* — CARVALHO : *Expediçao portugueza ao Muatianvua.* — CASATI : *Dix années en Equatorie.* — CHAVANNES : *Reise und Forschungen im alten und neuen Kongo Staate.* — COQUILHAT : *Sur le Haut Congo.* — DELPORTE ET GILLIS : *Observations astronomiques et magnétiques exécutées sur le territoire de l'État indépendant du Congo.* — DUPONT : *Lettres sur le Congo.* — EMIN-PACHA : *Eene Sammlung van Reisenbriefen und Berichten.* — v. FRANÇOIS : *Die Erforschung des Tschapa und Lulongo.* — GLAVE *Six years of adventure in Congoland.* — HORE : *Tanga-*

nika. *Eleven years in Central Africa.* — D\u1d63 Junker : *Reisen in Afrika.* — D\u1d63 Lenz : *Oesterreichische Kongo Exp. Briefe* (*Bulletin de la Société de géographie de Vienne, 1885-1887*). — Moller, Pagels et Gleerup : *Tre år i Congo.* — Mounteney Jephson : *Emin-Pacha et la rébellion de l'Equateur.* — Stanley : *Dans les ténèbres de l'Afrique.* — Ward : *Five years amongs the Conyo cannibals.* — A.-J. Wauters : *Stanley au secours d'Emin-Pacha.* — Wissmann, Wolf, von François et Mueller : *Im Innern Afrikas.*

CHAPITRE VI.

LA TRAITE DES NÈGRES
LA CONFÉRENCE ANTIESCLAVAGISTE DE BRUXELLES
LES ARABES ET LA CAMPAGNE DU MANYEMA.

Lorsque les Portugais se furent établis sur différents points de la côte d'Afrique et qu'en même temps les Espagnols, puis les Portugais, les Anglais et les Français eurent besoin de bras pour l'exploitation des plantations qu'ils venaient de créer en Amérique, on imagina la pratique odieuse de la chasse, de la capture, de l'exportation et de la vente des nègres, et le littoral africain ainsi qu'une partie du centre du continent furent mis en coupe réglée pour les besoins des colonies du nouveau monde.

Pendant plus de trois siècles, ce dépeuplement de l'Afrique au profit de l'Amérique fut officiellement organisé par les gouvernements européens qui passaient des contrats (*asiento*) avec des compagnies privées pour fournir d'esclaves leurs colonies lointaines. Le premier de ces contrats fut consenti en 1517 par Charles-Quint, qui, paraît-il, l'octroya à l'un de ses compatriotes des Flandres. Si le fait est vrai, la Belgique, il faut le reconnaître, ne saurait trop faire pour la race noire, en expiation de l'initiative commerciale que manifestèrent ses enfants lors de l'organisation du hideux trafic! Mais nos ancêtres furent, en somme, plus ou moins excusables, puisque les meilleurs esprits du temps demeuraient indifférents;

que la conscience publique restait apathique; qu'aucun cri de réprobation ne se faisait entendre; que les gouvernants eux-mêmes patronnaient l'énorme forfait, que les puissances les plus civilisées reproduisaient, dans leurs conventions officielles, les clauses cyniques qui faisaient de leurs gouvernements les associés bénéficiaires des négriers, et cela sans l'ombre d'un scrupule ni d'un remords.

Ce que les colonies espagnoles et portugaises ont ainsi dévoré de vies nègres tient, à certains moments, du cauchemar et l'on s'explique pourquoi certaines régions voisines de l'Océan ou facilement accessibles sont aujourd'hui encore dépeuplées.

Le bas Congo, notamment, a été pendant plus de trois siècles transformé en un véritable parc de chasse à l'homme. Monteiro évalue l'exportation du bas Congo et de l'Angola, pendant les années de pleine activité de la traite, à 100,000 personnes par an. C'était Saint-Paul de Loanda qui était le grand port d'embarquement du « bois d'ébène » récolté dans le bassin occidental du fleuve et dans ceux du Kwango et du Coanza. Quand le capitaine anglais Tuckey pénétra dans le fleuve, en 1816, il n'y trouva établis que des négriers. A cette époque, dit-il, il s'exportait encore annuellement 2,000 esclaves tirés des districts où sont fondés aujourd'hui Boma, Vivi, Matadi, Léopoldville. La traite y était le fait de métis opérant pour le compte d'Européens établis à la côte et dont les agissements criminels étaient, le plus souvent, tolérés par les autorités voisines. En 1839, M. Gabriel, commissaire du gouvernement anglais, vit, dans le port de Loanda, 37 bâtiments négriers qui attendaient leurs cargaisons sous la protection des canons du fort. Ces cargaisons provenaient des régions du centre, du Bihé, du Lunda, même du lointain Katanga. Encore en 1865, Monteiro vit arriver, à Benguela, une caravane de 3,000 nègres victimes des razzias opérées dans les districts du haut Kasaï, et en 1875, Cameron rentra en Europe exaspéré du navrant spectacle qu'il avait eu presque chaque jour sous les yeux, dans ces mêmes régions.

Quant à l'exportation par mer, elle agonisait, traquée par les croiseurs anglais. En 1859, ceux-ci avaient capturé, dans les parages de l'embouchure du Congo, un navire ayant à bord 874 esclaves; en 1863, un autre, qui transportait 300 nègres. En 1868, un schooner fut encore saisi. Ce fut la dernière capture dans les eaux congolaises : la traite maritime y avait vécu.

La chasse à l'homme ne fut pas moins active sur un autre théâtre, celui qui englobe, outre le Bahr-el-Gazal, le bassin de l'Uele. Là, la traite s'est introduite d'une autre manière, et souvent avec la complicité d'un certain nombre de misérables Européens établis dans le pays. C'est au commerce de l'ivoire que les comptoirs du Bahr-el-Gazal doivent leur existence première.

Chaque année, les gens de Khartoum y envoyaient des expéditions armées. Ces expéditions s'installaient dans le pays, réduisaient les natifs à l'état de vasselage, et, pour s'assurer des bases d'opérations, y établissaient des postes (*zériba*). Tout le bassin du Bahr-el-Ghazal et une partie de celui de l'Uele furent parsemés de ces zéribas, portant généralement le nom du traitant auquel elles appartenaient, nom sous lequel la plupart figurent encore sur les cartes : *Djur Ghattas, Dem Soliman, Dem Bekir, Ali Kobo*, etc.

Primitivement établies dans un but commercial, elles se transformèrent bientôt en foyers de la chasse à l'homme. C'est de là que partaient ces longues caravanes d'esclaves conduites à quelque port d'embarquement du Nil et dirigées ensuite vers les ports de la mer Rouge.

L'arrivée de Gordon permit au pays de respirer un peu, mais les marchands d'esclaves ne se tinrent pas pour battus. Un fort soulèvement, qui se produisit encore en 1878, fut réprimé par Gessi-Pacha. Aujourd'hui, le Soudan oriental a, de nouveau, échappé à la police de l'Europe et les Khartoumiens ont recommencé leurs brigandages. Samuel Baker estime que le nombre d'hommes capturés annuellement s'élevait à 20,000; d'après Schweinfurth, ce chiffre est bien au-dessous de la réalité.

Enfin, le fléau attaquait le bassin du Congo par un troisième côté, celui de la côte orientale.

C'est vers 1830 que les Arabes de Zanzibar, poussant leurs reconnaissances commerciales à la recherche de l'ivoire vers l'intérieur, arrivèrent dans l'Unyanyembe et s'établirent à Tabora. Dix ans plus tard, ils avaient pénétré jusqu'au Tanganika, sur les bords duquel ils s'installèrent, à Udjiji. En 1868, un métis, Dougombi, fut le premier qui s'établit à Nyangwe. Il y fut bientôt suivi par d'autres et, lorsqu'en 1871, Livingstone y arriva, il trouva la colonie déjà assez nombreuse. Stanley s'étend longuement sur les horreurs commises par elle dans le Manyema. Depuis lors, les dévastations des trafiquants arabes se sont étendues; ils ont élargi le théâtre de leurs razzias jusqu'aux Falls, au Lomami et vers l'Urua.

Tous les traitants qui exploitent cette région

appartiennent à l'élément arabe ou sang mêlé de Zanzibar. De 1830 à 1870, leur marchandise principale était l'esclave, qui trouvait à la côte un débouché rémunérateur. Aujourd'hui que l'exportation est traquée par les Européens, et que le trafic de l'homme est interdit, c'est la récolte de l'ivoire qui constitue le but principal de leurs efforts, l'esclave ne venant plus qu'au deuxième rang. Néanmoins, le consul Holmwood, dans un rapport du 17 novembre 1874, un an après le traité signé entre le sultan de Zanzibar et la Grande-Bretagne pour l'abolition officielle du trafic de l'homme, déclare qu'à Mombas on importait encore 1,000 esclaves par mois; le consul Elton confirme ces chiffres et estime qu'en 1874, les possessions du sultan de Zanzibar, îles et ports du littoral, avaient reçu plus de 30,000 esclaves.

Depuis lors, la situation s'est complètement transformée et les derniers événements politiques, c'est-à-dire la prise de possession administrative de la côte par les compagnies anglaises et allemandes, a donné le coup de grâce au trafic d'exportation. Il y avait plus d'un siècle que la conscience révoltée de l'Europe protestait contre les forfaits dont l'Afrique offrait le navrant spectacle.

C'est, en effet, vers la seconde moitié du xviiie siècle qu'un sentiment de pitié commença à se faire jour. Une page sarcastique de Montesquieu en reste une expression célèbre. Il faut descendre toutefois jusqu'en 1787, trois ans après la publication de l'émouvant écrit de Ramsay, pour que la protestation prenne corps par la fondation, à Londres, sous la direction de Th. Clarkson, de l'*Anti-Slavery Society*. C'est à l'Angleterre qu'appartient l'initiative des mesures prises sur ce terrain;

dès 1807, elle proscrivait la traite. Ce ne fut qu'après vingt ans de lutte et après sept défaites, que les promoteurs et les défenseurs de cette mémorable mesure : Wilberforce, Pitt, Smith, Granville, Fox, Burke, Romilly et bien d'autres, triomphèrent enfin des dernières résistances. Le Congrès de Vienne (1815) et celui de Vérone (1822) donnèrent la sanction de l'Europe à cet acte décisif et posèrent les bases de son application universelle. En 1826, aucune nation chrétienne ne tolérait plus la traite à titre légal.

Mais c'est surtout depuis la réunion de la Conférence géographique tenue à Bruxelles, en 1876, que la question de la traite prend une place prépondérante et sans cesse grandissante, dans les préoccupations de l'Europe.

Neuf ans plus tard, la Conférence de Berlin renouvelle la proscription du commerce de l'homme et proclame l'impérieuse obligation d'y mettre un terme, par l'extension de l'influence européenne en Afrique. A partir de ce moment, de puissants intérêts politiques et moraux viennent coopérer à l'engagement pris par les puissances : l'Angleterre, l'Allemagne, la France, le Portugal, l'État du Congo, se partagent le protectorat politique de l'Afrique, en assument les charges devant le monde civilisé et, au nom de la charité chrétienne, la papauté intervient également.

Par son encyclique du 5 mai 1888, adressée aux évêques du Brésil, Léon XIII se prononce contre le trafic de l'homme et réclame sa suppression. Le cardinal Lavigerie, évêque de Carthage, doué des plus nobles qualités de l'apôtre, enflamme par sa parole pathétique les ardeurs du prosélytisme religieux. Des sociétés antiesclavagistes catholiques sont fondées et joignent leurs efforts à ceux des sociétés protestantes.

Déjà, à ce moment, il était vaguement question, en Belgique, d'une nouvelle réunion des puissances, en vue d'une action commune. Le gouvernement de la Grande-Bretagne se chargea d'en prendre l'initiative et proposa Bruxelles pour lieu de réunion. La Conférence, à laquelle prirent part les plénipotentiaires de dix-sept puissances, fut inaugurée le 18 novembre 1889, sous la présidence de M. Lambermont; M. Émile Banning était le second délégué belge, MM. Van Eetvelde et le conseiller Van Maldeghem représentaient l'État du Congo.

L'acte général de la Conférence de Bruxelles est divisé en six chapitres qui sont :

> Chapitres I et II : Répression de la traite au lieu de capture; III. Répression de la traite sur mer; IV. Mesures à prendre aux pays de destruction de la traite en Afrique ou au dehors; V. Création d'une institution permanente d'information ou de contrôle; VI. Réglementation du trafic des spiritueux.

L'acte a pour annexe une déclaration relative à la création de ressources financières en vue de faciliter l'exécution des décisions prises par la Conférence. Les hésitations de quelques puissances, et particulièment des Pays-Bas, à adhérer à ces dernières dispositions firent que la ratification de l'acte général de la Conférence de Bruxelles ne fut complète que le 18 mars 1891. Il fut mis en vigueur le 2 avril de l'année suivante.

L'œuvre marque un nouveau progrès; elle constitue, en réalité, une législation contre la traite, due à l'entente de dix-sept puissances. La rédaction d'un tel document de droit international s'imposait, au moment où l'Afrique devenait en quelque sorte le patrimoine de l'Europe. Grâce à l'organisation des croisières, la traite maritime a pour ainsi dire cessé à la côte d'Afrique.

Mais il reste l'Afrique elle-même, l'Afrique immobilisée dans sa barbarie native. La traite sévit encore dans la majeure partie de l'intérieur du continent, s'alimentant par les razzias et par les guerres de tribu à tribu. L'esclavage, d'ailleurs, est un grand mangeur d'hommes, car les esclaves pourvoient aux travaux agricoles ou industriels, servent de matière d'échange, fournissent les victimes que réclament les rites funéraires, font même office de viande de boucherie. La question change donc d'aspect et se présente sous un caractère différent. Il ne s'agit plus exclusivement des agissements d'un trafic honteux, mais d'un état social à modifier.

La civilisation se heurte à des coutumes invétérées, à des mœurs barbares, à des lois séculaires. Le remède est plus difficile à trouver; il ne comporte pas la répression violente, impraticable et, du reste, insuffisante. C'est une réforme qu'il s'agit cette fois d'introduire. Elle ne saurait être que le fruit d'un progrès lent et graduel.

Nulle part, en Afrique, ces idées pacifiques et pratiques n'ont trouvé une application plus rapide et plus ample que dans les territoires de l'État du Congo.

C'est à la multiplicité de ses stations, dont la chaîne s'étend aujourd'hui depuis l'océan jusqu'aux frontières les plus lointaines; c'est à l'organisation de la police armée qui les défend et aux moyens de communication qui les relient, que l'État doit les progrès qu'il a réalisés, en certains endroits, dans la diminution des guerres intestines et dans la répression du cannibalisme et des sacrifices humains. C'est également à la rapidité qu'il a mise à occuper effectivement son territoire qu'il doit la victoire décisive qu'il a remportée dans sa lutte contre les Arabes chasseurs d'esclaves du haut Congo.

C'est après 1870 que parvinrent en Europe les premiers renseignements sur la présence, dans les régions orientales du bassin du Congo, d'Arabes trafiquants d'ivoire et d'esclaves. Livingstone les avait rencontrés près des lacs Moero et Bangwelo, puis les avait trouvés établis dans le Manyema et à Nyangwe. De son côté, Schweinfurth signalait leurs opérations sur le haut Uele.

Au mois de novembre 1883, Stanley, se rendant aux Falls, croisa une de leurs bandes qui avait poussé ses incursions jusqu'au confluent du Lomami. Pour essayer d'enrayer, par une occupation effective, l'invasion qui s'annonçait, Stanley établit un poste au point terminus de la navigation. Quinze mois plus tard, le 26 janvier 1885, le capitaine Van Gèle, arrivant à son tour aux Falls, y trouva Tippo-Tip installé depuis six mois à la rive ; les deux futurs adversaires, l'Européen et l'Arabe, étaient sur le Congo, face à face.

La paix promise par l'Arabe ne dura que dix-huit mois : le 28 août 1886, la station, gardée par deux Européens, MM. Dubois et Deane, fut attaquée et occupée par les hommes de Rachid, neveu de Tippo-Tip.

La question arabe était désormais posée pour l'État du Congo.

Déclarer carrément la guerre aux traitants de Nyangwe, de Kasongo et du Manyema, il n'y fallait pas songer à ce moment; c'eût été courir à une catastrophe certaine. On sait à quel expédient eut recours alors le gouvernement de l'État pour conjurer le danger, reprendre aux Falls l'autorité qui lui était nécessaire et organiser des bases sérieuses de défense, en vue d'une campagne prochaine, probable, disons inévitable. Tippo-Tip, qui était resté étranger à l'attaque des Falls ordonnée en son absence par son neveu Rachid, fut, en février 1887, rencontré à Zanzibar par Stanley, qui reçut l'expression des regrets du vieux chef arabe. Celui-ci fut nommé vali des Falls, au service de l'État, et ramené, par la voie du Congo, à son poste, où, le 17 juin suivant, il releva le drapeau bleu. Un an plus tard, la station des Falls était pacifiquement réoccupée par la force armée, sous le commandement des capitaines Van Gèle et Van Kerckhoven (15 juin 1888).

On a beaucoup discuté cette nomination; à l'époque où elle s'est produite, elle prêtait, du reste, par son originalité, à la controverse. Aujourd'hui, l'on doit reconnaître qu'elle a été un acte d'extrême habileté qui a permis à l'influence européenne de prendre pied graduellement dans ces districts lointains et de se préparer à une action militaire que la révolte et les succès des mahdistes dans la vallée du haut Nil pouvaient, d'un moment à l'autre, précipiter.

La création de deux camps retranchés fut, en outre, décidée. Placés l'un à Basoko (1889), l'autre à Luzambo (1890), ils étaient destinés, avant tout, à devenir les bases des opérations contre les Arabes.

Depuis la soumission de Tippo-Tip à l'État, en 1886, les chefs arabes avaient observé une attitude pacifique, tout en développant leur occupation du pays en amont des Falls. Quelques-uns, cependant, plus indépendants que le vali, poussaient des incursions dans les bassins, quasi inconnus à ce moment, du Lomami et de l'Aruwimi jusqu'à l'Uele. On avait même signalé l'arrivée de quelques bandes aux sources du Lopori et de la Mongala. L'occupation arabe faisait tache d'huile et l'influence des sultans des Falls et de Nyangwe devenait de plus en plus grande sur les principaux chefs indigènes du Lualaba et du Lomami, qui étaient devenus leurs vassaux et leurs alliés. Une semblable situation, en réalité fort dangereuse, ne pouvait se prolonger.

Précisément à la même époque se constituait, en Belgique, la Société antiesclavagiste qui fut placée sous la direction technique du capitaine Storms et obtint du gouvernement belge des officiers, les capitaines Jacques et Descamps et le commandant Long, successivement dirigés vers le Tanganika.

Pendant trois ans (1891-94), ils firent à la rive occidentale du lac les plus louables efforts pour réprimer la traite indigène et contrecarrer les agissements de Rumaliza, sultan arabe d'Ujiji. Si la société n'a pas réalisé toutes les espérances qu'elle avait fait concevoir, son action n'a pas néanmoins laissé d'être utile et féconde; elle prit fin, en Afrique, après l'occupation du Manyema par les troupes de l'État.

Le premier contact entre les deux influences qui se disputaient le haut Congo eut lieu sur l'Uele, où, le 27 octobre 1891, le capitaine Ponthier, de l'expédition Vankerckhoven, anéantit un parti d'Arabes pillards, au confluent du Bomokandi. Le second se produisit à Towa, le 9 avril suivant, entre les Arabes de Rumaliza et les troupes du capitaine Jacques, qui furent défaites et bloquées dans Albertville. Le troisième fut provoqué par la révolte du chef indigène

Gongo Lutete, se déclarant vassal de Sefu, fils de Tippo-Tip et sultan de Kasongo, contre M. Dhanis, qui marcha au-devant de lui et le battit dans deux rencontres, les 6 et 9 mai 1892.

Désormais, plus rien ne pouvait empêcher les événements de suivre leur cours, et c'est ici que se placent chronologiquement les drames sanglants de Riba-Riba et de Kinena : le 15 mai, M. Hodister et ses compagnons, agents du Syndicat commercial du Katanga, tombèrent sous les balles des hommes de Nserera, sultan arabe de Riba-Riba, qui se figuraient avoir affaire à des officiers de l'État; Emin-Pacha, qui explorait la région inconnue située entre le lac Albert-Édouard et les Falls, fut arrêté et assassiné, le 23 octobre, à l'instigation de Kibonge. La lutte était déclarée. Aux Falls, Rachid, neveu de Tippo-Tip, faisant fonction de vali en l'absence de son oncle, simulait encore la fidélité vis-à-vis du résident de l'État, mais partout ailleurs, sur le Lualaba et sur le Lomami, la révolte avait éclaté ouvertement.

C'est au sud que l'action s'engagea par la marche de Sefu, fils de Tippo-Tip, vers Gongo Lutete, qui avait fait sa soumission à M. Dhanis. Celui-ci battit le chef arabe les 22 et 23 novembre, et le refoula au delà du Lomami. Des combats se succédèrent. A Goï Kapo Ka, une nouvelle rencontre eut lieu, le 9 janvier 1893. Sefu, auquel s'était joint Munié Mohara, sultan de Nyangwe, subit une défaite complète, dans laquelle ce dernier perdit la vie. La route du Lualaba était libre : M. Dhanis campa, le 21 janvier 1893, sur la rive gauche du fleuve, en face de Nyangwe, où se concentrèrent toutes les bandes arabes, et le 4 mars suivant, la ville tomba entre ses mains.

Dhanis se mit ensuite à la poursuite de Sefu et de

ses alliés, qui s'étaient fortifiés dans Kasongo; le 22 avril, cette place fut également enlevée.

Tandis que l'officier belge s'y établissait solidement, aux Falls éclatait la rébellion de Rachid (13 mars 1893). Pendant cinq jours, le capitaine Tobback résista aux attaques du vali, mais déjà il prenait ses dispositions pour battre en retraite devant le nombre croissant de ses adversaires, lorsque, le 18, l'arrivée du lieutenant Chaltin, suivi bientôt de celle de M. Ponthier, vint changer sa retraite en victoire. La fuite de Rachid chez Kibonge traça immédiatement à Ponthier sa ligne de conduite. Dès le 28 juin, il quitta les Falls pour rejoindre l'ennemi; il le défit en sept combats, faisant 8,000 prisonniers, parmi lesquels 25 chefs. Après quoi, il gagna Kasongo, où se trouvait M. Dhanis.

De nouvelles forces ennemies venaient de surgir devant cette place; Rumaliza, le sultan d'Ujiji, parti du Tanganika, s'avançait à la tête de 3,000 soldats bien armés, ralliant en route des débris de bandes arabes précédemment dispersées. C'était un adversaire redoutable. Il fallut trois mois de temps et trois séries de sanglants combats pour avoir raison de lui. C'est au cours de ces combats que M. Ponthier et Sefu trouvèrent la mort.

Le 14 janvier 1894, le boma qu'occupait Rumaliza fut bombardé et incendié. Le sultan d'Ujiji n'essaya pas de résister davantage et prit la fuite. Sans perdre un instant, Dhanis, les lieutenants de Wouters, Hambursin, Doorme marchèrent à étapes forcées sur Kabambaré. Le 25 janvier 1894, la ville se rendait à merci, et Rachid, qui depuis plusieurs mois errait dans le Manyema avec ses femmes et ses fidèles, venait s'y constituer prisonnier.

La campagne arabe était terminée. Elle avait duré dix-neuf mois. Le Manyema était au pouvoir des forces de l'État.

Les chefs arabes qui avaient essayé de résister à l'autorité légale ont disparu, tués dans les combats, ou ont été pris, jugés et passés par les armes. Rumaliza seul parvint à s'échapper. Rachid, qui eut la vie sauve, est interné dans le district du Kwango, où il a créé un établissement agricole.

Quant au vieux Tippo-Tip, l'ami de Livingstone, de Cameron, de Stanley et de Junker, installé à Zanzibar, il médite mélancoliquement sur la ruine et la disparition de ses enfants et de ses proches, frappés pour n'avoir pas voulu comprendre que là où le drapeau européen apparaît, le meurtre est défendu, le respect du faible s'impose, la chasse à l'homme doit cesser, en attendant le jour espéré, mais encore lointain, où, au centre de l'Afrique, la liberté et l'égalité des droits de chacun pourront enfin être proclamées.

L'abolition complète de la traite dans le bassin du Congo marquera l'aurore de ces temps meilleurs. Comme l'a dit Émile Banning, l'éminent historien de l'œuvre africaine belge, les semences de culture répandues aujourd'hui à pleines mains sur ce sol vierge, ne donneront d'opulentes moissons qu'au soleil de la liberté, sous l'égide de lois protectrices élevées à la hauteur d'une loi des nations.

BIBLIOGRAPHIE : BANNING : *La Conférence de Bruxelles, son origine et ses actes.* — BERLIOUX : *La traite orientale.* — CHALTIN : *La question arabe au Congo.* — COOPER : *Un continent perdu.* — COQUILHAT : *Rapport sur l'évacuation de la station des Falls.* — DHANIS : *Rapport sur la campagne arabe dans le Manyema.* — Dr HINDE : *The Fall of the Congo Arabs.* — LAVIGERIE : *Documents sur la fondation* de *l'œuvre antiesclavagiste*. — Ed. Van Eetvelde : *Rapport au Roi-Souverain*.

Royal Commerce on fugitives Slaves, 1876. — *La traite des esclaves en Afrique*. Renseignements et documents recueillis pour la Conférence de Bruxelles. — Actes de la Conférence de Bruxelles.

CHAPITRE VII.

OCCUPATION DES RÉGIONS FRONTIÈRES. L'EXPLORATION DU KATANGA. LES EXPÉDITIONS VERS LE NIL.

Le soulèvement arabe et sa répression ont eu, entre autres conséquences, celle de provoquer la reconnaissance de tout le pays qui s'étend entre le coude du Sankuru et le Tanganika, l'expansion de l'influence de l'État dans le Manyema et l'occupation effective de la région située entre le lac Moero, au sud, et le lac Kivu, au nord. A cette tâche se sont employés activement, non seulement les officiers de l'expédition Dhanis, et particulièrement MM. Gillain, Hambursin, Lange, Henry, Doorme, de Wouters, mais également les agents de l'*Association antiesclavagiste belge* établis à la rive du lac Tanganika, MM. Jacques, Descamps, Long, Chargois. La réunion des deux troupes parties, l'une de la côte occidentale d'Afrique, l'autre, de la côte orientale, eut lieu à Miketo, le 10 février 1894, et une chaîne de stations ininterrompue relia dès lors Banana à Albertville.

Il est à remarquer que si, pendant les cinq premières années de fonctionnement du jeune État, nous voyons un nombre considérable de voyageurs étrangers, et des plus illustres, initier les Belges aux difficultés multiples de l'exploration des terres nouvelles, à partir de 1890, ceux-ci demeurent presque seuls en scène, poursuivant l'achèvement de l'œuvre si vaillamment commencée. Les travaux d'un grand nombre d'expéditions remplissent cette période extrêmement fertile en découvertes géographiques; rarement, pensons-nous, il a été donné de voir l'inconnu attaqué avec plus d'élan, de passion, de méthode et de succès.

Le plus remarquable ensemble d'explorations de ces dernières années est assurément celui qui a eu pour théâtre le Katanga et l'Urua, et pour chefs MM. Paul Le Marinel, Delcommune, Briart, Bia, Francqui, Cornet, Stairs et Brasseur.

C'est à la *Compagnie du Congo pour le commerce et l'industrie* que revient encore l'honneur du mouvement de curiosité scientifique qui amena la reconnaissance complète de cette région lointaine, drainée par les branches supérieures du Congo. Dans le courant du mois d'avril 1890, cette société chargea M. Al. Delcommune d'explorer les territoires compris entre Nyangwe, le lac Tanganika et la frontière méridionale de l'État.

Tandis que cette expédition s'organisait et gagnait le haut Congo, le gouvernement, désireux d'occuper effectivement cette même contrée, sur laquelle dans certain milieu anglais on semblait vouloir élever des prétentions, donnait pour instructions à M. Paul Le Marinel, commissaire de district à Lusambo, de se rendre chez Msiri, chef du Katanga, et de lui faire arborer le drapeau de l'État.

En même temps, en Belgique, l'attention était appelée sur ces parages célèbres par leurs mines de cuivre et dont quelques voyageurs, notamment Cameron, Capello et Ivens, vantaient le climat et les ressources. De nouvelles initiatives provoquèrent la constitution de la *Compagnie du Katanga* (15 avril 1891), qui se mit aussitôt en devoir de faire visiter les territoires où l'État venait de lui accorder d'importantes concessions, par deux expéditions, respectivement placées sous le commandement des capitaines Stairs et Bia.

M. Delcommune fut le premier à se mettre en mouvement : il partit de Bruxelles dans le courant de juillet, pour être dans le Lomami à la fin de l'année. Mais l'expédition dirigée par l'État, dont l'organisation se fit au Congo même, arriva la première à Bunkeia, but commun assigné à tout ce groupe d'explorateurs et qu'ils atteignirent successivement : M. Le Marinel, le 16 avril 1891 ; M. Delcommune, le 6 octobre ; M. Stairs, le 14 décembre, et M. Bia, le 30 janvier de l'année suivante.

Parti de Lusambo le 23 décembre 1890, accompagné des lieutenants Descamps et Legat, M. Le Marinel remonta le Sankuru, escalada les pentes occidentales de la chaîne des Mitumba, et accomplit sa mission auprès de Msiri, après avoir relié, par un itinéraire nouveau, le point terminus de l'occupation belge, aux points extrêmes atteints par MM. Reichard et Böhm. M. Le Marinel rencontra à Bunkeia les représentants de la mission écossaise Arnot, et ne quitta le pays qu'après y avoir fondé le poste de Lofoï, laissé à la garde du lieutenant Legat (mai 1891).

L'expédition Delcommune arriva quatre mois après le départ de M. Le Marinel. Composée de MM. le lieutenant suédois Hakansson, le Dr Briart, médecin et géologue, Didderich, ingénieur des mines, et Cassaert, chef d'escorte, elle s'était embarquée à Kinshassa, le 17 octobre 1891, pour le haut fleuve et le Lomami, jusqu'à Bena-Kamba. Le 13 mai 1891, elle atteignit

Gandu, résidence de Gongo-Lutita, chef des Batetelas. Marchant vers le sud, elle découvrit le lac Kissale (27 août 1891), vaguement entrevu vingt ans auparavant par Cameron; puis, s'égara dans les plateaux déserts et froids qui couronnent les monts Mitumba, visita la gorge du Djuo et arriva chez Msiri, qui lui fit bon accueil.

De Bunkeia, la caravane se dirigea vers les hauts plateaux où la Lufila et le Nzilo ont leurs sources. Elle endura alors d'atroces souffrances dans un pays dévasté par la famine. Elle atteignit le Nzilo près de sa source et en descendit le cours jusqu'à l'entrée de la gorge étroite par laquelle il s'écoule vers le Congo. Là, les obstacles naturels autant que la famine obligèrent M. Delcommune à se rabattre sur Bunkeia et le Tanganika, d'où il s'engagea vers l'ouest et reconnut le cours de la Lukuga jusqu'à son confluent. Enfin, le 7 janvier 1893, il était à Lusambo, sur le Sankuru, où, trois jours après, une des deux expéditions envoyées en Afrique par la *Compagnie du Katanga* venait le rejoindre.

Celle-ci, dirigée au début par le capitaine Bia, comprenait MM. les lieutenants Francqui et Derscheid, le géologue Cornet et le Dr Amerlinck. Elle avait reçu pour programme de pénétrer dans l'Urua et le Katanga par la vallée du Sankuru; elle y réussit et marcha avec non moins de rapidité et de succès que l'expédition Delcommune.

La caravane quitta Lusambo le 11 novembre 1891 et le 14 janvier 1892, découvrit le lac Kabele; puis franchit les terrasses de la chaîne des Mitumba. Lorsqu'elle arriva à Bunkeia, la famine y régnait; elle en souffrit aussi cruellement que l'expédition Delcommune.

Prenant pour base de leurs opérations le poste de l'État, à Lofoï, les explorateurs rayonnèrent dans le pays. Tandis que MM. Bia et Francqui poussaient une pointe jusqu'aux lacs Moero et Bangwelo, le Dr Cornet faisait une étude complète du massif des Kwandelungu. Puis l'expédition réunie entreprit l'exploration complète de la rivière Nzilo, depuis ses sources jusqu'à son confluent avec le Lubudi; celui-ci fut remonté; toute la région située au nord, entre sa rive gauche et le Lomami, fut reconnue et, le 10 janvier 1893, la caravane revint à son point de départ. Elle avait malheureusement été frappée, en cours de route, par la mort de son chef, décédé à Tenke, le 30 août 1892.

La seconde mission envoyée par la *Compagnie du Katanga* était placée sous le commandement du capitaine Stairs, l'ancien compagnon de Stanley, ayant pour adjoints le capitaine Bodson, le marquis de Bonchamps et le docteur Moloney. Au lieu de prendre, pour gagner le Katanga, la voie du Congo, elle choisit celle de Zanzibar.

M. Stairs trouva le Katanga dans un état de trouble et d'agitation extrême. Msiri montrant de mauvaises dispositions, il se conduisit d'abord avec prudence, cherchant à gagner son amitié. Mais, en présence de la mauvaise foi du chef indigène, il se vit bientôt obligé de renoncer à cette ligne de conduite et d'agir avec la plus grande énergie. Ne parvenant pas à obtenir de Msiri une réponse catégorique à la demande qu'il lui avait faite de reconnaître l'autorité de l'État du Congo, il envoya son adjoint, le capitaine Bodson, pour lui rappeler ses promesses. Au cours de la palabre, M. Bodson se voyant menacé, dut faire usage de ses armes. Il tua Msiri d'un coup de revolver, mais lui-même tomba mortellement blessé dans la mêlée qui suivit : il expira le lendemain.

Stairs se disposait à explorer le pays lorsqu'il tomba malade, en même temps que la caravane était décimée par la famine et la fièvre. Il se résigna, sans avoir même commencé les opérations de recherches et d'études pour lesquelles il avait été commissionné, à reprendre le chemin de la côte, où il mourut, le 5 juin 1892, emporté par la fièvre.

Les résultats scientifiques de ces quatre expéditions sont considérables. Tout d'abord, elles ont fourni un ensemble de renseignements permettant de déterminer l'importance capitale du rôle que joue la chaîne des Mitumba dans l'orographie du bassin du Congo. D'autre part, le fleuve supérieur, jusqu'alors complètement inconnu, avait été franchi en six endroits différents; les lagunes et les lacs du Kamolondo, signalés vingt ans auparavant par Cameron, avaient été visités; des affluents tels que le Lofoï, la Lufila, le Nzilo avec sa gorge sauvage, le Lubudi inférieur avaient été reconnus et le problème si longtemps discuté de la Lukuga avait été complètement résolu. Enfin, le Dr Cornet rapportait une étude géologique du pays.

Il ne restait, pour connaître, enfin, l'entièreté du système hydrographique du Congo supérieur, qu'à achever l'exploration de l'Urua, reconnaître le fleuve entre le confluent du Lubudi et celui du Luapula, et suivre le cours inférieur de ce dernier tributaire jusqu'au lac Moero. Ce fut la tâche du lieutenant Brasseur, qui avait remplacé, en septembre 1893, le lieutenant Legat, au poste de Lofoï. Après avoir parcouru le Katanga pendant trois ans, il entreprit l'exploration de l'Urua.

Parti de Lofoï le 1er juin 1896, en compagnie du

lieutenant Cerckel, il atteignit le Congo au village du chef Shimaloa. En aval, le fleuve est bordé de toute une série de lagunes avec lesquelles il communique ; M. Brasseur n'en a pas compté moins de sept : le Kajibajiba, le Kabue, le Kabele, l'Upemba, qui est la plus grande de toutes, le Kassale, que le fleuve traverse, et, enfin, deux vastes pièces d'eau jusqu'alors absolument inconnues, le Lubambo et le Kalomba. Parvenu au confluent du Luapula, près du village d'Ankolo, visité en 1891 par M. Delcommune, M. Brasseur remonta la vallée de cet affluent, que quelques écrivains tiennent pour le cours supérieur du fleuve même. Le 10 juillet, il découvrit la gorge étroite de Kiwele, au fond de laquelle roule la rivière ; puis il rattacha son itinéraire à celui de MM. Reichard et Böhm.

Désormais, l'Urua entrevu par Cameron, et le Katanga révélé par MM. Reichard et Böhm dix et vingt ans auparavant, étaient connus dans leurs grandes lignes, leurs cartes couvertes d'un réseau serré d'itinéraires, leurs curieux problèmes orographiques et hydrographiques résolus.

Précisément, en aval, M. Hinde, médecin de l'expédition Dhanis, et M. Mohun, consul américain, avaient relevé ensemble la section inexplorée du fleuve qui s'étend entre Nyangwe et le confluent de la Lukuga, découvert et franchi la gorge étroite appelée par eux *Porte d'enfer*.

En amont, sur les plateaux supérieurs où coule le Tshambezi-Luapula, M. Weatherley (1895), complétant les reconnaissances de MM Sharpe, Johnston et Thomson autour du Moero et du Bangwelo, avait confirmé les données de Livingstone et de M. Giraud sur l'assèchement lent, mais continu, de ces deux lacs jadis indépendants.

Les autres anciennes mers intérieures, situées plus au nord : le Tanganika et le Kivu, rattachés au bassin du Congo, l'Édouard-Albert et l'Albert, rattachés à celui du Nil, furent aussi, à la même époque, le but d'expéditions importantes. La première fut dirigée par le campagnon d'Émin-Pacha, le Dr Stuhlmann, qui apporta, dans un livre plein de données scientifiques de tout genre, les premiers renseignements sur le massif volcanique des monts Virungo, entrevu trente ans auparavant par MM. Spêke et Grant, allant à la découverte des sources du Nil et dressa également un lever des rives méridionales et occidentales du lac Albert-Édouard et du cours de la Semliki (1891).

L'expédition suivante fut celle du capitaine Lugard qui, en 1892, visita le lac Albert-Édouard et la vallée de son effluent. Observant soigneusement les altitudes, il entoura le large socle sur lequel se dressent les pics neigeux du Ruwenzori, d'un cercle d'itinéraires.

Plus récemment, le même pays fut traversé par l'expédition française Versepuy, venant de Zanzibar et allant au Congo par la vallée de l'Aruwimi. Puis, le lieutenant Vander Wielen établit au village de Kirimi, sur la Semliki, un poste frontière, le plus oriental qu'ait fondé l'État du Congo (juin 1896).

Mais de toutes les expéditions qui parcoururent ces régions de lacs et de montagnes, la plus importante par ses découvertes géographiques et les renseignements nouveaux apportés sur des contrées encore inconnues, est celle que conduisit, d'une côte à l'autre de l'Afrique, le lieutenant comte von Götzen (octobre 1893-décembre 1894) : au cours de celle-ci, le lac Kivu fut exploré dans sa partie septentrionale; l'un des volcans des monts Virungo fut escaladé jusqu'à son cratère fumant (juin 1894); la région montagneuse qui constitue, à l'ouest, la ligne de faîte du bassin du Congo, fut franchie et reliée à celui-ci par un itinéraire le long de la vallée de la Lowa, à travers la grande forêt équatoriale.

L'année suivante, le lieutenant Lange complétait les découvertes de M. von Götzen au sud du Kivu, et reconnaissait le cours de l'émissaire de ce lac, le Rusiji, à la rive duquel il établissait deux postes (1895).

Ainsi, graduellement, l'État poussait de plus en plus loin la reconnaissance et l'occupation de son territoire : ses agents étaient établis, à l'est, sur la Semliki, le Kivu, le Rusiji, le Tanganika et le Moero; au sud-est, le Katanga était commandé par le poste de Lofoï.

Si le long de la frontière méridionale, aux sources du Lubudi, du Sankuru et de la Lulua, dans de lointains districts pour ainsi dire vierges de tout contact européen, il existe encore une lacune, au sud-ouest elle a été, en partie, comblée par l'expédition Dhanis, qui explora le Kwango et la Wamba et fonda la station de Popobabaka (février 1890); par celle de Lehrman (1892), et surtout par la mission de la délimitation des frontières congo-portugaises confiée au révérend George Grenfell et au lieutenant Gorin (janvier-mai 1893).

Tandis que, dans le sud, s'effectuait l'exploration scientifique du Katanga, de l'Urua et du bassin du Kasaï, le capitaine Vankerckhoven, ses lieutenants et ses continuateurs, opéraient militairement dans les districts frontières du nord.

Les expéditions qui se succédèrent dans le bassin de l'Uele, ainsi que celles qui, prenant pour base les postes fortifiés établis le long de cette rivière, franchirent la ligne de faîte du Nil, furent, au début, entourées de mystère. C'est qu'elles n'avaient pas seulement pour but la reconnaissance et l'occupation des confins septentrionaux de l'État, mais aussi l'extension territoriale, la conquête de provinces nouvelles, au nord, vers le Darfour, à l'est, jusqu'au Nil. C'est ce qu'ont démontré à l'évidence la conclusion de la convention du 12 mai 1894, avec l'Angleterre, et les événements franco-congolais qui l'ont suivie, jusqu'à la signature avec la France, le 14 août de la même année, d'un arrangement territorial qui était un peu un traité de paix.

Dans le courant de l'année 1890, en même temps que s'organisaient à Bruxelles les premières explorations du Katanga, l'État du Congo conçut de vastes et ambitieux desseins que l'expédition de l'Uele, placée sous le commandement du capitaine Vankerckhoven, ancien chef de district des Bangala, fut chargée de réaliser. Il a poursuivi cette œuvre hardie avec des succès divers, recueillant, en somme, sur le terrain politique, plus de désillusions que d'avantages.

Vers la fin de 1891, toutes les forces du commandant en chef, ayant sous ses ordres MM. Ponthier, Milz, Daenen, Gustin, de la Khétulle et de nombreux adjoints, étaient réunies au confluent du Bomokandi. L'expédition remonta la vallée de l'Uele, reliant les itinéraires Junker et Roget à ceux de Schweinfurth, explorant les grands affluents de la rivière, — Daenen visita le Bomokandi et Gustin le Kibali — créant toute une chaîne de postes fortifiés : Bima, Bomokandi, Amadi, Wurungu, Nyangara, Dongu, etc., traitant pacifiquement avec quelques-uns des principaux chefs azande, tels que Semio et Rafaï, obtenant la soumission des autres. M. Vankerckhoven mourut accidentellement au cours de cette campagne, près du camp de Lehmin (10 août 1892), et son second, le lieutenant Milz, mena l'expédition au Nil, où elle arriva en septembre 1892. En juin 1893, le capitaine Delanghe, successeur de M. Milz, arborait le drapeau de l'État le long de la rive gauche du fleuve, dans l'ancienne province d'Émin-Pacha, à Kiri, Muggi, Labore et Dufile.

En même temps, d'autres colonnes se dirigeaient vers le nord. MM. Nilis et de la Khétulle, partis de la résidence du chef azande Rafaï, suivirent la vallée du Shinko, affluent du Bomu, franchirent la ligne de faîte du Nil près des mines de Hofrah-er-Nahas, et firent flotter le drapeau bleu à Katuaka, sur l'Ada, affluent du Bahr-el-Gazal (février-juin 1893). Vers la même époque, Liffi, village situé entre Katuaka et Dem Siber, était atteint par une autre colonne, sous le commandement du lieutenant Donckier de Donceel.

Le capitaine Hanolet, qui avait pour adjoints MM. Van Calster et Stroobant, poussa plus avant encore. Il s'engagea, au nord-ouest, dans une région totalement inconnue, par la vallée du Bali, le haut Kotto et la route des caravanes arabes du Kuka, pénétra dans le bassin du Chari, se mit en rapport avec des chefs soudanais, poussa vers l'ouest jusque près d'El Kuti, où fut assassiné Crampel, et fonda un camp à Bele (1894).

Ainsi, le court espace de trois années avait suffi pour occuper militairement le bassin de l'Uele et la partie méridionale du Bahr-el-Gazal jusqu'au Nil, le Dar-Banda jusqu'aux confins du Darfour et du Kuka.

En tirant sur la carte une ligne partant de Redjaf, passant par Liffi et Katuaka, pour aboutir à Bele, on peut se rendre compte de l'immense province qui venait d'être conquise, au nord de l'Uele, grâce à l'entrain et à la vaillance des officiers belges au service de l'État.

Mais bientôt se montrèrent des adversaires qui allaient leur en disputer le terrain et essayer de s'opposer à leur marche. Nous voulons parler des mahdistes. Ceux-ci, pendant les années qui suivirent la chute de Khartoum (1885), avaient franchi la ligne de faîte du Nil et poussé leurs bandes dévastatrices jusque dans les bassins du Bomu et de l'Uele. Mais, privés de leur chef Osmar-Saleh, à qui Lupton et Émin avaient eu affaire, et en butte à l'incessante hostilité des indigènes, ils furent obligés de rétrograder, si bien que, lorsque M. Milz pénétra, en 1892, dans le bassin du Nil, le pays en était débarrassé jusqu'au fleuve. Une révolte des Dinka, qui éclata vers la même époque, acheva d'en purger le bassin presque entier du Bahr-el-Gazal.

Toutefois, le Nil restait libre et par cette voie les mahdistes firent un retour offensif devant lequel les postes de Kiri, de Muggi, de Labore et de Dufile durent être évacués. Leurs bandes réapparurent même sur le haut Uele, d'où une action énergique des troupes de l'État devait bientôt les chasser. Le 18 mars 1894, elles furent repoussées, à Mundu, par les capitaines Delanghe et Bonvallet, et, le 23 décembre suivant, elles furent mises en déroute, au nord de Dongu, par les capitaines Francqui et Christiaens.

A l'ouest, les officiers belges eurent à lutter avec d'autres bandes venues, celles-ci, du Darfour, patrie d'Abdulah, le nouveau Mahdi. En août 1894, le lieutenant Gérard entra en contact avec l'une d'elles, au poste de Katuaka, et le lieutenant Donckier avec une autre, au village de Liffi. Soutenus seulement par de faibles escortes, ils furent forcés l'un et l'autre de battre en retraite et regagnèrent leur base d'opérations sur le Bomu. Au reste, n'y eussent-ils pas été obligés par les forces mahdistes, que l'action pacifique de la diplomatie européenne les eût contraints, peu de temps après, à abandonner les territoires conquis.

En effet, entre Bruxelles et Londres, d'une part, entre Bruxelles et Paris, d'autre part, se poursuivaient des négociations ayant pour objet le règlement des frontières dans ces parages. Ces négociations aboutirent avec l'Angleterre par le traité du 14 mai 1894 et avec la France par l'accord du 14 août 1894, lequel limita les territoires congolais par le cours du Bomu, interdit à l'État toute occupation dans le bassin du Bahr-el-Gazal, admettant seulement son action dans l'enclave de Redjaf [1].

Cette dernière convention mit fin à la sourde hostilité qui se perpétuait depuis si longtemps, sur les rives de l'Ubangi, entre les agents français et ceux de l'État, hostilité qu'avaient provoquée et sans cesse envenimée les discussions relatives à la délimitation des frontières. Les postes établis par les Belges au nord du Bomu furent remis aux Français et dès lors, ces derniers, toujours préoccupés d'expansions nouvelles ne tardèrent pas, la route de l'est leur étant ouverte, à pénétrer dans le Bahr-el-Gazal, à viser le Nil et peut-être des territoires plus lointains encore, via Fashoda,

---

[1] Pour plus de détails sur ces arrangements, voir le chapitre intitulé : *Le territoire*.

dans la direction de Djibuti, sur la mer Rouge. Au reste, le Nil et son bassin supérieur allaient bientôt être remis à l'ordre du jour de la politique européenne par la nouvelle expédition que l'Angleterre s'apprêtait à diriger sur Khartoum (mars 1896).

Depuis un an déjà, le souverain du Congo, débarrassé des soucis que lui causaient depuis tant d'années la question arabe et les négociations avec la France, avait reporté toute son attention de ce côté et décidé de reprendre la suite des opérations commencées, en 1891, par M. Vankerckhoven et que l'invasion des bandes mahdistes et la rébellion de quelques chefs azandes étaient un moment venues entraver.

Pour le commandement de la nouvelle expédition, — dont le but, affirmaient certaines personnes, était simplement l'occupation de l'enclave de Redjaf, alors que, selon d'autres, il était plus ambitieux et plus lointain, — l'État fit appel à l'expérience et à la popularité du vainqueur des Arabes, le baron Dhanis, qui, le 6 novembre 1895, repartit pour le Congo.

L'avant-garde, placée sous les ordres du capitaine Leroi et composée de trois bataillons forts de 1,000 hommes chacun, commandés respectivement par les capitaines Mathieu, Julien et Doorme, se mit en marche au mois de septembre 1896. Le gros des troupes suivit et le baron Dhanis quitta à son tour les Falls, à la fin d'octobre, avec son état-major. Les principales étapes de l'expédition furent : Avakubi, sur le haut Aruwimi; Kavali, sur le lac Albert; Tamara, sur le haut Uele.

Quand on connaît les relations que Stanley a laissées de ses deux traversées de la forêt équatoriale, en 1876 avec Tippo-Tip, en 1887 à la tête l'expédition au secours d'Émin-Pacha, on peut mesurer toute la témérité avec laquelle s'engagea par un pareil chemin, à travers l'inconnu, sans avoir préparé ses étapes et sans réserves de vivres, toute une armée de soldats noirs n'ayant de la discipline qu'une idée assez vague, et commandée par des Européens en nombre insuffisant. Pendant trois mois, ce fut la répétition de la marche de Stanley dans la forêt sans soleil et sans route, parfois inextricable, où les bataillons se frayaient un passage à coups de hache et où les hommes étaient souvent privés d'eau et mouraient de faim. Mais Stanley n'avait à diriger que 400 porteurs dociles, tandis que, cette fois, il s'agissait de milliers de soldats indisciplinés, parmi lesquels plusieurs bataillons de Batetela, de ces mêmes Batetela qui deux années auparavant s'étaient révoltés contre l'autorité de l'État, après l'exécution militaire de leur chef Gongo Lutete (1895). Les rares populations de la région se montrèrent hostiles, refusèrent de vendre des vivres, de fournir des porteurs et des guides. Forcés de pourvoir à la nourriture de leurs hommes, les officiers se virent à chaque moment obligés de livrer des combats et de prendre de force ce qu'on leur refusait de bonne grâce. C'est dans ces conditions désastreuses que l'avant-garde arriva près du village de Dirfi, à la frontière nord-est de l'État, le 12 février 1897.

Les troupes étaient démoralisées par tant de fatigues, de privations et de souffrances et la discipline s'était relâchée. Le soir du 14, une révolte éclata parmi les Batetela et les Bakusu, qui fusillèrent le capitaine Leroi et plusieurs de ses adjoints. Puis, ayant repris avec les armes et les munitions, la route vers le sud, les révoltés rencontrèrent chemin faisant les autres bataillons en marche, provoquèrent des désertions dans leurs rangs et firent de nouvelles victimes.

Le commandant en chef, qui essaya de leur disputer le passage de l'Aruwimi, au village d'Ekwanga, le 18 mars, fut complètement battu, ses troupes dispersées, son camp pillé, plusieurs de ses meilleurs officiers tués et lui-même forcé de s'enfuir dans la brousse jusqu'à Avakubi, d'où il regagna les Falls.

Le désastre était complet : la grande expédition du Nil avait subi un échec tel que, dès ce moment, on comprit que les projets mystérieux qui avaient motivé son organisation allaient devoir être abandonnés. Bien plus, depuis près de deux ans la répression de cette fatale révolte accapare et immobilise la plus grande partie des forces de l'État, aux Falls, sur le Lualaba, dans le Manyema et au Tanganika et paralyse tout progrès dans ces parages.

Depuis lors, les rebelles ont poursuivi leur course vers le sud, détruisant et pillant tout sur leur passage, saccageant la station de Karimi, sur le Semliki (juin), pénétrant dans le Toru anglais. C'est en vain que le lieutenant Henry, parti d'Avakubi à leur poursuite, les atteignit et les défit le 15 juillet 1897, à l'ouest du lac Albert-Édouard ; que le capitaine Doorme les arrêta le 20 décembre, à Biko, sur la Lowa. Réduits en nombre, mais toujours bien pourvus de fusils et de munitions, ils viennent de tomber sur les postes du Kivu et du Tanganika septentrional (mai 1898), faisant de nouveaux vides dans les rangs des officiers de l'État.

Ils cherchent à gagner leur pays d'origine pour s'y fortifier et y faire de nouvelles recrues. Y réussiront-ils ? A la tête de forces imposantes, le baron Dhanis les attend au camp de Micici, sur l'Elila ; le capitaine Long, dans les parages de Kabambare.

Tandis que ces tragiques événements se passaient sur l'Aruwimi et le Kibali, le capitaine Chaltin quittait, le 14 décembre 1896, à la tête de 700 hommes, le fort de Dongu, sur l'Uele, et occupait l'enclave de Redjaf après en avoir chassé les mahdistes, battus le même jour en deux rencontres. Par une étrange coïncidence, M. Chaltin touchait le Nil le 14 février, c'est-à-dire au jour même où, près de Dirfi, éclatait la rébellion de l'avant-garde de l'expédition Dhanis. Quatre jours plus tard, le drapeau étoilé flottait sur Redjaf, le point le plus septentrional du territoire soumis à l'influence de l'État du Congo.

Comme on le voit, avec des fortunes diverses, mais sans cependant que ses progrès soient longtemps arrêtés, l'œuvre du roi des Belges réalise ainsi peu à peu son programme. Il y a treize années que la fondation de l'État a été proclamée, et déjà les frontières les plus lointaines sont occupées, des voies de communication ont été créées, des moyens de transport rapide organisés, grâce au dévouement, à l'intelligence et à l'infatigable ardeur de toute une légion d'hommes dont la plupart sortent des rangs de l'armée belge.

Il convient d'ajouter que l'initiative privée a collaboré utilement à cette œuvre grandiose : aux agents de l'État sont venus se joindre les missionnaires et les commerçants apportant, les premiers, le précieux concours de leur prestige moral, les seconds, sans qui une entreprise coloniale toujours difficile à édifier, ne peut réussir, leur incessante activité pratique.

BIBLIOGRAPHIE : DELCOMMUNE : *Exploration du Katanga* (Mouvement géographique, 1893-94). — FRANCQUI et CORNET : *Exploration du Katanga* (Mouvement géographique,

1893-94). — v. Götzen : *Durch Africa von Ost nach West.*
— Gustin : *Vers le Nil* (Mouvement géographique, 1898).
— de la Kéthulle : *Deux années de résidence chez le sultan Rafay* (Bulletin de la Société belge de géographie, 1895). — Lugard : *Travels from the coast to Uganda, etc.* (Proceedings, 1892). — Stairs : *De Zanzibar au Katanga* (Congo illustré, 1893). — Stroobant : *Lettres de l'Ubangi* (Mouvement géographique, 1896). — Vandevliet : *L'exploration de l'Uele de Djabbir à Surángu* (Congo illustré, 1894).
— *L'exploration Bia* (Mouvement géographique, 1892). — *L'expédition Vankerckhoven* (Belgique coloniale, 1896). — *Les explorations Nilis et de la Kéthulle au nord de l'Uele* (Mouvement géographique, 1895) — *L'exploration du Lualaba par Hinde et Mohun* (Mouvement géographique, 1894 et 1895).
— *L'exploration Brasseur* (Mouvement géographique et Belgique coloniale, 1897).

CHAPITRE VIII.

HISTOIRE DES MISSIONS RELIGIEUSES.

A. — LES MISSIONS CATHOLIQUES.

Les anciens chroniqueurs portugais reportent au 29 mars 1490 l'arrivée au Congo des premiers missionnaires catholiques, avec l'expédition dirigée par Rodrigue de Souza. Il n'y a aucune certitude sur leur nombre, leur qualité et les lieux où ils s'établirent d'abord : on croit que ce furent des dominicains ou des franciscains portugais, et l'on sait qu'ils ne tardèrent pas à poser les fondements d'une chapelle au village d'Ambasi, baptisé par eux *San-Salvador*.

En 1534, le Congo fut placé sous la juridiction de l'évêché de San-Thomé, puis, en 1597, érigé en évêché spécial. Son premier évêque fut le père Michel Rangel, de Coïmbre, qui arriva à San-Salvador avec un grand nombre de religieux.

On est sans renseignement aucun sur les travaux et les progrès de ces premiers missionnaires. Les seuls documents imprimés que l'on possède sur l'œuvre d'évangélisation entreprise dans ces parages sont dus à des pères de l'ordre de Jésus qui arrivèrent dans l'Angola, en 1549, quelques années seulement après la création de leur Compagnie.

Au commencement du XVIIe siècle, des signes de décadence se firent sentir dans l'occupation portugaise des districts de la rive gauche du bas Congo, en même temps que l'œuvre d'évangélisation ne marquait aucun progrès. Aussi, en 1608, le siège épiscopal de San-Salvador fut-il abandonné et le deuxième évêque du Congo, le père franciscain Emmanuel-Baptiste, alla-t-il s'établir à Saint-Paul de Loanda, fondé, depuis trente-trois ans, par Paul Dioz de Novaes.

Cependant, la papauté n'avait pas renoncé à christianiser le bas Congo, et douze ans à peine après l'abandon du siège épiscopal de San-Salvador, le pape Paul V, par un bref daté du 21 août 1620, annonça au chef de cette résidence l'arrivée de nouveaux missionnaires. L'œuvre, toutefois, ne fut reprise qu'en 1644, non plus par l'intermédiaire des missions portugaises, mais par les soins directs de la propagande. A cet effet, le pape Urbain VIII lui donna une organisation indépendante, en érigeant, en 1640, le Congo en préfecture apostolique relevant directement de Rome, et il confia la mission à des capucins italiens. Ceux-ci, sous la conduite du père Bonaventure d'Alessamo, débarquèrent à Sonho (San-Antonio), en l'année 1644. Avec eux, commence la deuxième période de l'évangélisation du Congo; elle fut très active et se prolongea jusqu'en 1717, c'est-à-dire pendant plus de soixante-dix ans.

En 1651, le père François, de Valence, nommé préfet apostolique du Congo, arriva avec 45 religieux, parmi lesquels un Belge, le père Érasme, de Furnes. Deux autres Belges firent partie de la cinquième mission : les pères Siller, d'Anvers, et Georges, de Gheel.

Le 24 janvier 1673, les capucins italiens qui, depuis une trentaine d'années, étaient restés seuls au Congo, virent arriver une mission belge composée de franciscains-récollets ; elle était dirigée par le P. Wauters, d'Anvers ; mais ses travaux ne furent pas de longue durée ; le supérieur rentrait déjà aux Pays-Bas en 1675.

D'autres capucins arrivèrent encore d'Italie pour combler les vides que la maladie ne cessait de faire dans les rangs des courageux religieux : les PP. François, de Monteleone, et Jérôme Merolla, de Sorrente, en 1682 ; le P. Antoine Zucchelli, en 1700. Mais cette laborieuse période de propagande allait prendre fin : des conflits éclatèrent entre les missionnaires et les prêtres séculiers. Les chefs indigènes ayant pris parti pour ces derniers, les pères capucins furent expulsés du Congo, en 1717.

Les naïves relations que quelques-uns de ces zélés religieux ont laissées de leurs courses apostoliques dans le bas Congo et, plus au sud, dans l'Angola jusqu'au Coanza, sont curieuses, surtout au point de vue des mœurs et des coutumes des indigènes. Il faut lire celles des PP. Cavazzi (1687), Merolla (1692), et Zucchelli (1712), si l'on veut se rendre compte des difficultés rencontrées par ces hommes courageux et dévoués, et comprendre pourquoi le succès n'a que rarement répondu à la générosité de leurs efforts.

On peut dire que, les missionnaires capucins disparus, l'évangélisation du Congo fut abandonnée pendant plus d'un siècle et demi, car ce n'est que pour mémoire que nous enregistrons les deux tentatives faites, la première, en 1766, par l'abbé Belgrade, qui inaugura, à Loango, les premiers efforts de l'influence française dans le bassin du Kwilu, la seconde, par le père de Castello, qui tenta en vain de ressusciter, à San-Antonio, l'ancienne mission portugaise.

Après l'échec de ces deux missions, il n'y eut plus aucun essai de propagande catholique dans le bassin du Congo, avant l'ère des entreprises belges en Afrique. En 1877, l'expédition Crespel et Cambier inaugurait celles-ci dans l'Afrique orientale et, l'année suivante, le Saint-Siège, par un rescrit en date du 24 février 1878, instituait les *Missions de l'Afrique équatoriale*, dont le champ d'action était le même que celui de l'Association internationale.

Les premiers religieux qui partirent furent les *Pères blancs* d'Alger, de la congrégation de Notre-Dame d'Afrique (œuvre du cardinal Lavigerie). Cinq missionnaires arrivèrent au Tanganika, en janvier 1879, sous la conduite du P. Pascal et du capitaine Joubert, et s'établirent à Ujiji. En 1885, les Belges, abandonnant le lac, leur cédèrent Karéma, qui devint leur établissement central. Deux années plus tard, ils étaient établis, en outre, à Mpala et à Kibanga, sur la rive occidentale. Depuis lors, et avec le concours de la Société antiesclavagiste belge, ils ont encore fondé Baudouinville, Kisako et Lusaka. En vertu d'une décision pontificale prise le 30 décembre 1886, les territoires situés à l'ouest du Tanganika jusqu'au Lualaba et au Luapula constituent un vicariat spécial sous le nom de *Vicariat apostolique du haut Congo* (Tanganika occidental). Ajoutons que des religieuses de *Notre-Dame d'Afrique* se sont fixées à Baudouinville, résidence de Mgr Roelens, nommé vicaire apostolique du haut Congo, en 1897.

Tandis que les pères d'Alger, suivant les traces de l'expédition Cambier, s'installaient sur les rives du Tanganika, à la côte occidentale du continent, les missionnaires français du Saint-Esprit, sous la direction de Mgr Carrie, suivaient la route ouverte par Stanley, et s'établissaient, vers 1880, à Boma, à Nemlao, près de Banana, puis à Linzolo, à Brazzaville et à Kwamouth, où se fixèrent les PP. Augouard, Guyot, Merlon et Schynse.

Pendant huit ans, ces missionnaires furent seuls à se partager, avec les pères d'Alger, l'évangélisation du bassin du Congo. Mais, après la Conférence de Berlin, le clergé belge demanda à pouvoir collaborer à l'œuvre du Roi. Des négociations furent entamées dans ce but avec le Saint-Siège et, le 11 mai 1888, le pape décréta l'érection du *Vicariat apostolique du Congo belge*. Ce vicariat, qui s'étend sur toute la partie occidentale et centrale de l'État, jusqu'au Congo et au lac Moero, fut réservé aux missionnaires de la *Congrégation du Cœur immaculé de Marie*, à Scheut lez-Bruxelles. Dès le 25 août 1888, ceux-ci furent à même d'envoyer en Afrique une première expédition, sous la conduite de l'abbé Gheluy et du P. Huberlant, qui établirent, à Kwamouth, la mission de Berghe-Sainte-Marie. Le 1ᵉʳ janvier 1889, une nouvelle caravane, ayant à sa tête le P. Van Ronslé, quitta Anvers pour aller fonder une mission à Luluabourg. Depuis lors, en 1897, le P. Van Ronslé a été sacré évêque et nommé vicaire apostolique du Congo belge.

Pendant cinq ans, les pères de Scheut, ayant pour supérieur le P. Van Aertselaer, activement secondé par le P. De Deken, évangélisèrent seuls les territoires de l'État dans le bas et le moyen fleuve. Mais, en 1892, apparut un nouveau groupe de religieux, les pères de la *Compagnie de Jésus*, auxquels fut confiée, par un décret de la Propagande daté du 8 avril 1892, la mission du Kwango. Les premiers missionnaires, sous la conduite des PP. Van Enexthoven et Liagre, s'embarquèrent pour l'Afrique le 6 mars et le 6 avril 1893; ils se sont installés dans la région des chutes, à Kimuenza, Kisantu et Dembo.

Enfin, le 6 avril 1894, un groupe de pères trappistes, appartenant à la maison de Westmalle, est allé fonder un établissement à Bamania, sur le Ruki, et, le 6 juin 1898, une caravane de missionnaires prémontrés de l'abbaye de Tongerloo s'est embarquée à Anvers, pour la région de l'Uele, voisine de Djabir.

En résumé, cinq congrégations se partagent l'œuvre de l'évangélisation du Congo belge : les pères blancs, les pères de Scheut, les jésuites, les trappistes et les prémontrés. Ils sont aidés dans leur mission par les sœurs de Gand et de Namur, ainsi que par quelques prêtres de l'œuvre de Mgr Stillemans, évêque de Gand, lesquels sont établis à Matadi, dont M. d'Hogghe est actuellement le curé.

B. — LES MISSIONS PROTESTANTES.

Aussitôt après la publication du voyage de Stanley à travers le continent mystérieux, les missionnaires anglais, entrevoyant dans les immenses et populeuses contrées que l'explorateur venait de révéler un vaste champ pour leur activité religieuse, s'organisèrent rapidement pour aller fonder des missions au Congo.

La première fut envoyée par la *Baptist Missionary Society*. Dès 1878, quatre de ses membres, MM. Bentley, T. J. Comber, Crudginton et Hartland, se rendirent à San-Salvador et, de là, gagnèrent le Pool, où ils arrivèrent en mars 1881. Vers la même époque, la *Livingstone Inland Mission*, fondée au moment où le fleuve nouvellement découvert semblait devoir porter le nom de « Livingstone », que lui avait donné Stanley, y envoya des agents.

Successivement, de nombreuses sectes suivirent l'élan donné par ces deux sociétés anglaises, et créèrent des établissements dans le bassin. Ce fut d'abord la *London Missionary Society*, qui établit des postes à la rive du Tanganika. Puis vinrent la *Swedish mission* et l'*American Baptist Missionary Union*, en 1883 ; la *Bishop Taylor Mission*, en 1886 ; la *Congo Balolo Mission*, et l'*International Missionary Alliance*, en 1889 ; l'*American Southern presbyterian Mission*, en 1890 ; enfin, la *Mission presbytérienne d'Arnot*, en 1891.

La plus importante, en même temps que la plus ancienne de toutes, est la *Baptist* anglaise, dont les postes sont actuellement répartis sur tout le territoire central de l'État. C'est à cette société qu'appartiennent deux honorables gentlemen qui, dès le début des entreprises belges, secondèrent celles-ci de tout leur pouvoir : le révérend Georges Grenfell, à qui l'on doit le bel ensemble de découvertes géographiques dont nous avons parlé dans un précédent chapitre, et le révérend W. Holman Bentley qui, admirablement secondé par sa femme, s'est particulièrement dévoué à l'émancipation morale des populations dans la région des chutes.

La *Livingstone Inland* et l'*American Baptist Union* ont fusionné. C'est de cette mission que fait partie le Dr Sims, établi depuis de longues années à Léopoldville, où, grâce à sa grande expérience des maladies d'Afrique, il a rendu et continue à rendre les plus précieux services, aussi bien aux indigènes qu'aux Européens de la région.

La mission qui a pénétré le plus avant dans l'État est celle qu'a fondée, près de Bunkeia, dans le Katanga, le révérend Arnot (1896).

Plusieurs de ces missions protestantes ont pris un grand développement dans le bassin du haut fleuve. Elles doivent en partie leur succès à l'intelligente mesure qu'elles ont prise d'y envoyer des bat aux à vapeur. La *Baptist Missionary Society* en possède deux : le *Peace*, dont les découvertes de Grenfell ont rendu le nom célèbre, et le *Goddwel;* l'*American Baptist* en a un, le *Henry Reed;* la *Congo Balolo Mission*, un également, le *Pioneer*.

BIBLIOGRAPHIE : BAESTEN : *Les anciens jésuites au Congo.* — BENTLEY : *Life on the Congo.* — P DU JARRIC : *Histoire des choses les plus mémorables*, etc. — EUCHER : *Le Congo. Essai sur l'histoire religieuse de ce pays.* — H. GRATTAN GUINNESS : *The New World of Central Africa.* — LABAT : *Relation historique de l'Éthiopie occidentale*, traduit du P. Cavazzi. — MEROLLA : *Relazione nel regno de Congo.* — PROYART : *Histoire de Loango.* — SAILLENS : *Au pays des ténèbres.* — ZUCCHELLI : *Relazione del viaggio e missione de Congo.*

CHAPITRE IX.

L'ÉTAT DU CONGO ET LA BELGIQUE.

Léopold Ier, qu'un long séjour en Angleterre avait initié aux grandes questions économiques et coloniales, ne cessa de se préoccuper de rechercher pour l'industrie nationale des débouchés transatlantiques, en remplacement de ceux que notre séparation d'avec la Hollande nous avait fait perdre. Pour essayer de créer des établissements coloniaux, il envoya au loin des missions secrètes, en en supportant seul les dépenses; il provoqua, en dehors de toute action gouvernementale, des expéditions et des tentatives d'établissements dans l'Amérique centrale, au Brésil, à la Côte de Guinée, en Abyssinie, aux Nouvelles-Hébrides, aux îles Salomon, etc. Mais le moment n'était pas venu : la jeune Belgique n'était pas encore mûre pour de semblables entreprises. Toutes échouèrent faute d'hommes d'expérience pour les diriger, d'assistance sérieuse, de sacrifices soutenus.

Léopold II, élevé à la forte et grave école de son illustre père, digne héritier de ses vues généreuses et patriotiques, se montra de bonne heure partisan de ses idées économiques. Il n'attendit même pas son avènement au trône pour conseiller à son pays de viser par delà les mers : dès sa majorité, au Sénat, dans la séance du 29 septembre 1855, il exposa sa manière de voir à ce sujet :

> Une nationalité jeune comme la nôtre, dit-il, doit être hardie, toujours en progrès et confiante en elle-même. Nos ressources sont immenses et je ne crains pas de le dire, nous pouvons en tirer un parti incalculable. Il suffit d'oser pour réussir. C'est là un des secrets de la puissance et de la splendeur dont jouirent pendant plus d'un siècle nos voisins du Nord. Nous possédons, sans doute, autant d'éléments de succès : pourquoi nos vues se porteraient-elles moins haut !

La réunion de la Conférence géographique de Bruxelles, la constitution de l'Association internationale africaine et du Comité d'études du haut Congo, la fondation de l'État indépendant du Congo, disent avec quelle hardiesse, quelle générosité, quel esprit de suite, quelle originalité et quel ardent amour du bien public, les nobles aspirations de l'héritier présomptif ont été, par la suite, amplement et heureusement appliquées et réalisées par le Souverain.

Depuis la réunion de la Conférence géographique de Bruxelles, en 1876, jusqu'au moment de la clôture de la Conférence de Berlin, en 1885, c'est-à-dire pendant neuf ans, la Belgique n'eut pas à prendre position officiellement vis-à-vis de l'œuvre africaine de son Roi. Certes, elle n'avait pas assisté en spectatrice indifférente aux débuts et aux progrès de l'entreprise, au service de laquelle de nombreux officiers de son armée avaient été autorisés à s'engager. Elle n'était pas davantage restée insensible à l'accueil sympathique et encourageant fait par les gouvernements des deux mondes à la nouvelle puissance, messagère de paix parmi les races déshéritées de l'Afrique centrale. Enfin, de 1878 à 1884, la diplomatie belge avait prêté à l'œuvre un concours officieux, qui devint permanent à Berlin, en 1884-1885, de même qu'à Londres et à Paris. Mais le Parlement n'avait pas encore été appelé à discuter la conception personnelle de Léopold II, pas plus qu'à aider le Roi dans la réalisation de ses vastes projets.

Au lendemain de la Conférence de Berlin, cette situation fut modifiée par la demande que, dans une lettre à ses ministres présidés par M. Beernaert, Sa Majesté adressa aux Chambres législatives, pour obtenir d'elles, conformément à l'article 62 de la Constitution belge, l'autorisation d'assumer la souveraineté du nouvel État. Voici ce document :

Bruxelles, le 16 avril 1885.

Messieurs,

L'œuvre créée en Afrique par l'Association internationale du Congo a pris un grand développement. Un nouvel État se trouve fondé, ses limites sont déterminées et son pavillon est reconnu par presque toutes les puissances. Il reste à organiser sur les bords du Congo le gouvernement et l'administration.

Les plénipotentiaires des nations représentées à la Conférence de Berlin se sont montrés favorables à l'œuvre entreprise et depuis, les deux Chambres législatives, les principales villes du pays et un grand nombre de corps et d'associations importantes m'ont exprimé, à ce sujet, les sentiments les plus sympathiques.

En présence de ces encouragements, je ne puis reculer devant la poursuite et l'achèvement d'une tâche à laquelle j'ai pris, en effet, une part importante, et puisque vous estimez comme moi, messieurs, qu'elle peut être utile au pays, je vous prie de demander aux Chambres législatives l'assentiment qui m'est nécessaire.

Les termes de l'article 62 de la Constitution caractérisent par eux-mêmes la situation qu'il s'agirait d'établir.

Roi des Belges, je serai en même temps le souverain d'un autre État.

Cet État serait indépendant comme la Belgique et il jouirait, comme elle, des bienfaits de la neutralité. Il aurait à suffire à ses besoins et l'expérience, comme l'exemple des colonies voisines, m'autorise à affirmer qu'il disposerait des ressources nécessaires.

Sa défense et sa police reposeraient sur des forces africaines commandées par des volontaires européens.

Il n'y aurait donc entre la Belgique et l'État nouveau qu'un lien personnel. J'ai la conviction que cette union serait avantageuse pour le pays, sans pouvoir lui imposer des charges, en aucun cas.

Si mes espérances se réalisent, je me trouverai suffisamment récompensé de mes efforts. Le bien de la Belgique, vous le savez, messieurs, est le but de toute ma vie.

LÉOPOLD.

Nous fausserions l'histoire si nous disions que cette première intervention officielle de la Belgique dans l'œuvre africaine du Roi fut consentie avec enthousiasme. La crainte excessive de toute entreprise extérieure à grande envergure, la répugnance pour tout ce qui affecte un caractère d'inconnu ou de nouveauté, neutralisèrent la sympathie pour ce que plusieurs appelaient « les rêves généreux du Roi ». Les sentiments dominants furent l'étonnement, l'incrédulité, la méfiance et la prudence; les partis s'évertuèrent à dégager leur responsabilité respective d'une approbation qu'ils ne songèrent du reste pas à refuser. Mise à l'aise par de prudentes réserves formulées par le chef de cabinet lui-même, la Législature, à la presque unanimité de ses membres, vota, le 28 à la Chambre, le 30 au Sénat, le projet suivant :

> S. M Léopold II, Roi des Belges, est autorisé à être le chef de l'État fondé en Afrique par l'Association internationale du Congo.
> L'union entre le nouvel État du Congo sera exclusivement personnelle.

La deuxième intervention officielle de la Belgique dans l'œuvre du Congo date du 29 avril 1887. Elle est relative à l'emprunt à primes de 150 millions contracté par l'État du Congo : ses titres ne pouvant être émis en Belgique qu'avec l'autorisation du gouvernement, cette autorisation fut sollicitée des Chambres, et accordée par la loi du 29 avril 1887.

Deux années plus tard, le gouvernement belge témoignait de sa sollicitude à l'égard de l'initiative privée des Belges au Congo, en facilitant, par le concours financier de la Belgique, la constitution de la société belge qui allait assumer la mission de construire un chemin de fer à travers la région des chutes. Une loi du 29 juillet autorisa le gouvernement à souscrire à la constitution du capital pour une somme de 10 millions, somme qui, en 1896, fut portée à 15 millions, en même temps que l'État belge accordait son aval à une souscription de 10 millions d'obligations.

L'intervention de la Belgique, en cette circonstance, était d'ordre économique, le commerce et l'industrie du pays étant appelés à profiter, en toute première ligne, des avantages qui résulteraient de la construction du chemin de fer des chutes. Le subside de 30,000 francs que les Chambres accordèrent, au mois de juin 1890, à l'expédition du capitaine Delporte, fut d'ordre scientifique : l'explorateur avait reçu la mission de lever le cours du Congo et de ses principaux affluents.

La Belgique se faisait ainsi peu à peu à l'idée coloniale. Les exploits accomplis par ses fils au Congo lui donnaient plus de confiance en elle-même. Elle s'enhardissait.

Finalement, les diverses manifestations de sympathie que le Parlement avait faites en faveur de l'entreprise africaine ne devaient être que le prélude d'une intervention plus significative et d'une plus haute portée. Pour la première fois, nettement et ouvertement, le trésor belge allait s'engager dans l'œuvre du Roi, et le pays, par la voix de ses mandataires, allait affirmer qu'il envisageait, désormais, sans trouble son entrée éventuelle dans la politique coloniale. Le 2 août 1889, le surlendemain de la constitution, à Bruxelles, de la Compagnie du chemin de fer du Congo, le Roi avait signé le testament suivant qui lègue le Congo à la Belgique.

TESTAMENT DU ROI.

Voulant assurer à Notre patrie bien-aimée les fruits de l'œuvre que, depuis de longues années, Nous poursuivons dans le continent africain, avec le concours généreux et dévoué de beaucoup de Belges ;

Convaincu de contribuer ainsi à assurer à la Belgique, si elle le veut, les débouchés indispensables à son commerce et à son industrie et d'ouvrir à l'activité de ses enfants des voies nouvelles,

Déclarons par les présentes léguer et transmettre après notre mort, à la Belgique, tous Nos droits souverains de l'État indépen ant du Congo, tels qu'ils ont été reconnus par les déclarations, conventions et traité intervenus depuis 1884 entre les puissances étrangères d'une part, l'Association internationale du Congo et l'État indépendant du Congo d'autre part, ainsi que tous biens et avantages attachés à cette souveraineté.

En attendant que la Législature belge se soit prononcée sur l'acceptation de mes dispositions prédites, la souveraineté sera exercée collectivement par le conseil des trois administrateurs de l'État indépendant du Congo et par le gouverneur général.

Fait à Bruxelles, le 2 août 1889.

LÉOPOLD.

Un an plus tard, le gouvernement était amené, par les événements, à porter cet acte de la volonté royale à la connaissance du pays, et M. Beernaert, chef de cabinet, en donnait lecture à la Chambre des représentants, le 9 juillet 1890, en même temps que du message royal qui lui avait été adressé pour lui communiquer le document.

Bruxelles, le 5 août 1889.

Cher Ministre,

Je n'ai jamais cessé d'appeler l'attention de mes compatriotes sur la nécessité de porter leurs vues vers les contrées d'outre-mer.

L'histoire enseigne que les pays à territoire restreint ont un intérêt moral et matériel à rayonner au delà de leurs étroites frontières. La Grèce fonda, sur les rivages de la Méditerranée, d'opulentes cités, foyers des arts et de la civilisation. Venise, plus tard, établit sa grandeur sur le développement de ses relations maritimes et commerciales, non moins que sur ses succès politiques. Les Pays-Bas possèdent aux Indes trente millions de sujets qui échangent contre

4

les denrées tropicales les produits de la mère patrie.

C'est en servant la cause de l'humanité et du progrès que des peuples de second rang apparaissent comme des membres utiles de la grande famille des nations. Plus que nulle autre, une nation manufacturière et commerçante comme la nôtre doit s'efforcer d'assurer des débouchés à tous ses travailleurs, à ceux de la pensée, du capital et des mains.

Ces préoccupations patriotiques ont dominé ma vie. Ce sont elles qui ont déterminé la création de l'œuvre africaine.

Mes peines n'ont pas été stériles : un jeune et vaste État, dirigé de Bruxelles, a pris pacifiquement place au soleil, grâce à l'appui bienveillant des puissances qui ont applaudi à ses débuts. Des Belges l'administrent, tandis que d'autres compatriotes, chaque jour plus nombreux, y font déjà fructifier leurs capitaux.

L'immense réseau fluvial du Congo supérieur ouvre à nos efforts des voies de communication rapides et économiques qui permettent de pénétrer directement jusqu'au centre du continent africain. La construction du chemin de fer de la région des cataractes, désormais assurée, grâce au vote récent de la Législature, accroîtra notablement ses facilités d'accès. Dans ces conditions, un grand avenir est réservé au Congo, dont l'immense valeur va prochainement éclater à tous les yeux.

Au lendemain de cet acte considérable, j'ai cru de mon devoir de mettre la Belgique à même, lorsque la mort viendra me frapper, de profiter de mon œuvre ainsi que du travail de ceux qui m'ont aidé à la fonder et à la diriger et que je remercie ici une fois de plus. J'ai donc fait, comme Souverain de l'État indépendant du Congo, le testament que je vous adresse; je vous demanderai de le communiquer aux Chambres législatives au moment qui vous paraîtra le plus opportun.

Les débuts des entreprises comme celles qui m'ont tant préoccupé sont difficiles et onéreux. Un roi, pour rendre service à son pays, ne doit pas craindre de concevoir et de poursuivre la réalisation d'une œuvre, même téméraire en apparence. La richesse d'un souverain consiste dans la prospérité publique : elle seule peut constituer à ses yeux un trésor enviable qu'il doit tendre constamment à accroître.

Jusqu'au jour de ma mort, je continuerai, dans la même pensée d'intérêt national qui m'a guidé jusqu'ici, à diriger et à soutenir notre œuvre africaine, mais si, sans attendre ce terme, il convenait au pays de contracter des liens plus étroits avec mes possessions du Congo, je n'hésiterais pas à les mettre à sa disposition. Je serais heureux, de mon vivant, de l'en voir en pleine jouissance.

Laissez-moi, en attendant, vous dire combien je suis reconnaissant, envers les Chambres comme envers le gouvernement, pour l'aide qu'ils m'ont prêtée à diverses reprises dans cette création. Je ne crois pas me tromper en affirmant que la Belgique en retirera de sérieux avantages et verra s'ouvrir devant elle, sur un continent nouveau, d'heureuses et larges perspectives.

Croyez-moi, cher Ministre, votre très dévoué et très affectionné.

LÉOPOLD.

Il arriva que l'extension extraordinairement rapide de l'œuvre entreprise en Afrique, en accroissant les charges du jeune État, lui imposa l'obligation de réclamer une assistance financière directe. La Belgique, destinée à recueillir un jour le bénéfice des patients efforts de son souverain, pouvait seule la fournir, et le gouvernement n'hésita pas à proposer les mesures nécessaires à cette fin, en même temps qu'il portait l'acte généreux du Roi à la connaissance de la Législature et demandait à celle-ci de ratifier la convention suivante conclue le 3 juillet 1890, avec l'État du Congo :

CONVENTION.

I. — L'État belge s'engage à avancer, à titre de prêt, à l'État indépendant du Congo, une somme de 25 millions de francs, et ce savoir : 5 millions de francs aussitôt après l'approbation de la Législature et 2 millions de francs par an, pendant dix ans, à partir de ce premier versement. Pendant ces dix années, les sommes ainsi prêtées ne seront point productives d'intérêts.

II. — Six mois après l'expiration du prédit terme de dix ans, l'État belge pourra, s'il le juge bon, s'annexer l'État indépendant du Congo avec tous les biens, droits et avantages attachés à la souveraineté de cet État, tels qu'ils ont été reconnus et fixés, notamment par l'acte général de Berlin du 26 février 1885 et par l'acte général de Bruxelles et la déclaration du 2 juillet 1890 ; mais aussi à charge de reprendre les obligations dudit État envers les tiers, le Roi-Souverain refusant expressément toute indemnité du chef des sacrifices qu'Il s'est imposés. Une loi réglera le régime spécial sous lequel les territoires du Congo seront alors placés.

III. — Dès à présent, l'État belge recevra de l'État indépendant du Congo tels renseignements qu'il jugera désirables sur la situation économique, commerciale et financière de celui-ci. Il pourra notamment demander communication des budgets de recettes et de dépenses, et des relevés de la douane quant aux entrées et aux sorties. Ces renseignements ne doivent avoir d'autre but que d'éclairer le gouvernement belge et celui-ci ne s'immiscera en aucune manière dans l'administration de l'État indépendant du Congo, qui continuera à n'être rattaché à la Belgique que par l'union personnelle des deux couronnes. Toutefois, l'État du Congo s'engage à ne contracter désormais aucun nouvel emprunt sans l'assentiment du gouvernement belge.

IV. — Si, au terme prédit, la Belgique décidait de ne pas accepter l'annexion de l'État du Congo, la somme de 25 millions de francs prêtée, inscrite au grand-livre de sa dette, ne deviendrait exigible qu'après un nouveau terme de dix ans, mais elle serait entre temps productive d'un intérêt annuel de 3 1/2 p. c. payable par semestre, et même avant ce terme, l'État indépendant du Congo devrait affecter à des remboursements partiels, toutes les sommes à provenir de cessions de terres ou de mines domaniales.

Ce furent des séances historiques que celles où les représentants du pays votèrent, les 25 et 30 juillet 1890, le projet de loi qui leur était soumis. Sur cette question de haute et grave politique, les partis furent d'accord; même M. Paul Janson, le chef de l'opposition radicale à la Chambre, trouva des paroles éloquentes pour justifier le projet et le vota; la convention fut adoptée sans rencontrer d'opposition sérieuse : une voix dissidente, à la Chambre; trois abstentions, au Sénat. Hormis deux ou trois journaux, la presse belge fut unanime à encourager et à féliciter les mandataires de la nation.

Grâce à l'héroïque conduite de l'armée qui depuis les débuts, en 1877, n'avait pas marchandé ses dévouements et des rangs de laquelle sortaient dix volontaires chaque fois qu'en Afrique tombait un frère d'arme; grâce au concours de citoyens dévoués qui par la plume et la parole avaient, dans toutes les classes de la société, conquis de chaleureuses adhésions ; grâce à l'initiative patriotique d'un groupe de philanthropes éclairés et d'hommes d'affaires clairvoyants qui avaient apporté à l'idée politique le précieux appui des capitaux privés pour la constitution d'entreprises commerciales et industrielles au Congo; grâce surtout et avant tout aux sacrifices incessants du Fondateur et à sa persévérance qu'aucune épreuve n'avait su rebuter, l'opinion publique avait lentement évolué : l'inertie s'était transformée en collaboration active et pratique ; la méfiance, en fierté virile.

L'annexion du Congo à la Belgique, à plus ou moins brève échéance, devenait donc certaine. La Législature, en votant, en juillet 1894, la revision de l'article 1er de la Constitution belge et en y introduisant un paragraphe relatif à l'acquisition de colonies, prépara le terrain légal pour le jour où le pays aurait à se prononcer définitivement. A l'article 1er il fut ajouté :

> Les colonies, possessions d'outre-mer ou protectorats que la Belgique peut acquérir sont régis par des lois particulières. Les troupes européennes destinées à leur défense ne peuvent être recrutées que par des engagements volontaires.

Il arriva un moment où l'on crut que la date fixée pour la reprise par la convention du 3 juillet 1890 allait de commun accord être avancée.

L'intervention financière de la Belgique, le subside consenti par le Roi-Souverain et les recettes locales devaient, en effet, d'après les prévisions du moment, doter l'État d'un budget régulier et assurer son développement normal, pendant la période qui allait s'écouler jusqu'à l'ouverture du droit d'option stipulé par la convention. Or, les événements n'avaient pas répondu à cette attente et, pour faire face à la situation, le gouvernement congolais se vit obligé de solliciter du gouvernement belge la faculté de pouvoir contracter de nouvelles obligations, en dérogation au dernier paragraphe de l'article 3 de la convention du 3 juillet 1890.

Dans cette conjoncture, le cabinet belge, présidé par M. Jules de Burlet, estima, après un mûr examen, que le moyen le plus sage et le plus rationnel de parer aux difficultés, le plus conforme aussi aux intérêts et à la dignité de la Belgique, serait d'apurer lui-même le passé financier de l'État du Congo, en même temps qu'il reprendrait son administration tout entière. En un mot, il décida d'avancer l'échéance de la convention de 1890, en annexant le Congo. Un projet de loi, signé le 9 janvier 1895 et par lequel le Souverain déclarait céder immédiatement le Congo à la Belgique, fut déposé à la Chambre des représentants, le 12 du même mois, par M. le comte de Mérode-Westerloo, ministre des affaires étrangères.

En dépit des explications et des renseignements multiples fournis par l'exposé des motifs du projet, le pays parut se rendre compte imparfaitement du mobile qui avait déterminé le gouvernement à proposer l'annexion immédiate. Une forte minorité socialiste, que le suffrage universel avait envoyée récemment à la Chambre, annonça la plus vive opposition au projet et, dans quelques organes de la presse, le journal clérical *le Patriote*, le journal radical *la Réforme* et le journal socialiste *le Peuple* en tête, commença contre lui une campagne passionnée. Une propagande non moins active fut organisée dans le sens opposé et poursuivie par les partisans chaque jour plus nombreux de la politique coloniale, soutenus par les sympathies unanimes qu'à l'étranger, en Allemagne, en Angleterre, en France, en Hollande, le monde politique et la presse manifestaient en faveur de la transformation de l'État du Congo en colonie belge.

Cependant l'action qui, au début, s'annonçait comme devant être rapidement menée, ne tarda pas à se ralentir. Des hésitations inattendues se firent jour; des personnalités que l'on croyait favorables au projet s'en déclarèrent subitement les adversaires. La Commission parlementaire nommée pour l'examen du projet s'immobilisa. Les renseignements demandés par elle vinrent lentement ou incomplètement; quelques-uns ne vinrent même pas du tout; enfin, le cabinet lui-même ne manifesta plus, dès le mois de mars, cette volonté ferme et unanime qu'il avait proclamée nettement aux premiers jours. Néanmoins, on fixait au mois de juin la discussion à la Chambre où — les mieux informés l'affirmaient — une majorité, minime mais certaine, était acquise.

Telle était la situation le 18 mai, lorsque, brusquement, à la Commission des XXI, M. de Lantsheere, ancien président de la Chambre, proposa le vote d'un subside provisionnel destiné à parer aux embarras financiers de l'État. Le premier effet de cette motion fut de provoquer une crise ministérielle : le ministre des affaires étrangères, M. le comte de Mérode-Westerloo, moralement engagé devant le pays et devant les puissances, à faire voter le projet de loi du 9 janvier, estima que les circonstances ne comportaient aucune faiblesse ni aucun compromis et démissionna. Un subside provisionnel de 5,600,000 fr. fut ensuite proposé par le gouvernement et voté par les Chambres. L'ajournement de la question de l'annexion fut la conséquence logique de ce vote. Bien plus, il entraîna le retrait du projet que M. de Smet de Naeyer, chef de cabinet, notifia à la Chambre, dans la séance du 29 novembre 1895.

La convention du 3 juillet 1890 demeure donc entière quant à ses stipulations politiques et la discussion de la question est renvoyée à l'époque primitivement fixée : du mois d'août 1900 au mois de janvier 1901.

Le Parlement aura alors à examiner et à décider si la Belgique entend entrer sans nouveau retard en possession de la colonie congolaise, que ses fils ont fondée et qu'elle doit à l'initiative royale ou si elle préfère s'abstenir pour l'instant et renvoyer la décision à prendre, à la date irrévocablement fixée par le paragraphe 3 du testament royal — à moins qu'il ne se réserve, grâce à un *modus vivendi* à trouver et pour un nouveau terme, le privilège de reprise que lui confère la convention de 1890.

Rien ne permet d'entrevoir ce qui se passera, mais ce que l'on peut affirmer, c'est que les Belges ne renonceront pas à présider aux destinées du grand fleuve africain dont ils ont conquis le bassin. Ils ne laisseront pas tomber de leurs mains l'œuvre commencée et poursuivie par eux si vaillamment ; ils n'abandonneront pas la mission hautement civilisatrice qu'ils ont entreprise, à d'autres peuples, qui se feraient, sans aucun doute, un honneur et un devoir de la continuer. Ils ne sauraient le faire sans manquer à eux-mêmes, sans déchoir dans l'opinion du monde. Une pareille hypothèse est invraisemblable et constitue une impossibilité morale.

Quoi qu'il en soit et quelque solution que réserve l'avenir, les générations futures retiendront qu'à l'initiative de leur Souverain et animés par tout ce qu'il y a de plus élevé dans la pensée et dans le cœur des hommes, les Belges n'ont pas hésité à s'attaquer à une tâche aussi hardie que celle de l'exploration et de la conquête d'un monde nouveau; qu'ils s'y sont déjà consacrés pendant près d'un quart de siècle et que beaucoup d'entre eux ont donné leur vie pour ajouter une page glorieuse à l'histoire de leur nation et de l'humanité.

BIBLIOGRAPHIE : V. ARNOULD : *L'œuvre africaine*. — ID. : *la Nation*, 1890. — E. BANNING : *Le partage politique de l'Afrique*. — ID. : *La Belgique actuelle au point de vue commercial, colonial et militaire*. — E. PICARD : *En Congolie*. — THYS : *L'annexion du Congo*.

Exposé des motifs du projet de loi d'annexion. — *Annales parlementaires belges* et *Annexes* du *Moniteur belge*, de 1885 à 1897.

DEUXIÈME PARTIE.

GÉOGRAPHIE PHYSIQUE.

CHAPITRE X.

OROGRAPHIE.

LE RELIEF DU BASSIN DU CONGO.

Le relief du bassin du Congo apparaît comme une série de terrasses étagées, aux superficies, pentes et contours variés, partant du rivage de l'océan Atlantique et s'élevant graduellement vers l'est, le nord-est et le sud-est, où, au-dessus de hauts plateaux qui s'étendent à des cotes de 1,200 et 1,500 mètres, se projettent quelques pics épars, hauts de 2,000 à 2,500 mètres, dominés eux-mêmes par le groupe volcanique des Virungo, dont le cratère principal atteint 3,475 mètres.

Au sud, la ligne de faîte qui sépare le bassin du Congo de celui du Zambèse présente une altitude moyenne assez considérable. En allant de l'ouest à l'est, on trouve à Pého 1,580 mètres; au lac Dilolo, 1,470; au mont Kaomba, 1,700; à la source du Nzilo, 1,530; à celles du Loenze, 1,200.

La hauteur de la crête septentrionale séparant le bassin du Congo de celui du Nil est moindre : 1,270 mètres près des sources de l'Uele ; 740 à celles du Bomu ; 660 au village de Dem-Bekir. Aux sources du Shinko, le relief affecte des allures de chaîne : ses sommets atteignent plusieurs centaines de mètres au-dessus des plaines ; le pays prend un aspect bizarre et tourmenté : il est semé de blocs rocheux, de monolithes, présentant des formes de bastions et de tours, d'une hauteur de 30 à 50 mètres. A l'ouest, le plateau d'où descendent les branches supérieures de la Sanga a des cotes de 1,150 mètres à Niaundere, de 1,500 à Kunde.

Enfin, au sud-est, entre le Tanganika et le Nyassa, la ligne de faîte s'élève à 1,400 et 1,600 mètres, tandis que, plus au nord, le bassin du Malagarazi, le plus oriental des cours d'eau drainant la terrasse au fond de laquelle s'étend la nappe longue et étroite du Tanganika, est bordé par une suite de hauteurs qui atteignent 1,100 mètres, 1,500 et même 2,000 à l'endroit où elles viennent se rattacher au massif des Virungo.

Deux chaînes de montagnes d'inégale importance traversent du sud au nord le bassin du Congo qu'elles divisent, au point de vue orographique, en trois zones bien distinctes : ce sont les monts de Cristal et les monts Mitumba.

Les cartographes ont appelé *monts de Cristal* les rangées de hautes collines qui courent, parallèlement à la côte de l'océan Atlantique, depuis le plateau du Bihé, au sud, jusqu'au Kamerun, au nord, où elles se rattachent au massif de l'Adamaua. Lorsqu'on vient de la mer, elles commencent à se manifester par deux monolithes : *la roche Fétiche* et la *roche Bembandek* qui, entre Mateba et Boma, se dressent sur chaque rive, en façon de portique. A Noki, l'encaissement du fleuve s'accentue déjà fortement ; Matadi est à une altitude de 30 mètres, au pied d'un massif que dominent le pic Cambier (360 mètres) et le plateau de Palabala (525 mètres). Vivi, sur la rive droite, un peu en amont, se trouve à la cote 95. Si, au contraire, on descend le fleuve en venant des Stanley-Falls, les premières manifestations de la chaîne des monts de Cristal s'aperçoivent, au village de Tshumbiri, en aval de Bolobo.

Entre Boma et Tshumbiri il y a, en ligne droite, une distance de 550 kilomètres ; c'est, dans le bassin du Congo, la plus grande largeur du relief des monts de Cristal. La ligne de faîte de la chaîne est constituée, dans la région des cataractes, par deux plateaux principaux qui s'étendent au nord-ouest et au sud de Manyanga : celui des Babuende, que traverse la route des caravanes vers Brazzaville, à des altitudes de 600 à 650 mètres, et celui de Bangu, où le mont Wia se dresse à 1,050 mètres. Le chemin de fer de Matadi au Pool franchit la crête de la chaîne côtière à la cote maxima 743.

La seconde chaîne, celle des *Mitumba*, se présente sous un tout autre aspect.

Par environ 11° 30' de latitude sud, 24° de longitude est, émerge, paraît-il, de la ligne de faîte méridionale du bassin du Congo, un massif imposant, que domine, à l'altitude d'environ 1,700 mètres, un mont isolé, lequel, d'après les voyageurs portugais, porte le nom de *Kaomba*. Ce massif projette en ligne droite, vers le nord-est, dans la direction du Tanganika, une puissante chaîne de montagnes qui porte successivement les noms de *Kisika-Luelo*, *Mita*, *Mitumba*, *Kibala*, et à laquelle nous conservons le nom général de « Mitumba », employé par l'explorateur allemand M. Paul Reichard, qui, le premier, en 1884, en révéla l'existence. Après M. Reichard, la chaîne fut franchie, en des endroits différents, par les expéditions belges de MM. Paul Le Marinel, Delcommune, Bia et Brasseur, qui y signalèrent des altitudes de 1,500 à 1,800 mètres. Vers le sud, elle projette trois éperons, les monts Kitangula, signalés par MM. Capello et Ivens, entre le Lububuri et le Nzilo supérieurs, les monts *Nikale*, traversés par M. Delcommune entre le Nzilo et la Lufila supérieurs et les *Kwandelungu*, que M. Jules Cornet a explorés et décrits, entre la Lufila et le Luapula supérieurs.

La chaîne des Mitumba aborde le Tanganika près de Rumbi et Mpala, où ses sommets atteignent 2,000 mètres ; se dirigeant vers le nord, elle longe de très près la rive occidentale du lac et y dresse le cône de Misasi, à une hauteur de 1,730 mètres ; plus loin, elle forme la limite occidentale de l'étroit bassin du Rusizi, et ses terrasses s'y élèvent à 3,000 mètres, estime le docteur Baumann. L'expédition von Götzen l'a franchie, à l'ouest du lac Kivu, à une altitude de 2,700 mètres ; elle y offre un aspect de hautes montagnes parsemées de rochers abrupts ; l'itinéraire du voyageur passe à travers des plaines désertes parssemée de bois et de ces forêts de bambous géants, que M. Cornet a signalées dans les vallées des montagnes du sud. Puis la chaîne borde de falaises le lac Albert-Édouard, la Semliki et le lac Albert, où Samuel Baker lui a donné le nom de *montagnes Bleues*. A l'extrémité septentrionale de l'Albert, elle s'affaisse, après avoir projeté les monts Speke, Chippendall,

Émin, Baker, Gordon, Gessi, vus par Junker en 1877.

Par environ 5° de latitude sud, les Mitumba détachent vers l'ouest une chaîne secondaire, appelée *monts de Bambarre*, qui limite le Manyema. Cameron l'a franchie et décrite : elle présente le même caractère que la chaîne principale. A son extrémité occidentale, après avoir été coupée par le Congo, elle s'infléchit vers le sud-ouest en une suite de hautes collines mamelonnées, auxquelles les explorateurs ont donné le nom de *monts Hackannson*, en souvenir de l'officier suédois tué dans cette région par les indigènes, le 30 août 1891.

Depuis le mont Kaomba jusqu'au nord du lac Albert, les Mitumba présentent un relief ininterrompu, un massif élevé et puissant, constituant, à certaines places, une barrière rocheuse de cent à deux cents kilomètres d'épaisseur. Leur versant nord-ouest a des pentes raides ; le versant opposé s'abaisse plus doucement en grandes terrasses successives. Leur base est couverte de bois clairsemés, tandis que la crête, très large, est constituée par des steppes coupés de nombreux ravins, dont les bas-fonds sont couverts de forêts vierges. Un vent froid et humide souffle sur ces plaines qui, sous le rapport de la température, font penser au climat de nos pays.

Telles sont les deux chaînes de montagnes qui constituent les traits essentiels du système orographique du bassin du Congo. Jetons un coup d'œil d'ensemble sur les trois zones qu'elles séparent.

1° *La zone inférieure* est de loin la moins étendue des trois. Elle n'a que 50,000 kilomètres carrés de superficie et sa profondeur n'excède pas 300 kilomètres. Elle est constituée par la première terrasse, voisine de l'océan ;

2° *La zone moyenne*, de beaucoup la plus vaste, occupe une superficie immense : plus de 3 millions de kilomètres carrés. Elle s'étend, à l'ouest, des sources de la Sanga à celles du Kwango, et, vers l'est, jusqu'à celles de l'Aruwimi, de la Lowa et du Luama. Elle comprend cinq terrasses principales, savoir : au centre, celle de la dépression centrale; au nord, celle de l'Uele; au sud, celle du Kasaï; au sud-est, les deux terrasses de moindre superficie du haut Lomami et du Kamolondo;

3° *La zone supérieure*, d'une superficie de 750,000 kilomètres carrés, domine la zone moyenne d'environ 500 mètres. Elle s'étend au delà des Mitumba et se divise à son tour en sept terrasses; ce sont, en partant de l'ouest, celles du haut Lububuri, du haut Nzilo, de la haute Lufila, du Moero, du Bangwelo, du Tanganika et du Kivu.

De toutes ces terrasses, celle du Kivu est la plus élevée : son altitude moyenne dépasse 1,500 mètres. Elle est dominée, au nord, par la plus haute expression montagneuse du bassin du Congo, le groupe volcanique des Virungo. Celui-ci compte six cimes coniques rangées au milieu d'une plaine sur une ligne orientée E. N. E.-O. S. O. La première, à l'est, est appelée *Mfumbiro*; la troisième, *Nakanga*; la cinquième, *Kisigali*; la sixième, à l'ouest, *Kirunga*. Elles ont été entrevues pour la première fois par Speke et Grant, en 1861, et approchées par Stuhlmann, en 1891. Le comte von Götzen et son compagnon, le Dr Kersting, firent l'ascension du Kirunga les 8, 9 et 10 juin 1894. A l'altitude de 3,475 mètres, ils se trouvèrent en présence du cratère d'un volcan encore en activité. C'est une excavation aux parois presque à pic et hautes de 200 à 300 mètres; de forme elliptique, elle mesure 2,000 mètres dans son plus grand diamètre. Au fond de la cuve s'étend une plaine unie de couleur étincelante, lac de lave refroidie, percée de deux ouvertures; une d'elles jaillissent sans cesse, avec de sourds mugissements, des nuages de vapeurs sulfureuses. Sur le versant ouest du cratère s'écoulent d'immenses torrents de lave en fusion qui, la nuit, illuminent le ciel de leurs lueurs enflammées. Il est certain que les feux souterrains du massif ont joué, aux âges géologiques, un rôle capital dans les bouleversements dont témoignent les régions voisines.

Chacune des treize terrasses que nous avons énumérées et dont l'ensemble constitue le système orographique du Congo se présente comme un organe distinct. Sans aucun doute, aux temps préhistoriques, elles formaient une série de bassins hydrographiques indépendants les uns des autres.

Par suite de quels phénomènes ceux-ci ont-ils été amenés à unir leurs eaux pour constituer finalement l'immense bassin que draine le fleuve puissant qui débouche à Banana? C'est ce que nous essayerons d'exposer dans le chapitre suivant. Mais, auparavant, nous avons à dire un mot du massif du Ruwenzori, dont le versant occidental, bien qu'appartenant physiquement au bassin du Nil, se trouve englobé dans les limites politiques de l'État du Congo.

Le Ruwenzori. — Un peu au nord de l'équateur, à la limite nord-est du bassin du Congo, émerge brusquement des profondeurs d'un des grands « *Graben* » de l'Afrique orientale, un puissant massif volcanique, étendant ses assises sur 125 kilomètres de longueur, du nord au sud, et 100 kilomètres, de l'est à l'ouest.

Les sommets qu'il projette à 5,500 mètres et plus, et qui ne sont dépassés, en Afrique, que par le Kilimandjaro (5,745 mètres), sont couverts de neige. Les indigènes l'appellent Ruwenzori, « le roi des nuages ».

Les géographes veulent y voir les *Montagnes de la Lune* des auteurs grecs, au pied desquelles ceux-ci plaçaient les *palus*, sources du Nil. En effet, le lac Albert-Édouard arrondit sa nappe au sud du massif, tandis qu'au nord s'allonge le lac Albert et qu'à l'ouest s'étend le lac Victoria, réservoir principal du grand fleuve égyptien.

Escarpé, presque inaccessible sur sa face occidentale, le massif s'abaisse vers le sud en terrasses et en pentes successives jusqu'au lac Albert-Édouard, tandis que le versant oriental, âpre et rugueux, projette en avant des éperons plus bas et des monts détachés, qui lui font comme une ligne de défense, tels que le mont Gordon-Bennett et le mont Mackinnon, tous deux élevés d'environ 4,500 mètres, et le mont Edwin-Arnold, de 2,700 mètres.

C'est Stanley qui, lors de sa retraite avec Émin-Pacha, en juin 1889, aperçut, le premier, les cimes neigeuses du Ruwenzori. Un de ses adjoints, M. Stairs, fit l'ascension des pentes occidentales jusqu'à l'altitude de 3,200 mètres, sans atteindre la limite des neiges. Trois ans plus tard, le capitaine Lugard explora ses terrasses orientales.

Le 30ᵉ méridien, qui constitue en cette région la frontière entre l'État du Congo et la colonie anglaise de l'Uganda, coupe le massif du Ruwenzori en deux parties inégales, laissant à l'État les pentes sud-ouest de la chaîne.

BIBLIOGRAPHIE : v. GÖTZEN : *Ascension des monts Mfumbiro*. — A.-J. WAUTERS : *Le relief du bassin du Congo*.

CHAPITRE XI.

GÉOLOGIE ET GITES MÉTALLIFÈRES [1].

A. — GÉOLOGIE.

Les régions de l'Afrique tropicale occupées par le bassin du Congo sont constituées par des massifs de terrains anciens (archéens et paléozoïques), plissés, ayant autrefois formé des chaînes aujourd'hui fortement dénudées, rabotées, réduites par l'érosion à des massifs surbaissés, aplatis, d'altitude modérée. Ces massifs sont flanqués ou recouverts par des couches, horizontales ou peu dérangées, de grès et de schistes argileux, en grande partie permo-triasiques, considérés généralement comme d'origine lacustre. Le long de la côte océanique, des lambeaux de dépôts crétacés et tertiaires, avec fossiles marins, reposent sur les grès continentaux ou sur le soubassement ancien. Enfin, par-dessus cet ensemble, vient un manteau, plus ou moins continu et d'épaisseur variable, de terres meubles ayant pour origine première l'altération chimique et la désagrégation mécanique des roches en place. Tantôt ces produits ont conservé la position des roches dont ils proviennent, tantôt ils ont été remaniés par le ruissellement des eaux sauvages et par les cours d'eau.

[1] Ce chapitre est dû à la collaboration de M. Jules Cornet, explorateur du Katanga, professeur de géologie à l'école des mines de Mons, membre de la commission géologique de Belgique.

Le dernier des plissements qui ont bouleversé les terrains anciens du Congo est d'âge hercynien. Depuis lors, ce pays n'a plus connu d'immersion océanique généralisée. Consécutivement aux mouvements hercyniens, se sont formées de vastes nappes lacustres (ou des mers intérieures, en rapport avec l'océan : nous ne discuterons pas ici ce point) où se sont déposées les puissantes assises de schistes argileux et de grès qui recouvrent une grande partie de la charpente ancienne du pays. Ce dépôt a probablement occupé la fin des temps primaires et les débuts des temps secondaires, mais il paraît s'être rejeté une seconde fois, beaucoup plus tard, dans des bassins d'ailleurs plus restreints. Enfin, après l'assèchement définitif, l'intérieur du pays a été rendu en entier à l'action exclusive de l'atmosphère et des eaux courantes.

Sur une partie du sol de la région, cette action s'est donc exercée depuis les derniers temps de l'époque primaire; ailleurs, depuis une date mal déterminée de l'ère secondaire, probablement vers le triasique; dans certaines parties du continent, enfin, elle n'a débuté que beaucoup plus tard, peut-être vers la fin du tertiaire, après le retrait des derniers grands lacs intérieurs.

Dans la région côtière, un bande relativement étroite du continent a été recouverte, à plusieurs reprises, par la mer crétacée, puis par la mer tertiaire, et ce n'est qu'à une date récente, sans doute postérieure au miocène, qu'elle est définitivement rentrée sous l'action des agents météoriques.

Dans l'état actuel des choses, les terrains archéens et paléozoïques constituent surtout (mais non exclusivement) le sol des régions élevées de la périphérie du district congolien et notamment les hauteurs (nous ne disons pas les montagnes) par où passe le contour du bassin hydrographique du Congo. Les formations lacustres, horizontales, sont, au contraire, généralement reportées dans les parties centrales du bassin.

Cependant, elles peuvent s'étendre jusqu'au voisinage de la limite hydrographique et même, en certains points, la franchir et déborder largement dans les bassins de fleuves voisins. Ces formations continentales ne sont donc pas absolument propres à la région qui forme le bassin hydrographique actuel du Congo.

En d'autres termes, le Congo et ses affluents ne drainent pas toute la région qui fut occupée jadis par les nappes lacustres où se sont déposées les formations continentales. D'autre part, le bassin actuel du fleuve comprend des contrées qui ne furent jamais recouvertes par ces nappes lacustres. D'ailleurs, dans les parties centrales de la dépression congolienne, le soubassement ancien, archéen ou primaire, peut se montrer au jour, notamment là où des vallées d'érosion encaissées, ou des dénudations plus étendues, ont percé la couverture, relativement mince, des dépôts continentaux qui les recouvrent.

Nous allons passer rapidement en revue les divers éléments stratigraphiques qui se rencontrent dans le bassin du Congo, en commençant par les terrains les plus anciens.

Dans le substratum ancien de la région, nous trouvons des terrains que nous pouvons comparer, sinon assimiler avec certitude, à l'*Archéen*, au *Précambrien*, au *Cambrien*, au *Silurien* et au *Dévonien*. L'assimilation de certains terrains au carbonifère est plus douteuse encore. Le géologue rencontre une grande difficulté dans l'investigation géologique du bassin du Congo. C'est l'absence de fossiles, qui, nulle part, n'est si complète ni si généralisée stratigraphiquement et géographiquement, sauf dans les terrains marins crétacés et tertiaires de la région côtière.

Le géologue en est donc réduit, au Congo, à se servir des seules méthodes de la pétrographie et de la stratigraphie; mais, s'il les applique avec logique et avec prudence, elles peuvent lui donner des résultats qu'il n'aurait pas osé espérer au premier abord.

I. — *Terrains archéens ou réputés tels.*

A. *Régions méridionales.* — Dans le sud du bassin, l'archéen se présente d'une façon typique quoiqu'il n'occupe que des aires peu étendues. Il constitue notamment les monts Bia et une partie des monts Hakansson. Le granite, passant souvent au gneiss, entre aussi dans la formation des monts Nzilo. On le retrouve sur le Kamolondo, le Lubudi, le Lomami, le Luvoi, le Kilubilui, le Luembe, le Sankuru et dans les confins sud et sud-est du bassin. Les mêmes circonstances semblent se présenter dans toutes les vallées parallèles situées plus à l'ouest, de celle du Lubilashe à celle du Kwango : l'érosion a creusé dans le plateau de grès tendre des rigoles plus ou moins encaissées qui ont mis à nu le substratum granitique.

B. *Régions occidentales.* — Dans le Congo occidental, on rencontre sur les rives du fleuve, entre Boma et Isangila, et le long du chemin de fer jusque près de la Lufu, un ensemble assez complexe de terrains cristallins, dans lequel il n'est pas aisé de distinguer l'archéen véritable des roches métamorphiques d'âge postérieur. La partie occidentale est nettement cristalline, et c'est surtout dans cette zone que la distinction dont nous parlons est difficile. Au delà, la cristallinité des roches s'atténue graduellement et elles acquièrent un caractère de plus en plus purement sédimentaire.

Pour trancher la difficulté, — ce qui n'est pas la résoudre — nous considérerons provisoirement comme archéennes les roches que recoupent les tranchées du chemin de fer jusqu'à la halte de la Kamansoki.

C. *Région septentrionale.* — C'est surtout dans le nord du bassin que les roches granitiques et schisto-cristallines occupent des aires étendues.

Les échantillons recueillis aux rapides et chutes de l'Ubanghi, de l'Uele, du Bomu et de divers autres affluents, nous montrent une grande extension des schistes cristallins et des roches éruptives qui les accompagnent normalement. Des données analogues nous sont fournies sur les régions qui s'étendent au nord du coude de l'Ubangi et le haut bassin de l'Uele, aux confins du bassin du Nil. Combinant ces renseignements avec ceux que nous possédons d'autre part, nous voyons qu'il existe dans le nord du bassin du Congo un vaste district archéen s'étendant de l'ouest à l'est, de la haute Sanga au Nil, en aval du lac Albert.

D. *Régions orientales.* — Les granites et les schistes cristallins sont largement représentés dans les régions du haut Nil, des lacs Albert, Albert-Édouard, Kivu, Tanganika, Moero et Bangwolo, ainsi que dans la partie supérieure des affluents orientaux du Congo ou du Lualaba, tels que l'Aruwimi, la Lowa, la Luama, etc.

Il semble qu'entre le Tanganika et le Lualaba, la charpente du pays soit constituée par des granites et des schistes cristallins recouverts, sur de grandes étendues, de couches de grès continentaux avec épais poudingues à la base. Les roches archéennes apparaissent, surtout dans les vallées, par suite de la dénudation, mais, çà et là, elles font saillie directement à travers la couverture de grès, qu'elles percent comme un manteau troué.

Pour ce qui concerne les régions que nous avons visitées, nous nous sommes efforcé de distinguer les terrains archéens proprement dits des terrains métamorphiques plus récents, qui peuvent souvent leur ressembler beaucoup à première vue. La distinction est très aisée au Katanga; dans le Congo occidental, elle est beaucoup plus difficile, mais, en tout cas, nous avons réussi, dans l'ouest comme dans le sud du bassin, à établir l'existence des deux groupes de formation l'un à côté de l'autre.

Pour les contrées que nous n'avons pas eu l'occasion d'étudier personnellement, nous avons rangé provisoirement dans l'archéen les terrains dans lesquels les voyageurs signalent des roches granitiques, ou bien, les uns à côté des autres, des gneiss, des micaschistes, des phyllades, des quartzites, etc., et, en général, des roches dont la description rappelle des schistes cristallins.

Répétons-le, cette manière de voir n'est que provisoire. Il est difficile d'agir autrement, vu la grande pauvreté ou l'incohérence des données que nous possédons.

Mais, il est très-probable que, dans les régions considérées plus haut comme exclusivement archéennes, il existe des terrains métamorphiques d'âge plus récent, comprenant des sortes de micaschistes, des phyllades, des quartzites, etc., et analogues à ceux que nous avons reconnus au Katanga et dans le Congo occidental.

Des renseignements peu précis que nous possédons nous portent même à croire que dans les régions qui avoisinent le grand Graben centre africain, il existe, parmi les formations anciennes, des terrains primaires non métamorphisés comprenant des schistes argileux, des calcaires, etc., analogues à ceux du Katanga et du Congo occidental.

II. — *Terrains primaires métamorphiques.*

A. *Région du Katanga.* — On trouve dans la région du Katanga, spécialement dans le bassin du haut Lualaba, une importante série de formations sédimentaires métamorphisées, dans lesquelles nous croyons avoir réussi à trouver des représentants du précambrien, du cambrien et du silurien. Tous ces termes sont en discordance manifeste avec l'archéen. Ils sont fortement métamorphisés par voie dynamique ou par des influences éruptives.

B. *Congo occidental.* — Dans la région des cataractes, nous séparons de l'archéen les couches, encore plus ou moins cristallines, qui se présentent le long du chemin de fer, au delà de la halte de Kamansoki, et sur lesquels viennent reposer, en discordance, les terrains primaires non métamorphiques.

III. — *Terrains primaires non métamorphiques.*

A. *Région du Katanga.* — Dans les bassins du haut Lualaba, de la Lufila et du haut Luapula, on rencontre sur de grandes étendues du pays des formations non métamorphiques, comprenant des poudingues, des schistes, des grès, des calcaires, etc., que nous pouvons comparer, sinon identifier, aux terrains dévoniens. Ces formations se présentent avec des caractères assez différents, selon qu'on les observe au nord-ouest ou au sud-ouest de la zone archéenne des monts Nzilo et des monts Bia, c'est-à-dire dans la région de l'Urua ou dans le Katanga.

Dans le Katanga, bien qu'ils offrent plusieurs faciès distincts, ils ne semblent former qu'un même ensemble stratigraphique. Nous les avons décrits en détail dans nos *Observations sur les terrains anciens du Katanga*.

B. *Région occidentale.* — Vers l'ouest du bassin, les terrains primaires non métamorphiques, qui nous comparons aussi au *dévonien*, se présentent avec un beau développement et avec plus d'unité que dans le Katanga. Le long du Congo inférieur et du chemin de fer de Matadi à Léopoldville, on les voit apparaître à l'est des massifs formés par les terrains archéens et métamorphiques examinés précédemment.

Ils présentent, de haut en bas, la succession suivante : 5° *des schistes calcareux avec roches siliceuses oolithiques; 4° des cherts, etc., souvent oolithiques; 3° des calcaires marbres; 2° des schistes calcareux ou calcaires argileux schistoïdes; 1° des poudingues.* Nous renvoyons, pour ce qui concerne ces formations, à nos *Etudes sur la géologie du Congo occidental*.

C. *Région septentrionale.* — Il existe des terrains anciens non cristallins dans la région nord du bassin, notamment entre le Congo et l'Ubanghi-Uele, sur l'Itimbiri-Rubi, etc.

D. *Région orientale.* — Pour ce qui concerne les régions de l'est du bassin, les renseignements sont plus rares encore, mais ils sont suffisants pour établir l'existence dans ces contrées de terrains primaires, non métamorphiques, notamment dans le voisinage du Tanganika.

Dislocations des terrains archéens et primaires. — On peut distinguer dans le bassin du Congo, et spécialement au Katanga, trois époques principales de plissements :

1° Plissement des terrains archéens, antérieur aux terrains métamorphiques; 2° plissement des terrains métamorphiques (précambrien, cambrien, silurien). Cette période paraît se décomposer en plusieurs phases; 3° plissement des terrains primaires non métamorphiques.

Par analogie avec ce qui se passe en Europe, aussi bien qu'en Asie et dans l'Amérique du Nord, et même dans les régions mieux connues du continent africain, nous pouvons considérer ces mouvements comme respectivement comparables aux plissements huronien, calédonien et hercynien.

C'est la considération de ces trois grandes périodes d'activité orogénique qui peut permettre, en l'absence de fossiles, de déterminer avec quelque certitude l'âge relatif des différentes formations primaires du bassin du Congo.

L'étude de ces formations prouve qu'au début du précambrien il y avait, dans le sud du bassin, un continent ou, tout au moins, des îles importantes formées de roches archéennes. Ce serait un analogue du *continent huronien* des régions septentrionales. On peut également y affirmer l'existence de terres importantes durant la période dévonienne. Plus tard, les mouvements hercyniens ont émergé la presque totalité du continent africain, qui fit, dès lors, partie du grand continent austral ou brasiliano-éthiopique.

Alors s'ouvrit pour l'Afrique une longue période d'érosion continentale pendant laquelle s'émoussa considérablement le relief créé par les plissements hercyniens. C'est aussi pendant cette période que se déposèrent dans les dépressions les formations dont nous allons dire quelques mots.

IV. — *Formations post-primaires continentales.*

Ces formations, comme nous l'avons dit, doivent être considérées comme s'étant déposées dans de vastes lacs qui couvraient une grande partie de l'étendue actuelle de l'Afrique tropicale. Elles comprennent deux groupes superposés entre lesquels existe, du moins dans certaines parties du bassin, une discordance de stratification manifeste. Le groupe inférieur repose en couches généralement peu dérangées de la position horizontale sur les terrains archéens ou primaires disloqués et arasés par la dénudation. Le groupe supérieur repose sur le précédent ou, quand la dénudation l'a fait disparaître avant son dépôt, directement sur le substratum ancien du pays.

1er *groupe inférieur.* — Grès durs feldspathiques. (Couches du Kundelungu.)

Dans le Congo occidental, ce groupe comprend deux systèmes superposés séparés probablement par une nouvelle discordance : le système inférieur ou de la Mpioka : schistes, psammites et grès sans galets, et le système supérieur ou de l'Inkisi : grès rouges feldspathiques avec galets.

A. *Système de la Mpioka.* — Ce système est constitué par des schistes argileux rouge foncé plus ou moins micacés, passant au psammite, alternant avec des grès à grain fin ou moyen, très cohérents, souvent feldspathiques, quelquefois très purs, de teinte rouge foncée, grise ou noirâtre. Ces couches reposent sur le système schisto-calcareux en discordance de stratification peu prononcée; elles sont légèrement ondulées et pendent, dans l'ensemble, vers l'est, en plongeant sous le système de l'Inkisi. Contrairement à ce système, elles renferment des veines de quartz.

B. *Système de l'Inkisi*. — Il consiste en bancs épais de grès grossiers, fortement chargés de gros grains de feldspath altéré, de teinte rouge ou brune et remplis, surtout vers la base, de nombreux galets petits ou moyens. Les bancs de ces système sont d'allure très régulière et en pente faible vers l'est.

Ces deux systèmes des grès feldspathiques, coupés par les vallées d'érosion de la Mpioka et de la Lukunga, se sont autrefois étendus considérablement vers l'ouest, au-dessus des terrains primaires et ont probablement atteint la zone cristalline.

Dans les régions du Katanga, les couches du Kundelungu constituent le haut plateau du même nom et le plateau de la Manika, séparés par la large vallée d'érosion de la Lufila et se faisant face, à 100 kilomètres de distance par des falaises hautes de 100 à 300 mètres.

Le groupe se retrouve, avec les mêmes caractères, dans la région du bas Luembe. Il existe sur les deux rives du Tanganika, dans le bassin du Malagarazzi et vers le point de sortie de la Lukuga. La formation, plus ou moins dénudée, paraît s'étendre entre le Kundelungu et le Tanganika jusqu'à la Lukuga; dans cette région, elle se présente en lambeaux interrompus ou en témoins isolés. On le retrouve bien caractérisé aux Stanley-Falls et probablement en amont jusque vers Nyangwe. On l'a aussi signalé sur l'Ubangi, sur le haut Kwango et sur le cours supérieur de plusieurs des affluents occidentaux du Kasaï.

Cette formation franchit les limites du bassin du Congo, notamment dans le nord-ouest, et on la retrouve sur le haut Ogowe, la Benue, le Niger inférieur etc., etc.

Le dépôt des couches du Kundelungu a été suivi d'une longue période de dénudation pendant laquelle elles ont été enlevées sur de grands espaces. Cette émersion semble avoir coïncidé avec la formation du *Graben* du Tanganika, comme l'indique l'état assez bouleversé dans lequel se présente sur ses rives les terrains qui nous occupent.

2e *groupe supérieur*. — Grès tendres du haut Congo. (Couches du Lubilashe.)

Près de Léopoldville, on les voit nettement reposer sur les grès de l'Inkisi, mais ils existent déjà plus à l'ouest et l'on trouve des vestiges de leur ancienne extension occidentale au moins jusqu'à la crête de Mfumfu. Ces dépôts consistent essentiellement en grès siliceux blancs ou jaunâtres (du moins dans cette région) très purs, tendres, friables sous les doigts, formant des couches épaisses de plusieurs centaines de mètres et à stratification ondulée et entrecroisée. Au Stanley-Pool, ils reposent sur les grès feldspathiques, par l'intermédiaire de bancs de grès fin, très dur, rouge foncé ou brun.

Nos couches du Lubilashe occupent, souvent recouvertes par les alluvions, toutes les parties centrales du bassin du Congo et s'étendent plus ou moins loin dans les régions périphériques. C'est dans les régions méridionales qu'elles présentent le plus beau développement. Ce sont ces couches qui constituent les superbes falaises du Sankuru. Au sud de 5° 30' latitude sud, les grès tendres des falaises du Sankuru sont surmontés d'une série d'assises d'argilites et de grès divers, quelquefois feldspathiques, de teinte rouge, toujours très friables, qui manquent dans les régions plus centrales.

Les grès tendres du haut Congo débordent dans le bassin de l'Ogowe et probablement aussi dans le bassin du Zambèse.

Après le dépôt des couches de Lubilashe intervint un nouvel assèchement du pays. La sédimentation lacustre cessa et fut remplacée de nouveau pour un régime d'érosion subaérienne et fluviale. A quelle cause faut-il attribuer l'évacuation des eaux du grand lac lubilashien? Cette évacuation ayant été définitive, nous devons admettre qu'elle n'est pas due à une diminution des pluies ou à l'intervention d'un régime désertique, mais plutôt à une évacuation des eaux vers l'océan. En d'autres termes, elle fut la conséquence de l'établissement d'un déversoir vers la mer et ce déversoir forma la base du tronc qui supporte tout l'arbre hydrographique du Congo. C'est donc à travers les massifs anciens de l'ouest que le lac lubilashien se vida dans l'océan par un chenal qui devint l'amorce du bas Congo actuel.

La question à se poser est maintenant celle-ci : Quelle fut la cause primaire du creusement du chenal en question à travers le massif occidental? Faut-il recourir pour la trouver à des mouvements du sol? Faut-il la voir dans un débordement du lac qui aurait ainsi évacué le trop-plein de ses eaux par le seuil le plus bas de la bordure de son bassin et aurait fini, avec le temps, par éroder ce seuil au point d'y établir un déversoir continu? Telle a été longtemps notre interprétation. Mais nous croyons, aujourd'hui, qu'il faut simplement attribuer l'établissement du déversoir à une sorte de phénomène de capture pratiquée par la partie supérieure d'un petit fleuve côtier qui devint, par ce fait, la portion terminale d'un des plus grands fleuves du monde.

Quant à l'endroit précis où s'opéra la capture du lac par le fleuve côtier, nous croyons qu'il serait difficile de le fixer. L'érosion a, depuis lors, enlevé dans le bas Congo une épaisseur de plusieurs centaines de mètres aux grès tendres du Lubilashe et empêche de fixer les limites de leur ancienne extension vers l'ouest. Or, c'est précisément au voisinage de cette limite qu'à dû s'opérer le phénomène de capture et commencer l'évacuation du lac lubilashien vers la mer.

Mais l'histoire géologique du bassin du Congo ne se termine pas avec la disparition des derniers vestiges du grand lac qui avait déposé les couches du Lubilashe.

Le régime d'érosion pluviale et fluviale qui suivit l'évacuation du lac finit par aboutir à une atténuation très avancée du relief du pays et à la régularisation du cours du fleuve et de ses principaux affluents. Il fut un temps où le bassin tout entier présentait l'aspect d'une immense plaine ondulée, parcourue par de vastes cours d'eau au cours paisible qui se réunissaient en un tronc commun, le Congo. Celui-ci se jetait tranquillement dans l'Atlantique par un large delta dont la pointe se trouvait à hauteur de Boma. C'est à cette époque que le lamantin, et avec lui une série de poissons de type marin, purent pénétrer jusque dans les branches les plus élevées des affluents du fleuve. C'est à cette époque aussi que des anastomoses existant entre les rameaux supérieurs des grands fleuves africains, comme aujourd'hui dans l'Amérique du sud, permirent aux animaux fluviatiles de se répandre d'un bassin à l'autre et amenèrent la remarquable uniformité que l'on observe dans les faunes malacologique et ichthyologique du Nil, du Congo et du Zambèse. Un steamer, s'il en eût existé à cette époque, eût pu remonter sans obstacle de la mer jusqu'au fond du Katanga ou jusqu'aux sources de l'Uele.

Mais la nature, qui, à travers toute la série du développement géologique, semble avoir cherché à donner à l'Europe, à l'Amérique et à la plus grande partie de l'Asie tous les caractères physiques requis pour en faire le séjour de prédilection de l'humanité et y établir les foyers de la civilisation, fit faire un pas en arrière à la Terre de Cham, probablement à l'époque où l'effondrement de la vallée du Jourdain engloutit Sodome et Gomorrhe et où se formèrent les *Gräben* de l'Afrique orientale. Le phénomène qui s'était déjà accompli deux fois depuis la fin des temps primaires se répéta. Un affaissement relatif des parties centrales du bassin, accompagné du relèvement des régions périphériques, barra la route au grand fleuve et restitua un régime torrentiel aux affluents supérieurs. Alors s'établit le lac intérieur qui déposa les vastes nappes d'alluvion qui bordent le fleuve actuel, entre Bolobo et le confluent du Lomami, image atténuée des grandes mers intérieures des époques précédentes.

Le nouveau lac s'élevant rapidement, les eaux

finirent par reprendre le chemin de leur ancien déversoir.

Un instant arrêtées devant la barrière que le soulèvement avait créée dans l'ancien cours inférieur du fleuve, elles purent réussir à la franchir et s'élancèrent de nouveau vers l'Atlantique. Depuis lors, le fleuve continue son travail de Sisyphe, recreusant sa route entre le Pool et Boma et renouvelant un pénible labeur déjà accompli dans les temps géologiques.

Telle est, d'après nous, la seule façon d'interpréter les caractères actuels de l'orographie congolaise dans laquelle on voit les régions périphériques, d'où descendent tous les cours d'eau qui affluent au Congo, constituer de vraies pénéplaines rabotées par une longue dénudation, tandis que les rivières qui y sont nées gagnent le centre du bassin par des vallées étroites et encaissées, dont le rapprochement donne souvent au pays un caractère extraordinairement accidenté et dans lesquelles l'érosion se continue avec activité.

Telle est la seule explication que l'on puisse donner de l'uniformité des faunes fluviatiles africaines et de la présence, par-dessus rapides et cataractes, de certains animaux de type marin ; le bassin du Congo, après être arrivé à un régime hydrographique régulier, a vu, à une époque relativement récente, l'érosion fluviale se raviver, renaître par suite de mouvements du sol qui en ont relevé les parties périphériques.

V. — *Formations détritiques superficielles.*

Ces formations peuvent se classer en quatre catégories : 1° produits de l'altération sur place des roches du sous-sol; 2° produits du remaniement des précédents par le ruissellement des eaux pluviales; 3° alluvions actuellles des cours d'eau; 4° alluvions anciennes des cours d'eau, y compris les dépôts de l'estuaire primitif du Congo.

B. — GITES MÉTALLIFÈRES.

Le sol du bassin du Congo n'a été, jusqu'ici, que très peu étudié et il l'a été, en tous cas, d'une façon trop rapide et superficielle pour qu'on puisse émettre des conclusions certaines et complètes sur la nature, la situation et l'importance des gisements minéraux et métallifères qu'il renferme. Le petit nombre de géologues qui en ont visité quelques régions n'ont fait que parcourir le pays à grandes journées et si les résultats de ces voyages permettent, dès maintenant, d'entrevoir les traits principaux de la géologie du bassin, ils ne se sont pas effectués dans les conditions que réclament les travaux de recherches minières.

Les gîtes miniers du Congo se rencontrent exclusivement dans les terrains anciens (archéens et primaires) qui, comme nous l'avons vu plus haut, ne se montrent guère au jour que dans les parties périphériques, élevées du bassin hydrographique. Sur la plus grande partie de la superficie de la région centrale, les formations horizontales post-primaires, qui jusqu'ici se sont montrées absolument stériles, recouvrent, en couches épaisses, les terrains anciens formant le fond de la dépression. Dans les contrées mêmes où ils constituent directement le sous-sol, les terrains archéens et primaires sont généralement masqués par un manteau de terres détritiques et alluviales qui, joint au revêtement herbacé qui couvre les plateaux et à la végétation forestière qui envahit les ravins, rend relativement rares et ordinairement très restreints les affleurements qu'on pourrait étudier.

Si ces conditions rendent déjà l'étude géologique proprement dite assez pénible, on comprend quelles difficultés elles opposent à la recherche de gisements dont les têtes ne doivent nécessairement occuper que des étendues très limitées de la surface du sol.

1° *Région occidentale.*

Les plateaux primaires et archéens qui s'étendent entre la zone maritime et la région gréseuse de l'intérieur renferment un certain nombre de gisements métallifères. Les filons de quartz si abondants dans les terrains cristallins contiennent fréquemment de l'hématite, et l'on rencontre dans ces terrains des points où les roches sont si fortement minéralisées qu'elles peuvent faire croire à la proximité de gîtes importants. La partie minière par excellence de la région est celle qui s'étend au sud du Niadi-Kwilu, dans la section de ce fleuve comprise dans la zone shisto-calcareuse. Les indigènes y extraient du cuivre et du plomb et les minerais de ces métaux y sont accompagnés de composés oxydés ou sulfurés de manganèse, de zinc et de fer. La position primitive des métaux semble être dans des filons ou des amas sulfurés subordonnés aux calcaires ; mais on ne connaît guère que les produits de l'altération de la partie superficielle des gîtes par les influences externes.

La chalcosine et la galène, quelquefois argentifères, représentent les minéraux sulfurés ; parmi les produits de transformation, on trouve : malachite, dioptase, cérusite, wulfénite, willémite, limonite, carbonate et oxyde de manganèse, phosphate de fer. La chalcosine et la dioptase ont présenté de petites quantités d'argent natif. On a remarqué que, quand le cuivre et le plomb coexistent dans les mêmes gîtes, le minerai de plomb se trouve toujours à un niveau inférieur par rapport à celui de cuivre.

Dans la partie occidentale de ce district minier, se trouve le groupe de Boko-Songo, visité par M. Dupont, et, à l'est, celui de Minduli, décrit par M. A. Le Chatelier. Au sud du poste de Buenza, dans les vallées d'une série de petits affluents du Niadi, il existe un groupe de gîtes importants, dont on doit la connaissance à MM. Lamy et Alvernhe. Ce groupe se relie au nord-est à celui de Minduli et se prolonge vers l'ouest jusqu'à la limite de la zone schisto-calcareuse.

Ces divers gîtes sont situés sur le territoire du Congo français, mais on a également signalé la présence de la malachite dans les frontières de l'État Indépendant, aux endroits où les terrains schisto-calcareux ne sont pas recouverts par la formation des grès rouges. Citons, entre autres, le bassin de la rivière Eluala et divers points de la rive gauche du haut Tshiloango. Au sud du Congo, on connaît aussi plusieurs gisements de cuivre, notamment près de Bembe, sur le territoire portugais.

2° *Région orientale.*

Les ressources minérales de cette région sont très peu connues. M. Diderrich a visité un gisement exploité de malachite près de Mpala et, d'après

M. J. Thomson, on trouve du cuivre dans l'Uvira et au nord du Tanganika. Signalons aussi les grands gisements de fer spéculaire (probablement itabirite) signalés par Cameron entre Manyara et Kasongo et par M. Stairs sur la route du Tanganika au Moero.

3° *Région méridionale.*

Le Katanga est essentiellement la région minière du Congo. Ses richesses consistent en gisements considérables de minerais de cuivre (malachite) et de fer (magnétite, oligiste, limonite).

Le cuivre, dans tous ses gisements, se rencontre à l'état de malachite, mais en quelques endroits on peut trouver, dans les parties les plus profondes des minières, des fragments de pyrite cuivreuse à demi-altérée en malachite et limonite. Ce fait démontre bien que les gisements de cuivre du Katanga sont, comme ceux du Congo occidental, les parties supérieures altérées ou *chapeaux* de gîtes sulfurés.

L'auteur de cette étude a eu l'occasion de visiter sept gisements importants de malachite exploités par les indigènes; Capello et Ivens, ainsi que Reichard, en ont signalé d'autres et, plus récemment, les explorations de M. Brasseur en ont encore révélé de nouveaux. Le minerai se rencontre en petits amas, en noyaux, en minces couches discontinues, en enduits, imprégnations, remplissages de fentes, de fissures et de joints de stratification dans des schistes siliceux ou quartzites caverneux. La malachite est normalement accompagnée de limonite généralement compacte et de composés cuprifères accessoires. La plupart des gisements sont subordonnés aux couches métamorphiques, dont nous avons fait notre système de Moashia. Les couches à malachite sont généralement verticales ou du moins fortement redressées et, chose digne de remarque, le gîte n'est jamais continu selon la direction des couches; il peut se répéter dans cette direction, mais toujours avec des interruptions.

A part les sept gisements que nous avons visités et dont l'étude nous a été singulièrement facilitée par les excavations creusées par les mineurs indigènes, nous avons eu l'occasion de constater la présence de la malachite ou de la pyrite cuivreuse en un grand nombre de points, dans des roches du système de Moashia ou de systèmes primaires non métamorphiques.

Géographiquement, les mines de cuivre du Katanga sont répandues dans le sud de la région, des deux côtés de la Lufila. Les plus septentrionales sont aux abords de 10°50' de latitude sud. A l'ouest du Nzilo on ne connaît que la mine de Miambo, près de Kazembe, dont les produits s'exportent vers le bassin du Kasai.

Le fer se rencontre en abondance dans la région du Katanga à l'état de magnétite, d'oligiste et de limonite. La magnétite et surtout l'oligiste sont extrêmement répandues non seulement dans les nombreuses veines de quartz qui traversent les couches primaires et archéennes de la région, mais dans ces couches elles-mêmes, à l'état d'imprégnations, de zones minces, de veinules, enduits, paillettes, noyaux, cristaux isolés, etc. Quelquefois le minerai existe sous ce mode de gisement en assez grande quantité pour être exploité. Dans les lits d'un grand nombre de cours d'eau torrentiels des parties montagneuses du

Katanga on trouve en abondance des galets de magnétite et d'oligiste provenant des masses rocheuses que ravinent ces torrents.

Mais les vrais gisements de fer du Katanga sont ceux dont nous allons parler. En beaucoup d'endroits, spécialement dans le sud, la magnétite (quelquefois accompagnée d'oligiste) se présente en *amas* atteignant souvent des proportions énormes et constituant des gîtes qui peuvent être classés parmi les plus riches du globe. Ces amas sont généralement subordonnés aux terrains archéens ou aux systèmes métamorphiques.

Ces massifs de magnétite, opposant aux actions dénudantes une résistance supérieure à celle qu'offrent les couches qui les accompagnent, se présentent le plus souvent sous forme de collines coniques faisant saillie sur un pays en plateau ondulé. Elles sont surtout nombreuses dans l'extrême sud du pays et aux abords des sources du Nzilo; elles donnent au pays, vu du sommet de l'une d'elles, l'aspect d'un champ hérissé de taupinières.

A part ces masses considérables, nous avons eu l'occasion de noter le long de nos itinéraires dans le Katanga une quantité de gisements plus modestes de magnitite et d'oligiste.

La limonite compacte (hématite brune), avons-nous dit, accompagne normalement la malachite dans ses gisements, à tel point que beaucoup de ceux-ci sont à la fois des mines de fer et de cuivre. Mais la limonite se rencontre en abondance au Katanga comme, du reste, dans une grande partie de l'Afrique tropicale, sous un mode de gisement bien plus généralisé. Nous voulons parler de l'hydroxyde de fer, plus ou moins mélangé, qui se concrétionne en nodules, en plaques ou en bancs stratiformes de structure spongieuse, scoriacée, dans les dépôts terreux superficiels, détritiques ou alluviaux. Les bancs strochiformes de cette *limonite scoriacée* ont souvent une épaisseur de plusieurs mètres et une superficie de plusieurs hectares. Quand, sous l'influence du ruissellement superficiel des eaux fluviales, la partie meuble du dépôt a été enlevée, la limonite scoriacée se présente à la surface du sol en planchers souvent très étendus ou en gros blocs épars. Ce sont là les *laves* de certains voyageurs. Cette roche peut renfermer par places jusque 3 p. c. d'oxyde ferrique et davantage. Les parties les plus riches fournissent le minerai de fer exploité par les indigènes dans toute l'Afrique intertropicale.

BIBLIOGRAPHIE : BARRAT *Sur la géologie du Congo français.* — BERTRAND. *La Géologie du bassin du Niari.* — J. CORNET. *Die Geologischen Ergebnisse der Katanga-Expedition* — ID. *Observations sur les terrains anciens du Katanga.* — ID. *Les Formations post-primaires du bassin du Congo.* — ID. *Les Dépôts superficiels et l'Érosion continentale dans le bassin du Congo.* — ID. *Observations sur la géologie du Congo occidental.* — ID. *Études sur la géologie du Congo occidental entre la côte et le confluent du Lopori.* — ID. *La Géologie du bassin du Congo d'après les connaissances actuelles.* — DESTRAIN. *Bassin du Quilou-Niadi. Le district de Stéphanieville et le district minier de M'Boko-Songho.* — E. DUPONT. *Lettres sur le Congo.* — PECHUEL-LOUCHE. *Kongoland.*

CHAPITRE XII.

HYDROGRAPHIE

LA GENÈSE DU FLEUVE. — LE BASSIN. — LA SOURCE.
LE COURS. — LES AFFLUENTS. — LE RÉGIME.

A. — LA GENÈSE DU FLEUVE.

Le Congo doit son origine et la formation de sa ramure d'affluents supérieurs à des phénomènes, dont les observations et les découvertes faites au cours de ces vingt dernières années permettent aujourd'hui d'entrevoir la suite.

Après le relèvement en bourrelet des régions périphériques signalé par M. Cornet dans son étude géologique et à un âge que les géologues qui se sont occupés de la question placent à l'époque quaternaire, les terrasses, dont l'ensemble forme le bassin actuel du fleuve, constituaient, comme nous le disions dans un chapitre précédent, autant de bassins hydrographiques indépendants les uns des autres; chacune d'elles, nettement délimitée par un cercle de montagnes ou simplement de hauts plateaux, renfermait dans sa dépression un lac sans issue.

La zone inférieure ou maritime, qui alors n'avait aucun rapport avec la zone moyenne, était drainée par un petit fleuve de montagne, ayant sa source dans le versant occidental des monts de Cristal. Après avoir reçu quelques affluents sans importance, il allait déverser ses eaux peu abondantes au fond de la crique de Banana.

Quant à la zone moyenne, l'auteur de ce livre établissait, dès 1885, qu'elle forme comme une immense cuve dont la partie centrale aurait été jadis occupée par un vaste lac. Quelques années plus tard, M. Ed. Dupont revenant de son voyage au Congo, adoptait cette hypothèse en la précisant, et M. Jules Cornet, après son exploration du Katanga, déclarait que l'existence de cet ancien lac était un des faits les plus certains de la géologie africaine. Le lac Tumba, le Stanley-Pool et la large expansion lacustre que présente le fleuve entre Tshumbiri et Isangi, avec ses îles et ses bancs de sable, sont les derniers vestiges de cette mer intérieure qui avait pour affluents l'Inkisi, l'Alima, la Sanga, la Mongala, le Rubi, l'Aruwimi, la Lulonga, le Ruki, ainsi que les cours inférieurs de l'Ubangi, du Lomami et du Lualaba de Nyangwe.

Depuis lors, de nouvelles découvertes, principalement celles qui eurent pour théâtre le Katanga et l'Urua, ont permis de serrer le problème de plus près, en démontrant que les hautes terrasses de la zone moyenne, tant celles du nord et du sud que celles de l'est, avaient, à une époque indéterminée, été indépendantes de la grande cuve centrale : un lac occupait le fond de la terrasse de l'Uele, en amont de la passe de Zongo ; un autre, le fond de la terrasse du Kasai, en amont de la passe de Kwa. Des constatations analogues ont été faites pour la terrasse du Kamolondo et pour les différentes terrasses de la zone supérieure.

Or, il arriva une époque où, par suite de l'augmentation du volume des eaux, ou par le fait de l'accumulation de sédiments au fond des lacs, ou encore à cause de l'affaissement d'un point de la ligne de faîte, les nappes lacustres, s'élevant toujours, finirent par atteindre le seuil le moins élevé du pourtour de leur bassin. Dépassant le niveau de ce seuil, elles se déversèrent dans la terrasse inférieure voisine, allant gonfler les eaux de cette terrasse pour les faire déborder à leur tour. Les torrents attaquant énergiquement les seuils qu'ils venaient de franchir, en limèrent sans cesse les plafonds et ce travail d'érosion aboutit finalement à la formation de toute une série de gorges étroites.

Telle paraît être l'origine de ce système de rapides et de chutes, qui coupent, en tant de points divers, le cours du Congo et de ses affluents; ainsi se sont creusés ces sauvages défilés aux parois à pic, hautes parfois de 300 et 400 mètres, et au fond desquels des rivières atteignant en amont et en aval une largeur de plusieurs milliers de mètres, se précipitent en réduisant subitement leur cours à quelques centaines de mètres, voire à moins de cent mètres.

Dans l'état actuel de nos connaissances, nous fixons à onze le nombre de ces passages caractéristiques :

1° *La chute de Pemba*, que MM. Lange et Long découvrirent en 1895, et par laquelle s'écoulent les eaux de la petite terrasse du Kivu (altitude, 1,490 mètres) dans celle du Tanganika (altitude, 812 mètres);

2° *La passe de Johnston* vue par M. Giraud, en 1883, par M. Sharpe, en 1890, par MM. Weatherley et Brasseur, en 1898, et que forment les eaux de la terrasse du Bangwelo (altitude, 1,200 mètres) en passant dans celle du Moero (altitude, 890 mètres).

Viennent ensuite les quatre étroites crevasses creusées à travers la chaîne des Mitumba, par lesquelles le trop-plein de toutes les eaux de la zone supérieure se déverse dans la zone moyenne, savoir :

3° *La gorge de Nzilo*, découverte en avril 1892 par MM. Delcommune et Briart, explorée cinq mois après dans toute sa longueur par MM. Francqui et Cornet, qui est le canal d'écoulement de l'ancienne terrasse du haut Nzilo;

4° *La chute de Djuo*, vue par MM. Böhm et Reichard, en 1883, par où tombent dans la terrasse du Kamolondo les eaux de la terrasse de la Lufila supérieure;

5° *La gorge de Kiwele*, explorée par M. Brasseur, en 1896, par où se précipitent les eaux de la terrasse du Moero, grossies de celles de la terrasse du Bangwelo;

6° *La gorge de Mitwanzi*, découverte par M. Thomson, en 1880, et qui donne passage au trop-plein des eaux réunies des terrasses du Kivu et du Tanganika.

C'est la terrasse du Kamolondo qui reçoit les eaux déversées par ces quatre gorges (¹). Elle en écoule la masse par :

7° La *Porte d'Enfer* et les *chutes de Hinde* découvertes par MM. Hinde et Mohun, en 1894, par lesquelles toutes les eaux de la terrasse du Kamolondo descendent dans celle de la grande dépression centrale.

Sur celle-ci s'ouvrent, en outre :

8° Au sud-est, *la gorge de Zungu* qui, jusqu'ici, n'a été encore ni signalée, ni explorée et qui est formée par les eaux qui descendent de la terrasse du haut Lomami;

9° Au nord, *la passe de Zongo* franchie, en 1885,

(¹) Nous supposons qu'il doit exister dans les Mitumba une cinquième gorge, celle qui donne passage aux eaux du Lububuri supérieur. Mais jusqu'à présent, aucune expédition de découverte n'a poussé de ce côté ni, par conséquent, pu vérifier cette hypothèse.

par M. Grenfell et par laquelle s'écoulent les eaux de la terrasse de l'Uele ;

10° Au sud-ouest, *la gorge du Kwa,* qui livre passage aux eaux de la terrasse du Kasai.

Gonflée par l'apport successif de toutes ces eaux descendues des dix terrasses supérieures, la vaste mer qui s'étendait jadis au fond de la cuve de la grande dépression centrale trouva, à son tour, une issue, déborda par un seuil de la chaîne côtière des monts de Cristal et creusa le défilé long de 550 kilomètres au fond duquel le Congo s'écoule aujourd'hui, avec une dénivellation de 300 mètres. C'est la onzième gorge du système, la plus importante de toutes, celle qui présente les trente-deux chutes dites de Livingstone et dont la section médiane caractéristique est la *gorge de Zinga,* découverte et décrite par Stanley en juillet 1877.

Par suite de l'approfondissement incessant des onze déversoirs ou canaux d'écoulement que nous venons d'énumérer, les mers intérieures devinrent de moins en moins étendues. Plusieurs d'entre elles ont même fini par s'assécher entièrement, par exemple celles des terrasses de l'Uele, du haut Lomami, du haut Nzilo et de la Lufila supérieure : les explorateurs en ont observé les anciens bas-fonds. Quelques-unes ne montrent plus que des vestiges de leur existence passée, telle celle de la terrasse du Kasai, dont le Wissmann-Pool et les larges expansions du Kasai moyen et du bas Sankuru sont le stade ultime ; telle encore celle de la terrasse du Kamolondo fractionnée maintenant en une série de lagunes et de pools distincts.

Au reste, l'évacuation des eaux ne s'est pas opérée d'une façon régulière et continue jusqu'à l'état actuel des choses. Le processus se poursuit de nos jours, avec des périodes alternées de ralentissement et de reprise : le niveau du lac Tanganika s'abaisse graduellement; des rivages des lacs Bangwelo et Moero émergent des espaces de plus en plus grands qui, marais d'abord, deviendront terres fermes grâce au complet retrait des eaux. D'autre part, le travail d'érosion et de creusement de la masse liquide dans la gorge du Kwa a fini par régulariser le cours du Kasai; les passes de Zongo et de Zungu sont devenues également plus ou moins praticables; il est probable que, dans la suite des temps, par l'approfondissement incessant des passages, de pareils phénomènes se produiront dans les chutes de Hinde et dans celles de Johnston; enfin, la formidable poussée et la rapidité vertigineuse du fleuve à travers la chaîne côtière modifient chaque jour encore le régime de la gorge et de l'escalier de chutes qu'il y a formé.

Ainsi ont été reliées par des gorges étroites donnant passage aux eaux les diverses terrasses qui constituent l'assiette du bassin. Ainsi se sont vidés ou continuent de se vider les lacs supérieurs. Ainsi encore se sont formés ou développés les cours d'eau qui, s'embranchant les uns sur les autres, forment l'arbre hydrographique du Congo actuel.

B. — LE BASSIN.

Dans la liste des grands bassins fluviaux du monde, le bassin du Congo occupe le deuxième rang, avec une superficie de 3,800,000 kilomètres carrés; il n'est dépassé que par celui de l'Amazone (7 millions 337,000 kilomètres carrés). Sa forme est un quadrilatère à angles arrondis, relié à l'océan par une bande étroite. Ses plus grandes dimensions, en ligne droite, sont : du nord au sud, 2,500 kilomètres, entre la source du Koto (8° 20' de latitude nord) et la source du Loombo, affluent du Luapula (14° de latitude sud); de l'ouest à l'est, 2,450 kilomètres, entre Banana (12° de longitude) et la source la plus orientale du Malagarazi (34°), laquelle ne se trouve qu'à 675 kilomètres du littoral de la mer des Indes.

Sous le rapport du débit d'eau, le Congo est le premier des fleuves africains; dans les autres continents, l'Amazone, seul encore, l'emporte sur lui. La longueur de sa branche maîtresse n'atteint pourtant que 4,000 kilomètres, ce qui ne lui donne que le douzième rang dans le tableau des plus longs fleuves de la terre. Mais il est l'émissaire de mers intérieures, telles que le Tanganika, le Bangwelo, le Moero, le Kivu, et il a d'innombrables tributaires, dont quelques-uns — le Kasai et l'Ubangi — sont presque aussi longs que lui-même.

C. — LA SOURCE.

Où faut-il géographiquement placer la source du Congo? Quel est le cours d'eau qui, parmi les affluents se ramifiant en amont de Nyangwe, doit être considéré comme la branche principale?

Si l'on admet la théorie qui place l'origine d'un fleuve à sa source la plus éloignée de son embouchure, c'est le plus long des affluents orientaux du Malagarazzi. Ce serait le Tshambezi, cours supérieur du Luapula, si l'on adoptait, ainsi qu'on le fait d'ordinaire, la théorie du plus imposant volume d'eau. En effet, au village d'Ankolo près duquel a lieu la réunion du Luapula et du Kamolondo, le premier l'emporte de beaucoup sur le second sous le rapport de la masse d'eau débitée.

Mais l'histoire de la formation du Congo, telle que nous l'avons exposée dans les chapitres précédents, fait naître une troisième théorie, qui nous apporte des données plus rationnelles et plus scientifiques.

Historiquement, le Congo est le fleuve qui draine les eaux de l'ensemble des terrasses de l'immense zone moyenne, entre les monts de Cristal et les Mitumba : c'est le Lubudi, de Francqui et Cornet, continué par le Kamolondo, de Brasseur, venant s'embrancher sur le Luapula, de Livingstone. Les eaux de zone supérieure sont des eaux affluentes ; aucun des cinq grands tributaires qui, par les gorges creusées à travers les Mitumba, en amènent le trop-plein, pas plus le Nzilo que le Luapula ou la Lukuga, ne saurait aspirer au titre de *branche-mère*. Ce n'est pas à un simple mesurage qu'il convient ici de demander la solution du problème, c'est à la géologie et à la philosophie.

Notre théorie fait donc de la source du Lubudi l'origine du Congo, qui est ainsi située par environ 11° 30' de latitude sud, 24° de longitude est, dans les versants nord-est du massif de Kaomba, au centre d'un district non encore exploré.

D. — LE COURS DU FLEUVE.

En le suivant de sa source à son embouchure, le cours du Congo peut être méthodiquement divisé en huit parties principales, où les sections innavigables, coupées de chutes et de rapides, alternent avec les sections navigables, ainsi que le résume le tableau suivant :

Le Lubudi . . .	Du mont Kaomba à Kalenga.	435 kilomètres.	Innavigable.
Le Kamolondo. .	De Kalenga à Kongolo.	560 id.	Navigable.
Les chutes de Hinde	De Kongolo à Kasongo.	125 id.	Innavigable.
Le Lualaba. . .	De Kasongo à Ponthierville.	550 id.	Navigable.
Les Stanley-Falls .	De Ponthierville aux Stanley-Falls.	160 id.	Innavigable.
Le haut Congo. .	Des Stanley-Falls à Tshumbiri.	1,450 id.	Navigable.
	a) De Tshumbiri au Pool.	200 id.	Id.
	b) Le Stanley-Pool.	30 id.	Id.
La traversée des monts de Cristal.	*c*) Du Pool à Manyanga.	140 id.	Innavigable.
	d) De Manyanga à Isangila	130 id.	Navigable.
	e) D'Isangila à Matadi.	90 id.	Innavigable.
	f) De Matadi à Boma.	60 id.	Navigable.
L'Estuaire . . .	De Boma à Banana.	90 id.	Id.
	Longueur totale du cours du fleuve . . .	4,000 kilomètres.	

I. *Le Lubudi*. — La section supérieure du Lubudi est la seule partie du grand fleuve qui demeure inexplorée : son cours n'a pas été reconnu en amont du village de Kidi, où l'altitude de 940 mètres a été observée par M. Paul Le Marinel.

Son premier affluent important de droite paraît être cette rivière dont on ne connaît jusqu'ici que la source, et à laquelle les voyageurs Pombeiros font tout un système d'affluents parmi lesquels le Lububuri, dont nous adoptons le nom pour la rivière elle-même.

Puis, la vallée s'encaisse, plusieurs séries de rapides se présentent et le Congo, venant se buter au relief de l'extrémité méridionale des monts Hakannson, décrit une courbe prononcée vers le sud; à droite, débouche le Nzilo, dont l'apport quadruple son volume d'eau. Au delà de ce confluent, le fleuve bouillonne par-dessus la chute de Kalenga, qui clôt la succession d'obstacles de la section supérieure. Lorsqu'il passe ensuite devant le village de Shimaloa, il roule paisiblement ses eaux limoneuses, en une nappe de 150 mètres de largeur et de plus de 3 mètres de profondeur.

II. *Le Kamolondo*. — Entre deux lignes de hauteurs, les collines d'Hakannson, à l'ouest, et la chaîne des Mitumba, à l'est, s'étendent de vastes plaines unies, formées d'alluvions déposées jadis par l'ancien lac Komolondo. Le fleuve, librement ouvert à la navigation sur un cours de 560 kilomètres, les traverse et s'écoule vers le nord-nord-est, avec des largeurs variant de 200 à 400 mètres et en décrivant des méandres accentués.

A certains endroits, le pays est si plat que les eaux, en s'épanchant, forment des pools. Le plus étendu est celui qu'on désigne sous le nom de lac Kisale; en aval, on en voit d'autres, moins importants : le Patowle et le Kongolo. Mais le trait caractéristique de cette section est la série de lagunes latérales qui constituent les derniers vestiges du lac asséché. Elles sont séparées du fleuve par une sorte de bourrelet alluvial, réduit parfois à moins d'un kilomètre de largeur; à travers cette sorte de digue naturelle, le mouvement des eaux a ménagé un ou plusieurs chenaux étroits, reliant les lagunes au courant principal. Sur presque toute leur périphérie croissent d'épais fourrés de papyrus et de roseaux; leurs débris s'accumulant, forment un dépôt de terreau noir dont la couche augmente sans cesse en épaisseur. Dès le début de la saison des pluies, le fleuve et les lagunes débordent, confondant parfois leurs eaux; le pays se transforme alors en un interminable marais.

Les grandes lagunes du Kamolondo sont au nombre de neuf. Une seule est située sur la rive gauche, le Kabele. A la rive droite se succèdent : 1° le Kaybayba; 2° le Kabwé; 3° l'Upemba, de beaucoup la plus vaste et à laquelle se rattachent le Shiobwe et le Kalobwe, en amont, et le Kapeda, en aval, alimentés comme elle par la rivière Fungwé; 4° le Lubambo; 5° le Kalomba, entouré d'étangs et qui reçoit les eaux du Kalame-Gongo, torrent descendant des hauts plateaux des Mitumba.

A hauteur du Kalomba, la chaîne des Mitumba s'écarte de la rive droite et s'infléchit vers l'est. La plaine s'ouvre alors largement et le fleuve, qui se dirige nettement vers le nord, reçoit à sa rive droite, en face du village d'Ankolo, le Luapula, tributaire puissant qui lui déverse le trop-plein des lacs Bangwelo et Moero, en un volume d'eau deux fois supérieur au sien. La Lukuga, qui débouche 100 kilomètres plus bas, sur la même rive, et qui amène au Kamolondo le trop-plein des eaux du Tanganika, a une portée beaucoup moindre. Toute la région qui entoure ces deux confluents est plate et constituée par des plaines d'herbes s'étendant à l'infini. Le fleuve s'y épanche encore en deux pools successifs, au delà desquels des hauteurs lui barrent soudainement la route : c'est la chaîne des monts de Bambare qui, aux temps géologiques, retint ses eaux vers le nord.

III. *Les chutes de Hinde.* — C'est en aval du village de Kongolo que le fleuve commence la traversée de la montagne. Jusqu'au confluent de la Luama (rive droite), il coule dans une vallée étroite, en faisant de brusques détours : entre Kongolo et Lengo, la gorge a moins de 100 mètres de largeur.

Dans cette première section, les eaux se ruent à travers la passe sauvage à laquelle M. Mohun, un de ses découvreurs, a donné le nom caractéristique de *Porte d'Enfer*. Puis elles descendent les pentes opposées de la chaîne, en formant cinq groupes de rapides, appelés Kilenga, Lukolonga, Tambusi, Semse, Toka et Kasongo. Nous donnons à l'ensemble de ces obstacles, qui s'étagent sur une longueur de 125 kilomètres, le nom de « Chutes de Hinde », en l'honneur du chef de l'expédition qui fut la première à les reconnaître.

A partir du Lukolonga, les rives se dépriment, mais des montagnes continuent à border au loin la vallée, présentant deux reliefs d'allure originale : celui de l'est, qui paraît avoir 950 mètres d'élévation, a été baptisé mont Dhanis; celui de l'ouest, qui a environ 1,350 mètres, mont Cleveland.

IV. *Le Lualaba*. — A la hauteur de Kasongo commence la section que Livingstone, qui la vit le premier, appela Lualaba, ce qui signifie, dans la langue des indigènes, la grande rivière. Le nom est bien donné à cette partie du fleuve : en effet, à Nyangwe, la largeur totale de la nappe d'eau, y compris les trois îles qui la divisent, est de 1,200 mètres aux basses eaux, et de 3,500 à 4,500 mètres au moment de la grande crue. Au mois d'octobre, époque de l'étiage, Stanley y a fait, d'une rive à l'autre, une série de trente-trois sondages, qui ont indiqué des profondeurs allant de 2^{m}50 à 8^{m}50 et donné une moyenne de 5^{m}50.

En aval de Nyangwe, le Lualaba quitte la région des savanes et pénètre dans celle de la grande forêt équatoriale, pour n'en sortir qu'au delà de Lukolela. Les rives sont revêtues d'une végétation puissante ; à certaines places, elles s'élèvent, encaissant le fleuve, mais, toujours, elles restent couronnées par la haute futaie, au pied de laquelle arbustes, lianes et plantes herbacées forment une barrière inextricable.

De Kasongo à Ponthierville, en amont du premier rapide de Stanley, c'est-à-dire sur 530 kilomètres de son cours, le Lualaba demeure praticable aux steamers, sauf en deux endroits : un peu en aval de Nyangwe, où des rochers traversent son lit, et à Ukasa, où les montagnes de la rive droite projettent à travers le fleuve une banquette de schiste.

Le Lualaba ne reçoit, à sa rive gauche, que quelques affluents sans importance : le Luvu, le Ruiki et le Kasuku, son bassin de ce côté étant étroitement limité par celui du Lomami. Par contre, à sa rive droite, débouchent de grandes rivières au cours parallèle, qui prennent leur source dans les versants occidentaux de la section septentrionale des monts Mitumba : l'Elila, l'Ulindi et la Lowa.

V. *Les Stanley-Falls.* — La deuxième série de rapides, celle qui, dans son ensemble, a reçu le nom de Stanley-Falls, commence immédiatement en aval de Ponthierville (Wabundu), avant que le Lualaba atteigne l'équateur. Ces rapides ne sont pas formés, comme les chutes de Hinde, par le passage des eaux dans une gorge de montagne, mais par une dénivellation en terrasses de l'assiette de la vallée.

Le fleuve, qui conserve ses plus grandes largeurs et atteint par places 2,000 mètres et plus, s'y écoule par-dessus sept gradins d'inégale hauteur qui s'étendent sur 160 kilomètres de longueur et se répartissent en trois groupes distincts, que séparent deux biefs, où la navigation reste libre ; ce sont : les rapides de Bamanga, très dangereux ; ceux de Masudi, qui ne le sont guère moins, et la chute plus spécialement désignée sous le nom de Stanley-Falls, au pied de laquelle sont groupés les établissements européens. Quelques-uns de ces rapides peuvent être passés en longeant avec précaution la rive et grâce à un renfort de pagayeurs habiles. Ailleurs, les équipages se mettent à l'eau pour hisser les pirogues par-dessus les rochers qui hérissent le lit du fleuve. Mais, en certains endroits, la violence du courant et la véhémence des tourbillons sont telles, que les embarcations, après avoir été déchargées, sont elles-mêmes transportées par voie de terre. Des routes ont été construites le long des sections innavigables.

VI. *Le haut Congo.* — A la station des Stanley-Falls s'ouvre la grande section navigable du fleuve.

Celui-ci perd son nom de Lualaba : on ne le désigne plus, désormais, que sous le nom de Congo, que lui ont donné les Européens. Il change encore d'aspect, s'encaisse entre des rives pittoresques. Quatre grands affluents lui apportent de considérables tributs d'eau : le Lindi, à droite; le Lomami, à gauche; puis l'Aruwimi et le Rubi, à droite. De 1,200 mètres qu'elle avait à la septième cataracte de Stanley, la nappe liquide, d'où émergent des îles verdoyantes, s'élargit successivement jusqu'à 10 kilomètres à Isangi, au confluent du Lomami; 16 kilomètres en aval de Bazoko, au confluent de l'Aruwimi; 18 kilomètres à Malema, en amont du delta du Rubi.

Près d'atteindre le point extrême de sa course vers le nord, au delà du deuxième degré de latitude septentrionale, le Congo s'écoule, calme et majestueux. Il inonde ses rives, s'élargit encore, s'épanche et forme deux pools allongés : celui de Bumba, long de 130 kilomètres, large de 45, et celui d'Umangi, long de 120 kilomètres, large de 35, séparés par l'étranglement d'Upoto, produit par des collines qui, sur la rive droite, atteignent 150 mètres de hauteur au-dessus de l'eau. Ce n'est plus un fleuve, c'est un bras de mer, plus large que le Pas de Calais. De nouvelles et innombrables îles, de toute grandeur, le fractionnent, à certains endroits, en dix ou douze chenaux parallèles ou s'entrecroisant, véritable labyrinthe dont quinze années de navigation n'ont pas encore démêlé les détours.

En amont de Lulongo, le Congo se dirige brusquement vers le sud; puis, après avoir repassé la ligne équatoriale, il tourne de nouveau vers le sud-ouest. Devant Liranga, son lit se resserre et n'a plus que 5 kilomètres de largeur. Une nouvelle expansion se produit ensuite, suivie aussitôt, à Lukolela, limite de la grande forêt, d'un nouvel étranglement : la largeur du fleuve, resserré entre deux caps, s'y réduit à 3 kilomètres. Les savanes, bordées de marécages et d'épaisses végétations aquatiques, oubliées depuis la région en amont de Kongolo, reparaissent et, de nouveau, le courant déborde, s'amplifie, s'étale en des espaces sans fin. Divisant la nappe en chenaux, coupant les marais, obstruant les estuaires et les deltas, des îles et toujours des îles couvertes d'une flore exubérante, jaillissent du fleuve.

A chaque rive s'ouvre les bouches de puissants tributaires : la Lulonga, le Ruki et l'Irebu, à gauche, l'Ubangi, la Sanga, la Likuala et l'Alima, à droite. Le point le plus bas de l'ancienne terrasse de la grande dépression centrale est proche : il est situé en aval de l'île des Hippopotames, où le capitaine Delporte a observé 338 mètres d'altitude. Depuis les Falls, le pays s'est affaissé en pentes insensibles : l'île des Hippopotames n'est située, en effet, que 112 mètres plus bas que la station des Falls, et, cependant plus de 1,100 kilomètres séparent les deux points ; elle est 82 mètres plus bas que Bania, sur la haute Sanga, elle est 52 mètres plus bas que Zongo, sur l'Ubangi.

Mais, par contre, à l'ouest et au sud, le terrain se redresse brusquement, les terrasses s'élèvent, leurs plateaux s'étendent ; la barrière rocheuse qui a si longtemps contenu les eaux de l'ancienne mer étage ses contreforts, qui dominent de partout le vaste pool de Bolobo, au centre duquel émerge l'île des Hippopotames. A l'est, le relief qui sépare le bassin du fleuve de celui du lac Léopold II s'élève jusqu'à 218 mètres au-dessus de l'île ; le plateau des Wamfumu, au sud, à 310 mètres ; à l'ouest, sur la rive droite, celui d'Akukuga à 500 mètres au-dessus du Congo.

VII. *La traversée des monts de Cristal.* — a) *De Tshumbiri au Pool.* — A Tshumbiri, 70 kilomètres en aval de Bolobo, le fleuve quitte enfin les plaines et pénètre dans les défilés de la chaîne des monts de Cristal. Les rives s'élèvent, les îles disparaissent pour faire place à une seule nappe d'eau, laquelle se rétrécit, s'approfondit et s'accélère. Stanley a mesuré en aval de Kwamuth des profondeurs de 75 mètres et évalué, à certaines places, la vélocité moyenne du courant à 7 nœuds.

Dans cette section le Congo est actuellement navigable pour les steamers, mais il est positif qu'il y fut jadis barré de rapides. Aujourd'hui encore, les pilotes sont particulièrement attentifs en passant devant certaines pointes, notamment à Ganshu ; les rives s'y resserrent, la masse des eaux y roule avec violence, en formant des tourbillons : on devine la présence, dans le lit du fleuve, de roches que les eaux ont fini par user, mais qui continuent néanmoins à rendre la passe difficile.

A Kwamuth, le Congo n'a plus que 1,500 mètres de largeur, au lieu des 6,000 et 8,000 mètres qu'il mesure dans les pools de Bolobo. Une large crevasse d'un demi-kilomètre se montre subitement dans les hauteurs rocheuses de la rive gauche : c'est le confluent du Kasai, apportant un tel volume d'eau que, dans le même lit, les deux rivières coulent pendant plusieurs heures avant de mélanger leurs flots : ceux du Congo restant brunâtres, ceux du Kasai, limoneux. En aval, la gorge se creuse et le fleuve, coulant entre deux rangées de contreforts de 100 mètres de hauteur, fait de brusques détours, découpe dans les terres de profondes échancrures.

b) *Le Stanley-Pool.* — Puis, subitement, les rives relèvent leurs pentes verdoyantes en façon de portique, s'écartent, et la vue s'étend à l'infini sur une large expansion circulaire : c'est le Stanley-Pool. A droite, éclatantes de blancheur, se dressent les falaises dites « de Douvres »; à gauche, on aperçoit formant un vaste demi-cercle, une bande de terres basses et herbeuses, décorée à la rive, de massifs de superbes baobabs et bordée, à 6 kilomètres en arrière, d'une chaîne de collines boisées, que domine le pic Mense, ainsi baptisé en souvenir du médecin de Léopoldville.

La superficie du Stanley-Pool est de 450 kilomètres carrés, inférieure de 100 kilomètres carrés à celle du lac de Constance. Il est divisé en deux parties inégales par l'île de Bamu.

Pendant de longs siècles, ce large bassin où viennent aboutir toutes les eaux du réseau du haut Congo est quasi demeuré frappé de mort. Qu'est-ce, en effet, dans ce cadre gigantesque, que le passage de quelques rares pirogues ou les rubans de fumée se déroulant lentement au-dessus de quelques pauvres villages ? La prise de possession par l'Europe de ce merveilleux port intérieur est venue le réveiller de son immobilité séculaire, et Léopolville, Brazzaville, Kinshassa et Dolo ont surgi, apportant le bruit et l'activité, là où régnait jadis un solennel silence. Sur les eaux du Pool vont et viennent, maintenant, de nombreux steamers, descendant du haut fleuve ou s'y rendant, et à la sirène des bateaux à vapeur répond, de la rive, le sifflet des locomotives manœuvrant dans la gare de Dolo, terminus du chemin de fer des chutes.

c) *Du Pool à Manyanga*. — A Léopoldville, les montagnes qui, à l'entrée du Pool, s'étaient écartées en hémicycle, se rapprochent, ne laissant entre elles que la brèche étroite et profonde que les eaux fuyantes de l'ancienne mer ont pratiquée et par laquelle le fleuve s'écoule vers l'océan.

Le Congo, immédiatement après sa sortie du Stanley-Pool, précipite son courant plus étroit et plonge de 10 mètres par-dessus des récifs. C'est la chute de Ntamo, la première des trente-deux chutes de Livingstone inégalement espacées depuis le pool jusqu'à Matadi, sur un parcours de 360 kilomètres.

De Léopoldville à Manyanga, le long de 140 kilomètres, le fleuve coule au fond d'une véritable gorge qui, à certaines places, se resserre jusqu'à ne pas atteindre 400 mètres de largeur. On s'imagine malaisément les proportions de profondeur et de vitesse que doit acquérir ici le courant qui, en amont d'Upoto, mesure 30 kilomètres de largeur et qui, à l'entrée du pool, dégorge en moyenne 550,000 mètres cubes à la seconde, lorsque la masse de ses eaux, lancée sur un lit à pentes raides, se rue dans des défilés aussi étroits! Le fleuve fait de brusques et incessants détours, présente une succession de renflements et d'étranglements. En maints endroits il est bordé de falaises à pic de 100 à 200 mètres de hauteur; ailleurs, sa vallée s'élargit, s'arrondit en chaudrons ou en pools.

Les cours d'eau qui le rejoignent dans cette section : le Djué, le Kenka et le Luvubi, à la rive droite, et l'Inkisi, à la rive gauche, lui apportent leurs eaux en formant des chutes. La chute du Luvubi (rivière Edwin Arnold) tombe à pic d'une hauteur de 90 mètres dans le chaudron que Stanley a appelé Pocok-pool, du nom d'un de ses compagnons qui s'y noya en 1878.

En aval, les falaises deviennent plus hautes, le défilé se resserre encore, toujours obstrué de rapides : c'est la gorge de Zinga, qui coupe le point culminant de la chaîne côtière. A Pakambendi, le paysage se modifie : la brèche s'élargit, les rives s'affaissent, les collines s'éloignent en pentes plus douces, le fleuve s'apaise et reprend un aspect moins sauvage ; la traversée du chaînon oriental des monts de Cristal est terminée.

d) *De Manyanga à Isangila*. — Entre le chaînon oriental et le chaînon occidental s'étend une région large de 130 kilomètres que le Congo traverse, en un cours relativement calme. Il redevient plus ou moins navigable : les petits steamers de l'*Association internationale africaine* l'ont parcouru jadis, non sans peine il est vrai, et aujourd'hui encore un service de chalands y fonctionne.

Le fleuve coule entre des hauteurs parfois escarpées ; sa largeur, qui varie beaucoup, dépasse à certains endroits 2,000 mètres. Il y a deux chutes basses, à Tshumbo et à Itunsima, et plusieurs séries de rapides et de tourbillons qui exigent des piroguiers d'adroites manœuvres pour être franchies.

Dans cette section médiane, le Congo reçoit successivement : la Lukunga (rive gauche), la Mata et le Luvombo (rive droite), le Kwilu et l'Unionzo (rive gauche). C'est en face du confluent de cette dernière rivière que l'expédition du capitaine Tuckey s'arrêta, en 1816, dans sa tentative de pénétration.

e) *D'Isangila à Matadi.* — A Isangila, le régime du fleuve change de nouveau brusquement. Devant cette station, la masse des eaux, large de 1,550 mètres, tombe en une chute de 5 mètres de hauteur; puis le courant s'engage dans une gorge et commence la traversée du chainon occidental des monts de Cristal. Depuis Goma jusqu'à Yelala, il descend de rapide en rapide, de chute en chute et son lit est obstrué de récifs et d'écueils, restes d'anciennes cataractes. A chaque instant, il forme des boucles, bute contre des éperons, fait des coudes presque perpendiculaires à la direction qu'il vient de quitter.

D'Isangila à Matadi, il y a une distance de 90 kilomètres, avec une dénivellation moyenne de 1 mètre par kilomètre. C'est la partie du cours du fleuve la plus tourmentée dans sa direction et la plus fougueuse dans sa marche. En quelques endroits, les flots se précipitent avec une rapidité de 12 à 15 mètres à la seconde. Yelala est la dernière des trente-deux chutes de Livingstone; toutefois, les eaux ne commencent réellement à s'apaiser qu'après avoir dépassé le confluent de la Mpozo (rive gauche); le lit reste encaissé, dominé à droite par le plateau de Vivi, surmonté du pic Léopold (300 mètres), et à gauche par le massif de Matadi, dominé par le pic Cambier (360 mètres).

f) *De Matadi à Boma.* — A Matadi commence le bas Congo navigable. Dans la gare sifflent les locomotives qui vont monter au Stanley-Pool, et, à la rive, le long des piers, sont ancrés les steamers qui s'apprêtent à reprendre la mer vers Anvers, Le Hâvre, Liverpool et Hambburg.

Des tourbillons se produisent encore devant le

Chaudron d'Enfer, où le fleuve fait son dernier coude brusque, au pied de la mission d'Underhill. La gorge est toujours profonde devant Noki, Kongolo, Sangala. Mais bientôt les montagnes s'affaissent, les rives s'écartent, des îles se montrent. Devant Boma, dont les blanches constructions s'étagent de la rive au plateau, le Congo étale une nappe d'eau de plus de 5,000 mètres de largeur, divisée en plusieurs bras par des îles.

Un peu en aval, les derniers reliefs de la chaîne côtière viennent mourir aux deux rives, en formant au Congo comme un portail : à gauche se dressent les rochers de granit de la Roche-Fétiche et, en face, sur l'autre rive, s'élève l'escarpement rocheux de Bembandek, terminé en monolithe. Au milieu, à l'extrémité orientale de l'île de Mateba, s'arrondissent deux mamelons rocheux auxquels on a donné le nom de « Cul-de-Boma »; ceux-ci constituent, avec le Bembandek et la Roche-Fétiche, les derniers vestiges occidentaux de la barrière que la chaîne des monts de Cristal a jadis opposée à l'irrésistible torrent des eaux de la mer intérieure.

VIII. *L'estuaire.* — Dès qu'il a dépassé la ligne formée par les rochers Fétiche, Cul-de-Boma et Bembandek, le Congo entre dans son estuaire. Sa largeur est successivement doublée, puis triplée : de 1,200 mètres qu'il avait en amont de l'île des Princes, il atteint finalement 3 kilomètres.

Le pays offre un caractère nouveau. A la vallée encaissée, invariablement rocheuse qui s'est prolongée depuis Tshumbiri jusqu'à Boma, succède une région moins accidentée. Les collines ont des flancs arrondis; les torrents sont remplacés par des rivières; de nombreuses îles parsèment le fleuve. La première qui se présente, la plus étendue de tout l'estuaire, est celle de Mateba (14,000 hect.); puis on aperçoit successivement Tunga, Bulikoko, Katala, avec les établissements de Ponta da Lenha, Bulambemba, etc. En même temps un véritable labyrinthe de chenaux et de criques découpe les rives.

Mais la profondeur du grand fleuve ne répond pas toujours à sa largeur; elle varie beaucoup et se modifie constamment, par suite des affouillements produits par le courant : les rives se déforment, les bancs se déplacent. Il en résulte que le chenal principal n'est pas stable. Il y a vingt ans, pour aller de Ponta da Lenha à Boma, les steamers suivaient la rive septentrionale, par Loango et Kanga : la passe de la Roche-Fétiche n'était praticable que pour les pirogues. Aujourd'hui, la sonde accuse de 40 à 50 mètres près de la roche, tandis que, devant Kanga, un bateau d'un tirant d'eau de 3 mètres toucherait infailliblement le fond; aussi, les steamers passent-ils devant Ponta da Lenha, Mateba et la Roche-Fétiche, malgré le banc de sable qui, en face de Mateba, restreint singulièrement la passe à l'époque de l'étiage et cause souvent des échouements.

Au delà de l'île de Bulambemba s'ouvre l'embouchure, qui s'étend sur 13 kilomètres, entre la pointe de Banana, au nord, et la Shark-pointe ou « pointe du Padron », au sud, ainsi nommée parce qu'en 1485, Diego Cam y érigea la colonne commémorative de sa découverte, construction dont les débris ont été retrouvés par le voyageur suédois von Schwérin, en 1886.

A son arrivée dans l'océan, le Congo se heurte au

courant maritime qui, venant du sud, longe la côte. La masse troublée de ses eaux, chargées de sédiments et charriant des matières flottantes de toute espèce, est refoulée vers le nord-ouest. Elle continue sa course dans cette direction, traçant un large sillon au sein des flots salins : à 20 kilomètres au large, on recueille encore de l'eau douce à la surface de l'océan.

Au fond de celui-ci, la sonde a constaté l'existence d'un lit géant, large vallée à berges alluviales, hautes par places de plus de 1,500 mètres, mystérieux estuaire sous-marin prolongeant de 500 kilomètres l'estuaire terrestre et à l'issue duquel les eaux du grand fleuve de l'Afrique centrale se mêlent, enfin, aux larges vagues de l'Atlantique.

D. — LES AFFLUENTS.

Conformément à nos théories sur le relief du bassin du Congo et la genèse du fleuve, nous divisons les tributaires de celui-ci en cinq groupes constituant les systèmes d'eau du Kamolondo, de la grande dépression centrale, de l'Uele, du Kasai et du littoral.

a) *Le système d'eau du Kamolondo.*

Le bassin du Kamolondo était dans le principe de dimensions assez restreintes ; mais, à la suite du creusement de canaux d'écoulement à travers la chaîne des Mitumba, il s'est accru de toute la superficie de la zone supérieure. L'embranchement des cours d'eau de celle-ci sur les rivières de la terrasse du Kamolondo a déterminé la formation de cinq tributaires importants, d'inégales longueurs, mais présentant les mêmes caractères physiques. En réalité ce sont de gigantesques torrents ayant leur origine sur les hautes terrasses de la ligne de faîte voisine des bassins du Zambèse, du grand *Graben* oriental ou du Nil ; ils alimentent des lacs ou traversent des bas-fonds d'anciens lacs asséchés ; leur cours tumultueux se poursuit au fond de défilés sauvages, pour tomber, en formant des séries de cascades, dans les plaines basses du Kamolondo. Ces cinq tributaires sont : le Lububuri, le Nzilo, la Lufila, le Luapula et la Lukuga.

Le Lububuri est inconnu jusqu'à présent, sauf à sa source, reconnue par Capello et Ivens. La gorge qu'il s'est creusée à travers les Mitumba, avant de rejoindre le Congo (Lubudi), n'a pas encore été explorée.

Le Nzilo. — Avant de s'engager dans le défilé des Mitumba, cette rivière traverse une région lacustre asséchée, qui a été observée par MM. Delcommune et Briart et que les indigènes appellent Kiniata. C'est évidemment l'emplacement de l'ancien lac de la terrasse. La gorge du Nzilo affecte à certaines places l'aspect d'une véritable crevasse : 300 à 400 mètres de hauteur et 30 à 50 mètres seulement de largeur. Les eaux se précipitent sur 70 kilomètres de cours, en formant une succession de chutes, dont les plus importantes sont celles de Nzilo, de Mukaka et de Kambulubulu ; la dénivellation entre la première et la dernière est de 340 mètres. Cet ensemble d'obstacles a été appelé par Cornet « Chutes Delcommune » en l'honneur de son découvreur. Le Nzilo n'a qu'un seul affluent de quelque importance, la Lufupa (r. g.).

La Lufila est la rivière du Katanga. M. Delcommune estime que les vastes steppes de sa vallée entre les sources thermales salines de Moshia et la chute de Djuo, sont le fond d'un lac. En aval, la rivière s'écoule en rapides au fond d'une gorge étroite qui a été suivie par M. Léon Cerckel. Ses principaux affluents sont : le Lupoto, le Luembe, la Kafila et le Lofoi (r. d.), la Bunkeia (r. g.), la Lufua (r. d.), la Dikulwe, le Lunkesi et le Fungwe (r. g.). Ce dernier a près de sa rive des sources thermales sulfureuses; il alimente la lagune Upemba et rejoint, ensuite, la Lufila dans le lac Kisale près de son confluent.

Le Luapula. — La branche initiale actuelle du Luapula est le Tshambezi qui communique avec le lac Bangwelo. Un canal d'écoulement, qu'étrangle, entre Shiniama et Lundu, la passe de Johnson, longue de 90 kilomètres, conduit les eaux dans le lac Moero. Le trop-plein des deux lacs réunis traverse, par des défilés, les Kundelungu d'abord, les Mitumba ensuite. Dans la gorge de Kiwele, M. Brasseur a observé des encaissements de 300 à 400 mètres, entre des parois à pic, et des largeurs qui, à certaines places, se réduisent à 40 mètres. En aval de la gorge elle s'appelle *Luvua*. Les affluents principaux de la rivière sont : le Loombo, le Moengashe et le Lufubo (r. g.), le Luongo et le Kalonguizi (r. d.), le Luvule (r. g.), le Luvunzo (r. d.), la Luikuzi (r. g.) et le Lubuzo (r. d.).

Le lac Bangwelo (superficie 4,500 kilom. c. altitude 1,155 m.) est en voie d'épuisement; depuis le creusement de la passe de Johnston sa nappe se fractionne et se réduit; elle s'entoure d'une série de lagunes plus ou moins étendues, que les papyrus envahissent : le Shifumauli, le Kampolombo, le Mofusi, le Luangwa, le Shevinde; les îles Kirui, Bawala, Kisi croissent en superficie; de nouvelles îles se forment. La partie méridionale du lac, appelée

Bemba, n'est déjà plus qu'un vaste marécage du centre duquel surgissent des îlots. Comme il a très peu de profondeur, il semble condamné à se réduire rapidement et à disparaître à brève échéance. Outre le Tshambezi, il reçoit deux affluents venant du nord : la Liposhoshi et la Luena.

Le lac Moero (superficie 5,000 kilom. c., altitude 869 m) a vu se produire un phénomène identique aussitôt après le creusement de la gorge de Kiwele; mais il retiendra plus longtemps ses eaux, qui sont profondes dans la partie nord-ouest, au pied de la chaîne des Kundelungu. Il est, toutefois, déjà fort réduit comme superficie : ainsi les vastes marécages désignés sur les cartes sous le nom de « marais du Moero » constituaient jadis un vaste golfe du lac; la rivière Movu les relie actuellement à celui-ci. Au sud, une assez grande partie de l'ancienne rive est également abandonnée par les eaux et transformée en marais ou en lacs indépendants. Le capitaine Descamps assure que le niveau des eaux a baissé de 3 à 4 mètres, depuis sa découverte par Livingstone, en 1867. S'il continue à se vider dans les mêmes proportions, l'île de Kilwa, située à l'extrémité sud-ouest de sa nappe, ne tardera pas à devenir une presqu'île.

Des convulsions volcaniques ont provoqué dans l'Afrique orientale deux gigantesques crevasses, des *Gräben*, disent les auteurs allemands, courant du nord au sud parallèlement à la côte. Au fond du *Graben* oriental, qui, dans sa section septentrionale n'a pas de communication hydrographique avec le littoral, sont les salines du Danakil et de l'Oromo, les mers mortes de Stéphanie, Rodolphe, Baringo,

Naiwasha, Natron, Ejasi, Manjara, Umbure, Rikwa et le lac Nyassa ; au fond du *Graben* occidental gisent les lacs Albert et Albert-Édouard, qui appartiennent au bassin du Nil, les lacs Kivu et Tanganika qui sont reliés à celui du Congo.

Le Tanganika (longueur 650 kilom., largeur de 30 à 80 kilom., superficie 35,000 kilom. c., alt. 812 m) diffère par son origine et par sa structure des autres lacs de la zone supérieure. Ce n'est pas un bas-fond appelé à s'assécher, mais bien un bassin volcanique rempli d'eau, un véritable gouffre entouré de rochers à pic mesurant parfois plus de 1,000 mètres d'élévation. C'est probablement le lac le plus profond, non seulement du continent, mais du monde entier : M. Giraud a mesuré des fonds de 647 mètres au large de Karema. Cette profondeur fut sans doute jadis beaucoup plus considérable, car le niveau des eaux a dû baisser d'au moins 100 mètres. Lors de sa circumnavigation, en 1876, Stanley a, en effet, constaté de nombreuse traces d'un ancien niveau très supérieur : les roches des rives montrent en bien des endroits qu'elles ont jadis été exposées à l'action de vagues puissantes. La baisse des eaux se poursuit plus ou moins rapidement, au fur et à mesure de l'approfondissement de la gorge d'écoulement que les eaux du lac se sont creusées vers l'ouest ; M. Stairs a pu exactement constater, à Karema, que le niveau de Tanganika avait baissé de plus de 6 mètres, au cours de ces vingt dernières années.

Les principaux affluents du lac sont : le Malagarazi et le Kalombo (r. est), le Lofu (r. sud), le Lufuko (r. ouest) et le Rusiji (r. nord). Ce dernier seul est intéressant parce qu'il amène au Tanganika les eaux du lac Kivu.

Le Kivu s'étend au pied du versant méridional du massif des Virungo. Son bassin est encaissé dans de hautes montagnes et éveille aussi l'idée d'un phénomène igné. Ses eaux s'échappent vers le sud, par dessus la chute de Pemba. Son niveau est à la cote 1490, soit 678 mètres plus haut que celui du Tanganika. Comme le Rusiji qui relie les deux lacs n'a que 120 kilomètres de longueur, il y a là une dénivellation de plus de 5 mètres par kilomètre, ce qui suppose toute une série de chutes et de rapides non encore reconnus

La Lukuga. — Le trop-plein des eaux réunies des bassins du Tanganika et du Kivu s'écoule dans le bassin du Kamolondo, à travers le col de Mitwanzi, par la Lukuga, à la rive gauche de laquelle débouchent deux affluents assez importants : la Niemba et la Luizi. En dépit de la longueur relative de son cours (350 kil.) et de son rôle d'affluent de deux lacs, le volume d'eau de la Lukuga est, pendant une certaine période, extrêmement modique, ce qui démontre que le travail d'approfondissement de la gorge se poursuit avec lenteur.

Le Lovoi, grossi du Kaluilui, et *le Luvidjo* sont deux affluents de la rive gauche.

b) *Le système d'eau de la grande dépression centrale.*

C'est le système de la terrasse centrale coupée par l'équateur. A l'opposé du précédent, il est d'une grande simplicité, par suite de sa situation ainsi que de la régularité et de l'homogénéité de son relief. Plus de montagnes, des plaines ; plus d'allure tourmentée ; une dénivellation normale, s'effectuant en pentes insensibles de la périphérie de la terrasse. Conséquence : les cours d'eau, abondamment alimentés par des pluies continues serpentent lentement ; comme ils sont à pentes douces et riches en eau, ils s'ouvrent en toute saison à la navigation dans la plus grande partie de leur cours. Il n'y a sous ce rapport d'exception que pour quelques affluents de la rive droite, qui ont leurs sources dans les versants de la section septentrionale des Mitumba et dont la pente est plus rapide.

Des chutes de Hinde jusqu'à la gorge de Zinga, les affluents du Congo débouchent dans l'ordre suivant :

Le Luama (r. d.), la rivière du Manyema, était la branche maîtresse initiale du Lualaba de Nyangwe, avant le percement des monts de Bambare, par les eaux débordandes du Kamolondo.

Le Luvu et *le Ruiki* (r. g.) sont les seuls affluents un peu importants de la rive gauche, dans cette partie où le bassin occidental du fleuve est serré de près par celui du Lomami.

L'Elila, *l'Urindi*, *la Lowa* et *la Lindi-Tshopo* (r. d.) se développent, par contre, profondément vers l'est jusqu'aux hautes terrasses de la ligne de faîte, d'où ils descendent en chutes nombreuses ; pour le cours de la Lowa, le comte von Götzen a enregistré, sur une distance de 350 à 400 kilomètres en ligne droite, une différence de niveau de plus de 2,000 mètres.

Le Lomami (r. g.) a eu jadis pour branche initiale le petit Lurimbi, actuellement son affluent de gauche. L'exploration de la section jusqu'ici inconnue de la rivière, en amont du confluent du Lurimbi, révèlera l'existence, en ces parages, d'une gorge profonde par laquelle se sont écoulées les eaux du bassin jadis indépendant du haut Lomami. Nous avons provisoirement appelé ce défilé « gorge de Zungu », du nom d'un village voisin. En amont, s'étendait autrefois un lac dont le pool Mulinge, signalé par M. Delcommune, en aval de Buabe, est un dernier bas-fond; près de là débouche le *Lukashi* (r. g). En aval de la gorge, jusqu'à Bena-Kamba, s'étagent trois séries de rapides, ceux de Kitambi, de Donga et de Lisambi, en dessous desquels la rivière devient libre.

L'Aruwimi (r. d.) s'appelle *Ituri* dans son cours supérieur, voisin du lac Albert. Il occupe par son volume d'eau le troisième rang parmi les affluents du Congo. Mais il est malheureusement coupé par une succession ininterrompue de rapides et de chutes, dont la plus importante est celle de Panga, haute de 9 mètres; il ne devient navigable qu'à Yambuya. Ses affluents principaux sont : l'Ihuru (r. d.), la Lendi (r. g.), le Nepoko et la Lulu (r. d.).

Le *Rubi* ou *Itimbiri* (r. d.) est navigable jusqu'à Ibembo et cette circonstance donne à cette rivière secondaire une grande importance comme voie de pénétration vers l'Uele, dont seulement un faible seuil la sépare; le Likati est son principal affluent (r. d.).

La Mongala (r. d.) porte dans son cours supérieur le nom de *Dua*. Sa ramure d'affluents de droite : l'Ebola, l'Ibanza grossie de la Likema, draine toute la région située au nord du coude septentrional du fleuve.

La Lulonga (r. g.) porte dans son cours supérieur le nom de *Maringa*. Le Lopori qu'elle reçoit à droite n'est guère beaucoup moins important que la branche mère et est navigable comme elle.

Le *Ruki* (r. g.), appelé aussi en amont *Busira* et *Tshuapa*, forme avec ses affluents de gauche : le Momboyo, la Salonga et le Lomela, un vaste bassin, largement ouvert à la navigation. Toutes ces rivières paisibles, ainsi que celles qui descendent parallèlement plus au nord : l'Ikelemba, le Ruki, le Lopori ont peu de profondeur ; leurs eaux s'écoulent pour ainsi dire à ras du sol et la moindre averse déborde sur des rives plates. Alors des canaux naturels se forment et les indigènes qui en connaissent les détours passent en pirogue d'une rivière dans l'autre et dans le Congo lui-même.

L'Ubangi (r. d.) est, après le Kasai, le plus important des tributaires de Congo depuis l'époque où les eaux de la terrasse de l'Uele sont venues grossir les siennes, à la suite du percement du seuil de Zongo. Ses affluents en aval de ce seuil sont : le Mpoko et le Lobay (r. d.), la Lua (r. g.), l'Ibenga (r. d.) et le Ngiri (r. g..) Nous consacrons plus loin un chapitre spécial à son cours supérieur, c'est-à-dire au système d'eau de l'Uele.

L'Irebu (r. g.) n'a d'importance que parce qu'il sert de canal d'écoulement au *lac Tumba* (superf. 1,750 kilom. c. ; alt. 360 m. env.), vaste pièce d'eau qui, avec les expansions du fleuve, à Upoto et Bolobo, constitue les plus larges bas-fonds de la grande mer préhistorique de la terrasse du Congo moyen.

La Sanga, la Likuala, la Kundja-Liokna et *l'Alima* (r. d.) appartiennent au bassin du Congo français. La Sanga est une voie de pénétration vers l'hinterland du Camerun et la haute Benue, par les vallées de ses affluents de droite, le Goko, le Kadei et le Mambere. La Kundja-Likona est une rivière historique, celle dont le bassin, d'après la convention franco-congolaise de 1885, devait former la limite orientale des possessions du Congo français.

Le Zelai (r. g), *le Djuo* (r. d.) et *l'Inkisi* (r. g.) sont les derniers affluents occidentaux du système ; avant le percement de la gorge de Zinga, ils écoulaient leurs eaux vers l'est, dans la mer intérieure.

Ainsi que l'a dit M. Cornet, l'existence de celle-ci est l'un des faits les plus certains de la géologie congolaise. Si les preuves que fournit cette science et celles qui résultent de la direction des rivières de la zone moyenne, lesquelles viennent toutes aboutir au carrefour hydrographique d'Irebu, ne suffisaient pas, on en trouverait une nouvelle, très concluante, dans la teinte noirâtre des eaux de ces rivières. Celles-ci sont apportées au Congo par le Lulonga, l'Ikelemba, le Ruki, l'Irebu, le Ngiri et la Likuala aux herbes. Stanley avait d'abord émis l'opinion que cette coloration était due à la présence de substances ferrugineuses, et on fut tenté de le croire jusqu'au jour où M. Ed. Dupont analysa les eaux de ces rivières. Après les pertes au feu, il trouva, pour celles du Ngiri, 76 milligrammes de matières organiques par litre, pour celles du Ruki, 42, pour celles de l'Ikelemba, 76. La coloration noire était donc produite par une grande quantité de matières organiques, douées d'un fort pouvoir colorant, provenant évidemment de marécages. A Irebu débouchent, en effet, les affluents qui drainent la dépression maximum de la cuve centrale congolienne, et leurs courants creusent chaque jour davantage l'épaisse couche de terre alluviale qui tapisse ses bas-fonds.

c) *Le système d'eau de l'Ucle.*

A l'époque où le seuil de Zongo n'était pas encore percé, un vaste lac, étroit et long, orienté ouest-est, s'étendait au fond de la dépression comprise entre Zongo et le confluent du Bomu. Il recevait de l'est et du nord des affluents importants. Le niveau du lac s'élevant constamment et ayant atteint le seuil le plus bas de la ligne de faîte du bassin, les eaux s'écoulèrent dans la vallée de l'Ubangi en faisant un coude brusque et en creusant, entre Mokoangai et Zongo, la passe étroite où la rivière se précipite en rapides. Dès lors, le plus long des affluents du Congo était constitué. Il mesure de la source du Kibali, sa branche initiale, à son confluent avec le Congo, 2,270 kilomètres de longueur, soit un développement égal à celui du Danube, le second des fleuves européens.

La genèse de l'Ubangi explique pourquoi son cours se divise en trois sections bien distinctes : l'Uele, la Dua et l'Ubangi.

1° *La section supérieure* porte trois noms : *Kibali, Uele, Makua.* La rivière a ses sources par environ 1,300 mètres d'altitude dans la région montagneuse où se dresse cette suite de pics isolés que le docteur Junker a baptisés Monts Speke, Chippendall, Emin, etc. De ces hauteurs, la rivière descend en formant la succession des rapides et des chutes de terrasses qui va jusqu'aux approches d'Yakoma, où l'altitude observée est de 438 mètres, soit une dénivellation de près de 900 mètres pour les 1,300 kilomètres de cours. Elle ne commence à pouvoir être utilisée pour la navigation qu'en amont de Surure (Vankerckhovenville). A mi-distance entre Dongu et Niangara, le pays perd son aspect montagneux; l'Uele entre en plaine; à droite et à gauche se dressent des monts isolés, des pics de formes bizarres, dernières expressions de la région montagneuse que la rivière vient de traverser. De Dongu à Bomokandi, elle conserve le même aspect; sa largeur varie de 75 à 300 mètres; les obstacles se succèdent à intervalles irréguliers; la rivière n'est qu'une suite de biefs navigables, séparés par des chutes et des rapides : la chute d'Angba, les rapides de Letibu et les chutes de Furu. En amont de la station d'Amadi, les rives se resserrent entre deux reliefs caractérisés par le mont Angba, rive nord, et le mont Mandjanu, rive sud, et forment l'étroite passe de Magaregarge. Au delà de la station de Bomokandi, le fleuve change encore d'aspect. Gonflé des eaux que lui ont apportées d'importants affluents, il se développe en largeur, et présente bientôt des nappes imposantes de 500 à 1,000 mètres et plus, parsemées de grandes îles boisées. Mais de nouveaux obstacles se montrent : ce sont d'abord les rapides de Siasi, puis la chute de Goie. Au delà de Djabir commence une série nouvelle de rapides, qui se termine par la chute de Mokwangu, qui arrêta les steamers du capitaine Van Gèle, en 1890.

L'Ucle reçoit dans cette section de nombreux affluents : l'Obi ou Zoro (r. d.), le Dongu grossi de l'Aka (r. d.), le Duru (r. d.), la Gaba (r. g.), le Bruole (r. d.), la Gurba (r. d.), le Bomokandi, le plus important de tous (r. g.), l'Ucre (r. d.) et la Bima (r. g.);

2° *La section médiane* ou *Dua* mesure 500 kilomètres. La rivière y a pour chenal le fond de l'ancien lac; elle y coule lentement, sans dénivellation sensible : entre Yakoma et Banzyville, Van Gèle n'a constaté que 4 mètres de différence d'altitude. Elle présente des largeurs de plusieurs milliers de mètres, est parsemée d'îles et de bancs de sable et ne présente à la navigation d'autres obstacles que ceux que forment les étranglements rocheux de Cetema et de Banzyville. La rive gauche, que la ligne de faîte du bassin, d'une altitude de 600 à 700 mètres, serre de très près, ne reçoit comme affluents que des ruisseaux descendant des hauteurs; par contre, à la rive droite débouchent des tributaires importants descendant des lignes de faîte du Nil et du Chari; ce sont :

a) Le *Bomu*, qui sert de limite entre l'État du Congo et la zone française; comme l'Uele-Makua, il est coupé de nombreux rapides; ses affluents sont : le Boko, le Keile, l'Uara, le Shinko grossi du Barengo, le Bali (r. d.) et le Bili grossi du Gangu (r. g.); à quelques kilomètres en amont du confluent à Yakoma, s'étagent les rapides qui arrêtent la navigation à vapeur et qui ont reçu le nom de « Chutes Hansens »; *b*) le *Koto* et *c*) le *Kwango*, dont les cours inférieurs seuls sont connus; *d*) la *Kémo*, gonflée du *Tomi* (r. d.) dont la vallée semble devoir devenir la voie de pénétration directe conduisant du Congo au Tshad;

3° *La section inférieure* ou *Ubangi*. Les obstacles qui rendent la navigation à vapeur difficile et même périlleuse dans la passe de Zongo, s'étendent sur un parcours de 70 kilomètres entre Mokoangai et Zongo. La rivière s'y précipite entre des lignes de hauteurs présentant, à la rive gauche, des falaises et des pics, dont quelques-uns mesurent de 200 à 250 mètres au-dessus du niveau du fleuve. Les obstacles forment quatre groupes de rapides, séparés par trois biefs navigables de 15, 15 et 40 kilomètres de longueur, appelés rapides de l'Éléphant, de Belly, de Bonga et de Zongo. Immédiatement en aval, la rivière, qui dans l'étranglement de Zongo ne mesure plus que 800 mètres de largeur, se dilate et présente bientôt des nappes de 2,000 à 4,000 mètres, remplies d'îles et navigables, ainsi que nous l'avons exposé en parlant de l'Ubangi dans le paragraphe relatif au système d'eau de la grande dépression centrale.

d) *Le système d'eau du Kasai.*

C'est M. Jules Cornet qui, le premier, émit l'opinion que les dépôts du bas Kasai, entre le confluent de la rivière et celui du Sankuru, son principal affluent, sont des alluvions déposées par le Kasai lui-même, à une époque où son niveau moyen était plus élevé, par suite de l'existence d'une barrière rocheuse située en aval. Cette barrière rocheuse était constituée par la chaîne de collines appelée Mantere, détachée de la chaîne côtière, qui borde la rive droite du Congo, depuis le Pool jusqu'au nord-est de Bolobo.

Si l'on étudie le bassin au point de vue du relief, on constate que sa pente générale a une orientation sud-est-nord-ouest et que les vastes plaines dont il est formé sont divisées en deux parties presque égales suivant une ligne sud ouest-nord-est, par un remarquable accident topographique. Au sud-est de cette ligne, tout le pays se relève brusquement d'environ 100 mètres, sans que sa nature géologique se modifie. C'est une véritable cassure, une faille. Elle barre d'un obstacle insurmontable tous les grands cours d'eau du système et provoque successivement les chutes François-Joseph, du Kwango; Stéphanie, de la Djuma; von Wissmann, du Kasai; von François, de la Lulua; Ludwig Wolf, du Sankuru.

Si ensuite on examine la carte au point de vue de la direction générale de toutes ces rivières, on constate que la région où les eaux du Kwango, coulant du sud, et celles de la Lukenie, coulant de l'est, viennent rejoindre celles de la branche maîtresse du Kasai, est fortement déprimée; c'est le point le plus bas du bassin du Kasai. Celui-ci y coule dans une immense plaine alluviale; des bancs de sable émergés à l'époque des eaux basses et des îles plates divisent le courant en nombreux bras secondaires. L'alluvionnement est partout intense. Il est clair que nous sommes ici devant les bas fonds de l'ancien lac de la terrasse du Kasai, qui avait pour principal tributaire le cours supérieur du Kasai actuel.

Le Kasai a sa source par environ 1,500 mètres d'altitude, sur la ligne de faîte d'où s'échappent, vers le sud, les branches supérieures du Zambèse, au nord-ouest du lac Dilolo qui, lui, est à l'altitude de 1,445 mètres. Son cours supérieur n'est connu que très imparfaitement jusqu'au point où il est barré par une succession d'obstacles baptisée « Chutes Wissmann », du nom de son découvreur. En aval, la navigation s'ouvre librement jusqu'au confluent; elle ne présente que deux ou trois endroits difficiles aux basses eaux, notamment dans la passe de Swinburne et en aval du mont Pogge (r. d.). A partir du confluent du Sankuru, le Kasai est déjà une rivière considérable, débitant 6,000 mètres cubes d'eau à la seconde (observation de Wissmann et Grenfell faite en amont du confluent, en avril 1886); il se développe en une succession d'expansions, larges parfois de plusieurs milliers de mètres, remplies d'îles; la plus vaste, qui mesure 10 kilomètres d'une rive à l'autre, est celle qu'on appelle Wissmann-Pool. A 20 kilomètres en amont de son confluent, au village de Kitebe devant lequel M. Delcommune a trouvé des profondeurs de 6^m50, il s'engage dans la gorge de Kwa, bordée de collines déprimées présentant aux deux rives de nombreux blocs rocheux, faille étroite où la largeur de la puissante rivière se réduit de 2,000 à 500 mètres et où les eaux accélèrent leur vitesse jusqu'à atteindre 3 1/2 m. à la seconde. Le lieutenant von François estime à 11,000 mètres cubes le volume d'eau moyen que le fleuve dégorge par seconde, dans le Congo.

Les principaux affluents du Kasai sont :

Le Luembo, le Tshiombo, le Luashimo, le Tshikapa et la Luvua, tributaires encore peu connus qui débouchent à la rive gauche en amont des chutes de Wissmann, mais qui, principalement les deuxième, troisième et quatrième, sont importants par le développement de leur cours

La Lulua (r. d.), sur laquelle Wissmann appela l'attention en y établissant le poste de Luluabourg, qui est malheureusement coupée par une succession de rapides appelés « Chutes von François ». Elle a pour affluents le Lukodji (r. d.) et le Luebo (r. g.).

Le Sankuru (r. d.), appelé *Lubilash* dans son cours supérieur, est une belle et large rivière ouverte à la navigation à vapeur jusqu'aux chutes de Wolf, en amont de Luzambo. Sa découverte par le Dr Wolf fit sensation, parce qu'elle constituait une voie de pénétration directe et pratique vers les districts du centre, le Manyema et l'Urua. Elle reçoit le Lubishi et le Luembe (r. d.), le Luebe et le Lubi (r. g.), le Lubefu (r. d.) et le Lubudi (r. g.).

Le Lounge (r. g.) et *la Kantsha* (r. d.) sont deux rivières importantes, la première surtout, mais dont les cours inférieurs seuls sont connus jusqu'ici.

Le Kwango (r. g.), le second des affluents du Kasai. Il suit, dans une direction générale sud-nord, la base des versants orientaux de la chaîne côtière. Il est barré par des chutes, dont les principales sont celles de François-Joseph et de Kingunshi, qui séparent des biefs navigables. Ses principaux tributaires sont : la Tungila (r. d.), au confluent de laquelle s'amorce la frontière portugaise; le Kambo et le Kavuli (r. g.), la Wamba (r. d.) et la Djuma (r. d.), navigable jusqu'à la chute Stéphanie, qui reçoit elle-même deux grandes rivières : le Kwengo et la Saia (r. g.).

La Lukenie (r. d.), est la rivière la plus septentrionale du système. Elle coule paisiblement de l'est à l'ouest, parallèlement au bas Sankuru et au bas Kasai. Elle n'a pas d'affluents importants. Mais un sérieux apport d'eau lui vient du lac Léopold II.

Le lac Léopold II (superf. 2,500 kilom. c., alt. 340 m.) est le plus étendu des bas-fonds, encore existants, de l'ancienne mer intérieure de la terrasse du Kasai. Le processus d'assèchement s'y poursuit : les marais rongent de plus en plus la rive septentrionale et comme, dès maintenant, il n'a plus guère de profondeur, il modifiera rapidement ses contours au fur et à mesure que se creusera son canal d'écoulement. La couleur noire de ses eaux témoignent d'une origine marécageuse.

c) *Le système d'eau du littoral.*

La ramure hydrographique du Tshiloango ou du Lodje, qui débouchent au nord et au sud de l'embouchure du Congo, donne assez bien l'idée de ce que devait être ce système d'eau, avant le percement de la gorge de Zinga et l'écoulement dans l'océan des eaux des zones moyenne et supérieure.

Le bas Congo en aval de Zinga n'est, en réalité, qu'un canal d'écoulement recevant, à droite et à gauche, quelques torrents de montagnes, presque à sec pendant la saison sèche. Que sont *la Mpioka* et *la Lukunga* (r. g.), *la Mata* et *l'Ebola* (r. d.), *le Kwilu*, *l'Unionzo*, *la Lufu* et *la Mpozo* (r. g.), comparés aux gigantesques tributaires des quatre vastes systèmes précédents!

E. — LE RÉGIME DU FLEUVE.

Crues. — Il existe une grande différence dans le nombre, la valeur et l'époque des crues des grands affluents du Congo ; cette différence est d'autant plus marquée que les rivières drainent des régions plus éloignées de l'équateur. Celles qui, comme le Lowa, le Lindi, l'Aruwimi, la Lulonga et le Ruki, ont leur bassin rapproché de la ligne équatoriale et, de plus, coulent parallèlement à celle-ci, ont des crues relativement peu sensibles : elles se trouvent dans la zone des pluies continues. Mais les autres, dont le bassin entier est éloigné de l'équateur, comme les rivières de la zone supérieure, de l'Urua et de la région des chutes, ou bien celles qui, suivant une direction nord-sud, coulent perpendiculairement à l'équateur, comme la Sanga et le Lomami, les affluents de droite de l'Uele et ceux de gauche du Kasai et du Sankuru, présentent, par contre, des crues très importantes et, par conséquent, varient énormément dans leur débit. Il en est ainsi de l'Ubangi. M. G. Le Marinel, qui a étudié cette rivière et l'a mesurée en aval du confluent du Bomu, dit que, vers la fin d'octobre, elle s'élève de 5 à 6 mètres et que sa vitesse est doublée; son débit est alors de quinze à vingt fois plus considérable qu'aux eaux basses.

Nous avons, autant que nous le permettent des renseignements incomplets et parfois assez vagues, renseigné les époques maxima des basses et des hautes eaux des principaux affluents du fleuve sur le tableau synoptique qui clôture ce chapitre.

Quant au Congo lui-même, il présente deux crues bien marquées. La première est sous l'influence de l'apport exclusif des affluents de droite; à la suite des pluies abondantes recueillies de mars à octobre par les rivières de l'hémisphère nord, la Sanga, l'Uele-Ubangi, la Mongala, l'Itimbiri se gonflent et viennent grossir le Congo en avril-mai; leurs eaux baissant en novembre, le niveau du fleuve décroît également. Mais alors interviennent les affluents de gauche. Les averses incessantes qui, dans l'hémisphère sud, débutent au Sankuru, en août; au Kwango, en septembre; au Katanga, en octobre; au Tanganika, en novembre, pour cesser successivement d'avril à juin, couvrent d'eau les marais et les fonds des anciens lacs asséchés de la zone supérieure; les différentes lagunes du Kamolondo unissent leurs nappes; le haut Lomami et les innombrables affluents du Kasaï débordent, et par trois bouches principales : les Stanley-Falls, les confluents du Lomami et du Kasaï, d'énormes volumes d'eau sont amenés à la rive gauche du Congo, où ils provoquent la seconde crue plus importante que la première : des Falls à Banana elle atteint son apogée en décembre-janvier.

Ainsi donc, comme les affluents du nord baissent en octobre en même temps que commencent à monter ceux du sud, le plus grand débit des seconds compense avec excès la diminution de l'apport des premiers, et la crue, après avoir été commencée par les rivières du nord, se continue, plus forte, par celles du sud.

Cette action successive des systèmes d'eau des deux hémisphères donne, en somme, au fleuve une assez grande égalité de portée. Cependant il y a des écarts de niveau qui peuvent être fixés, en moyenne, à 4 mètres pour la section entre les Falls et le Pool; dans l'étranglement de la région des chutes, on a constaté sur les falaises des différences qui atteignent jusqu'à 9 mètres; dans le bas fleuve, l'écart est environ de 3 mètres à Matadi et à Boma, de 1 mètre à Ponta da Lenha; le changement de niveau ne se fait pas sentir à Banana.

Débit. — Dès les premières expéditions scientifiques au Congo, on a essayé de mesurer l'énorme masse liquide que verse le fleuve dans l'Océan, où la force de son courant avait déjà frappé ses découvreurs, en 1485. Tuckey dit que le débit moyen du fleuve, à la seconde, était de 48,000 mètres cubes. Stanley a procédé à l'entrée du Pool à des expériences qui ont donné, pour l'époque des plus basses eaux, un débit de 43,000 mètres cubes, et pour celle des plus hautes eaux, de 70,000 mètres cubes. Pour le débit total, à l'embouchure, M. Chavanne va de 75,000 à 80,000 mètres cubes.

Marée. — On comprend que devant une telle poussée, qui rend impossible la formation d'une barre, la marée ne puisse exercer que faiblement son action. Cependant, dans la crique de Banana, un courant ascendant se produit régulièrement deux fois par jour. Son amplitude est de 1^{m}80 à 2 mètres; elle n'est plus que de 50 centimètres à Ponta da Lenha. L'action de l'eau de mer cesse complètement à Malela, où se remarque un changement caractéristique dans la végétation des rives.

Température. — Le *Nederlandsch Meteorologisch Jaarboek* pour 1888 renferme une longue série d'observations sur la température de l'eau du haut fleuve, entre Kinshasa et Equateurville, faites à bord du steamer *Holland*, de mai 1888 à janvier 1889, trois fois par jour (6, 12 et 17 heures) par MM. Greshoff et Kooiman. Il en résulte que la plus haute moyenne, observée en mars, a été 29°6, la plus faible, observée fin octobre à 15 novembre, 25°7. Des observations analogues faites pendant neuf mois par M. Hodister à Mobeka, au confluent de la Mongala, ont donné des chiffres variant entre 26 degrés, notés en novembre, et 31°4, en mars.

Tableau synoptique des principaux affluents.

NOMS DES AFFLUENTS.	Rive où ils débouchent.	Longueur du cours entier.	Longueur du cours intérieur navigable.	Débit par seconde.	Époque de l'observation.	Époque des basses eaux.	Époque des hautes eaux.
A. — *Système d'eau du Kamolondo.*							
Superficie du système : 750,000 kilom. carrés. — Longueur de la branche maîtresse : 1,000 kilom.							
Lububuri..	d	330	?	?	»	»	»
Nzilo......	d	360	0	»	»	»	»
Lufila.....	d	490	?	?	»	août	décembre
Luapula...	d	1,270	150	438	octobre	novemb.	janvier
Lukuga ...	d	350	75	32	novemb.	id.	id.

GÉOGRAPHIE PHYSIQUE

NOMS DES AFFLUENTS.	Rive ou ils débouchent.	Longueur du cours entier.	Longueur du cours inférieur navigable.	Débit par seconde.	Époque de l'observation.	Époque des basses eaux.	Époque de hautes eaux.

B. — Système d'eau de la grande dépression centrale.

Superficie du système : 1,650,000 kilom. carrés. — Longueur de la branche maîtresse : 2,600 kilom.

NOMS DES AFFLUENTS.	Rive	Longueur du cours entier.	Longueur du cours inférieur navigable.	Débit par seconde.	Époque de l'observation.	Époque des basses eaux.	Époque de hautes eaux.
Luama	d	310	?	?	»	septemb	janvier
Elila	d	400	?	?	»	»	»
Urindi	d	420	?	?	»	»	»
Lowa	d	460	80	?	»	»	»
Lindi	d	580	?	?	»	février	novemb.
Lomami	g	1,550	550	»	»	avril	août-sept.
Aruwimi	d	1,070	200	4,000	octobre	février	novemb
Itimbiri	d	490	220	»	»	»	nov.-déc.
Mongala	d	550	180	»	»	»	»
Lulonga	g	700	570	1,500	octobre	»	»
Ruki	g	1,000	880	2,500	id.	»	»
Ubangi	d	610	610	8,000	id.	mars	no.emb.
Sanga	d	1,400	860	1,800	id.	août	février
Likuala	d	500	350	700	id.	»	»
Likona	d	440	200	400	id.	»	»
Inkisi	g	230	0	»	»	août	décembre

C. — Système d'eau de l'Uele.

Superficie du système : 450,000 kilom. carrés. — Longueur de la branche maîtresse : 1,660 kilom.

NOMS DES AFFLUENTS.	Rive	Longueur du cours entier.	Longueur du cours inférieur navigable.	Débit par seconde.	Époque de l'observation.	Époque des basses eaux.	Époque de hautes eaux.
Dongu	d	290	?	»	»	mars	novemb.
Uere	d	340	?	»	»	décembre	octobre
Bomokandi	g	550	40	»	»	février	novemb
Bomu	d	720	25	»	»	fév.-mars	oct.-nov.
Koto	d	675	35	1,200	octobre	janvier	octobre

NOMS DES AFFLUENTS.	Rive où ils débouchent.	Longueur du cours entier.	Longueur du cours inférieur navigable.	Débit par seconde.	Époque de l'observation.	Époque les basses eaux.	Époque des hautes eaux.
D. — *Système d'eau du Kasaï.*							
Superficie du système 800,000 kilom. carrés. — Longueur de la branche maîtresse : 1,530 kilom. — Débit en octobre : 9,000 mètres cubes.							
Tshiombo	g	550	?	"	"	"	"
Luashi no .	g	550	?	"	"	"	"
Tshikapa ..	g	650	?	"	"	"	"
Lulua	d	930	90	"	"	juillet	avril
Sankuru...	d	1,500	600	1,700	avril	"	janv.-fév.
Loange...	g	750	150	"	"	août	mai
Kwango..	g	1,270	270	"	"	juin	décembre
Lukenie ...	d	910	800	"	"	id.	id.
E. — *Système d'eau du littoral.*							
Superficie du système : 50,000 kilom. carrés. — Longueur de la branche maîtresse : 400 kilom.							
Lukunga .	g	150	0	"	"	août	décembre
Kwilu.....	g	200	0	"	"	id.	id.
Luîu. ...	g.	200	0	"	"	id.	id
Mpozo....	g	200	0	"	"	id..	id.

Les limites politiques déterminéees par les conventions conclues, d'une part, avec la France et le Portugal, d'autre part, avec l'Angleterre, font que les possessions de l'État Indépendant débordent un peu du bassin du Congo et se prolongent, à l'ouest, dans celui du Tshiloango, à l'est dans celui du haut Nil, imposant ainsi à notre chapitre les deux annexes suivantes.

LE BASSIN DU TSHILOANGO.

Le Tshiloango est le petit fleuve côtier qui draine la province appelée Mayombe. Il a sa source dans les versants occidentaux des monts de Cristal, au nord d'Isangila, s'augmente à gauche de la Lukula et de la Lemba et se jette à la mer au nord de Landana. Son cours moyen et supérieur, coupé de quelques rapides, sert de frontière entre l'État du Congo, le Mayombe français, au nord, et l'enclave portugaise de Cabinda, à l'ouest. Le pays qu'il arrose est riche en forêts, très peuplé et ne tardera pas à être mis en exploitation dès que la voie ferrée en construction le reliera à Boma.

LE BASSIN DU NIL.

Le lac Albert-Edouard (superficie 4,500 k. c., altitude 937 m.) gît au fond d'une ceinture de hautes montagnes : le massif volcanique de Virungo, au sud, les falaises des Mitumba, du nord à l'ouest. Ses rives méridionale, occidentale et septentrionale appartiennent à l'État; sa rive orientale est à l'Angleterre.

La Semliki. — Le trop-plein des eaux du lac s'échappe vers le nord par la Semliki, large de 50 à 75 mètres, qui va au lac Albert. Ce canal d'écoulement porte trois noms : Isango, dans son cours supérieur; Iteri, dans son cours moyen; Semliki, dans son cours supérieur. Il mesure 200 kilomètres de longueur. Comme entre les deux lacs il y a une différence de niveau de 277 mètres, la rivière a une pente moyenne de 1^{m}35 qui explique la présence de chutes dans son cours moyen. La Semliki supérieure coule en territoire congolais, la Semliki inférieure en territoire anglais.

Le lac Albert (superficie 3,900 k. c., altitude, 660 m.). La section de la rive occidentale, longue de 30 kilomètres, comprise entre le petit port de Mahagi et l'extrémité nord du lac, cédée par l'Angleterre au Souverain du Congo, permet à l'État d'englober dans sa zone d'influence cette vaste mer intérieure, comprise dans les limites du commerce libre.

Le Nil qui entre dans le lac Albert par son extrémité nord-est, après avoir formé la belle chute Murchison, haute de 40 mètres, en sort par l'extrémité nord-ouest et poursuit son cours vers le nord. Jusqu'à Dufile il présente un large chenal de 5 à 12 mètres de profondeur, ouvert à la navigation en toute saison. A Dufile commence une suite de rapides infranchissables aux eaux basses, mais que les pirogues parviennent néanmoins à passer à l'époque des crues. La rive gauche du fleuve, depuis le lac Albert jusqu'un peu au delà de Redjaf, appartient au Souverain du Congo, depuis la convention du 12 mai 1894 conclue avec l'Angleterre.

BIBLIOGRAPHIE : BÖTTCHER : *Orographie und Hydrographie des Kongobeckens.* — J. CORNET : *Les anciens lacs africains.* — VASCONCELLOS : *O Zaire submarino.* — A.-J. WAUTERS : *Le problème de l'Uele, hypothèse nouvelle.* — ID. : *La Bounga, un nouveau grand affluent de droite du Congo.* — ID. : *La question du Lomami.* — ID. : *Le relief du bassin du Congo et la genèse du fleuve.* — ID. : *L'Urua, pays des Baluba.* — ID. : *L'ancienne mer intérieure du Kasaï.* — ID. : *La rivière Ubangi de sa source à son confluent.*

CHAPITRE XIII.

LE CLIMAT [1]

TEMPÉRATURE. — SAISONS. — HUMIDITÉ DE L'AIR.
PRESSION ATMOSPHÉRIQUE — VENTS.
NÉBULOSITÉ. — ORAGES. — BROUILLARDS ET ROSÉE.

Dans nos climats, c'est l'élément *température* qui différencie avant tout les saisons. Dans l'Afrique équatoriale, et partant dans l'État Indépendant du Congo, la chaleur est relativement uniforme au cours de l'année, et l'élément qui, en général, permet de faire la distinction entre les saisons, est surtout la pluie, dont la fréquence et l'abondance sont très marquées pendant plusieurs mois, tandis qu'au cours des autres elle fait complètement défaut.

A. — TEMPÉRATURE.

On sait l'influence énorme qu'exerce le Gulf-Stream sur l'orientation des lignes isothermes en Europe. Pareil phénomène se retrouve, mais en sens inverse, dans l'Afrique australe. En effet, un courant froid, ayant son origine dans les mers antarctiques, longe toute la côte occidentale et y détermine une inflexion brusque des courbes d'égale température. La hauteur thermométrique moyenne annuelle est la même vers

---

[1] Ce chapitre est dû à la collaboration de M. A. LANCASTER, directeur scientifique du service météorologique de l'Observatoire royal, membre de l'Académie des sciences de Belgique.

l'extrémité et au centre de la pointe africaine, par environ 30° de latitude, qu'à Banana, à l'embouchure du Congo, par 6° seulement de latitude. Il en résulte que, sur un même parallèle, en marchant de l'ouest vers l'est, la chaleur augmente jusqu'au milieu du continent, où elle atteint son maximum. C'est ainsi qu'en partant de Banana, où la température moyenne annuelle est voisine de 26°, on atteint successivement 27°, puis 28°, là, bien entendu, où l'altitude est faible, car à mesure qu'on s'élève, la moyenne s'abaisse de 1° environ par 200 mètres de hauteur : dans la région du Katanga, par 1,000 mètres d'altitude, la moyenne n'est plus que de 23° environ.

Si l'on s'avance vers le sud de l'État Indépendant, la température varie peu, mais vers le nord, elle augmente progressivement, jusqu'à atteindre 29° à l'extrémité septentrionale de l'État (4° lat. N.). On sait que l'équateur thermique (30° de chaleur environ) passe plus haut encore, vers le parallèle de 15°. D'une manière générale, et supposant toutes les observations réduites au niveau de la mer ([1]), on peut dire que la moyenne thermométrique annuelle dans l'immense bassin du Congo se rapproche de 27°.

Examinons maintenant comment se répartit cette moyenne aux différentes époques de l'année.

Dans toute l'étendue du Congo, le mois de juillet est habituellement le moins chaud et février le plus chaud. En certains points, toutefois, notamment à l'embouchure du Congo, la plus grande chaleur se constate plutôt en mars. Février et mars d'ailleurs, et l'on peut même y ajouter avril, ont, d'une manière générale, sensiblement la même température.

([1]) Comme on est forcé de le faire pour construire des cartes climatologiques générales.

moyenne. De juillet à août, le thermomètre monte peu, mais son mouvement de hausse s'accentue assez fortement d'août à novembre. Il reste stationnaire en décembre. La hausse reprend ensuite jusqu'en février. La baisse débute en avril, et, d'abord assez régulière, devient très forte de mai à juin, pour faiblir ensuite jusqu'en juillet.

Malgré le double passage du soleil au zénith des divers parallèles de l'État Indépendant, phénomène qui, théoriquement, semblerait devoir donner lieu à deux périodes caractéristiques de chaleur maximum, les choses se passent, depuis l'extrême nord jusqu'à l'extrême sud, à très peu près comme si, annuellement, il n'y avait qu'une station du soleil au zénith ou dans le voisinage de ce point, et ce vers le début de l'année. Les seules distinctions à faire sont les suivantes : au nord du Congo, les plus grandes chaleurs arrivent un peu plus tôt que vers le sud, et un maximum thermique secondaire s'y produit vers septembre-octobre, tandis que dans la partie méridionale ce maximum est peu apparent. C'est surtout dans le régime des pluies, comme nous l'avons signalé plus haut et comme on le verra par la suite, que l'on peut reconnaître cette alternance des saisons provoquée par les passages successifs du soleil, à des intervalles plus ou moins réguliers, suivant les latitudes, au zénith des lieux considérés.

Dans une grande partie de l'État, la chute brusque de température de mai à juin, lors du passage de la saison des pluies à la saison sèche, est un phénomène caractéristique, dû à une cause générale qui s'exerce partout d'une manière très régulière. Cette chute atteint près de 3° (différence entre les moyennes thermométriques de mai et de juin). Semblable variation ne se produit pas lors de la transition entre la saison sèche et la saison des pluies.

Les mois de juin à septembre constituent la période la moins chaude de l'année : la température moyenne est inférieure à celle de l'année de 2°0. Les fortes chaleurs s'observent de novembre à avril, période dont la moyenne thermométrique dépasse celle de l'année de 1°3, et les plus fortes chaleurs ont lieu de février à avril (écart moyen de 1°6 sur la moyenne annuelle). Les mois de mai et octobre ont une température qui s'écarte peu de la moyenne annuelle.

Après avoir fixé les idées au sujet de la valeur absolue de la température au Congo, et montré comment la chaleur est répartie aux différentes époques de l'année, nous comparerons sa marche annuelle et diurne à celle de la température à Bruxelles, car les caractéristiques météorologiques de cette ville représentent assez exactement le climat moyen de la Belgique.

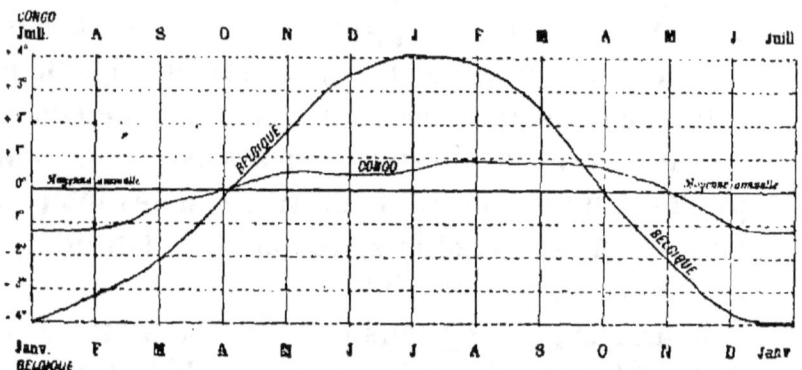

Marche annuelle de la température au Congo et en Belgique.
(Les courbes indiquent les écarts mensuels par rapport à la moyenne annuelle).

Comme nous l'avons dit, le fait qui domine toute la climatologie de l'Afrique équatoriale est la faible variation annuelle du thermomètre. Cette variation atteint son minimum au cœur du continent et, particulièrement, dans le voisinage de l'équateur. Elle augmente légèrement si l'on va de l'intérieur vers la côte, où elle est la plus grande. Mais, ici encore, elle est très peu accentuée si on la compare à la variation constatée en Belgique, où l'on passe d'une température moyenne de 2°3, en janvier, à une moyenne de 18°4, en juillet; d'où écart de 16°1. A Banana, à l'embouchure du Congo, l'écart moyen entre le mois le plus chaud et le mois le moins chaud n'est que de 5°8. Pendant une période de cinq années, la plus haute moyenne thermométrique en ce point a été de 29°0, la plus basse de 21°2 : l'écart absolu a donc été de 7°8. A Bruxelles, pour la même période, la différence correspondante est montée à 23°5.

Si l'on considère ensuite la marche du thermomètre au cours de la journée, on constate qu'au Congo l'amplitude de ses mouvements est un peu plus accentuée que chez nous, c'est-à-dire que l'intervalle entre le maximum de l'après-midi et le minimum du matin y est plus grand. A Bruxelles, cet intervalle est en moyenne de 7°2. D'après les observations faites dans sept stations de l'État, il y atteint 8°5; mais il croît à mesure qu'on pénètre dans l'intérieur des terres. A Kimuenza, par exemple, il s'élève déjà à 10°7, et à Luluabourg il dépasse 13°.

Cette question de la variation diurne de la température au Congo a une grande importance au point de vue de l'hygiène : elle est souvent la cause de beaucoup de maladies, tant chez les blancs que chez les noirs. Lorsqu'après une journée très chaude se produit, la nuit, un abaissement thermique prononcé, il peut en résulter de graves conséquences pour ceux qui ont négligé de prendre les précautions indispensables.

Dans sa course journalière, le thermomètre passe, au Congo, par les phases suivantes : il est, en moyenne, au plus bas de l'échelle entre 5 et 6 heures du matin, et au point le plus élevé vers 1 heure de l'après-midi. Son mouvement de hausse s'annonce au lever du soleil, puis il s'accentue très rapidement. A partir de 10 heures, l'ascension mercurielle se ralentit et elle cesse vers 1 heure, parfois un peu plus tôt, parfois un peu plus tard, suivant les lieux et les conditions de l'état du ciel. Le mouvement de descente commence entre 1 et 2 heures et se poursuit avec une grande régularité jusqu'au lendemain ; légèrement accentué jusque vers 8 ou 9 heures, il faiblit ensuite sensiblement et, à partir de minuit, devient très lent.

D'une façon générale, la température la plus haute du jour, au Congo, est comprise entre 29° et 30° ; c'est la moyenne des maxima diurnes relevés au cours de toute une année. En mars, cette moyenne s'élève à 32° et même 33° en certains points, et en juillet elle tombe à 26° ou 25°. A Bruxelles, la moyenne analogue n'est que de 14°, avec maximum de 23°1 en juillet et minimum de 4°6 en janvier.

Quant à la température journalière la plus basse, elle varie, en Afrique, entre 20° et 21° (pour des altitudes peu considérables), en passant par 23° et 24° dans la période février-avril, et 18° en juillet. A Bruxelles, le minimum moyen n'atteint que 6°7 ; il descend à 0°0 en janvier et monte à 13°8 en juillet. Entre le mois dont les nuits sont les plus chaudes et celui dont les nuits le sont le moins, il y a donc, au Congo, un écart de 5° à 6°, tandis qu'à Bruxelles cet écart est très voisin de 14°.

Toutes ces constatations montrent surabondamment la faible variation de la température, en Afrique, aux époques successives de l'année. La caractéristique de cet important élément du climat, la chaleur, est donc au Congo une certaine fixité du thermomètre à un point élevé de son échelle. Non pas que le mercure y atteigne des hauteurs exceptionnelles, car, dans des conditions normales d'exposition du thermomètre et de lieu, les maxima thermiques annuels dans l'Afrique équatoriale ne dépassent pas sensiblement ceux que l'on observe ici même (¹). Mais, alors que chez nous le mercure ne monte que très rarement au-dessus de 30° le jour (moins de trois fois par an, en moyenne, avec un maximum de douze fois en 1842 et en 1852), et reste plus rarement encore au-dessus de 20° la nuit (une fois par an en moyenne), au Congo nous voyons le thermomètre marquer 30° et davantage à 150 reprises et plus dans le cours de l'année, et indiquer 20° et davantage comme minimum pendant 200 jours et plus sur 365. A Vivi, en effet, de mai 1882 à avril 1883, il y a eu 146 jours avec maximum égal ou supérieur à 30°, et, du 1er janvier au 31 mai 1883, 115 jours avec pareil maximum. A Banana, en 1890, on a compté 165 jours ayant donné une température maximum d'au moins 30°, et à Kimuenza, en 1894-1895, 180 jours, dont 150 d'octobre à mai. Quant aux minima, on a noté à Vivi, en 1882-1883, 276 jours avec minimum égal ou supérieur à 20°. D'octobre 1882 à janvier 1883 inclus, donc pendant quatre mois consécutifs, aucun minimum n'a été inférieur à 20°. Par contre, aucun minimum n'a atteint 20° en juillet et août 1882, en pleine saison sèche; aussi

---

(¹) Moyenne des maxima annuels absolus de 21 stations : 36°. Extrêmes : 40° à Lufoï, 35° à Matadi et à Nouvelle-Anvers. — A Bruxelles, le maximum absolu a été de 35°3, mais dans la Campine on a observé de 37° à 38°.

le contraste entre cette situation thermique plus supportable et celle de la saison des pluies fait-il dire à M. von Danckelman :

> Au Congo inférieur, la saison comprise entre le milieu de juin et le commencement de septembre est sans contredit la plus agréable, la plus belle et aussi la plus saine de l'année. La température est modérée, le soleil n'incommode pas et les nombreux après-midi sans nuages stimulent l'esprit ; les rares journées couvertes, pendant lesquelles le soleil n'est pas visible un seul instant, rompent la monotonie et permettent de faire des excursions ou des parties de chasse. Le voile bleuâtre de brouillard étendu sur le paysage, les herbes jaunies, les nombreux arbres dépouillés, le silence de la nature, que vient seul interrompre le roucoulement lointain du pigeon gris qui niche dans les bouquets d'arbres répandus sur les montagnes, tout offre un charme particulier et vient rappeler les belles journées d'automne de l'Europe centrale.
>
> La chaleur est parfois, pas toujours, accablante dans le cours de la saison des pluies, surtout en février et pendant la première quinzaine de mars, car les orages sont rares en cette période et l'atmosphère n'est presque jamais rafraîchie par la pluie qui les accompagne. Mais à d'autres époques encore de la même saison, lorsque le soleil darde ses rayons brûlants sur le sol mouillé, la chaleur humide peut devenir étouffante.

Les conclusions qui se dégagent de l'exposé que nous venons de faire des conditions thermiques de l'État du Congo comparées à celles de notre pays, c'est-à-dire d'une grande partie de l'Europe centrale et occidentale, sont :

1° La marche de la température, dans l'État Indépendant du Congo, ne montre que de faibles variations entre les différentes saisons (moyenne de 5° à 6° entre le mois le plus chaud et le mois le moins chaud; en Belgique, 16°);

2° L'amplitude de la variation thermique diurne est un peu plus forte en Afrique qu'en Europe (8°5 contre 7°2);

3° Au Congo, le thermomètre, dans sa course annuelle, atteint ou dépasse 150 fois au moins 30° de chaleur, tandis qu'à Bruxelles ce cas ne se présente que trois fois en moyenne par année;

4° Plus souvent encore, dans la région équatoriale, le thermomètre reste la nuit au-dessus de 20°, alors qu'à Bruxelles cette circonstance n'arrive qu'une fois par an en moyenne;

5° Sur le territoire congolais, l'écart entre les points extrêmes atteints par le mercure dans le cours d'une année n'est que de 20° environ. En Belgique, cet écart représente la plus grande variation du thermomètre observée *en un jour*, et la variation moyenne du thermomètre *en un an* y dépasse 40°.

Si la grande variabilité du climat dans nos pays de l'Europe occidentale offre des dangers, en hiver surtout, au point de vue de la santé publique, elle est d'autre part un stimulant à l'activité des fonctions de l'organisme. Dans la zone équatoriale, comme nous venons de le voir, l'état thermique moyen est, le plus souvent, au cours de l'année, voisin de 30° l'après-midi et de 20° la nuit, avec de très faibles changements d'un jour à l'autre. Si cette situation maintient le corps dans un équilibre de température plus régulier, plus uniforme que chez nous, elle exerce d'autre part sur l'Européen une action débilitante et amollissante que l'on ne peut combattre et écarter qu'en se soumettant aux exigences du régime que commandent pareilles conditions climatériques.

B — SAISONS.

Comme nous l'avons dit plus haut, c'est la *pluie* qui caractérise surtout les saisons dans l'État du Congo. Et encore, ne peut-il être question de saisons que dans la partie occidentale du bassin du fleuve, car au centre de l'Afrique, et surtout dans la région équatoriale, il pleut d'une façon plus ou moins régulière à tous les moments de l'année : c'est à peine si, d'un mois à l'autre, on constate, en ce qui concerne les chutes pluviales et la température, des différences un peu accentuées.

Le bas Congo est à peu près la seule région qui soit dotée de saisons bien tranchées quant aux précipitations. Nous avons vu que c'est également celle où la variation annuelle de la température est la plus grande. La *saison des pluies* y débute franchement en octobre et cesse en mai. De juin à septembre règne la *saison sèche*. A part quelques légères oscillations, d'une année à l'autre, dans les dates du commencement et de la fin de ces saisons, celles-ci se reproduisent avec beaucoup de régularité.

Quelle est la caractéristique des saisons dans le bas Congo ?

La saison chaude ou des pluies s'annonce par quelques pluies fines de courte durée, séparées par un intervalle de plusieurs jours de sécheresse. Vers la fin d'octobre, parfois au commencement de novembre, elles augmentent progressivement en fréquence, deviennent copieuses, parfois diluviennes, s'accompagnent presque toujours de manifestations électriques; elles font des mois de novembre et de décembre les mois les plus pluvieux. La fin de décembre cependant est moins humide que le commencement et marque souvent le début d'une accalmie que l'on désigne sous le nom de *petite saison sèche*, laquelle se prolonge plus ou moins. Mais il faut arriver à la fin de février pour voir les pluies redevenir très intenses; elles restent jusqu'à la fin d'avril aussi fortes et violentes qu'en novembre et décembre, pour ne cesser que vers la mi-mai. En avril, elles ont encore toute leur intensité; mais dans la dernière quinzaine elles sont déjà moins fréquentes; elles s'espacent et diminuent ensuite rapidement, au point que le mois de mai ne compte généralement que deux ou trois pluies très abondantes.

Ces pluies, ces fortes averses du Congo, sont avant tout des pluies locales, en tous points comparables à nos pluies d'orage d'été. Elles ont peu de durée, mais atteignent une grande intensité. Il est rare, comme nous le disions plus haut, qu'elles ne soient pas accompagnées de phénomènes électriques plus ou moins violents; quelquefois s'y ajoutent de fortes rafales de vent, qui se suivent coup sur coup, et viennent de directions parfois complètement opposées. Ce sont des *tornades*, dont quelques-unes ont laissé un ineffaçable souvenir dans l'esprit de ceux qui les ont subies.

La quantité d'eau qui tombe pendant ces fortes averses est très grande, eu égard surtout à leur peu de durée. La plus forte précipitation a donné :

A Banana. 99mm
A Vivi. 102
A Congo da Lemba 42
A Kimuenza. 113
A Léopoldville 99
A Bolobo. 164
A Nouvelle-Anvers (Bangala) 100
A Lusambo 81

Les pluies ont une fréquence marquée entre 2 et 9 heures du soir, et pendant la nuit, jusque vers 7 heures du matin.

Elles sont, nous l'avons dit déjà, de courte durée. Dans le bas Congo, il est rare qu'elles persistent au delà de six ou sept heures. Dans le haut fleuve, sous le régime des pluies d'origine régionale, on en voit parfois qui durent jusqu'à treize heures. Toutefois, c'est là un fait très rare, et l'on n'a pas observé jusqu'ici de pluie durant vingt-quatre heures et plus, comme en Belgique.

La quantité de pluie tombant par année-saison est très variable. Ainsi, pour Banana, 1890-1891 accuse 386 millimètres et 1893-1894, 955 millimètres. Ces différences considérables d'une année à l'autre se remarquent le plus à la côte ; elles s'atténuent beaucoup à mesure qu'on avance vers l'intérieur.

La saison sèche qui succède à la saison des pluies est la période la mieux caractérisée. Point de pluie, rarement une légère bruine ou « cacimbo », de 5 à 10 minutes de durée, entre 5 et 9 heures du matin, donnant tout au plus quelques dixièmes de millimètre au pluviomètre. En revanche, un temps grisâtre, une brise qui fait sur les colons l'effet de nos froides bises d'hiver. La végétation, exubérante de vie et de force, lutte longtemps, cherchant à se soutenir malgré la privation d'eau ; mais la sécheresse finit par l'emporter. Tout s'étiole et se fane, et lorsque, d'un pas lent, mais sûr, le temps sec a accompli son œuvre, de tous les points de l'horizon s'élèvent des colonnes de fumée annonçant le commencement des incendies annuels des herbes. La date de leur arrivée varie un peu : elle dépend de l'intensité de la saison qui vient de finir ; en général cependant, il faut atteindre le 1ᵉʳ juillet pour voir les premiers feux, et gagner la période du 20 au 30 juillet pour les contempler dans toute leur intensité. Les plaines dénudées, portant encore la trace du passage de l'élément destructeur, laissent alors une triste impression au spectateur, et cet état perdure jusqu'aux premières pluies, qui, par un effet magique, rendent en peu de temps au pays son aspect riant et sa luxuriante végétation.

La différence si marquée des deux grandes saisons se maintient dans tout le bas Congo ; elle se remarque encore à Léopoldville. Toutefois, il n'est pas rare de constater déjà une ou deux pluies ordinaires en pleine saison sèche, pluies assez semblables à nos giboulées de mars et survenant le matin : le Dʳ Mense y signale, en effet, deux fortes averses en juin, deux légères averses en juillet, une légère pluie en août et 71 millimètres d'eau en septembre.

Vers l'intérieur, la différence, quoique bien appréciable encore, est moins tranchée. C'est ainsi qu'à Bolobo, mai est encore très pluvieux et août montre déjà plusieurs jours de pluies copieuses. Il ne reste donc que juin et juillet que l'on puisse considérer comme des mois secs. Plus au sud, dans la région de Luluabourg, le Dʳ Wolf note que « quant aux pluies, le bassin central du Congo jusque 6° lat. S. diffère à son avantage de la région maritime ; il n'y a pas de saison sèche caractérisée; à Luluabourg, au cours de deux années d'observations (1885 1886), il n'y a pas eu de mois sans pluie; juin, juillet et août sont les mois où la pluie est le plus rare, mais ils ont un lourd brouillard matinal. » De même, à Lusambo, dix mois d'observations (août 1896 à mai 1897) nous montrent des pluies pendant toute leur durée, avec cette particularité, semblable à celle qu'on a constatée à Bolobo, qu'août et septembre, d'une part, mai, de l'autre, montrent une gradation dans l'intensité et paraissent constituer le début et la fin de la vraie saison des pluies.

Si, en s'enfonçant dans les terres, on se rapproche de l'équateur, la différence s'efface graduellement, au point d'amener une telle fusion des deux saisons que c'est à peine si l'on arrive à avoir deux mois moins pluvieux, se représentant avec régularité. A Équateur-ville, le lieutenant Lemaire rapporte qu'il pleut le plus vers novembre et décembre, et le moins vers juillet. Pour Mobeka et Nouvelle-Anvers, les mois de janvier et février constituent la saison la moins pluvieuse ([1]). Pour Basoko, de 1889 à 1891, le Dr Dupont trouve deux fois une période sèche allant de la seconde quinzaine de novembre à la fin de janvier ou au commencement de février :

> A partir de la mi-novembre, les pluies deviennent rares et ne se présentent qu'à deux ou trois semaines d'intervalle. Jusqu'à la mi-février, ce sont plutôt des réductions de gros brouillards que des pluies. Le ciel est presque toujours gris.

Toutefois, en décembre 1893, il est tombé à

([1]) Stanley constatait en 1877, lors de sa navigation sur le haut Congo, entre les Stanley Falls et le Stanley-Pool, une période de sécheresse continue du 12 janvier au 12 mars.

Basoko 158^{mm} d'eau, c'est-à-dire plus du douzième de la précipitation totale annuelle, qui est de 1694^{mm}. Janvier 1894 a été moins pluvieux. A côté de novembre 1893, qui a le maximum de précipitation de toute la période (257^{mm}), novembre 1894 ne donne que 51^{mm}, c'est-à-dire le cinquième, et vient comme minimum secondaire de toute la période. Il y a là une irrégularité manifeste et rien jusqu'ici, pour l'ensemble de ces stations du haut Congo, ne justifie la fixation d'une date exacte pour la saison des moindres pluies. On doit en somme considérer l'année comme entièrement pluvieuse, avec une courte saison de moindres pluies (3 ou 4 semaines au plus), survenant dans le trimestre janvier-mars, à une époque plus ou moins indéterminée.

On peut dire d'une manière générale, en se basant sur les observations recueillies jusqu'ici au Congo, que la hauteur annuelle des précipitations météoriques n'y offre pas des valeurs exceptionnelles. Aucune station ne renseigne un total annuel de pluie atteignant deux mètres en moyenne; quelques-unes indiquent des totaux compris entre 1,200 et 1,800 millimètres. Dans la zone équatoriale de l'Etat, la moyenne est voisine de 1,500 millimètres.

En comparant les diverses données qu'on a pu réunir jusqu'ici, nous avons formulé comme règles que les pluies augmentent au Congo : 1° à mesure que du sud on se rapproche de l'équateur; 2° que de la côte on se dirige vers l'intérieur. Les chiffres suivants viennent confirmer ces deux lois :

1° *Augmentation en allant du sud vers l'équateur.*

Loanda	270^{mm}
Banana	726
Shinshoxo	1078
Libreville	2383

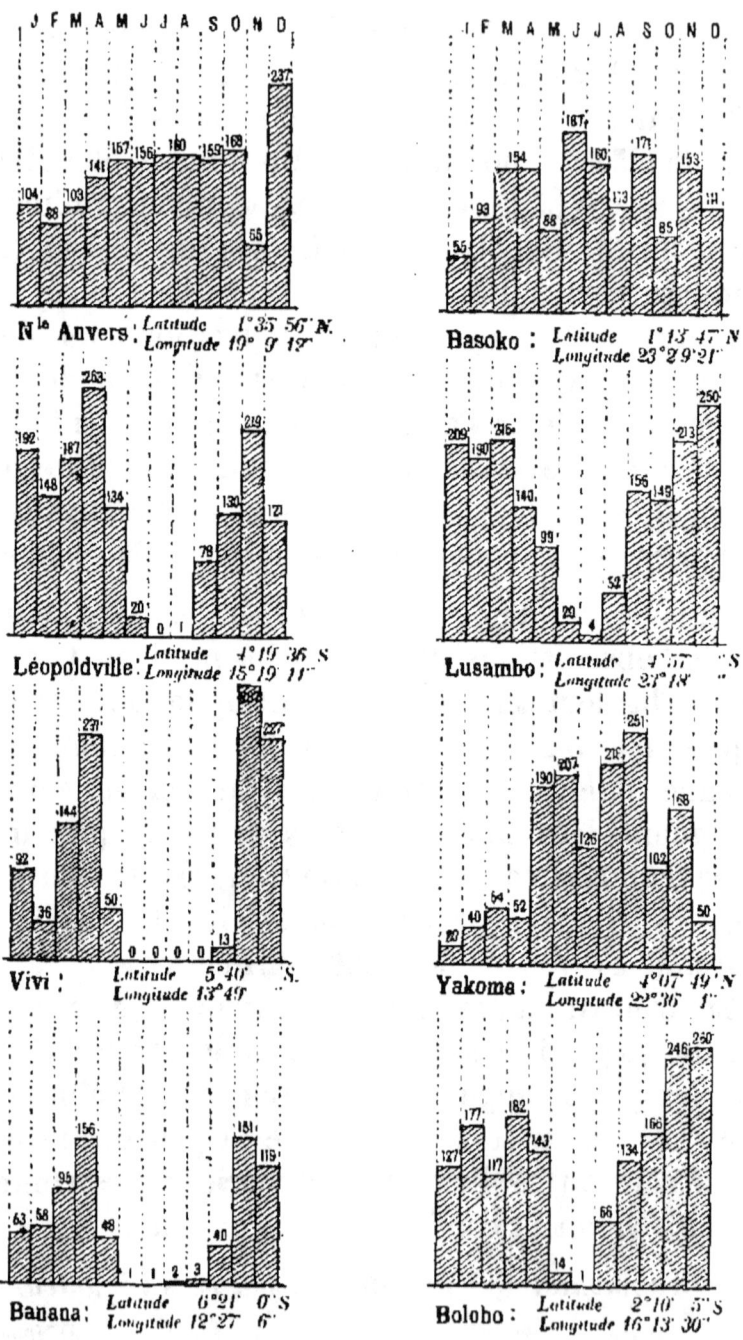

Régime des pluies dans différentes régions du Congo.

(Les chiffres placés sur les sommets des rectangles indiquent, en millimètres, les hauteurs de pluie mensuelle.)

Augmentation en allant de la côte vers l'intérieur

A. Banana	726^{mm}
Boma	761
Vivi	1079
Kimuenza	1243
Léopoldville	1502
Bolobo	1666
Nouvelle-Anvers (Bangala)	1705
B. Loanda	270
San-Salvador	1010
Luluabourg	1544
Lusambo	1677

Des faits qui précèdent, pour nous résumer, nous tirerons les conclusions suivantes :

1° Le début de la saison des pluies peut être fixé à la première décade d'octobre ;

2° La petite saison sèche est très variable, dans son apparition, aussi bien que dans ses caractères, et mérite plutôt le nom de saison des moindres pluies ;

3° La division en grande et petite saison des pluies n'est pas absolue ;

4° La saison des pluies prend fin aux environs du 15 mai, plutôt après qu'avant ;

5° A la côte, la quantité totale de pluie varie beaucoup d'une année à l'autre pour un même lieu ;

6° Les mois les plus pluvieux sont novembre, décembre, mars et avril, et le maximum de précipitation se présente sans fixité dans l'un d'eux ;

7° Au fur et à mesure qu'on s'avance dans l'intérieur, et qu'on se rapproche de l'équateur, les saisons se différencient de moins en moins. L'année tout entière est pluvieuse, avec une intensité variable suivant les époques et les années ;

8° La présence de la grande forêt intervient pour une

grande part dans le changement apporté au régime saisonnier des régions du centre de l'État Indépendant.

C. — HUMIDITÉ DE L'AIR.

Il serait superflu d'insister ici sur l'importance du rôle que joue, au point de vue climatologique, cet élément inséparable de notre atmosphère, la vapeur d'eau. L'étude de sa répartition dans l'océan aérien, de ses variations diurne et annuelle, etc., offre particulièrement un grand intérêt lorsqu'on a affaire à un climat tropical, à température assez égale, comme l'est celui du Congo.

Sous le rapport de l'humidité de l'air, il y a une première distinction à faire entre les conditions de cet agent atmosphérique dans l'État Indépendant et celles qu'on relève dans nos pays.

En Belgique, et sur une grande partie du globe d'ailleurs, la saison chaude est celle de moindre humidité relative, la saison froide celle de plus grande humidité. Au Congo, la saison froide, ou plutôt la saison de la moindre chaleur, est celle qui donne l'humidité la plus faible : la dénomination de *saison sèche* lui a donc été bien appliquée à tous égards. Dans la saison chaude ou des pluies, par contre, le degré hygrométrique s'élève; il atteint son maximum vers l'époque des plus hautes températures.

En second lieu, l'amplitude de la variation annuelle du degré hygrométrique est, comme celle de la température, faible au Congo, tandis que chez nous elle est relativement considérable. D'une part, les moyennes mensuelles extrêmes ne diffèrent que de quelques unités (7 à 8); d'autre part, elles présentent un écart de 20 unités. Ces dissemblances dans la marche annuelle de l'humidité de l'air se montrent d'une manière bien apparente sur le diagramme ci-dessous.

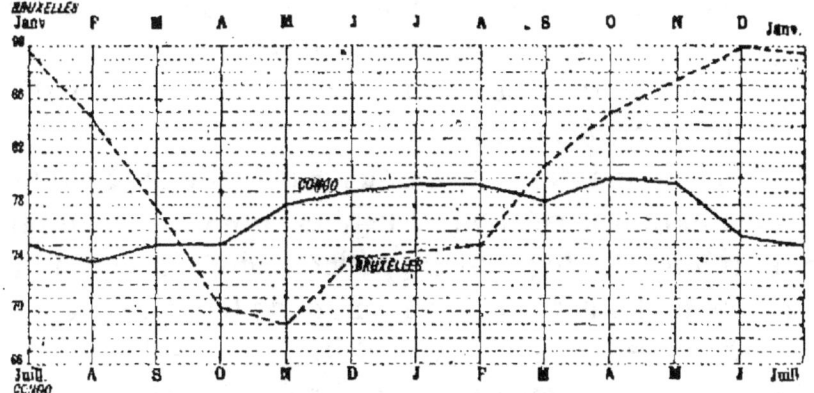

Humidité relative moyenne.

D'après l'ensemble des observations psychrométriques dignes de confiance que nous possédons pour le Congo, voici comment s'y comporte l'humidité de l'air dans sa marche annuelle. En août, elle est minimum et comprise, en moyenne, entre 73 et 74 p. c. Elle augmente progressivement ensuite, pour atteindre un premier maximum dans la période décembre-février (79 p. c.). Elle faiblit légèrement en mars (78 p. c.), pour gagner le maximum principal en avril-mai (80 p. c.). Puis la baisse se déclare et continue régulièrement jusqu'en août. Comme l'avait déjà fait remarquer M. von Danckelman, « la diminution de l'humidité de l'air est considérable dans la période de transition de la saison des pluies à la saison sèche, aux mois de mai et de juin ». D'un autre côté, elle est stationnaire au moment du passage de la saison sèche à la saison des pluies et monte rapidement dès que celle-ci est nettement établie.

La moyenne annuelle de l'humidité est à très peu

près la même en Belgique qu'au Congo, mais, d'une part, cette moyenne correspond à une température de 27°, d'autre part, à une température de 10° seulement.

C'est ici le lieu d'examiner d'une façon spéciale de quelle manière se répartit le degré hygrométrique, pour des températures semblables, respectivement au Congo et en Belgique.

On sait que c'est au commencement de l'après-midi que l'humidité relative est le plus faible. Ce minimum journalier du degré hygrométrique de l'air se produit en même temps que le maximum de température. Or, à Bruxelles, dans les mois d'été, lorsque le thermomètre atteint ou dépasse 30° dans l'après-midi, l'humidité relative tombe en moyenne à 36 p. c. Cette valeur est faible et est l'indice d'une siccité atmosphérique très notable. Sur huit années d'observations, le maximum a été de 43 p. c. par 30°7 et le minimum de 29 p. c. par 30°. Et néanmoins, lorsque vers 30° de température le psychromètre marque environ 40 p. c. d'humidité, nous éprouvons un malaise très marqué, nous trouvons la chaleur « accablante », « étouffante », nous disons que le temps est « lourd ». Ce qui ajoute à cette impression, c'est le calme de l'air pendant ces températures élevées, calme qui retarde l'évaporation de la sueur qui nous baigne [1]. Si le thermomètre marque de 22° à 28° et que le degré hygrométrique s'élève vers 60 et 70 p. c., le malaise est non moins grand.

---

[1] Nous avons pu personnellement nous rendre compte de la différence considérable de l'action qu'exercent sur l'organisme une température élevée « sèche » et une température « humide ». Étant au sud du Texas, en 1882, nous avons éprouvé presque régulièrement chaque jour, d'août à décembre, des chaleurs comprises entre 30° et 38°, mais par une très faible humidité. Ces chaleurs

D'après une longue série d'observations personnelles, nous pouvons conclure ainsi qu'il suit en ce qui concerne la Belgique : la chaleur y devient très accablante lorsque, le thermomètre étant voisin de 30°, l'humidité atteint 40 p. c.; puis, la température s'abaissant, lorsque l'humidité s'élève à

45 p. c. . . . . pour 29°
55 p. c. . . . . pour 28°
65 p. c. . . . . de 27° à 25°
70 p. c. . . . . pour 24° et 23°
75 p. c. . . . . pour 22° et 21°

Ces états hygrométriques et thermométriques doivent, bien entendu, coïncider avec une atmosphère calme ou très peu agitée. La sensation de malaise diminue avec l'augmentation de la vitesse du vent.

Examinons maintenant comment se comporte la vapeur d'eau dans l'État du Congo. Nous nous appuierons principalement, à cet effet, sur les observations faites à Vivi, mais les conclusions que nous en tirerons peuvent s'appliquer à toute la région du bas et du moyen Congo.

Nous avons montré plus haut combien, dans la saison des pluies, les fortes chaleurs persistent dans cette région. Le thermomètre y monte chaque jour à 27° au moins (97 fois sur 100), et 80 fois sur 100 à 29° ou plus. Or, voici, pour la période décembre-mai, le degré hygrométrique moyen qui correspond aux diverses températures constatées à 2 heures de l'après-

---

continues étaient fort supportables et, le plus souvent même, agréables. Les habitants des pays chauds et secs, comme l'Égypte par exemple, sont extrêmement incommodés chez nous lorsque le thermomètre atteint 30°, alors qu'ils ne ressentent aucun malaise chez eux par 40°. La différence de sensation est uniquement due à la différence de l'état hygrométrique.

midi, c'est-à-dire vers le moment habituel de la moindre humidité diurne :

	Moyenne.	Maximum.	Minimum.
25°	88 p. c.	96 p. c.	85 p. c.
24	85	—	—
25	82	87	77
26	78	—	—
27	74	84	63
28	69	—	—
29	64	80	47
30	59	70	35
31	54	65	42
32	52	63	44
33	51	54	49

On voit de suite combien ces valeurs sont de beaucoup supérieures à celles que nous avons renseignées pour Bruxelles.

A Vivi, ainsi qu'il résulte du tableau ci-dessus, à une température de 30° correspond en moyenne une humidité relative de 59 p. c. En Belgique, par la même température, ainsi que nous l'avons vu plus haut, le degré hygrométrique moyen n'est que de 36 p. c., et lorsqu'il dépasse 40 p. c., la chaleur devient insupportable. Cette valeur de 59 p. c., au Congo, est une moyenne pour le semestre de décembre à mai, mais elle varie légèrement suivant les mois, ainsi que le montre le tableau ci-après :

Température = 30°.

MOIS	Humidité relative.
Décembre	58 p c
Janvier	59
Février	54
Mars	60
Avril	62
Mai	59

A partir de mai la température diminue, ainsi que l'humidité relative. Le thermomètre, l'après-midi, dépasse rarement 30°; les maxima diurnes qui se reproduisent le plus fréquemment alors sont compris entre 24° et 28°. Le degré hygrométrique, vers le moment de la plus grande chaleur, tombe à 60 p. c. pour des hauteurs thermométriques variant de 23° à 24°; à 57 p. c. pour celles de 25° à 26°; à 50 p. c. de 27° à 30°; à 48 p. c. pour 31° et 32°. On voit la différence notable qui existe ici entre la saison sèche et la saison des pluies, et l'on conçoit aisément que, dans la première de ces saisons, les conditions hygrométriques rendent le climat plus supportable, et même, par un effet de contraste, agréable à certains moments. Le tableau ci-dessous permettra de mieux saisir encore l'importance de la différence dont nous parlons. Il indique, en pour cent, et pour les deux saisons, la fréquence des divers degrés hygrométriques à 2 heures de l'après-midi :

Humidité relative.	Saison des pluies.	Saison sèche.
90-100	1	1
80-90	5	1
70-80	14	6
60-70	35	28
50-60	37	39
40-50	7	22
30-40	1	3
	100	100

Nous venons d'étudier l'humidité relative dans sa marche annuelle; nous allons l'examiner dans sa variation diurne.

A la côte, le degré hygrométrique, maximum vers le lever du soleil, diminue jusque vers midi, puis remonte jusqu'au soir. Il est à peu près le même à 9 heures du soir qu'à 7 heures du matin. A l'intérieur, il diminue depuis le matin jusque dans l'après-midi, et est moins élevé le soir que dans les premières heures de la matinée.

En général, l'humidité est très forte entre 6 et 8 heures du matin, et, eu égard à la température relativement élevée qui se manifeste déjà à ce moment de la journée, son influence pathologique est extrêmement sensible. Voici, mises en parallèle, les valeurs psychrométriques pour Bruxelles, Banana et Vivi, à 7 heures du matin :

Bruxelles.	86
Banana	87
Vivi	88

Le degré moyen annuel est presque le même dans les trois stations, mais à Bruxelles il découle d'une température de 8° seulement, tandis qu'au Congo il est lié à une température de 22 à 24° environ. Or, à Bruxelles, lorsque vers 7 ou 8 heures du matin, en été, le thermomètre atteint 20 ou 21°, l'humidité relative n'est pas supérieure, en moyenne, à 64 p. c., et dans aucun cas ne dépasse 80 p. c. Cette comparaison nous fait voir une fois de plus la considérable différence de régime qui existe, quant à l'état hygrométrique habituel de l'air, entre nos pays et le bassin du Congo.

En ce qui concerne la répartition géographique de l'humidité relative dans l'État Indépendant, nous croyons pouvoir établir que, dans la matinée, cette humidité est plus grande à l'intérieur qu'à la côte, tandis qu'au milieu du jour elle est sensiblement moindre — notamment pendant la saison sèche — à l'intérieur qu'au bord de la mer. L'augmentation d'altitude paraît aussi devoir entrer en ligne de compte pour diminuer le taux hygrométrique.

Il peut être utile de rapprocher de ces remarques celles que nous allons présenter au sujet de la tension de la vapeur aqueuse.

Certains hygiénistes attachent plus d'importance, au point de vue de l'influence de l'état hygrométrique sur l'organisme, à l'humidité *absolue* de l'air qu'à l'humidité *relative*. On peut dire, à priori, que la quantité absolue de vapeur d'eau répandue dans l'atmosphère est un facteur climatologique dont il importe de tenir compte, et c'est pourquoi nous avons jugé utile de compléter le présent chapitre par quelques données sur la répartition géographique et les variations saisonnières et journalières de la vapeur d'eau au Congo. Comme précédemment, nous avons cru bon de mettre en regard des valeurs observées dans l'Afrique équatoriale celles que l'on constate dans notre pays, c'est-à-dire à Bruxelles.

Les observations que nous possédons sur la tension de la vapeur dans l'État Indépendant ou dans les régions voisines, montrent tout d'abord : 1° que cette tension est plus forte à la côte qu'à l'intérieur ; 2° que, à la côte elle augmente en allant du sud au nord ; 3° que, dans l'intérieur, elle diminue avec l'altitude, ou, en d'autres termes, avec l'abaissement de température.

La tension moyenne annuelle, sur la côte africaine, est comprise entre 18 et 20 millimètres : $18^{mm}2$ à Loanda, $19^{mm}5$ à Banana, $20^{mm}1$ au Gabon. A Vivi, sur le Congo, par 114 mètres d'altitude, elle n'est que de $17^{mm}3$; à Kimuenza (478 mètres), de $17^{mm}0$. A San-Salvador, dans l'Angola, par 559 mètres d'altitude, elle tombe à $16^{mm}0$. A Malange, au sud-est de cette région, par 1,166 mètres d'altitude, elle n'est plus que de $13^{mm}4$. Toutes ces valeurs sont de beaucoup supérieures à la moyenne pour Bruxelles, qui n'atteint que $8^{mm}2$.

Dans sa variation annuelle, la tension de la vapeur suit les fluctuations de la température et celles de l'humidité relative. Elle est maximum dans la saison chaude ou des pluies, minimum à l'époque des moindres chaleurs, c'est-à-dire en saison sèche. La plus forte tension se produit en général en avril, mais les moyennes de mars et février, et notamment celle de mars, se rapprochent sensiblement de la tension d'avril. La plus faible tension se remarque en août, au moment même où, chez nous, on observe la tension maximum.

La marche diurne de la tension de la vapeur offre les particularités suivantes : contrairement à ce qui se passe dans nos pays d'Europe, où, habituellement, la tension est maximum vers le milieu du jour et minimum le matin et le soir, dans l'intérieur du Congo un premier maximum a lieu dans la matinée et un second maximum dans la soirée; le minimum se déclare entre midi et 3 heures. Sur la côte, par contre, le phénomène est soumis à une variation parallèle à celle que l'on remarque en Belgique, c'est-à-dire qu'il passe par un minimum le matin et un maximum l'après-midi.

Sur les hauts plateaux du sud-est de l'Angola, voisins de l'État du Congo, il y a interversion dans la marche diurne de la tension de la vapeur lorsqu'on passe de la saison sèche à la saison des pluies, et vice versa. Dans la saison sèche, le régime de l'Angola est celui des régions de l'intérieur d'altitude moindre (San-Salvador, Vivi); dans la saison des pluies, celui de la côte (Banana, Saint-Paul de Loanda) et des régions tempérées (Bruxelles). Il sera intéressant de recueillir des observations pour des points situés vers le centre du continent africain, afin de voir comment s'y comporte la vapeur d'eau aux différentes époques de l'année.

D. — PRESSION ATMOSPHÉRIQUE.

Les variations de la pression de l'air dans la région du Congo sont faiblement accentuées.

La hauteur barométrique moyenne y est voisine de $760^{mm}0$ (au niveau de la mer). Pendant la saison chaude ou des pluies, cette moyenne faiblit et se maintient vers $758^{mm}0$; pendant la saison sèche, elle augmente légèrement et atteint $762^{mm}0$ à $763^{mm}0$. Le maximum principal tombe en juillet, le minimum principal en février. Mais un maximum secondaire très faible se produit en décembre.

Quand on examine l'allure de la courbe annuelle, on remarque que la hausse la plus rapide a lieu de mai à juin, la baisse la plus rapide d'août à octobre. La différence entre la moyenne mensuelle la plus haute et la moyenne mensuelle la plus faible s'élève à $5^{mm}4$ à Banana, à $5^{mm}2$ à Vivi, à $4^{mm}1$ à Kimuenza, à $2^{mm}6$ à Bolobo. Cette différence diminue, comme on voit, à mesure qu'on avance dans l'intérieur. La même loi semble exister pour l'amplitude moyenne diurne, qui est de $3^{mm}0$ à Loanda, $2^{mm}9$ à Banana, $2^{mm}0$ à Vivi, $1^{mm}8$ à Kimuenza.

La moyenne de l'oscillation barométrique mensuelle absolue est de $6^{mm}6$ à Banana, de $5^{mm}8$ à Vivi, de 7 à 8^{mm} à Kimuenza. Comme les heures d'observation n'ont pas été absolument les mêmes dans ces trois stations et qu'elles n'ont pas été également rapprochées des moments où se produisent en général les extrêmes journaliers de la pression, nous admettrons $7^{mm}0$ comme moyenne de la variation barométrique mensuelle absolue à l'ouest de l'État du Congo.

L'oscillation annuelle absolue, c'est-à-dire l'écart entre les points extrêmes de la course du baromètre dans l'espace d'une année, n'atteint que 12^{mm}0. Les troubles atmosphériques en apparence les plus violents n'affectent pas la colonne mercurielle. Aussi, sous les tropiques, ne saurait-on tirer de l'observation du baromètre aucune prévision du temps. Les orages éclatent aussi bien par haute pression que par basse pression. Toutefois, au moment même du passage des orages, la courbe barométrique éprouve de courtes et brusques oscillations comme dans nos pays d'Europe.

E. — VENTS.

Dans tout le bas Congo, et même assez loin sur le haut Congo, les vents dominants sont compris entre le sud-ouest et l'ouest. Ces courants ont une prépondérance remarquable, qui l'emporte de beaucoup sur la fréquence des autres directions. A Banana, sur cent observations, soixante montrent la girouette tournée vers l'ouest, l'ouest-sud-ouest ou le sud-ouest. A Vivi, la proportion est de 63 p. c. A Kimuenza, elle est un peu moindre (45 p. c.), et le vent du sud-sud-ouest intervient déjà pour 11 p. c.

A mesure qu'on pénètre dans l'intérieur, les courants d'ouest à sud-ouest perdent de leur importance, pour finir, dans le haut Congo, par disparaître et laisser la place à l'alisé de sud-est. Ce sont, en effet, les vents d'est qui sont signalés comme dominants au centre et à l'est de l'État, avec des modifications tantôt vers le nord, tantôt vers le sud, suivant la configuration du sol et la direction des grands cours d'eau.

Le régime anémométrique varie peu d'une saison à l'autre. Dans le bas Congo, en saison des pluies, il y a une certaine inflexion de la girouette vers l'est; en saison sèche, les vents d'ouest à sud-ouest dominent presque exclusivement.

Dans les couches supérieures de l'atmosphère, où les mouvements de l'air sont révélés par la marche des nuages du genre cirrhi, formés de cristaux de glace, la direction du vent est l'opposé de ce qu'on observe à terre : les nuages les plus élevés viennent, en effet, principalement de l'est et du nord-est. Quant aux nuages inférieurs, ils sont entraînés, comme dans le voisinage du sol, par des courants venant d'entre ouest et sud-ouest.

Le long du fleuve, depuis Vivi jusqu'aux environs du Stanley-Pool, s'élève au début de la soirée un vent assez violent, d'assez courte durée, sur lequel M. von Danckelman a surtout appelé l'attention :

> Au moment du coucher du soleil, ou un quart d'heure après, un fort coup de vent d'ouest, ou aussi du nord-ouest, apparaît brusquement et soulève la poussière et les objets légers à d'assez grandes hauteurs. Ce vent tempétueux dure de dix à trente minutes et faiblit ensuite. Rarement, cependant, il cesse alors complètement. Le plus souvent, après s'être un peu calmé, il devient uniformément fort et souffle avec violence jusqu'à 8 ou 9 heures et même plus tard dans la nuit, tout en tournant au sud-ouest. Ces vents du soir et de la nuit sont plus fréquents et plus forts dans les mois de septembre et d'octobre, ce qui concorde avec la marche annuelle de la force du vent.

Il est à remarquer que ces coups de vent du soir ne se font pas sentir à la côte.

Au point de vue de l'intensité en général, le vent, à la côte, présente son maximum en octobre et son minimum en juillet. Un second maximum a lieu en février ou mars. Dans l'intérieur, la force maximum se produit de juin à octobre, et on observe la moindre agitation de l'air au milieu de l'hivernage.

Des vents d'une grande violence, pareils à ceux de l'Europe occidentale, sont inconnus au Congo, même lors des orages ou des tornades qui paraissent les plus effrayants. A Banana, les plus forts coups de vent, pendant les tornades, ne dépassent pas 10 mètres à la seconde. A Kimuenza, la vitesse maximum enregistrée au cours de plusieurs années a été de 366 mètres par minute ou de 6 mètres par seconde.

De même qu'on le constate sur la plus grande partie du globe, le vent est généralement le plus accentué au moment le plus chaud du jour, c'est-à-dire entre midi et 3 heures; il contribue ainsi à rendre la température plus supportable. Les calmes sont fort rares à ces heures.

F. — NÉBULOSITÉ.

Sous le rapport de l'aspect du ciel, on constate peu de différence entre les diverses régions du Congo. En moyenne générale, le degré de nébulosité est de 6 (10 désigne un ciel entièrement couvert, 0 un ciel absolument serein), mais il descend à 5 pendant la saison sèche, en juin-juillet, et monte à 7 en octobre-novembre, au commencement de la saison des pluies. La nébulosité diminue de décembre à février, puis présente un maximum secondaire en mars-avril. Dans la région du haut Congo, étant données la constance des pluies et surtout leur origine dans une évaporation continue de l'humidité du sol provoquant la formation de nuages, on devrait s'attendre à un degré très élevé de nébulosité. Or, les observations faites à Nouvelle-Anvers conduisent également à la valeur moyenne générale de 6.

Dans l'intervalle d'une journée, l'aspect du ciel passe habituellement par les phases suivantes :

Pendant la saison des pluies, le ciel est couvert au lever du soleil, mais il s'éclaircit graduellement entre 8 et 10 heures, tout en éprouvant des rechutes. A 1 ou 2 heures de l'après-midi, les orages apparaissent et occasionnent de nouveau un accroissement de la nébulosité, qui persiste jusque vers le soir. Le ciel se découvre ensuite jusqu'assez avant dans la nuit.

Pendant la saison sèche, le ciel s'éclaircit jusqu'à midi ou jusque dans le courant de l'après-midi, puis, lentement, le voile nuageux se dissout et disparaît ; le ciel reste alors découvert, quoique brumeux, jusqu'aux heures avancées de la soirée. Souvent cet éclaircissement progressif se produit avec une remarquable régularité, aux mêmes heures, plusieurs jours de suite. Le ciel se couvre de nouveau après 9 ou 10 heures et alors un voile de nuages et de vapeurs, venant de l'ouest, se forme rapidement. Il n'est pas rare de voir tout l'horizon se couvrir en moins de dix minutes.

Sur les hauts plateaux du Congo, il y a en saison sèche une diminution de nébulosité particulièrement accentuée. Le ciel est alors remarquablement pur le soir, et, en général, très peu nuageux à partir de la matinée.

G. — ORAGES.

L'orage est un phénomène très fréquent à l'intérieur du Congo ; dans la région équatoriale, il se produit à toutes les époques de l'année ; plus au sud, il n'apparaît que dans la saison des pluies.

Dans le bas et le moyen Congo, les orages viennent pour la plupart de l'est. Ceux du nord-est, d'après M. von Danckelman, sont généralement les plus forts.

Plusieurs orages venant de directions différentes se présentent parfois en un même jour. En général, les orages au Congo ne surpassent en force les orages européens que par le nombre beaucoup plus grand d'éclairs et la moindre fréquence des roulements de tonnerre.

Les orages, et la pluie qui les accompagne, accusent quant à leur fréquence une période diurne caractérisée. Ils éclatent de préférence entre minuit et demi et 2 heures du matin, et entre 5 et 8 heures du matin, puis entre 1 et 3 heures de l'après-midi et, le plus souvent, entre 6 $1/2$ et 9 heures du soir.

Les cas de tonnerre lointain, sans orage sur la station même, sont nombreux.

On signale relativement peu de coups de foudre ; mais il est probable qu'ils sont assez nombreux et que l'épaisseur des forêts, où l'on ne s'écarte pas des chemins tracés, empêche seule de constater tous les cas. Notons d'ailleurs qu'à la saison des pluies, beaucoup d'arbres tombés jonchent la route des caravanes. Il est certain que la chute de la plupart doit être attribuée à l'effet de la foudre.

Le nombre de jours de tonnerre est très grand pendant toute la durée de la saison des pluies, et toutes les fortes pluies sont accompagnées de manifestations électriques. Ce nombre subit d'ailleurs l'effet de la variation dans l'intensité des pluies, et il est à remarquer que dans le bas Congo, il n'y a jamais de manifestations électriques pendant les mois de saison sèche. D'une manière générale, c'est avril et novembre qui ont le plus de jours d'orage.

On constate enfin que, géographiquement, la fréquence des orages suit les mêmes lois que la distribution des pluies. Elle augmente : 1° en allant du sud au nord; 2° au fur et à mesure qu'on s'avance vers l'intérieur du continent.

Des éclairs sans tonnerre sont très fréquemment observés le soir et au milieu de la nuit. Ils se montrent le plus souvent vers la partie de l'horizon comprise entre le nord et le sud-est, et plus particulièrement dans le quart nord-est, mais on en aperçoit aussi dans d'autres directions; très rarement, toutefois, entre le nord-ouest et le sud.

> Le moment préféré de leurs brillantes apparitions, rapporte le Dr Étienne, est celui qui suit presque immédiatement le coucher du soleil. Rien ne saurait dépeindre ces admirables jeux de lumière — éclairs linéaires ou diffus, violets ou pourprés — se déroulant silencieusement au milieu des sombres nuages aux fantastiques contours et ravissant l'œil du spectateur.
>
> Les décharges électriques sont souvent d'une rare beauté, dit de son côté le P. De Hert; j'ai vu des gerbes entières de feu jaillir d'un même point du ciel; elles durent parfois un temps fort appréciable. J'ai vu également un jour un éclair parcourant dans le ciel un espace correspondant à l'ouverture d'un angle de 140 degrés, puis encore disparaissant à l'horizon derrière les montagnes.

D'octobre à mai, en certains points, on aperçoit des éclairs un soir sur trois ou quatre, en moyenne. C'est de novembre à mars qu'on en observe le plus; de juin à septembre, ils sont extrêmement rares.

On voit, par ce qui précède, combien l'activité électrique de l'atmosphère est considérable au Congo, comme dans toute la ceinture équatoriale d'ailleurs. C'est ainsi qu'à Banana nous constatons, au cours d'une année, 130 jours de phénomènes orageux (tonnerre et éclairs); à Shinshoxo, 132; à Kimuenza, 140; à Vivi, 151. La tension électrique de l'air y est parfois telle, qu'elle donne lieu à des manifestations comme celle que signale le Dr Étienne à la date du 9 décembre 1889, pendant le passage d'une tornade : « Au plus fort de la tornade, l'air était tellement chargé d'électricité que, pendant que je surveillais les oscillations du baromètre Fortin, des aigrettes lumineuses vinrent me frapper les doigts, ma main se trouvant par hasard près des deux pointes qui servent de support à l'anéroïde suspendu à proximité. »

Les orages sont parfois, mais très rarement, accompagnés de grêle. A la côte, le phénomène est inconnu, mais à l'intérieur de l'État il a été constaté à maintes reprises.

Voici les cas les plus intéressants qui sont parvenus à notre connaissance :

Le 29 avril 1893, à Matadi, grêlons de la grosseur d'une noisette.

Le 30 avril 1895 et le 24 janvier 1897, à Kimuenza, pendant des orages, grêlons comme des œufs d'oiseau.

Le 18 avril 1894, à Kenge, grêle abondante par une pluie d'orage.

Le 13 août 1886, à Luluabourg, chute de glaçons transparents de 2 centimètres de largeur sur 1 de longueur et de forme plus ou moins rectangulaire, pendant une forte tornade venant de l'est. La chute de glaçons dura de 13 h. 55 m. à 14 h. 5 m.

En août 1892, à Lusambo, chute de grêlons dont quelques-uns avaient la grosseur d'un œuf de poule.

En juillet 1894, le comte von Götzen fut surpris, à l'ouest du lac Kivu, par un orage pendant lequel il tomba des grêlons dont quelques-uns avaient la grosseur d'un œuf de pigeon.

Dans la zone de Mokoangai, le capitaine Heymans signale qu'il y a assez souvent des orages qui sont accompagnés de grêle, et, d'après d'autres renseignements, le même phénomène se produirait dans la région de Djabir.

H. — BROUILLARDS ET ROSÉE.

A la côte, le brouillard semble être un phénomène extrêmement rare.

> A Banana même, dit le Dr Étienne, je n'ai jamais observé de brouillard proprement dit. Pendant la période des observations, jamais la transparence de l'air ne fut troublée au point de ne pouvoir distinguer les objets à une distance de 3 kilomètres. Il n'en est cependant pas de même au pied des collines voisines, c'est-à-dire à une petite lieue de distance, où les habitants voient parfois — rarement, il est vrai, — un brouillard éphémère assez dense pour ne rien apercevoir à quelques mètres.

A Vivi, les brouillards sont rares également. De mai 1882 à juillet 1883, M. von Danckelman n'en a noté que 8. Toutefois, les sommets des montagnes voisines, qui ont à peine 200 mètres de hauteur, sont assez fréquemment, comme dans le voisinage de Banana, enveloppés de brouillard.

Quand on pénètre plus avant dans l'intérieur, les brouillards sont assez fréquents le matin.

Dans les vallées qui environnent Kimuenza, les

brouillards sont nombreux. On peut même reconnaître, du plateau où est située la station, s'il a plu au loin, car moins d'un quart d'heure après l'averse du brouillard s'élève de toutes parts dans la vallée. Les brouillards sur le plateau sont plus rares; de janvier à juin 1895, le P. De Hert en a observé 25, tandis que dans la plaine il en a remarqué 75 pendant le même laps de temps.

A Luluabourg, de juillet 1886 à juin 1887, le capitaine de Macar a noté 63 jours de brouillard, dont presque tous de brouillard épais, sauf en juin. Ces brouillards se forment la nuit et, dans la grande majorité des cas, se dissipent entre 8 et 9 heures du matin; ils persistent rarement jusqu'à 10 heures.

Nous ne pousserons pas plus loin ces remarques, car, ainsi que le montrent les observations recueillies dans les différentes parties de l'État, le brouillard y est un phénomène assez irrégulièrement distribué, et soumis pour une bonne part aux influences locales : voisinage de forêts, de vallées plus ou moins profondes, de cours d'eau, etc. Il ressort toutefois de l'examen des nombreuses données recueillies que, dans les régions du haut fleuve, les brouillards sont en général très fréquents aux premières heures de la matinée.

Il en est de même, jusqu'à un certain point, de la rosée, qui parfois est d'une abondance exceptionnelle, et qui souvent précède ou accompagne la formation du brouillard. Au bord de la mer, la rosée s'observe beaucoup plus fréquemment que le brouillard. Celle qui se produisit à Banana, le 6 juillet 1890, fut tellement forte que l'eau tombait des toits et que le sol était aussi mouillé qu'après une averse. Elle coïncidait avec le minimum thermométrique absolu de l'année.

BIBLIOGRAPHIE : Tous les documents que l'on possède sur le climat du Congo ont été reproduits, analysés ou résumés dans le livre qu'a fait paraître la *Société royale de médecine publique* à la suite du *Congrès d'hygiène et de climatologie de la Belgique et du Congo*, qui s'est tenu à Bruxelles en août 1897. Le chapitre consacré au climat, rédigé par MM. LANCASTER et MEULEMAN, contient de nombreuses observations inédites, d'un grand intérêt, plus une liste des travaux relatifs à la climatologie africaine publiés à la date du 1er août 1898. — Les explorateurs et les observateurs à qui l'on doit les meilleures données météorologiques, sont : MM. le D^r von Danckelman, le Dr Étienne, le P. de Hert, le Rév. Glennie, le Dr Mense, le Dr Briart, le Dr Vourloud, le Dr Donny, le capitaine de Macar, les lieutenants Brasseur, Delhaise et Lemaire, le Dr Gardines, de Permentier, le Dr Paternotte, le Dr Brackman, etc.

CHAPITRE XIV.

LES CONDITIONS SANITAIRES [1].

A. — PATHOLOGIE.

Les régions tropicales peuvent se diviser en régions à climat chaud salubres et en régions à climat chaud insalubres.

Le climat n'a pas une action essentielle sur la salubrité d'un pays : il en est qui sont parfaitement sains, où la morbidité et la mortalité des Européens sont très faibles, et dont les conditions climatologiques sont les mêmes que dans les contrées les plus meurtrières. Il est donc erroné de dire que le climat d'un pays est malsain : ce n'est pas le climat, c'est le pays lui-même qui est malsain, beaucoup à cause de son état social, mais surtout à cause de sa microbiologie pathogène.

Peu de maladies au Congo sont dues uniquement à des influences météorologiques. Tout au plus, peut-on citer deux accidents, fréquents d'ailleurs en Europe : le coup de chaleur, produit par la température élevée agissant sur l'organisme entier, et l'insolation, atteignant les parties du corps directement exposées aux rayons du soleil.

L'anémie dite tropicale elle-même n'est pas le résultat des seules actions météorologiques. Les recherches

---

[1] Ce chapitre est dû à la collaboration de M. le Dr JULLIEN, médecin agrégé de la *Compagnie du chemin de fer du Congo*.

hématimétriques du docteur Marestang, les études du professeur Eijkman, l'histoire des colonies ne permettent pas de considérer le climat des tropiques comme un facteur morbide. La théorie classique de l'acclimatement qui, par son système de régulation chimique du calorique animal, concluait à la déchéance fatale et de plus en plus accentuée des fonctions vitales chez le blanc transplanté dans les zones intertropicales, n'est plus acceptée en principe. Sans conteste, l'organisme doit s'adapter aux conditions nouvelles de l'atmosphère, à la haute température habituelle, à la tension élevée de la vapeur d'eau dans l'air, telles qu'on les observe au Congo; aussi constate-t-on, au début du séjour, des troubles passagers dans les fonctions respiratoires, circulatoires et digestives, du nervosisme. Ces modifications, variables selon les individus et l'hygiène suivie, ne sauraient entraîner la ruine d'un organisme bien équilibré.

L'anémie tropicale est d'origine pathologique et reconnaît pour cause essentielle la malaria.

La malaria, vulgairement la « fièvre », du nom de sa manifestation la plus fréquente, est à la base de toute la pathologie du Congo. Elle est due à la présence dans le sang d'un amibe appelé « l'hématozoaire de Laveran ». Cet infiniment petit réside très probablement dans le sol et dans les eaux et pénètre dans le corps humain par les voies digestives et respiratoires. Les moustiques seraient un des agents les plus actifs de leur transport dans le sang des individus et des animaux.

Au Congo, plusieurs éléments combinés contribuent à maintenir la malaria à l'état endémique :

sol argileux, reposant sur un sous-sol imperméable, vastes marécages, forêts vierges, petit nombre des cultures, etc. Les nègres comme les blancs lui payent tribut; nul n'y échappe; tout au plus peut-on, grâce à une hygiène bien entendue, arriver à un certain degré d'accoutumance. La fièvre malariale est généralement rémittente, irrégulière, sans aucune périodicité dans les accès. Selon la violence de l'intoxication, elle est simple ou accompagnée de complications. Parfois, elle présente certains symptômes de la fièvre typhoïde, sans qu'on puisse cependant la confondre avec cette dernière. D'habitude, il se produit des phénomènes bilieux. L'hématurie, caractérisée par la présence de la matière colorante du sang dans les urines, est la manifestation d'un état grave d'impaludisme; elle atteint surtout les « vieux Africains ».

La dysenterie est également endémique au Congo; il est à remarquer que l'assainissement du sol diminue la fréquence de cette maladie (station de Basoko). Elle a pour causes l'usage d'eaux impures et la contagion, tandis que les fièvres ne sont pas contagieuses. Les refroidissements, une mauvaise hygiène et la misère physiologique y prédisposent singulièrement. On a observé, chez les nègres, des dysenteries véritables dues à la présence de parasites intestinaux. Il y a plusieurs degrés dans la dysenterie, depuis la diarrhée tropicale jusqu'aux formes les plus graves. Les accès de diarrhée sont fréquents et dégénèrent souvent en diarrhée tropicale chronique et en dysenterie proprement dite.

L'anémie trouble profondément les fonctions de nutrition et met le système digestif dans un état de réceptivité morbide accentué. Tout écart de régime provoque des dérangements de corps et s'expie cruellement. La dyspepsie se présente sous toutes ses formes : paresse et pesanteur stomacales, manque d'appétit, acidité, crampes d'estomac, vomissements, etc.

Le foie, soumis à un travail exagéré dans les pays chauds insalubres, est souvent congestionné ; il se produit parfois des cas d'hépatite aiguë ou chronique, qui aboutissent même à l'abcès.

La peau est le siège de quelques maladies intéressantes. La surexcitation des glandes sudoripares provoque la « bourbouille » : le pourtour de l'orifice glandulaire devient rouge et saillant, la peau se couvre de taches isolées, quoique serrées les unes contre les autres. Cette affection, d'ailleurs bénigne, est fort désagréable : elle occasionne d'insupportables démangeaisons et peut aller jusqu'à priver de sommeil. La « sarne » est, à l'origine, une pustule, qui se transforme en ulcère atteignant parfois la dimension d'une pièce de 5 francs ; la guérison est lente et laisse une cicatrice parcheminée, lisse et noirâtre, présentant beaucoup d'analogie avec les cicatrices syphilitiques. « L'éléphantiasis » frappe de préférence les noirs les plus riches, les chefs : « C'est la goutte d'Afrique », dit le docteur Dupont. Les jambes, les pieds et les testicules sont les sièges de prédilection de cette maladie, qui amène un développement énorme des parties atteintes. Quant aux différents parasites de la peau, citons, outre la djique, dont nous traitons ailleurs, le ver de Cayor et le filaire de Médine.

Il est deux maladies dont la nature est encore mal définie et qui attaquent particulièrement les gens de couleur : le béri-béri et la maladie du sommeil. Le béri-béri, répandu dans toutes les contrées tropicales du globe, est considéré comme une affection nerveuse, une polynévrite. Elle est caractérisée par des paralysies des membres, des désordres psychiques et un amaigrissement considérable, souvent masqué par une hydropisie généralisée et intense. Les épidémies de béri-béri qui se produisirent, en 1892, dans le personnel du chemin de fer, semblent avoir été causées par la misère physiologique.

Dans la maladie du sommeil le patient éprouve un irrésistible besoin de dormir: le sommeil le surprend parfois au milieu d'une conversation ou d'un repas; il dépérit lentement; les périodes de sommeil deviennent plus fréquentes et de plus longue durée, et la mort survient pendant le *coma*. De véritables épidémies de sommeil ont été observées dans le haut Congo.

La syphilis évolue avec rapidité au Congo, mais ses lésions, plutôt cutanées, n'ont pas la même gravité que dans nos climats. Extrêmement commune parmi les populations ayant subi le contact des Européens et des Arabes, elle semble n'avoir pas encore contaminé les autres. Il en est de même de la tuberculose, qui affecte une marche assez lente chez les noirs, tandis que son évolution chez les blancs est accélérée par le climat. Les affections catarrhales des voies respiratoires sont une importante cause de mortalité dans la race nègre. Les cas de lèpre ne sont pas rares: des ouvriers du chemin de fer en ont été atteints. Quant aux maladies épidémiques des régions tempérées, elles font défaut pour la plupart; l'une d'elles, cependant, la petite vérole, exerce de grands ravages.

La pathologie du Congo ne comprend pas le choléra, la peste et la fièvre jaune.

B. — HYGIÈNE.

L'Européen voyageant ou résidant au Congo doit se mettre à l'abri des influences climatologiques et fortifier son organisme, afin de pouvoir lutter le plus avantageusement possible contre les éléments pathogènes, spécialement contre la malaria. Pour diminuer les chances de maladie, il adoptera donc une hygiène spéciale, qui ne diffère d'ailleurs en rien de celle des autres pays intertropicaux, toujours bien durs pour l'Européen, en leurs mystérieuses et soudaines cruautés.

Ces précautions seraient cependant vaines si le colon ne possédait pas une bonne santé et une robuste constitution. C'est pourquoi toute personne qui désire s'engager au service de l'État ou des compagnies commerciales est soumise, avant son départ, à un examen médical, minutieux et sévère.

Les engagements sont contractés pour une durée de deux à trois ans. Le terme de trois ans est même trop long, de l'avis des médecins coloniaux; toutefois, les nécessités administratives réclament son maintien jusqu'au jour où les communications de la côte à l'intérieur seront plus rapides. Certes, l'organisme peut supporter un séjour plus prolongé sous les tropiques; les exemples n'en sont pas rares; mais sa résistance s'affaiblit progressivement, ce qui, dans l'état actuel des choses, l'expose à de graves accidents : les fièvres hématuriques, entre autres, frappent surtout les anciens résidents.

L'ordonnance générale de la vie de l'Européen au Congo a une importance capitale. Bien qu'elle dépende un peu de ses occupations professionnelles et des saisons, elle ne varie guère : on se lève entre cinq et six heures, au point du jour, afin de profiter de la fraîcheur matinale. Les vêtements de nuit, les draps de lit et les couvertures sont aussitôt enlevés de la chambre et suspendus en plein air. Après un *tub* et un déjeuner substantiel, on vaque à ses occupations jusque onze heures ou midi, suivant qu'on est ou non exposé au soleil. On prend un nouveau *tub*, suivi d'un repas léger et d'une sieste, et, vers deux ou trois heures, on se remet au travail. A la fin de la journée, troisième *tub*, remplacement des habits du jour par des vêtements plus épais, qui permettent d'affronter la baisse de la température, et dîner copieux. La soirée se passe en amusements divers, jusqu'au coucher, qui a lieu d'habitude vers dix heures.

Des conserves de toute espèce sont à la disposition du colon. Le poisson et la viande fraîche, bœufs, moutons, chèvres et volailles, ne manquent pas dans les stations établies depuis un certain temps; mais les légumes sont encore assez rares. Les boissons dont l'usage est le plus général sont l'eau coupée de vin rouge, le café et le thé. Dans beaucoup de stations, on consomme de l'eau de rivière; quelques-unes seulement possèdent des sources. A Matadi, le personnel du chemin de fer peut se procurer de l'eau distillée, produite par les appareils de condensation établis dans les ateliers. Les glacières fonctionnent à Boma et à Matadi.

Les vêtements, destinés à protéger à la fois contre l'ardeur du soleil et contre le froid, sont de tissus souples, légers et perméables, taillés amplement afin de permettre la libre circulation de l'air et de ne pas provoquer d'irritation cutanée. Le casque blanc, en moelle de sureau, en liège ou en caoutchouc, est la coiffure habituelle; pour travailler, on utilise aussi le chapeau de feutre à double fond et à larges bords, parce que la visière du casque, descendant fort bas, rend malaisée l'observation des instruments. En station, la chaussure est aussi légère que possible; pour les marches, on préfère la bottine à semelles épaisses et débordantes.

A l'heure présente, le choix de l'emplacement des stations est plus souvent subordonné aux nécessités stratégiques et commerciales qu'aux lois de l'hygiène : il ne peut guère en être autrement dans une jeune colonie. Autant que possible, l'habitation est surélevée de 1 mètre à 1^{m}50, afin d'éviter les émanations telluriques; composée de matériaux mauvais conducteurs de la chaleur, tels que les briques et le bois, et munie d'un double toit et d'une véranda. Cependant, à Boma et à Matadi, quelques maisons sont faites en tôle de fer, à doubles parois; ces matériaux métalliques ne sont pas recommandables, sinon pour la construction d'entrepôts ou de magasins.

Sur le théâtre des travaux du chemin de fer, on rencontre des habitations de plusieurs espèces : la maison en bois, sans étage, à une ou deux chambres, du style dit « tropical », destinée aux postes fixes, aux stations, par exemple; la maison danoise, en toile bitumée peinte de couleurs claires, utilisée dans les camps et fort appréciée des agents, bien qu'elle s'échauffe et se refroidisse facilement; enfin, la tente, qui est un abri défectueux. Dans les postes du haut Congo, les maisons sont souvent plus mal construites, à cause des difficultés de première installation.

La question la plus grave de l'hygiène des pays

tropicaux est celle de l'assainissement du sol. Le gouvernement s'en préoccupe et prend des mesures pour diminuer la fréquence des incendies des herbes et assurer le reboisement méthodique de certaines régions. La mise en culture des terres a été entreprise sur une assez vaste échelle autour des stations et ses effets hygiéniques ne se sont pas fait attendre : Lukungu et Basoko en sont des exemples remarquables. A Luvituku, la situation sanitaire s'est considérablement améliorée depuis le déboisement rationnel de la forêt voisine.

BIBLIOGRAPHIE. — DRYEPONDT : *Guide pratique, hygiénique et médical des voyageurs au Congo.* — FÉRIS : *Étude sur les climats équatoriaux* — JOUSSET : *Traité de l'acclimatement et de l'acclimatation.* — LAVERAN : *Du paludisme et de son hématozoaire* — MENSE : *Rapport sur l'état sanitaire de Léopoldville.* — MURRAY : *How to live in Tropical Africa.* — NICOLAS, LACAZE et SIGUEL : *Guide médical et hygiénique du voyageur dans l'Afrique centrale.* — PARKE : *My personal experiences in Equatorial Africa.* — ROUX : *Traité pratique des maladies des pays chauds.* — G. SÉE : *Du sang et des anémies.* — TREILLE : *Les conditions sanitaires de l'Afrique intertropicale et en particulier du Congo.* — LUDWIG WOLF : *Ueber Afrikanisches Kusten- und Inland Klima.*

CHAPITRE XV.

LA FLORE.

LA BROUSSE. — LA SAVANE. — LA FORÊT. — LA GALERIE. LE MARAIS. — LES CULTURES.

La bassin du Congo, situé dans la zone intertropicale, présente la végétation qui caractérise cette partie du globe.

L'ensemble des faits exposés dans les chapitres relatifs au relief, à la genèse du fleuve et au climat, permet d'entrevoir déjà très nettement la division du bassin du Congo en cinq grandes régions botaniques qui, tout en offrant de très nombreux traits d'analogie sous le rapport de la répartition des espèces, diffèrent radicalement par l'aspect des paysages. Ces régions sont : 1° *la région basse ou littorale*, comprenant la terrasse maritime; 2° *la région centrale ou moyenne*, comprenant la terrasse du Congo moyen ; 3° *la région septentrionale*, comprenant la terrasse de l'Uele; 4° *la région méridionale*, comprenant celles du Kasai, du haut Lomami et du Kamolondo ; enfin 5° *la région supérieure*, comprenant l'ensemble des terrasses situées au delà de la chaîne des Mitumba.

La cause de la diversité d'aspect de ces cinq régions réside avant tout dans leur voisinage de l'océan ou des mers intérieures, leur situation plus ou moins proche de l'équateur ou leur altitude plus ou moins grande. Ainsi, la zone centrale traversée par l'équateur, où la pluie tombe d'une manière presque continue, est un pays de forêts toujours vertes et de végétations exubérantes, où la flore intertropicale atteint l'apogée de sa puissance et de sa richesse. Dans les régions septentrionale et méridionale, situées à 4° et plus de latitude nord et sud, sur les hauts plateaux et les régions montagneuses et dénudées de la ligne de faîte, l'humidité n'est pas persistante, la saison sèche alterne avec la saison des pluies ; c'est le pays de la brousse et des savanes, coupées de galeries forestières bordant les cours d'eau. Enfin, tandis que dans la zone littorale, dans les marécages de la bouche du fleuve, s'exerce l'action des eaux saumâtres et de la brise marine, on constate, dans les steppes de la zone supérieure, l'influence du voisinage des grands lacs, de la température plus froide des hautes altitudes et de la fraîcheur des nuits.

La brousse, la savane, la forêt, la galerie et le marais, tels sont les cinq aspects principaux sous lesquels apparaît au Congo la végétation. Nous allons essayer de les décrire, en signalant les espèces caractéristiques qu'ils présentent.

A. — LA BROUSSE.

D'énormes étendues de steppes complètement herbeuses ou semées d'arbres souffreteux, chétifs, mal venus et tourmentés chaque année par l'incendie : cassia, bauhinia, eriodendron, euphorbes, voilà la brousse. Les graminées couvrent tout l'horizon ; leurs tiges dures et raides dépassent deux ou trois fois la taille d'un homme et portent des feuilles rubanées :

elles entravent la marche des caravanes, à cause des coupures douloureuses qu'occasionne leur gaine tranchante.

C'est la brousse qui domine sur les plateaux de la ligne de faîte du côté du Nil et du Chari comme du côté du Zambèse; c'est la brousse qui règne encore entre Boma et le Pool. Rien n'est plus désolant que le spectacle de ces steppes uniformément jaunes, lorsqu'on arrive au Congo pendant la saison sèche, et l'on comprend que la brousse ait causé bien des déceptions aux voyageurs.

Chaque année, dans ces régions herbeuses, les indigènes mettent le feu aux herbes desséchées par les rayons du soleil : elles s'allument comme de l'étoupe et en un clin d'œil des espaces de terrain considérables sont en flammes, formant un océan incandescent qui emplit l'air de vapeurs suffocantes. Les progrès de l'incendie sont d'une rapidité inouïe, comparable à celle du galop d'un cheval lancé à fond de train. Des légions d'insectes s'élèvent du brasier; des milliers d'oiseaux insectivores volètent au-devant de la ligne de feu, décimant les insectes fuyants. Par-dessus toute cette masse ailée, les grands rapaces décrivent des paraboles, s'abattent et se relèvent, emportant un petit quadrupède ou un serpent.

Quelle est la raison de ces incendies périodiques? C'est, pour les nègres, un moyen d'assainir le pays, de le purger d'une quantité d'insectes et de reptiles; c'est encore un moyen de chasse : le gibier est refoulé vers des points où les indigènes l'attendent. Mais cette coutume cause un grand préjudice au sol : elle l'appauvrit et empêche le reboisement. Le peu d'engrais qui reste dans les cendres ne compense pas au dixième la perte subie. De plus, la couche d'humus est dénudée : elle est balayée par le vent et entraînée par les eaux quand revient la pluie.

B. — LA SAVANE.

La savane se développe autour de la grande forêt centrale du bassin. Il y a une savane septentrionale au nord de l'Ubangi-Uele; une savane orientale, qui se continue au delà du Tanganika, à travers les possessions allemandes, jusqu'à l'océan Indien; au sud, les savanes du Kasai et du Katanga; à l'ouest, la savane française, limitée vers la côte par les forêts du Mayombe et du Gabon.

Vue de loin, la savane ressemble à un verger planté de noyers, de pruniers ou de pommiers. La végétation ligneuse est généralement réduite à de petits arbustes à cime arrondie, qui atteignent tout au plus 6 mètres de hauteur. La plupart perdent leurs feuilles pendant la saison sèche; quelques espèces sont très communes : *Sarcocephalus sambucinus* ou *esculentus*, *Anona africana*, *Acacia*, etc. Mais les graminées, les mêmes que celles qui forment la brousse, l'emportent par leur abondance et par la masse de leur feuillage; on les trouve partout où la terre n'est pas couverte de bois ou livrée à la culture. Les plus fréquentes sont les *Panicum*, parmi lesquels le *Panicum maximum* ou herbe de Guinée et le *Panicum sanguinale*, qui donnent un excellent fourrage; le *Setaria glauca*, aux épis dorés; le *Tricholæna sphacelata*, aux panicules d'un rose violacé; enfin, des *Eragrostis*, *Pennisetum*, *Paspalum*, etc.

D'autres plantes herbacées s'y mêlent : des euphorbes, les unes de grande taille, comme l'euphorbe

Tirucalli et l'euphorbe *Hermentiana*, les autres moins élevées, rappelant par leur port les célèbres cierges du Pérou; des orchidées, notamment un *Lissochilus* dressant des tiges à grandes fleurs violettes; des aroïdées (*Amorphophallus*) étalant comme un parapluie leur feuille gigantesque, au sommet d'un long support; enfin, des liliacées bulbeuses, des labiées, des commélinées, des acanthacées, etc.

Dans la zone supérieure, plus spécialement dans les vallées des hauts plateaux des Mitumba, se montrent de véritables forêts de bambous géants, atteignant 15 mètres de hauteur. M. Cornet en a signalé dans le Katanga et M. von Götzen à la ligne de faîte qui sépare le bassin de la Lowa de celui du lac Kivu.

C. — LA FORÊT.

La partie centrale du Congo moyen est couverte par la forêt vierge équatoriale. Au nord, elle s'étend jusqu'à l'Uele, au sud, jusqu'à la ligne de faîte du bassin de la Lukenie et du lac Léopold, à l'est, jusqu'au pied de la section septentrionale de la chaîne des Mitumba, à l'ouest, jusqu'aux parages voisins des monts de Cristal. Là s'étendait jadis la grande mer intérieure qui s'est écoulée par le col de Zinga. Là, pendant des milliers et des milliers d'années, se sont déposés les sédiments qui constituent l'humus fécond dont est formé le sol de cette région. Peu à peu, le fleuve et ses affluents s'y sont creusé un lit et, sur leurs rives, comme dans l'intérieur des terres, s'est élevée et épanouie une merveilleuse végétation, grâce à la pluie qui, toute l'année, tombe en averses continues.

Dans nos forêts d'Europe, une même espèce d'arbres

couvre de vastes territoires. Il en est autrement des forêts congolaises : sur un hectare, on ne rencontre que quelques pieds appartenant à la même essence; c'est le résultat de la lutte jamais calmée des formes végétales qui se pressent les unes contre les autres pour exposer leurs feuilles à la radiation solaire. Il est à noter que la végétation équatoriale ne subit pas de période de repos : la croissance y est ininterrompue. Les plantes forestières qui perdent leurs feuilles sont peu nombreuses et ne se rencontrent que dans les régions soumises à une période sèche.

Stanley nous a laissé d'inoubliables descriptions de cette contrée féconde :

> Représentez-vous, dit-il, un de ces bois épais d'Écosse, ruisselant de pluie et constituant la basse futaie d'une forêt, dont les grands arbres atteindraient de 30 à 45 mètres d'élévation. Représentez-vous un amas inextricable de ronces et d'épines ne recevant jamais la lumière du soleil; des ruisseaux serpentant paresseusement à travers les profondeurs de la jungle; parfois un affluent profond. Représentez-vous cette merveilleuse végétation dans ses périodes de fougueuse croissance ou de morne décomposition, des jeunes lianes, dans leur développement exubérant, entourant le cadavre de quelque géant de la forêt.

Ces lignes furent écrites par le grand explorateur au sortir de la forêt de l'Aruwimi, dans laquelle, au cours de son expédition à la recherche d'Emin-Pacha, il avait passé dix longs mois. Auparavant, il avait déjà fait connaissance avec les mystères de la forêt vierge équatoriale; c'était en 1877, lors de son départ de Nyangwe, avec Tippo-Tip :

> Nous gagnâmes, dit-il, la Mitamnba, cette forêt sinistre que nous avions en face de nous depuis notre

départ; et, disant adieu au soleil, nous entrâmes dans ce bois redouté. Accoutumés à une marche rapide, nous devions nous arrêter sans cesse, attendre avec patience qu'on pût faire quelques pas. Pendant ce temps-là, les arbres nous versaient leur rosée, chaque feuille pleurait sur nous ; et, de toutes les branches, de toutes les lianes, de toutes les tiges, l'eau nous arrivait en larges gouttes. Au-dessus de nos têtes, des lits de rameaux enlacés nous cachaient la lumière. Nous ne savions pas si le jour était clair ou sombre, ensoleillé ou brumeux. Nous marchions au milieu d'un faible crépuscule, celui des climats tempérés une heure après le coucher du soleil...

Et l'explorateur reprend plus loin :

Le terrible sous-bois qui, à l'ombre des géants de la forêt, encombrait tout l'espace, était un miracle de végétation ; c'était un inextricable fourré dont toutes les plantes se disputaient chaque pouce du terrain, d'où elles s'élançaient avec une luxuriance que peut seule donner cette prodigieuse serre chaude. Certes, nous avions vu des forêts auparavant, mais celle-ci devait faire époque dans notre existence, — souvenir d'une amertume à ne jamais oublier. Tout mettait le comble à nos misères : l'obscurité des lieux, l'humidité pénétrante, l'insalubrité de l'atmosphère, la monotonie de la scène, — toujours des branches enlacées, des amas de feuillage, toujours les hautes tiges des arbres s'élevant d'une jungle éternelle, où nous avions à faire notre trouée et à passer en rampant sur les mains et les genoux...

Dans les panoramas qui, dans la région de la grande forêt, se déroulent aux yeux du voyageur, soit le long du fleuve et de ses affluents, soit dans les clairières ou sous la haute futaie, quelques grands arbres tiennent une place prépondérante. C'est d'abord le baobab (*Adansonia digitata*), l'arbre géant, l'éléphant végétal de l'Afrique occidentale tropicale. Fréquent en certains points, comme à Boma et à Kinshasa, il disparait au delà du Kasai. Son tronc, qui n'a guère plus de 4 ou 5 mètres de hauteur du sol à la naissance des branches, atteint une épaisseur énorme : on en a mesuré qui n'avaient pas moins de 30 mètres de tour.

Il y a relativement peu d'espèces de palmiers, mais chacune d'elles a une aire de dispersion très vaste. Ainsi, deux grandes espèces à feuilles pennées, l'*Elaïs guineensis* et le *Raphia vinifera*, occupent, à peu de chose près, toute l'étendue du bassin. L'elaïs, au port majestueux, croit à profusion et forme parfois de véritables forêts. Il semble originaire du bassin ; son aire d'expansion est limitée par le 6ᵉ parallèle, au sud, et le Tanganika, à l'est ; il devient rare au nord de l'Uele, n'y existe plus qu'à l'état d'exception. Le raphia, qu'on voit déjà en masses touffues dans les criques du bas Congo, se rencontre surtout dans le haut fleuve. Le *Phoenix spinosa* ou dattier sauvage, est un palmier acaule formant des halliers impénétrables le long du fleuve. Le *Calamus secundiflorus* est de taille plus petite : il n'atteint que 3 ou 4 mètres, tandis que les autres palmiers ont presque tous 8 à 10 mètres. Citons encore deux grands palmiers qui se rencontrent à peu près dans toute la zone tropicale du globe et qui sont particulièrement abondants au Congo : le *Borassus flabelliformis* et l'*Hyphaene guineensis*. Enfin, le *Pandanus* qui fait partie d'une famille voisine de celle des palmiers, montre partout ses feuilles lancéolées et en touffes.

Les grands arbres, très nombreux dans toutes les forêts, appartiennent aux espèces les plus diverses.

Il en est qui, comme le *Sarcocephalus Didderichi* ou acajou jaune du Congo, atteignent 50 et 60 mètres de hauteur. Contentons-nous de mentionner, parmi les plus répandus et les plus intéressants : l'*Oldfielda africana*, ou teck africain, l'*Acacia farnesiana*, le *Bombax pentandrum* ou arbre à coton, le *Tamarindus indica* ou tamarinier, l'*Irvingia gabonensis* ou oba, le *Pentaclethra macrophylla* ou mulla panza, le *Canarium saphu* ou safoutier, le *Xylopicum aethiopicum* ou poivre de Guinée, le *Monodora myristica* ou muscadier de Calabash, le *Cola acuminata* et le *Cola Ballayi* ou kolatier, des *trachylobium* ou arbres à copal, le *Bixa orellana* ou rocouyer, le *Mangifera indica* ou manguier, l'*Acanardium occidentale* ou anacardier, le *Butyrospermum parkii* ou arbre à beurre, la *Musanga Smithii* et beaucoup d'autres encore.

A l'ombre des grandes essences, dans les sousbois, se développent des milliers d'arbustes, dont nous ne pouvons entreprendre de donner une nomenclature. Les plantes herbacées qui dominent sont les fougères, les amomum, les costus, quelques scitaminées et quelques commélinacées. On voit parfois des fleurs admirables : le *Lissochilus giganteus*, une orchidée dont la hampe florale est longue de 2^m50 et garnie de fleurs roses à la belle pourpre, et l'*Haemanthus Lindeni*, une amaryllidée dont les ombelles portent plus de cent fleurs de cinq centimètres d'ouverture, d'un rose saumon teinté d'écarlate.

Sur beaucoup d'arbres, on trouve des lycopodiacées, des cactées, des orchidées qui vivent en épiphytes, c'est-à-dire s'installent sur les troncs seulement et sur les branches et se nourrissent de l'eau des pluies. D'autres, des aroïdées et des fougères, grimpent comme le lierre, le long des tiges, au moyen de racines adventives.

D'innombrables lianes serpentent à travers les forêts. Elles s'enroulent autour des troncs, qu'elles finissent parfois par étrangler, s'accrochent aux branches au moyen d'épines crochues, de racines-crampons ou de vrilles, et arrivent ainsi à établir leur appareil foliaire au sommet des cimes, afin de l'exposer directement aux rayons du soleil. Leurs tiges, longues parfois de 60 à 80 mètres, épaisses de 30 à 40 centimètres, affectent des formes curieuses. Tantôt, ce sont des câbles gigantesques, à section cylindrique, tendus jusqu'aux branches les plus élevées des arbres et retombant en courbes gracieuses ; tantôt, ce sont des tiges aplaties qui rampent sur la terre, puis se relèvent vers le ciel pour atteindre le dôme de verdure. Il y a beaucoup d'espèces de lianes ; les plus communes sont les *Landolphia*, ou lianes à caoutchouc, les *Strophantus*, les *Combretum*, les *Bauhinia*, les *Lygodium scandens et volubile*.

D. — LA GALERIE.

La forêt se continue à travers les savanes, le long des cours d'eau. Les nombreux affluents de l'Uele, du Kwango, du Kasai, du Lomami sont bordés de bois que les explorateurs ont appelés *galeries* à cause de leur disposition singulière. En beaucoup d'endroits, la rivière coule à une si grande profondeur que la futaie de ses bords ne s'élève guère au-dessus du niveau de la plaine.

Vues du dehors, dit Schweinfurth, les galeries ressemblent à un mur de feuillage ; l'enceinte franchie, vous vous trouvez dans une avenue ou, plutôt, dans un temple dont la colonnade soutient la triple voûte. Les piliers de cette nef ont, en moyenne, 100 pieds de hauteur; les plus bas arrivent à 70. Des galeries moins grandes s'ouvrent à droite et à gauche et donnent accès à des bas côtés remplis, comme l'avenue principale, du murmure harmonieux des feuillages... Aussi loin qu'il puisse atteindre, l'œil n'aperçoit que verdure. Les étroits sentiers qui se déroulent sous les fourrés ou qui les tournent sont composés de marches, formées par les racines nues et saillantes qui retiennent la terre spongieuse.

E. — LE MARÉCAGE.

En raison du faible développement de l'État sur la côte, la flore littorale n'a guère d'importance, en dehors des étranges murailles de palétuviers (*Rhizophora mangle*) qui garnissent l'estuaire du Congo.

Dans toutes les parties marécageuses du pays, on rencontre, avec les joncs et les roseaux, le papyrus (*Cyperus papyrus*). Haut de 3 à 4 mètres, il se présente en forêts extrêmement denses dans les lagunes, y forme des îlots et tend même à les combler. L'ambatch (*Herminiera elaphroxylon*) pousse également en épais fourrés dans les parties basses des grands lacs qui s'assèchent ; ses tiges, hautes de 5 à 7 mètres, dépassent de beaucoup les sommités des papyrus et des roseaux.

La flore aquatique compte une multitude d'autres plantes : sagittaires, nénuphars, pistia stratiotes, jussiaea, utriculaires, azolla, chara, algues, etc. Signalons les podostemacées, dont l'aspect rappelle tantôt une mousse, tantôt une algue ou un chara, et qui se plaisent dans les cataractes, là où aucun autre végétal ne peut vivre.

F. — LES CULTURES.

Au milieu des jaunes étendues de la brousse, des grands parcs de la savane, voire des luxuriantes frondaisons de la forêt, on aperçoit souvent des espaces cultivés, des champs où croissent des légumes et des céréales. Il est même rare qu'un village ne soit pas entouré d'une ceinture de plantations, qui lui fait un cadre des plus pittoresque. C'est ainsi que, dans toute l'étendue du bassin, pousse le bananier (*Musa sapientum, Musa paradisiaca*) qui, au même titre que l'élaïs, peut être considéré comme un des végétaux caractéristiques du Congo. A chaque pas, on voit ses magnifiques feuilles en panache d'un vert tendre, qui se déchirent lamentablement à la première tornade, pour être aussitôt remplacées par de nouvelles pousses, ses fleurs, couleur chou rouge clair et ses beaux fruits, qui se présentent en régimes violets, rouges ou dorés.

Les plantes alimentaires les plus cultivées sont le manioc, la patate douce et l'igname; les champs de céréales se rencontrent surtout dans le nord et dans l'est: maïs, sorgho, millet, riz, éleusine, canne à sucre. Signalons encore l'arachide et le papayer, dont les indigènes mangent les fruits, et deux plantes à fumer : le chanvre et le tabac.

La flore congolaise est représentée, au Jardin botanique de Bruxelles, par un herbier assez considérable. Le même établissement et l'Institut de Gembloux possèdent dans leurs serres chaudes des spécimens vivants de plantes de la colonie.

BIBLIOGRAPHIE : CHAPEL : *Le caoutchouc et la gutta-percha.* — DEWÈVRE : *Les plantes utiles du Congo.* — ID. : *Les caoutchoucs africains.* — DURAND ET SCHINZ : *Études sur la flore du Congo.* — LAURENT : *Résumés des leçons de botanique et d'agriculture.* — OLIVER : *Flora of Tropical Africa.* — A.-J. WAUTERS : *Bibliographie du Congo.* Le chapitre IX de cet ouvrage catalogue 290 titres d'ouvrages et de notices sur la flore du Congo et de l'Afrique équatoriale.

CHAPITRE XVI.

LA FAUNE.

Le bassin du Congo n'a pas de faune spéciale. Ses animaux caractéristiques sont ceux de l'Afrique équatoriale : les savanes et les bois sont parcourus par des bandes d'éléphants, de buffles, de zèbres et d'antilopes ; les hippopotames et les crocodiles règnent dans les cours d'eau ; dans toutes les futaies il y a des singes ; partout l'on trouve les termites, les fourmis et les moustiques.

Les contrastes que l'on observe dans la répartition des genres dépendent principalement de la nature de la végétation. Tandis que la brousse, soumise au régime périodique des incendies, sont pauvrement peuplées, les forêts et les savanes de la zone centrale et de la zone supérieure sont prodigieusement habitées ; dans les plaines herbeuses du Katanga et du haut Lualaba, par exemple, on voit quelquefois réunis plusieurs milliers de pièces de gibier d'espèces variées.

Mammifères. — L'éléphant avait jadis pour habitat l'Afrique entière, depuis les forêts de l'Atlas, au nord, jusqu'au cap de Bonne-Espérance, au sud. A la suite de l'occupation graduelle du continent et de la chasse incessante dont il est l'objet, le puissant pachyderme se retira vers les régions du centre, dont ses troupeaux peuplent aujourd'hui les forêts, dans les bassins du Niger, du haut Nil, du Zambèse et du Congo.

Sa disparition à brève échéance, que certains écrivains se plaisent à prédire, ne saurait encore se pronostiquer sérieusement, du moins pour le bassin du Congo, où tous les explorateurs ont pu enregistrer sa présence. La plupart des forêts sont sillonnées de sentiers tracés par le passage turbulent des éléphants; des villages et des champs sont dévastés la nuit par ces hôtes désagréables; des troupeaux, parfois considérables, se montrent aux voyageurs dans les plaines et à la lisière des bois.

L'hippopotame habite les cours d'eau, les étangs et les rives des lacs. Plus encore que l'éléphant, il aime la société de ses semblables; généralement, il apparaît par groupes de trois à dix individus; dans certaines rivières, notamment le Kasai et la Sanga, on en rencontre même des bandes de plusieurs centaines; faut-il dire combien est encombrant l'attroupement de ces amphibies, lorsqu'ils s'avisent de couper le passage d'une rivière? L'hippopotame du Congo est l'hippopotame commun; cependant M. Hinde, au Sankuru et dans le district du Lualaba, a rencontré des troupeaux de 15 à 20 bêtes, dont aucune, dit-il, n'était plus grande qu'une vache d'Alderney; elles dépassaient en hauteur l'hippopotame de Libéria, de petitesse connue, mais n'atteignaient pas la moitié de la taille des autres hippopotames.

Tandis que l'éléphant et l'hippopotame sont nombreux partout, le rhinocéros ne se trouve qu'en quelques points du Katanga, du Manyema et du bassin septentrional du Bomu. Il est rare et appartient à l'espèce bicorne dont l'habitat s'étend de la Cafrerie à l'Abyssinie.

Les zèbres vivent exclusivement dans les plaines

herbeuses du Katanga et dans les savanes voisines du Tanganika. Tous les explorateurs de ces régions se plaisent à décrire les évolutions rapides de leurs troupes gracieuses, comptant parfois 100 individus.

Trois espèces de sangliers se rencontrent fréquemment : le phacochère, affreux animal armé de terribles défenses ; le potamocochère des buissons et le potamocochère à oreilles en pinceaux, tous deux moins grands que le précédent, établis vers le nord. Le dernier est domestiqué chez les Mombutu.

Parmi les ruminants, citons d'abord les buffles, qui vivent en troupeaux nombreux dans tout le bassin. Ce sont : le *Bubalus caffer*, dont le signe caractéristique est constitué par une protection frontale formant la base des cornes ; un buffle ressemblant au premier, mais ayant la tête et le col recouverts d'une crinière épaisse ; enfin, le « bœuf sauvage », plus petit et rappelant à s'y méprendre le taureau domestique.

La famille des antilopes a de nombreux représentants, depuis les antilopes naines, pas plus grandes qu'un petit chien, jusqu'aux espèces géantes. On en trouve au moins une quinzaine de variétés : les gazelles, les pallahs, les springerbocks, les ébotragues (reitbocks), les céphalophes, les coudous, les égocères, les oryx, les kobes, les addax, les cannas, les canmas, les gnous, les waterbocks, les tragélaphes.

L'existence de lions dans le bassin central est mise en doute par certains voyageurs ; quelques-uns seulement affirment en avoir vu ou entendu ; les dépouilles de ces félins que possèdent plusieurs chefs peuvent provenir des régions extrêmes de l'Uele, du Katanga et du Tanganika, où se rencontre le roi des animaux, et où il cause de grands ravages. Le lion du Katanga, remarquable par sa forte taille, est dépourvu de crinière.

Le carnassier caractéristique du Congo est le léopard. Il se tient surtout là où le gibier, principalement l'antilope, assure sa nourriture. C'est pourquoi il est plus abondant dans l'Uele, le Kasai, le Manyema et le Katanga que partout ailleurs.

Le chacal et l'hyène ne sortent qu'après le coucher du soleil : la nuit, leur cri déchirant trahit leur présence dans les solitudes africaines. L'hyène du Congo est l'hyène tachetée. Le cynhyène a été signalé dans les bassins du Koto et du Bomu, par MM. Hanolet et Stroobant et dans la région des chutes, par M. Weyns; ces carnassiers, qui tiennent à la fois de l'hyène et du chien sauvage, aboient comme nos chiens de chasse. Quant au lynx, M. Brasseur l'a signalé au Katanga.

Les mangoustes, les civettes et les genettes rendent les plus grands services en dévorant les œufs de crocodiles.

Les rongeurs ne manquent pas : écureuils, porcs-épics, lièvres, rats, etc. Les rats fourmillent dans presque toutes les huttes indigènes et constituent un véritable fléau. Ils s'en prennent même à l'homme et profitent parfois du sommeil des noirs, dit M. Dhanis, pour leur ronger les pieds. La variété musquée est assez commune : l'animal est gris et a le nez long; tout ce qu'il touche est infecté de la mauvaise odeur du musc pendant plusieurs jours : un seul de ces rats, si on ne réussit à le capturer, suffit pour vous obliger à changer d'habitation.

L'ordre des quadrumanes est peut-être le mieux représenté de tous. Dans les régions boisées, on voit des gorilles qui atteignent deux mètres. Le chimpanzé est signalé presque partout ; il ne dépasse guère 1m50. Les cynocéphales se complaisent dans les montagnes : M. Cornet en a vu courant sur les roches de la gorge du Nzilo. L'espèce qu'on rencontre généralement est le babouin ; pris jeune, il s'apprivoise facilement et devient très familier. Mais les cercopithèques sont par excellence les singes du Congo ; turbulents, tapageurs, ils vivent par troupes de 150 à 200 individus, saccageant les plantations. Mentionnons encore les collobes et les semnopithèques, nombreux en différents points et dont les fourrures sont très appréciées ; et un lémurien, le plus petit singe du monde, pas plus gros que le poing.

Le lamantin ou poisson-femme, qui appartient à l'ordre des sirénides, n'a rien de gracieux dans son aspect, et son grognement ne correspond guère aux accents enchanteurs des sirènes dont parle Homère. Il est l'objet d'une chasse active et on peut entrevoir sa disparition prochaine. Un autre mammifère aquatique, le *Potomogale velox*, qui offre une certaine analogie avec la loutre, a été vu à Isangila.

On a constaté la présence au Congo de plusieurs espèces d'édentés : paresseux, oryctéropes et pangolins. Le nocturne oryctérope du Cap qui se nourrit de fourmis et de termites a été signalé au Katanga, par M. Cornet. Le pangolin tricuspide a été vu dans le bassin de l'Uele, par Junker, à Banana, par M. Johnston ; cet animal singulier rend aux noirs, en détruisant les fourmis, autant de services que les chauves-souris en chassant les insectes ailés.

On trouve plusieurs espèces de chéiroptères, parmi lesquelles nous signalerons la roussette. Ces chauves-souris vivent quelquefois en bandes innombrables. Dans un village, en face du confluent de l'Ubangi, on a observé que quelques arbres donnaient asile à une véritable colonie de ces animaux; ceux-ci s'y étaient multipliés de telle façon que toutes les branches en étaient chargées, à se rompre. Le D\u1d63 Hinde dit que, lors de sa montée du Kasaï, un jour, à midi, les chauves-souris passèrent en si grand nombre que l'air en fut soudainement obscurci.

Oiseaux. — A peine a-t-on pénétré dans l'estuaire du fleuve, que l'on est frappé par l'abondance des oiseaux. Les oiseaux de proie : aigles, vautours, éperviers, faucons et hiboux sont nombreux. Partout on trouve le perroquet gris à queue rouge : à la tombée du jour, on en voit des nuées retourner, d'un vol lourd, vers leurs nids. La plupart des villages possèdent des perroquets, pris tout jeunes et rendus sociables. Dans la même famille se classent les toucans, les perruches vertes et les calaos.

Les passereaux ou oiseaux chanteurs ne méritent pas cette dernière appellation au Congo, où les oiseaux sont presque dépourvus de chant; la nature leur a plutôt réservé les chatoyantes couleurs. La liste des passereaux est longue : bengalis, veuves, cardinals, bergeronnettes, tisserins jaunes, martins-pêcheurs, engoulevents, merles, foliotocoles, oiseaux du miel et aussi le superbe corydéal au plumage éclatant.

Sur les bancs de sable, dans les marécages, vit une faune d'échassiers et d'oiseaux aquatiques, parmi lesquels sont, sans doute, représentés les deux tiers des espèces habitant le globe : hérons, cigognes, grues, ibis, aigrettes, marabouts, poules sultanes, poules d'eau, oiseaux-serpents, rinkops, pélicans, canards, pluviers gris, pies à éperons, etc. Dans les parages du confluent de la Lukuga, M. Hinde pagaya des heures durant, à travers la plus grande bande d'oiseaux qu'il eût jamais vue : la rivière et ses rives, les îles et les plaines, aussi loin que l'œil pouvait voir, étaient littéralement couvertes d'oies blanches.

Dans la famille des pigeons, on signale le ramier, le pigeon vert, la tourterelle; parmi les gallinacés, les touraccos, les perdrix, les pintades.

L'autruche n'appartient pas à la faune du bassin du Congo. Les rares individus que l'on rencontre dans le Bomu septentrional sortent du bassin du Nil.

Reptiles. — Comme dans toutes les contrées tropicales, l'ordre des sauriens est richement représenté.

Parmi les lézards, mentionnons d'abord les iguanes, qui sont très communes, et les caméléons, que les nègres de la côte offrent en vente aux voyageurs qui se trouvent à bord des navires. Le *Varanus arenarius*, dont la robe est ornée d'éclatantes couleurs, et le *Regenia albogularis*, dont la carapace est tachetée de brun foncé et de blanc, sont de superbes animaux.

Les crocodiliens sont représentés par deux genres bien distincts : le crocodile et le gavial. Le crocodile atteint parfois une taille de 10 mètres, tandis que le gavial ne dépasse guère 5 mètres. Les naturels disent que ce dernier se nourrit exclusivement de poisson et n'attaque jamais l'homme. Le crocodile se rencontre dans toutes les rivières et dans les lacs du bassin. On en a vu dans de petits étangs n'ayant aucune communication avec des cours d'eau. Il n'est pas rare d'en trouver de véritables tribus, 30, 40, 50, se chauffant au soleil, sur les bancs de sable.

Les serpents ne pullulent pas, ou du moins on les voit peu. Ils évitent l'homme le plus possible et ne mordent que lorsqu'ils sont acculés ou que, par inadvertance, on leur a marché sur le corps. Les plus remarquables sont les boas ou pythons, que l'on chasse souvent à cause de leur grande taille. A la surface des rivières nagent fréquemment de grands serpents verts. Dans la région des chutes, on trouve un serpent cracheur dont la salive, très corrosive, peut mettre la vue en danger quand elle atteint les yeux. Un des serpents les plus répugnants est celui dit « à deux têtes »; il ressemble à un ver de terre de plusieurs mètres de longueur, et l'on ne sait distinguer sa tête de sa queue.

Enfin, les tortues de terre et d'eau douce, et même la grande tryonix ou tortue à bec sont assez communes. A l'estuaire vivent en société les tortues franches, dont la carapace est recouverte d'une écaille précieuse.

Poissons. — Les poissons sont extrêmement abondants dans toutes les eaux et constituent une importante ressource alimentaire. Ils comprennent, à côté de certains types européens, américains ou asiatiques, un grand nombre de genres et même de familles autochtones, tel le groupe des mormyrides ou poissons à trompe : les *Annales du musée de Tervueren* décrivent vingt-deux nouveaux mormyres.

La famille dominante est celle des silurides. Ils atteignent des dimensions monstrueuses : on en pêche parfois que deux hommes ont peine à porter, et l'on en a souvent capturé à Léopoldville qui suffisaient à fournir un repas substantiel à la table de quarante blancs. Le malapterme, qui appartient à cette famille, est muni, comme les torpilles et les gymnotes, d'un organe électrique donnant, quand on saisit l'animal, des décharges très énergiques.

Les percides et les cyprinides sont richement représentées par des formes rappelant nos perches, nos carpes, nos barbeaux, nos brêmes, etc. Une famille intéressante est celle des chromides, dont on connaît un trait de mœurs assez singulier : dès que la femelle a pondu et que la fécondation est effectuée, le mâle introduit les œufs dans sa gueule et les y conserve jusqu'à l'éclosion des alvins.

Le périopthalme, petit animal d'aspect monstrueux qu'on trouve dans l'estuaire du Congo, est tout aussi curieux. A marée basse, il sort de l'eau et, avançant par bonds ou rampant à l'aide de ses nageoires, il se promène sur les endroits mis à découvert, à la recherche de sa nourriture. Il reste ainsi plusieurs heures hors de l'eau ; on prétend même qu'il parvient à se hisser aux racines aériennes des palétuviers.

Signalons encore le tetrodon fahaka, qui a la propriété de se gonfler et de se dégonfler à volonté, et le protoptère des marais, qui ressemble vaguement à l'anguille. A la baisse des eaux, celui-ci s'enfonce dans la vase, se roule en boule et, grâce à une sécrétion muqueuse très abondante, s'entoure d'une sorte de cocon d'argile dans lequel il passe toute la saison sèche. Lorsqu'on plonge ce cocon dans l'eau, l'argile se ramollit et l'animal se déroule aussitôt.

Mollusques et crustacés. — On trouve des huîtres dans le bas fleuve ; à Banana, notamment, on en récolte sur les pirogues submergées et sur les troncs des palétuviers. Dans le haut fleuve, des mollusques rappelant les huîtres et les moules fournissent aux indigènes un aliment très abondant. A l'estuaire, les crevettes et les crabes ne sont pas rares et il y a d'excellentes écrevisses dans la région des cataractes.

Insectes. — Les coléoptères les plus beaux sont les cétoines et les buprestes. Le goliath géant est remarquable par les dimensions énormes qu'il atteint : on en a vu qui mesuraient jusqu'à 12 centimètres, de la tête à l'extrémité de l'abdomen. Ils volent dans les hautes cimes des palmiers. Assez difficiles à capturer, ils avaient jadis une valeur considérable; ils sont communs dans les régions boisées du Kasai.

Des lépidoptères ou papillons se rencontrent en nombre incalculable; leur vol obscurcit quelquefois le ciel. Il en est de très beaux, dont les ailes ont un coloris merveilleux. Citons l'antimachus, dont la robe est d'un brun sombre et le dessous des ailes de tons jaunes variés : c'est le plus grand des papillons du jour connus.

Parmi les hyménoptères, les abeilles pourront un jour procurer au commerce de la cire en abondance. Par contre, les fourmis constituent un des plus grands fléaux du pays. Les rouges et noires voyagent en colonies nombreuses, s'attaquant à tout ce qui se trouve sur leur chemin; on les voit souvent dérouler à travers les sentiers leurs épais rubans; leur passage dans une hutte équivaut à un nettoyage à fond de toute matière comestible.

Les néoroptères comprennent les termites ou « fourmis blanches » improprement désignés sous ce nom, puisqu'ils diffèrent considérablement des fourmis par leur structure et leurs mœurs. Ils se construisent des nids qui atteignent 3, 4 et même 5 mètres de hauteur. Ces demeures, de forme conique, présentent sur les côtés de nombreuses tourelles, coniques également et provenant de la superposition d'autres nids; faites d'une argile pétrie avec des brindilles et des herbes, elles ont la solidité de la pierre. Les Européens utilisent les termitières; elles servent souvent de fours à pain. D'autres termites forment leurs nids dans le bois; ils rongent l'intérieur des arbres ou les boiseries des huttes qui, alors, s'écroulent brusquement.

Les diptères sont les insectes les plus désagréables de l'Afrique : les moustiques, dont les larves éclosent dans l'eau, sont innombrables au bord des rivières et à proximité des marais. Dans beaucoup de stations, se passer de moustiquaire serait se condamner à une nuit sans sommeil. L'utilité d'autres espèces consiste dans la destruction de toutes les matières organiques en décomposition.

Les djiques ou puces pénétrantes, longues d'environ un millimètre, ont été importées d'Amérique depuis une vingtaine d'années. Les femelles fécondées pénètrent à travers la peau des hommes et des animaux à sang chaud, se logeant de préférence dans la plante des pieds et dans le pourtour des ongles. Elles pondent entre le derme et l'épiderme, et l'on voit bientôt grouiller des larves dans la plaie ; souvent il se produit des abcès, très longs à guérir.

Parmi les orthoptères, citons les grillons au cri-cri incessant, les cancrelats qui vivent dans les habitations, se cachent le jour dans les fentes des murs et des planchers et ne sortent que la nuit. Les sauterelles ou criquets sont, dans certaines régions, une calamité publique. Elles se livrent à de véritables migrations et dévastent complètement les contrées où elles s'abattent. Quand il ne reste plus ni herbe ni feuille, elles s'attaquent même à l'écorce des arbres et au chaume des habitations. Leur nombre devient alors incalculable et on les récolte par milliers de kilogrammes sans voir diminuer notablement leurs fatales nuées. Les hémiptères sont aussi représentés largement. Les cigales luttent en nombre avec les grillons pour obtenir les palmes au concours de chant. Enfin, il y a plusieurs variétés d'araignées, et les scorpions se rencontrent depuis le bas Congo jusqu'au Tanganika.

On a observé chez les insectes, des cas de mimétisme fort intéressants, notamment celui de la mante religieuse : ses ailes ressemblent à des feuilles, et lorsqu'elle est au repos, attachée à un rameau ou à une herbe, elle réclame, pour être découverte, la plus grande attention.

Animaux domestiques. — Au milieu de cette nature sauvage dont la faune est si riche, les animaux domestiques restent rares. Les indigènes n'ont jamais songé à domestiquer le bœuf sauvage. Les seuls troupeaux qu'ils possèdent sont des troupeaux de chèvres et de moutons. La chèvre est la même que celle que nous possédons en Europe; elle donne moins de lait, mais conserve toutes ses qualités de sobriété et de reproduction. Le mouton, dont la chair est de bonne qualité, a une robe blanche et noire, à poils ras. On trouve le porc dans beaucoup de régions; mais l'influence de la religion musulmane l'a fait disparaître dans le nord et dans l'est.

Le chien indigène est chétif et malingre, sa taille ne dépasse pas celle du renard; il n'aboie pas, il hurle. Le chien d'Europe montre pour lui un mépris fort amusant; il le pourchasse et le tient à distance comme un être inférieur et dégradé.

Les basses-cours ne comptent pour ainsi dire que des poules, au plumage extraordinairement varié; on en fait partout une grande consommation.

BIBLIOGRAPHIE : Il n'existe pas de travail d'ensemble sur la faune du Congo et de l'Afrique équatoriale. L'ouvrage : *Bibliographie du Congo*, par A.-J. WAUTERS, catalogue dans son chapitre XI les titres de 558 travaux divers sur la matière.

TROISIÈME PARTIE

ETHNOGRAPHIE

CHAPITRE XVII

LA POPULATION INDIGÈNE

RACES. — ARCHÉOLOGIE. — POPULATION. — DIALECTES.

A. — LES RACES.

Dans les limites du bassin du Congo, les plus anciens occupants du sol paraissent avoir été des individus de cette race de courte stature dont on retrouve encore quelques tribus errant dans la grande forêt équatoriale. Le Dr Schweinfurth, qui était, en 1870, chez Munza, chef des Mumbutu, signala le premier leur existence, au nord de la forêt. Puis, le Dr L. Wolf vit des nains à sa limite méridionale, sur le Sankuru; M. Grenfell, sur le Ruki; M. Delcommune, sur le Lomami. Plus tard, Stanley allant au secours d'Émin, en rencontra en assez grand nombre dans le bassin de l'Aruwimi.

On les connaît, au sud, sous le nom de *Batua*; au nord, sous ceux d'*Aka*, de *Tiki-Tiki* et de *Mambuti*. Bien que leur taille moyenne ne dépasse pas 1m40 ils ne présentent aucun signe de dégénérescence. Leurs cheveux ne sont pas noirs, mais d'un brun rougeâtre. Quelques-uns ont de la barbe et sont velus. Leurs huttes, éparpillées sous les grands arbres, sont des constructions en herbes, très basses, absolument primitives. Ils ignorent toute industrie, mais chassent activement et prennent les animaux au piège quand ils ne les tuent pas à coups de flèches empoisonnées. D'une agilité extrême, ils excellent dans l'art de grimper aux arbres. On suppose que ces pygmées sont les débris de la race autochtone.

Les pays situés au nord du bassin du Congo et arrosés par le Chari, le Niger et leurs affluents, sont peuplés par une autre race, les Nigritiens, ou nègres proprement dits, de taille élevée, à la peau très foncée, à la tête allongée, au front fuyant, au nez largement écrasé, aux lèvres épaisses, au mufle saillant, à la face très prognathe. Ces Nigritiens furent de bonne heure en contact, vers l'est, avec des nègres au visage ovale, au front élevé, au nez droit ou même aquilin, à la peau brunâtre : ce second type, dit chamitique, représenté aujourd'hui par les Somali et les Galla, comprenait autrefois les Égyptiens et les Berbères du nord de l'Afrique. C'est du mélange des Nigritiens et des peuples de race chamitique que sont sortis les *Bantu*[1], qui occupent, à l'heure présente, la majeure partie du centre de l'Afrique : leur émigration se serait accomplie d'abord du nord au sud, environ six mille ans avant notre ère, puis de l'est à l'ouest, refoulant, exterminant ou absorbant les peuplades naines autochtones.

[1] *Bantu* est le pluriel de *mtu* ou *muntu*, qui veut dire homme. Ce mot se retrouve dans tous les dialectes bantu.

Enfin, un autre élément intervint encore pour modifier les caractères des populations du bassin du Congo. Les Chamites de la Méditerranée avaient trouvé devant eux des peuples à peau rougeâtre et à cheveux lisses, qu'ils avaient rejetés vers le sud. Ceux-ci se mélangèrent à leur tour avec les Nigritiens, et leurs métis sont actuellement, d'une part, les Peul de la Sénégambie et les Fan du Gabon ; d'autre part, les négroïdes du Sennar et du Kordofan. Mais, dans cette dernière partie du continent, le contact des Chamites et des Bantu produisit une famille nouvelle, celle des *Nuba*, à laquelle appartiennent les Azande et, partiellement, les Mombutu.

En résumé, trois races habitent actuellement le bassin : les Bantu, qui sont de loin les plus nombreux ; les Azande, de race nuba, qui occupent une partie du bassin de l'Uele et cherchent à s'étendre vers le sud ; les nains autochtones, réfugiés dans la grande forêt.

Pour être complet, nous mentionnerons l'influence déjà plusieurs fois séculaire des Européens, du côté des possessions portugaises de l'ouest, et celle, moins ancienne mais beaucoup plus profonde, de l'élément sémitique, qui s'est principalement exercée, au cours de ces dernières années, dans le Manyema et jusqu'aux Falls. Les primitives et hospitalières populations de l'Afrique équatoriale n'ont pas eu à se réjouir de l'apparition des métis portugais ou des nègres arabisés. Mais, comme le dit Élisée Reclus, à la part du mal se mêle heureusement celle du bien, et les natifs, qui depuis toujours ne subsistaient que des produits d'une agriculture rudimentaire, de la pêche, de la chasse aux animaux et quelquefois aux hommes, apprirent des étrangers à cultiver le manioc, le maïs le riz et certains arbres fruitiers. Aujourd'hui, beaucoup d'entre eux demandent leur nourriture au travail du sol.

BIBLIOGRAPHIE : Dr V. JACQUES : *Les Congolais de l'Exposition universelle d'Anvers*. — Dr C. MENSE : *Anthropologie der Völker am mittlern Kongo*. — Dr L. WOLF : *Anthropologische Messungen. Volksstämme Central-Afrika's*. — Dr E. ZINTGRAFF : *Les habitants du bas Congo*.

B. – ARCHÉOLOGIE.

Les peuplades congolaises retardent sur nous de nombreux siècles. Mais leur perfectibilité, qui ne saurait être mise en doute, est démontrée par les progrès qu'elles ont déjà réalisés. Si leur habileté dans le travail du cuivre et du fer semble indiquer que l'âge du métal date chez elles de fort loin, des découvertes archéologiques ont prouvé qu'il a été précédé par un état de civilisation embryonnaire, caractérisé par l'usage d'outils et d'armes en pierre.

Les premiers exemplaires de silex taillé ont été trouvés au Tanganika, vers 1880, par M. Hutley, et envoyés en Angleterre par M. Hore. D'après ces voyageurs, les naturels en ramassent assez souvent dans les parties basses du lac et sur les hauteurs. En 1887, M. le capitaine Zboïnski et en 1895, les ingénieurs du chemin de fer rapportèrent en Belgique des ustensiles en pierre récoltés dans la région des chutes; au cours de son voyage au Katanga, M. Cornet rencontra, près du Lubudi, un champ remarquable de silex taillés; M. Stuhlman rapporte qu'Émin-Pacha découvrit une belle hache, appartenant à l'âge de la pierre polie, au mont Tinne, et le capitaine Christiaens fit une trouvaille semblable sur l'Uele, près du confluent du Bomokandi.

On ne trouve des pierres taillées que là où existe la matière première; ainsi, les ustensiles en grès du haut Congo sont demeurés dans la région qui les a produits, et les instruments en roche dévonienne dans la zone dévonienne. Il semble, en général, que les objets en pierre taillée de la région des cataractes ne se rencontrent pas à de grandes distances des endroits où ils ont été fabriqués et que les stations les plus riches ont été de véritables ateliers de taille.

Quel est l'âge de ces instruments primitifs? Il serait inexact de les rapporter à l'une des périodes établies pour l'Europe. Préhistoriques, ils le sont à coup sûr : mais, pour le Congo, la préhistoire n'a fini qu'il y a quatre siècles. Pour nous, ils sont avant tout la preuve que les indigènes du Congo ont passé par plusieurs stades de civilisation et qu'ils ont évolué absolument comme les blancs. Cette évolution se continue aujourd'hui, plus rapidement, grâce à l'influence grandissante des Européens.

C. — LA DENSITÉ ET LA RÉPARTITION DE LA POPULATION.

Déjà en 1888, alors que les éléments d'appréciation étaient relativement sommaires, M. Élisée Reclus estimait que le chiffre de 20 millions d'habitants, pour la population du bassin du Congo, était inférieur à la réalité. Les Drs Wagner et Supan, dans leur ouvrage sur la population du monde, fixent celle de l'État à environ 17 millions. Le Dr Vierkandt descend à 11 millions environ, tandis que les évaluations de Stanley vont à 29 millions et que M. le gouverneur général Wahis, après avoir visité le haut fleuve et recueilli sur place les renseignements fournis par les agents du gouvernement, pense que l'estimation de Stanley doit être tenue pour un minimum.

La population est très inégalement répartie dans les territoires de l'État. A côté de districts où elle atteint une densité extraordinaire, il en est où les villages sont clairsemés et d'autres qui sont à peu près déserts. La région des chutes, depuis Noki jusqu'à Kimpese, les rives du Congo entre le Pool et Bolobo, le bas Kasai, le bas Ubangi, certains districts du bassin du Bomu n'ont que peu d'habitants. Si quelques régions de la grande forêt, notamment le bassin du Lopori, renferment une population assez importante, il en est d'autres, notamment celles que les expéditions Stanley et Dhanis ont traversées, de Basoko et des Falls jusqu'au lac Albert, qui sont à peine habitées. Le comte von Götzen a constaté qu'il en est de même de la région située à l'ouest du bassin du Kivu, jusque près du Congo. Au nord-est de Luluabourg, l'impossibilité de ravitailler leur caravane força MM. Wissmann et Le Marinel à revenir sur leurs pas. Enfin, on se rappelle les misères qui assaillirent les expéditions belges du Katanga dans les terrasses supérieures, absolument dépeuplées, du Nzilo et de la Lufila. Par contre, un grand nombre d'explorateurs signalent certains districts comme étant habités par des populations d'une densité extraordinaire.

Dans l'état de nos connaissances, nous ne saurions nous faire une idée exacte de la population globale. En dehors de quelques régions parcourues pédestrement, par exemple celle de l'Uele et celles qui ont eu pour théâtre la campagne contre les Arabes et la répression de la révolte des Batetela, c'est surtout par les cours d'eau que se sont opérées l'exploration et l'occupation du pays. Or, il est imprudent de juger de la population générale d'une région d'après les seules localités que l'on aperçoit le long des rives. Le plus souvent, lorsqu'on pénètre dans les terres, on y trouve des localités très populeuses, plus importantes que les villages riverains, ceux-ci n'étant souvent que de simples dépendances des grands centres de l'intérieur.

Voici quelques données recueillies sur place :

Le lieutenant de Berghe, après une exploration du Mayombe, estime la population du district de Boma à 15 habitants par kilomètre carré et celle du Mayombe proprement dit à 20. Le district des chutes est beaucoup moins peuplé : le lieutenant Avaert parle de 3 habitants par kilomètre carré pour Vivi-Isangila et de 4 pour Isangila-Manyanga.

D'après M. Costermans, le pays qui s'étend entre le Pool et le confluent du Kwango est très populeux. En amont, le long du fleuve, on ne trouve plus de grands centres habités qu'au delà de Tshumbiri-Bolobo. M. Thierry, n'envisageant que les grandes agglomérations riveraines situées depuis le Kasai jusqu'aux Falls, trouve un chiffre de 264,000 âmes. Il est à remarquer que M. Thierry ramène à 100,000 la population du district des Bangala, que M. Coquilhat avait portée à 137,000, et à 30,000 celle du district d'Upoto, que M. Wilverth évalue à 40,000.

Si, du fleuve, nous passons à ses principaux affluents, nous enregistrerons les évaluations suivantes :

Le bassin oriental du haut Kasai est extrêmement peuplé : le Sankuru est peut-être la partie la plus habitée de l'État. Ses grands centres ne sont pas établis sur les bords de la rivière; mais, dès que l'on suit les sentiers qui y débouchent, on arrive à des plateaux où s'épanouissent de grands villages. Le major Parminter dit que Mutombo, localité située en amont du poste de Lusambo, compte au moins 10,000 habitants. On rencontre dans tout le pays, dit M. Stache, d'énormes agglomérations très rapprochées. A la suite de son premier voyage, le major Wissmann estimait à 1,500 ou 2,000 habitants par lieue carrée la population des provinces arrosées par le Lubilash et le Lomami, soit à peu près la population des provinces les moins peuplées de l'Allemagne. Le capitaine P. Le Marinel signale la densité des tribus établies dans la vallée du Lubi. Plus on avance vers l'est, plus la population augmente; ainsi, l'ouest du territoire occupé par les Baluba semble une des régions les plus peuplées de l'Afrique centrale; une des tribus bashilange aurait, d'après M. P. Le Marinel, 20 habitants par kilomètre carré dans sa partie méridionale, et jusqu'à 32 dans sa partie orientale; Wissmann donne la moyenne de 26 pour le pays entier. Le lieutenant Michaux rapporte que le Lunda est excessivement peuplé : la nouvelle résidence du Muata Yamvo compterait 30,000 âmes.

M. De Cooman évalue à 20,000 le nombre des riverains du lac Léopold II et M. Thierry à 35,000 celui des riverains du lac Tumba. Selon M. Thierry encore, il y aurait 135,000 âmes sur la rive gauche de l'Ubangi jusqu'aux chutes de Zongo et le capitaine Heymans déclare que le pays compris dans le coude de l'Ubangi est fort habité.

Déjà le Dr Schweinfurth estimait que le chiffre de la population azande s'élève à 2 millions, soit 16 habitants par kilomètre carré; d'après lui, les Mumbutu seraient 1 million, soit 97 habitants par kilomètre carré. De son côté, le capitaine Daenen, qui a fait partie de l'expédition Van Kerckhoven et séjourné deux ans dans le pays, évalue la population de la région de l'Uele à 6 millions d'habitants.

On possède des données plus précises sur l'important district de l'Équateur, arrosé par deux grandes rivières : le Ruki et la Lulanga. M. Thierry évalue à 2 millions d'habitants la population de chacun de ces deux bassins. Le lieutenant Lemaire porte à 5 ou 6 millions celle de tout le pays, soit 20 habitants par kilomètre carré, chiffre auquel se rallie M. Fiévez.

Le bassin de la Mongala et l'hinterland d'Upoto ne sont pas moins peuplés. M. Thierry évalue, au bas mot, la population de la Mongala à 2 millions d'habitants. Le lieutenant Wilwerth, parti un jour d'Upoto, marcha durant six heures vers le nord. Pendant ce trajet d'environ 30 kilomètres, il ne fit que traverser une longue suite de villages.

Les données sur les Falls sont fournies par le capitaine Tobback : depuis le confluent du Lomami, dit-il, jusqu'aux Stanley-Falls, les rives du fleuve, sur 10 kilomètres de profondeur, sont occupées par une population de 25,000 à 28,000 habitants. Aux Falls mêmes, on en compte 20,000 dans un rayon de 25 kilomètres. Des Falls à Riba-Riba, il y a environ 60,000 habitants.

En amont de Nyangwe, le Congo traverse encore une contrée extrêmement populeuse, dit le Dr Hinde. Le lieutenant Brasseur, qui a suivi la rive droite du Kamolondo jusqu'à Ankolo et remonté ensuite la rive gauche du Luapula jusqu'à Pueto, évalue à plus de 100,000 habitants la population des seuls villages riverains qu'il a traversés. Celle qui occupe la vallée de la Lukuga est, aux dires de MM. Delcommune et Briart, d'une densité extraordinaire.

Dans le Manyema, au nord de la Lukuga, les razzias arabes ont fait de grands vides et la population n'est plus ce qu'elle était en 1870, à l'époque du voyage de Livingstone. Toutefois, les villages y sont encore nombreux.

Enfin, à l'est, le long de la rive occidentale du Tanganika, dans la région de Mpala, il y a, dit le capitaine Storms, environ 7 habitants par kilomètre carré.

De l'ensemble de ces renseignements, il résulte, semble-t-il, que le chiffre de 11 millions, avancé par le Dr Vierkandt, est infiniment trop bas. L'évaluation de Stanley — 28 millions — doit être assez proche de la vérité Elle donnerait à l'État une moyenne de 12 habitants par kilomètre carré.

D. — DIALECTES CONGOLAIS.

La langue parlée dans le bassin du Congo est le bantu, excepté dans les régions septentrionales, peuplées par des nations de race nuba. Le domaine glossologique du bantu, qui constitue un des principaux signes ethniques auxquels on reconnaît les races de ce nom, s'étend même dans le bassin du Nil et, au sud, jusque dans la colonie du Cap.

C'est une langue parfaitement rationnelle et philosophique, appartenant au groupe des langues agglutinatives. Les mots se juxtaposent : l'un d'eux donne l'idée principale et les autres se soudent en quelque sorte à la racine principale pour indiquer les rapports de genre, de nombre, de mode, de temps, etc. Toutes ces parties, réunies en un seul mot, conservent leur signification propre et peuvent s'isoler et s'expliquer par l'analyse. On dira, par exemple, *tuna*, nous avons, (de *tu*, nous, et de *na*, avec) c'est-à-dire « nous avec » ou nous avons. Les substantifs, les adjectifs, les pronoms, les sujets et les compléments s'unissent au verbe, sont agglutinés ; en français, nous avons besoin de sept mots pour dire : « Le livre que je lui ai donné » ; le noir du haut Congo rendra la même idée en deux mots : « *Kitabu nilichokupa* ». Si le nombre des idiomes est très grand, leur grammaire ne varie cependant pas. Un seul exemple fera voir combien la structure essentielle de la phrase est uniforme : « *Muntu oyu o ele* », « *motho eo o ile* », voilà deux phrases qui signifient : « Cet homme est parti » et dont l'une s'entendra à l'embouchure du Congo et l'autre au fond du Transvaal.

Le vocabulaire des langues bantu est riche. Chaque chose a son nom ; toutes les manières d'être et d'agir, toutes les nuances sont fidèlement rendues. Les idées sont exprimées nettement et conformément à des règles fixes. Mais les mots présentent, d'une tribu à l'autre, des différences sensibles. L'usage les a altérés et leur identité se cache sous des transformations dues, sans doute, à des préférences locales pour telle ou telle consonne, telle ou telle voyelle. Ces modifications offrent une certaine régularité : quand on aura remarqué, par exemple, que le Congolais préfère le T à l'R, on reconnaîtra dans leur *tata*, père, le *rara* des Beshuana ; quand on saura, en outre, qu'ils élident facilement le B, on identifiera leur *tulu*, sommeil, avec le *robala* et le *thobalo* d'autres Bantu. Enfin, on découvrira la parfaite ressemblance de mots aussi différents, à première vue, que *ntumua* et *moronwa*, signifiant tous les deux « messager » et dérivés des deux radicaux *tuma* et *ruma*, envoyer.

Parfois, la même expression est employée dans deux régions, mais avec des sens opposés : ainsi *teka* et *reka*, dont le premier signifie, en congolais, « vendre » et le second, en seshuana, « acheter », sont évidemment le même mot.

Les voyageurs n'ont, jusqu'aujourd'hui, rencontré aucune écriture indigène proprement dite. Toutefois, on a observé sur quelques objets des signes hiéroglyphiques qui pourraient avoir une signification tout au moins symbolique. A l'heure présente, les jeunes nègres apprennent, dans les établissements scolaires, à lire et à écrire leur langue maternelle.

Curt, dans son ouvrage sur les langages modernes de l'Afrique, énumère, pour le bassin du Congo, quarante-deux parlers différents, quoique tous de souche bantu. Depuis lors, on en a signalé beaucoup d'autres. Tout en en reconnaissant la parenté, les grammairiens n'ont pas encore pu les classer : un petit nombre d'entre eux seulement ont été étudiés.

Le plus important des ouvrages publiés sur la langue bantu est *la Grammaire et le Dictionnaire de la langue du bas Congo*, par le Rév. Bentley. Le P. Visseq a publié, en français, sur le même dialecte, un dictionnaire et une grammaire; les Rév. Guinners et Craven des vocabulaires anglais; le P. Delplace un manuel français. Pour les idiomes du haut fleuve, de petits vocabulaires ont été rédigés par les Rév. Sims, Eddie, Hailes, le P. Cambier et le lieutenant Lemaire. Des contributions linguistiques sont dues, en outre, à MM. Baumann, Büttner, Capello et Ivens, Cameron, Carona, Pogge, Johnston, Junker, Schweinfurth, Tuckey et L. Wolf. On doit à M. H. de Carvalho un ouvrage sur la langue du Lunda et au Rév. Chatelain divers travaux sur celle de l'Angola.

Le swahili, dialecte de la côte de Zanzibar, a pénétré en Afrique centrale à la suite des Arabes, et a été, pendant un certain temps, dans les districts occupés par ceux-ci, la langue des transactions commerciales.

BIBLIOGRAPHIE : Rév. W. HOLMAN BENTLEY : *Dictionary and Grammar of the Kongo Language as spoken at San Salvador*. — HENRY CRAVEN : *English Congo and Congo-English Dictionnary*. — Le P. DELPLACE : *Eléments de la langue congolaise, suivis d'un choix de phrases graduées et de deux vocabulaires*. — Lieutenant CH. LEMAIRE : *Vocabulaire français, anglais, zanzibarile, fiote, kibangi-irebon, mongo, bangate*. — Dʳ A. SIMS : *Vocabulary of the Kiteke as spoken by the Ba-Teke on the upper Congo*. — *Vocabulary of the Kibangi as spoken by the Ba-Bangi on the upper Congo from Kwamouth to Liboko*. — *A short Vocabulary of the Jaloutema language*. — Le P. VISSEQ : *Dictionnaire fiot ou dictionnaire de la langue du Congo*. — *Grammaire fiot ou grammaire de la langue du Congo*. — SEIDEL : *Zeitschrift für afrikanische und oceanische Sprachen*.

CHAPIRE XVIII

LES PRINCIPALES PEUPLADES.

Les voyages accomplis depuis une quinzaine d'années ont mis en vedette un certain nombre de peuplades indigènes, dont les noms nous sont même devenus familiers. Bien longtemps, l'ethnographie du bassin a paru confuse et compliquée; il n'en est plus de même, aujourd'hui que l'occupation régulière du pays fait des progrès rapides. La langue, les tatouages, les coiffures et certaines coutumes caractéristiques ont, bien plus que les différences physiques, jeté de la lumière sur cette question et permis de constater qu'il existe, dans la population, une division naturelle en tribus.

BAS CONGO.

Les *Musorongo*, qui se construisent des huttes, ou plutôt des nids, sur les branches tordues des palétuviers, vivent du produit de leur pêche; ils habitent les îles et la rive gauche du fleuve, de l'embouchure à Ponta da Lenha. La rive droite est peuplée par les *Kakongo* et, plus au nord, par les *Mayombe*.

Les *Basundi* qui s'étendent au nord, depuis la Tombe jusqu'à la Mata, sont les vrais types sauvages du bas Congo, rapporte M. Dannfelt; leurs cheveux, presque rougeâtres, tombent en longues mèches ni peignées ni tressées.

Les *Babuendi* sont établis au nord, depuis la Mata jusqu'au Stanley-Pool, où ils se mélangent aux Bateke; envahissants, ils ont traversé le fleuve pour fonder de nouvelles colonies. Ils ont, sur la poitrine, un tatouage représentant un crocodile.

Tout le territoire situé au sud du Congo, depuis Noki jusqu'à l'Inkisi, est habité par la grande tribu des *Bakongo*. Le signe distinctif de cette nation consiste en l'absence de deux dents de devant à la mâchoire supérieure. Ils sont chétifs, ont les jambes grêles et le corps fluet; mais, quoique leur taille soit en-dessous de la moyenne, ils sont infatigables à la marche.

Ces tribus du bas fleuve, dit M. Van de Velde, se ressemblent plus ou moins par leurs caractères physiques; la traite des nègres et les luttes intestines auxquelles elle a donné lieu ont tellement mélangé, confondu et abâtardi les races et les types de cette région qu'il est bien difficile d'établir des distinctions.

RÉGION DU STANLEY-POOL.

Le peuple *Bateke* s'étend du nord, depuis les sources de l'Ogowe, vers le sud et l'est le long de la rive septentrionale du Congo, jusque près de l'Alima. Il occupe aussi une partie du pays à l'est du Pool, jusqu'au bas Kasaï, et a des colonies derrière Bolobo. La population ne présente pas une grande densité, surtout sur la rive droite. Cependant, les Bateke exercent une certaine influence dans toutes les régions voisines; maîtres des deux rives du fleuve, ils sont presque tous navigateurs et trafiquants, et de fait possédaient même jadis un véritable monopole commercial sur le moyen Congo.

Leur teint foncé les distingue des autres Bantu, dont la peau est généralement d'une coloration plus claire. Ils se font limer les dents de devant et s'épilent cils et sourcils. En général ils ont les cheveux courts et tressés en petites nattes qui forment divers dessins; quelques-uns portent cependant les cheveux assez longs, en une tresse qui leur tombe sur le cou comme une sorte de queue.

Quant à leur tatouage, il est le même que celui des Wamfumu, qui occupent la presque totalité du territoire compris entre le Congo, au nord de Kimpoko, le Kasai et le Kwango : la figure est striée symétriquement, des deux côtés de la tête, de coupures longitudinales ressemblant aux écorchures que ferait un peigne.

RÉGION CENTRALE.

Les *Bayanzi*, riverains du fleuve en amont du Kasai, se distinguent par leur activité, leur esprit d'initiative et leur habileté commerciale; ils ont acquis sur tout le haut fleuve un véritable ascendant, au point que beaucoup de tribus riveraines adoptent leurs mœurs.

Leur face est complètement épilée; leur coiffure soignée et arrangée avec goût : les cheveux, assez longs, sont généralement séparés en deux nattes, subdivisées elle-mêmes en plusieurs autres, dont deux ou trois sont tressées en forme de cornes qui se projettent en avant au-dessus du front et aux deux tempes.

Le tatouage national consiste en une double ligne d'ampoules allant, sur le front, d'une tempe à l'autre et simulant une feuille de palmier; une série de cicatrices parallèles forme, dans la ligne médiane du front, une sorte de crête; ces cicatrices ont moins de relief que celles des Bangala.

Les *Mongo*, désignés aussi sous le nom de *Balolo*, semblent une nation dégénérée. On venait jadis les enlever pour aller les vendre dans le bas Ubangi. Ils peuplent principalement le bassin du Ruki. Leur tatouage est très particulier : au milieu du front, une ampoule elliptique; sur le sommet du nez, entre les yeux, une excroissance simple ou double; aux tempes, une série d'ampoules concentriques. Les femmes ont le menton hideusement écrasé et déformé : il présente des excroissances répugnantes.

Dans la même région, les *Bokote* ont un tatouage qui ressemble à celui des Bangala : crête sur le front et feuilles de palmier aux tempes. Les plus connus des Bokote sont les *Wangata*, riverains du confluent du Ruki.

La Lulonga et la région des Bangala, au sud du fleuve, depuis l'Ubangi jusqu'à la Mongala, sont habitées par les sauvages et puissantes tribus appelées *Gombe*, c'est-à-dire gens de l'intérieur. La face des Gombe est criblée de petits pois très serrés, suivant les lignes du visage. Il y a aussi des Gombe sur l'autre rive; ils ont, comme les Bapoto, un tatouage fait de très gros pois, en lignes espacées, entourant les yeux, le front, les pommettes, les lèvres et le menton.

Les *Bangala* sont établis sur les deux rives du fleuve, principalement sur la rive droite, en aval du confluent de la Mongala. Ils n'ont pas seulement en partage la beauté et la force physiques, mais sont aussi très bien doués sous le rapport intellectuel; aussi sont-ils en quelque sorte les *kroo-boys* de l'intérieur. Leurs tatouages sont des mieux connus : ils se dessinent des feuilles de palmier aux tempes et se font, depuis la racine du nez jusqu'à la chevelure, une espèce de crête de coq qui leur donne un air martial. Les Bangala laissent croître, à la longueur de 30 centimètres, une ou plusieurs tresses tirebouchonnantes, en forme de queue de porc; il les empèsent à l'aide de graisse pour leur donner l'apparence de cornes.

Les *Mongwandi* occupent tout le territoire baigné par le cours moyen de la Mongala. Ils offrent des points de ressemblance avec les Bongo et les Sango.

Les *Bapoto*, riverains du pays d'Upoto jusqu'au Rubi, rappellent les Bangala par leur stature et leur allure dégagée. Mais leur tatouage les en distingue : trois lignes d'ampoules, ayant la grosseur de petits pois, descendent de la racine des cheveux jusqu'au bout du nez. Des lignes semblables parcourent les joues, contournent les yeux, décrivent des courbes au-dessus des sourcils et se prolongent derrière le cou; elles forment enfin des cercles concentriques autour des reins et descendent jusqu'au bas-ventre.

Les *Basoko*, établis en amont du confluent de l'Aruwimi, sont d'une remarquable intrépidité. Leur tatouage est composé de gros points bordant les lèvres en lignes parallèles et couvrant le front, ainsi que le menton. Le bord de l'oreille est percé de six à huit trous dans lesquels passent des cordes et quelquefois des crins d'éléphants chargés de perles, terminés de chaque côté par de gros nœuds. Les tempes et le front sont rasés jusqu'à une ligne verticale passant par les oreilles; le restant des cheveux forme quelques tresses plates allant de l'avant à l'arrière.

RÉGION DE L'UBANGI-UELE.

Dans l'Ubangi, on désigne spécialement les indigènes habitant les rives sous le nom de *Wate* (gens d'eau), et ceux qui habitent l'intérieur sous le nom de *Wagigi* (gens de terre). Le long de la rive gauche, qui seule appartient à l'État du Congo, se succèdent différentes tribus auxquelles on a donné le nom générique d'*Ubangi*. Ce sont d'abord les *Bolongo* et les *Baniembe*, établis derrière les Bangala ; les *Bunduru*, qui occupent la rive depuis Zongo jusqu'aux rapides situés en aval ; les *Lwaka*, qui habitent depuis les rapides d'Isinga jusqu'à Mokoangai, et, vers l'est, dans l'intérieur.

Dans le coude de la rivière, à l'intérieur des terres, sont établis les *Banza* ; leurs tatouages participent de ceux de leurs voisins : ils sont constitués par une ligne de points en relief allant d'une oreille à l'autre, en passant par-dessus l'arcade sourcilière, ou bien par trois rangées verticales de points sur le front, ou bien encore par trois petits cercles concentriques prolongeant la ligne nasale et séparant le haut du visage en deux sections distinctes.

Les *Gobu* se rencontrent depuis le 20ᵉ degré jusqu'au premier rapide. Ils n'ont, comme signe distinctif, aucun tatouage, mais la lèvre supérieure est percée et allongée au moyen d'une rondelle de bois ou d'ivoire ; deux ou trois trous, pratiqués dans l'autre lèvre, sont traversés soit par une rondelle, soit par des aiguilles de cristal de roche. Le nez et les oreilles sont percés également.

Les *Banziri* ont bâti leurs villages le long de la rivière, depuis le méridien 1°40' jusqu'au 20ᵉ degré en aval du confluent du Kwangu. Ils ont souvent un type sémite très prononcé et, leurs longues chevelures aidant, il en est qui rappellent d'une façon étonnante les Nubiens de la haute Égypte. Les *Bubu*, ressemblant aux Gobu par leurs mœurs et leurs déformations physiques, habitent l'intérieur, au nord du territoire sango. Ils ont les membres grêles, la figure plutôt laide, se rapprochant du type nigritien.

En amont des rapides de Zongo jusqu'au confluent de l'Uele et du Bomu, toutes les populations répandues au sud de l'Ubangi appartiennent à une même tribu; les riverains portent le nom de *Sango*, les gens de l'intérieur s'appellent *Bongo*. Leur tatouage consiste en une série d'ampoules partant de l'occiput et aboutissant au nez, plus ou moins espacées et atteignant la dimension d'un pois. Les cheveux sont rasés ou coupés courts sur une surface triangulaire comprises entre les tempes et le sommet du crâne et que divise en deux la ligne tatouée; sur le reste de la tête ils sont longs et arrangés en coque ou en petites nattes garnies de perles ou d'autres ornements. Beaucoup de jeunes filles s'ajoutent à la chevelure des tresses postiches.

Les *Sakara*, que l'on a souvent pris pour des Azande, habitent le pays qui s'étend entre 4°20' et 6° de latitude nord et entre 22° et 24° de longitude est de Greenwich. Ils ont comme tatouage, dit le lieutenant Lalieux, quatre lignes de petites palmes allant d'une tempe à l'autre, au-dessus de l'arcade sourcilière, et quatre lignes semblables reliant la lèvre inférieure au menton. Ils se déforment le nez, les oreilles et les lèvres pour y introduire différents objets. Ils laissent pousser complètement leurs cheveux et les disposent en forme de casque.

Les *Azande* sont ce peuple étrange dont les premiers voyageurs au Soudan révélèrent l'existence en l'entourant de légendes et de mystères. Ce sont ces fameux « hommes à queue » dans lesquels certains savants voulurent aussitôt voir le trait d'union, enfin retrouvé, entre l'homme et le singe. Le nom de *Niam-Niam*, sous lequel ils sont plus connus, est emprunté au vocabulaire des Denka : il signifie *grands mangeurs*, allusion manifeste au cannibalisme des gens qu'il désigne. Les Azande s'étendent au nord de l'Uele, depuis le Bomu jusqu'au Bahr-el-Gebel, peuplant le pays des sources du Bahr-el-Gazal. Schweinfurth les a décrits : ils ont, dit-il, la tête ronde et large, et peuvent être rangés au nombre des brachycéphales du degré le plus inférieur. Les yeux, fendus en amande, sont ouverts un peu obliquement. Les sourcils sont épais et bien marqués. Ils ont une propension à l'embonpoint, et leur buste est long relativement aux jambes.

Ils présentent deux branches bien distinctes : les *Bandja* et les *Avungura*. Les Bandja sont établis entre le Bomu, l'Uele et le 25e degré est de Greenwich, avec plusieurs enclaves sur la rive gauche de l'Uele; ils ont, sur le front, un tatouage horizontal qui les distingue des Avungura. Ceux-ci vont jusqu'au 6e parallèle nord, et à l'est jusqu'au pays des Makraka; ils possèdent, en outre, des enclaves très étendues sur le Bomokandi. Le signe de leur nationalité consiste dans leur tatouage : des carrés remplis par des points sur le front, les tempes et les joues, et un cartouche en forme d'X sur la poitrine. La coiffure est la même pour les Bandja et les Avungura : les cheveux sont partagés par le milieu, formant des bourrelets de chaque côté et retombant en un certain nombre de tresses.

Les *Ababua*, dont on ne prononce jamais le nom sans l'accompagner de l'épithète « féroce » ou « terrible », habitent entre la Likati, le Rubi et le Bomokandi. Ils ont comme tatouage : sur le front une bande latérale ou en forme de V très ouvert, tracée au moyen de trois, quatre ou cinq lignes de petits points. D'autres portent des bandes d'aspect identique, allant des tempes pour aboutir sous le nez ou sous la bouche. En général ils se percent la partie cartilagineuse du pavillon de l'oreille et y fixent des morceaux de bois, de fer, des perles, etc.

Les *Mombutu* occupent un petit territoire situé entre le 27e et le 28e degré de longitude est de Greenwich, le 2e degré et le 4°30' de latitude nord. C'est une race très cultivée. Junker va jusqu'à dire que c'est le peuple de la partie de l'Afrique qu'il a visitée qui possède le plus haut degré de civilisation. Ils se distinguent des Nigritiens par des traits presque sémitiques; plusieurs ont même le nez tout à fait aquilin; Schweinfurth rapporte que le vingtième de la population a les cheveux d'un blond pâle et cendré qui rappelle le ton du chanvre. Ils ne se tatouent pas la figure, dit M. Christiaens, mais se rattrapent largement sur la poitrine, le dos et le haut des bras. L'arrangement de la coiffure est caractéristique : les cheveux du sommet et du derrière de la tête forment un chignon cylindrique soutenu par une carcasse en roseau et autour duquel s'enroule, à la façon d'une ligature très serrée, une mince cordelette tressée. Les hommes couronnent cet édifice d'un bonnet de paille également cylindrique, mais à fond carré, garni d'un panache de plumes et maintenu par des épingles. Les femmes s'ornent d'épingles, mais ne portent pas de bonnet.

Les *Abarambo*, asservis par les Azande, sont une branche des Mombutu. Ils sont établis, rapporte M. Nys, sur la rive gauche de l'Uele, depuis Maï-Munga jusqu'au rapide de Panga. Vers le sud, ils ne dépassent pas le Bomokandi.

Les *Momvu* sont disséminés dans la vaste région qui s'étend depuis les sources du Bomokandi jusqu'à celles de l'Ituri. Ils sont constamment harcelés par les Mombutu, qui les considèrent comme un véritable gibier de chasse, et par les nains belliqueux qui habitent le même territoire qu'eux.

Les *Makraka* ou mangeurs d'hommes occupent la région à l'ouest du Nil, au nord de Dongu. Ils cultivent admirablement la terre, et leur prospérité matérielle leur a donné le premier rang parmi les indigènes de la contrée. Ils sont courageux et inspirent la terreur aux peuplades voisines.

Le lieutenant Milz signale de ce côté, à la limite du bassin, un peuple de montagnards habitant le plateau du *Kalika*. Il se divise en trois tribus, qui portent respectivement les noms de Bari, Madi et Lugwara. Les *Kalika* sont absolument nus.

RÉGION DE L'EST.

Les invasions arabes ont provoqué un grand bouleversement dans la région de l'est. Des tribus entières ont émigré; d'autres se sont mélangées avec l'envahisseur. Il en résulte une certaine confusion dans l'ethnographie de la contrée qui va du Lomami au Tanganika.

Les *Batetela*, renommés pour leur bravoure, occupent un vaste territoire entre le Sankuru et le Lualaba. Ils comprennent, à l'ouest, les *Basongo-Meno*, du bas Sankuru au Lomami; à l'est, les *Bakusu*, sur le Lomami; au sud, les *Batetela* proprement dits, entre le bas Lubefu et le Lualaba. Ils sont grands et bien faits, dit M. Delcommune; leurs yeux sont bien fendus, le nez aquilin, la physionomie agréable; ils portent les cheveux longs et en font des coiffures savamment édifiées. Mais M. Le Marinel ajoute qu'ils ont l'air stupide avec leurs grosses lèvres entr'ouvertes laissant remarquer l'absence des incisives supérieures. Le Dr Hinde nous explique pourquoi les Batetela ont l'aspect d'une race splendide; on ne voit chez eux ni cheveux gris, ni boiteux, ni aveugles : les enfants mangent leurs parents au premier signe de décrépitude.

Les *Bakumu* s'étendent des Stanley-Falls à la Semliki; originaires de l'Uganda, ils ont apporté avec eux tous les traits qui caractérisent les populations d'au delà des lacs, notamment l'usage du *pelele*. Leur type éthiopien leur donne un aspect supérieur à celui des autres Congolais.

Les *Vuagenia* habitent les rives du fleuve depuis les Falls jusqu'à Nyangwe. Ils se percent également la lèvre supérieure pour y passer une petite corne d'antilope. Se livrant à la pêche, ils vivent presque exclusivement sur l'eau.

Les *Manyema* ont la peau d'un brun clair et le type éthiopien comme les Bakumu. Leurs traits sont assez beaux et les femmes possèdent parfois une chevelure abondante. Ils occupent la région au nord de la Lukuga, entre le Congo et la chaîne des Mitumba. Il y a une trentaine d'années des Arabes de Zanzibar y pénétrèrent pour y faire le commerce. Ils subjuguèrent les chefs indigènes et s'établirent en maîtres dans le pays, où ils fondèrent des villes importantes telles que Nyangwe et Kasongo. C'est de ces points que rayonnèrent leurs expéditions vers le nord, l'ouest et le sud-est.

A l'est de l'Urua, sur les rives méridionales du Tanganika et dans l'intérieur, vivent les *Marungu*, peuple appartenant aux races les plus diverses. Ils se percent la lèvre supérieure et, écrit Livingstone, agrandissent tellement l'ouverture que la bouche arrive à dépasser le nez.

Sous le rapport de l'étendue du territoire et de la densité de la population, comme aussi sous celui de la beauté physique et morale de la race, la nation la plus importante et la plus intéressante du bassin méridional du Congo est celle des *Baluba*. Ses nombreuses tribus occupent un territoire immense, compris entre la Lukuga et le Luvidjo, au nord, la Lulua, à l'ouest, la chaîne du Mitumba, au sud et à l'est.

Wissmann fait grand cas des Baluba et les appelle « un peuple de penseurs ». Agriculteurs, ils excellent aussi dans les industries manuelles et leurs produits se rencontrent à des distances considérables de leur pays. Pas plus noirs que les Égyptiens, ils ont d'assez beaux traits. La coutume du tatouage est rare parmi eux : les femmes, seules, se couvrent le ventre de dessins divers. La coiffure nationale consiste, pour les hommes, en un bouquet de plumes de coq, de pintade, de perroquet ou de corydéal.

Les *Bashilange*, qui forment la plus populeuse des tribus baluba établie entre la Lulua, le Lubi et le Sankuru supérieurs, sont tatoués par tout le corps de lignes courbes et de cercles. Ils se divisent en sous-tribus, parmi lesquelles M. P. Le Marinel signale les *Bambue* et les *Bakolosh* comme particulièrement intéressantes : ces indigènes portent une épaisse chevelure et se barbouillent la face de différentes couleurs, au point qu'on croirait voir des masques. La tribu baluba des *Basonge* occupe le territoire compris entre le Sankuru et le Lubefu. Enfin, les *Feneki* passent pour les membres les plus industrieux des *Baluba*.

Le Katanga s'étend entre les 9e et 12e degrés de latitude, le Luapula et le Lualaba : telles étaient, du moins, les limites du royaume de Msiri. Les peuplades de ce pays se ressemblent par le physique et par les mœurs. Ce sont, d'après Brasseur : les *Bayek*, race du Garenganze, venus à la suite de Msiri et établie entre le Nzilo et la Lufila ; les *Basanga*, qui habitent plus au sud, depuis Tenke jusqu'à la Dikulue ; les *Balamotwo*, qui occupent les monts Kundelungu depuis Kasande jusqu'à la Luwube, tandis que le versant est des monts Kundelungu, le long du lac Moero, depuis Zongo jusque près de Pueto, forme le territoire des *Bashila*. Les *Ba-Ushi* s'étendent sur les deux rives du Luapula, depuis la Bukanda jusque vers le Bangwelo. Les *Bena-Kilembwe* vivent le long de la Lufila, depuis la Luelegi jusqu'au pied des Kundelungu. Le territoire des *Bena-Masumba* est compris entre la Luelegi, les monts Kon-Ni et la Lufila. Citons encore les *Bena-Mitumbu*, établis sur la rive gauche de la Dikuluwe et le long de la chaîne du Mitumba jusque près de la Lufila, et les *Balamba*, qui habitent le pays situé au sud des monts Kon-Ni, de la petite rivière Ponda au pays des *Ba-Ushi*, et qui s'étendent très loin, jusque vers la Lufubo.

LES RÉGIONS DU KASAI ET DU KWANGO.

Les habitants du bassin du Kasai passent, à bon droit, pour les plus industrieux de l'État.

Les *Balunda*, qui forment un peuple pacifique et hospitalier, ont le teint clair et les lèvres peu épaisses. Les femmes se tatouent le corps, affilent en pointe leurs incisives supérieures et arrachent celles d'en bas. Elles se rasent la tête, tandis que les hommes portent toute leur chevelure et l'arrangent avec art. Les grands personnages compriment la partie postérieure de la tête de leurs enfants, de manière à donner au crâne une forme monstrueuse. Les Balunda occupent le territoire que drainent le Kasai moyen et supérieur et ses affluents de droite.

Les *Bakuba* diffèrent absolument de leurs voisins Baluba par la langue et les mœurs ; ils habitent la contrée située entre le Sankuru et le Kasai. Ils sont très commerçants et très habiles aux métiers manuels ; les hommes ne prisent guère le tatouage, tandis qu'il est très en honneur chez leurs compagnes, qui ont le corps, les tempes et la nuque semés de lignes de pois. Elles se coupent les cheveux ou se les rasent. La coiffure des hommes est courte sur le devant et sur les côtés de la tête, longue et bouclée vers le sommet du crâne, où elle forme un volumineux chignon surmonté d'un bonnet minuscule. Les *Bena-Luidi*, qui occupent le pays situé entre la Loange à l'ouest, le Kasai au nord et à l'est, et, au sud, le 6ᵉ parallèle, sont une branche des Bakuba. Ils ne se tatouent pas et se serrent les cheveux, relevés sur le sommet de la tête, dans un anneau sculpté ; le haut du front est rasé.

Plus au sud, entre le Kasai et la Loange, sont les *Bashilile*. Leur tatouage consiste en trois petits cercles concentriques sur les tempes, des petites lignes dans le cou et des triples losanges sur le ventre et la poitrine.

Les *Basenge*, qui habitent entre le Kasai et la Lukenie, ont le torse court et les jambes très longues. Leur chevelure est partagée en nattes qui s'enroulent autour du menton. Ils se font trois incisions à la naissance du nez, mais n'ont pas d'autre tatouage et dédaignent les ornements.

On connaît très peu jusqu'ici les indigènes de la Lukenie et du lac Léopold II. Les *Tomba* occupent la basse Lukenie et une partie de la rive ouest et est du lac. Leur tatouage est formé de deux petits cercles concentriques sur les tempes. Les *Gundu* habitent, à 25 ou 30 kilomètres des rives, toute la contrée comprise entre la rive droite de la Lukenie et l'est du lac. Les *Kolano* s'étendent sur les deux rives de la Lukenie. Leur tatouage consiste en trois ou quatre petites incisions au-dessus et entre les yeux. Les *Tolo* peuplent la rive méridionale sur environ 200 kilomètres. Ceux-ci se dessinent sur le front plusieurs lignes courbes et sur les côtés du visage une série de demi-cercles parallèles, dont l'extérieur, partant du sommet de la tempe, aboutit au lobe de l'oreille, en passant par le coin de l'orbite. Les *Bayombe* se rencontrent à partir du 23e degré de longitude est ; ils habitent la rive nord et leur langue ressemble à celle des Tolo. Leur tatouage consiste en une suite de petites lignes verticales dessinant un arc au-dessus des sourcils.

Le bassin du Kwango est peuplé par le *Kioko*, les *Holo* et les *Mayaka*. Dans la région des sources du Kwango, la race dominante est celle des *Kioko*. Petits de taille, maigres et nerveux, ils sont d'une extraordinaire énergie. Ils ne demandent leurs moyens d'existence qu'au travail, n'ont pas leurs pareils comme armuriers et comme forgerons, ont monopolisé le commerce dans toute la contrée. C'est une race entreprenante qui semble destinée à un grand avenir. Les *Holo*, originaires du Congo portugais, occupent une enclave sur le territoire de l'État, depuis 7°50′ jusqu'à la rivière Tungila (8° 7′) ; ils sont pacifiques et laborieux. Drapés correctement dans de larges étoffes, dit M. Gorin, la face encadrée par de longues tresses, le front orné d'une légère bande de cuivre jaune, ils font songer, par leur aspect, à ces pasteurs éthiopiens que nous montrent les gravures anciennes.

BIBLIOGRAPHIE : La plupart des voyageurs qui ont parcouru le Congo et publié leurs souvenirs nous ont apporté des renseignements sur les principales peuplades. L'énumération de leurs travaux sortirait du cadre de ce livre. Nous renvoyons donc nos lecteurs à la *Bibliographie du Congo*, par A.-J. WAUTERS.

CHAPITRE XIX.

ÉTAT SOCIAL ET POLITIQUE.

A. — ORGANISATION SOCIALE.

Droit de famille. — On trouve au Congo, dit M. le procureur d'État De Saegher, à qui nous allons faire de nombreux emprunts pour ce chapitre, un droit coutumier très précis et très logique, qui régit les relations civiles des indigènes. Seulement, les peuplades africaines, demeurées à l'abri de toute influence étrangère, ont conservé les caractères des races primitives, et l'étude de leur droit de famille nous ramène aux temps les plus lointains de l'histoire.

Le mariage est un prêt que la famille fait de ses filles, dans l'intérêt de son accroissement et de sa perpétuité. Le mari n'acquiert pas d'autre droit que celui d'exiger de sa femme ce que la théologie catholique appelle le *debitum*. Dans certaines régions, la femme continue même à habiter dans sa famille, et le mari va y séjourner de temps en temps. Comme garantie de ses obligations d'emprunteur, le mari verse à la famille une dot, qui lui est remboursée à la dissolution du mariage

Le mariage ne crée donc pas une famille nouvelle, celle des époux; la femme n'entre pas dans la famille de son mari ni le mari dans celle de sa femme : chacun reste dans celle de son propre sang. Le mariage ne crée pas davantage de communauté de biens :

chaque époux demeure propriétaire de ceux qu'il acquiert par son travail; souvent même, le mari achète sa nourriture à sa femme, il est en pension chez elle. La femme, lorsqu'elle a suivi son mari, transfère pour plus de sûreté les biens acquis par son travail dans sa propre famille.

Étant données ces institutions, quelle est donc la place faite aux enfants? Puisque le mariage n'a pas créé de famille nouvelle, les enfants doivent entrer ou dans celle de leur père ou dans celle de leur mère : par une conséquence directe du caractère essentiel du mariage, c'est-à-dire du prêt fait par la famille de la femme en vue de sa perpétuité, les enfants entrent dans la famille de leur mère. Le mari de leur mère est vis-à-vis d'eux un étranger, sans droits ni devoirs. La filiation est donc exclusivement utérine et les enfants suivent la condition maternelle : ils sont libres, si leur mère est femme libre; esclaves, si leur mère est esclave.

Le mariage se dissout par la mort des époux et le divorce.

En cas de mort du mari, la famille de la femme restitue la dot, avec ses intérêts, aux héritiers du mari. Elle reprend la femme avec ses accroissements : les enfants. Lorsque la femme prédécède, la famille de la femme restitue de même la dot et prend les enfants.

En cas de divorce, le règlement des intérêts respectifs se fait de la même manière. Mais, comme il y a rupture de contrat, la partie en faute est tenue de payer des dommages-intérêts. La femme mariée, disions-nous, a été prêtée par sa famille, dans l'intérêt de sa famille; en divorçant, elle engage la responsabilité de celle-ci : elle ne peut donc se séparer de son mari qu'avec le consentement de ses parents.

Les principes qui régissent les successions découlent de l'organisation de la famille.

L'homme meurt toujours sans enfant, puisque la filiation est exclusivement utérine. Qui donc lui succède? De droit le fils aîné de la sœur aînée du défunt. On a voulu sauvegarder l'intérêt de la famille par la consécration d'un droit d'aînesse d'une rigueur extrême. En réunissant sur la tête d'un seul, non seulement les biens du *de cujus*, mais encore ceux de tous ses frères, qui ont nécessairement la même sœur aînée, la loi assure, à celui qui sera le chef de la famille, la richesse et la force, et, par là, la puissance de la famille.

Mais le motif même de la loi explique l'exception qu'elle comporte : si l'un des neveux, par son intelligence et son habileté, est spécialement désigné pour exercer l'autorité de préférence à l'aîné, ses oncles peuvent le choisir comme héritier; c'est dans ces limites que s'exerce et se justifie le droit de tester. Ajoutons qu'en cas de décès d'une femme libre, ses enfants n'héritent pas : les biens passent à la famille tout entière et les enfants n'en ont une quote-part que comme membres de la famille.

Ces institutions ont été presque partout altérées et modifiées; on ne les retrouve dans toute leur pureté que dans les tribus que leur situation géographique, la nature du sol et la difficulté des communications tiennent à l'écart du mouvement général. Toutefois, elles resteront encore pendant de longues années et dans tout le pays la base du droit familial.

Mariage. — L'indigène se marie dans la classe à laquelle il appartient, mais prend d'autres femmes dans des classes inférieures : un homme libre peut avoir des femmes esclaves. Les jeunes filles se marient dès qu'elles arrivent à l'âge de la puberté, c'est-à-dire vers 12 ans; les jeunes gens, dès qu'ils sont assez riches pour se payer une compagne.

Le futur achète sa femme, c'est-à-dire paye aux parents une certaine somme en étoffes, bétail, perles, poudre, etc. Il travaille parfois des années pour réunir cette dot. Chez les Mongwandi, elle se paye par anticipation : un jeune homme rencontre une jeune fillette de 6 ou 7 ans qui, plus tard, pourra lui plaire; il l'achète, et à chaque visite qu'il lui fait, apporte un cadeau à ses futurs beaux-parents : c'est en quelque sorte une rente; lorsque l'enfant est nubile, il l'emmène. Au Katanga, le mari paye le prix et, en outre, est obligé de travailler un an pour les parents de sa femme.

Polygamie. — Si la monogamie est la règle pour les esclaves, la polygamie est généralement pratiquée par les chefs et par les notables assez riches pour acheter et entretenir plusieurs femmes. La possession d'un grand nombre de femmes est considérée comme une marque de puissance et de richesse. C'est, d'ailleurs, un excellent placement que d'acheter de nouvelles épouses, car elles ne sont, en réalité, que des servantes se livrant aux plus rudes labeurs. Un homme libre a ordinairement jusqu'à quatre femmes. Certains potentats en ont beaucoup plus. Il est des harems célèbres, tels que celui de Munza, chef des Mombutu; celui de Bangaso, sultan des Sakara, qui, nous dit M. Van Gèle, possédait quinze cents femmes. M. Richard estimait à trois mille le nombre de celles de Msiri.

La première femme gouverne la maison, exerce une certaine autorité sur les autres, leur donne des ordres, distribue le travail. Le mari les loge chacune dans une hutte spéciale et va passer quelques jours chez elles, à tour de rôle, tantôt chez l'une, tantôt chez 'autre. Presque toujours la femme est considérée comme un être inférieur, fait pour peiner dur et fort. A elle incombe non seulement la préparation et la cuisson des aliments, mais aussi les ouvrages les plus ingrats, les pénibles travaux des champs. Elle cultive seule la terre, fait de la poterie et de la vannerie, élève les poules. C'est pourquoi elle se flétrit bientôt, et la gracieuse jeune fille livrée au mariage à 12 ans a, quelques années plus tard, perdu tout charme.

Rarement le mari exerce des voies de fait sur ses femmes : ce n'est que dans les moments d'ivresse qu'il se montre quelquefois brutal. Les femmes de condition esclave sont cependant moins bien traitées que les autres; lorsque le maître en est fatigué, il les revend; il leur arrive d'être achetées et revendues dix fois comme de vulgaires bêtes de somme, trop heureuses quand elles ne finissent pas sous le couteau du sacrificateur ou sous la dent de leurs anciens adorateurs.

Esclavage. — L'esclavage domestique, qu'il faut bien se garder de confondre avec la traite, est la dernière condition sociale du nègre; cependant celui-ci s'en accommode aisément, car chacun est habitué à se trouver dans un état de dépendance analogue vis-à-vis du chef. Dans la vie courante, on distingue même difficilement un esclave d'un homme libre : il partage les repas de la famille et participe à toutes les réjouissances. Le travail exigé de lui n'est pas pénible : il est spécialement chargé d'aller à la pêche et à la chasse, de récolter du vin de palme, de fabriquer des armes, des tissus ou des vanneries, etc. Rarement il est battu. Aussi considère-t-il souvent son maître plutôt comme un père que comme un étranger, n'aspire-t-il nullement à le quitter et n'envie-t-il pas un autre sort. S'il sait se rendre utile, il ne doit pas craindre d'être vendu. Néanmoins, sa situation est précaire, parce que son propriétaire a sur lui droit de vie ou de mort et qu'il est, du moins dans le haut fleuve, souvent exposé à faire les frais d'un festin ou d'un sacrifice humain.

B. — ORGANISATION POLITIQUE.

Le village. — Presque partout l'unité politique est le village, et chaque village est absolument indépendant. Il arrive que plusieurs agglomérations se coalisent, se rattachent les unes aux autres; mais c'est par un accord volontaire et elles forment alors, en quelque sorte, des confédérations.

Il n'en a pas toujours été ainsi; jadis existaient d'assez grands États, bien constitués, obéissant à de puissants souverains ; ils se sont démembrés, soit à la suite de guerres intestines, soit par défaut d'organisation, soit enfin à cause de l'arrivée des Européens. Il y a même, aujourd'hui encore, des chefs qui parviennent à se faire payer tribut par les pays voisins ; mais leur nombre va en diminuant, et tout le Congo sera, dans un avenir rapproché, débarrassé de ces potentats.

La réunion d'un nombre quelconque de familles habitant des cases agglomérées constitue un village. Son organisation politique est des plus simples. La population se divise d'ordinaire en trois classes : les esclaves, les hommes libres et les riches, qui comprennent le chef et les membres de sa famille.

Le chef jouit, en principe, d'une autorité absolue. Il exerce la police, et, en qualité de représentant de la communauté, est propriétaire du sol non bâti, dont les familles ne sont que les usufruitières. Il a parfois, comme sanction de ses pouvoirs, le droit de vie ou de mort, droit dont il fait alors usage à tort et à travers. Cependant, le plus souvent, son autorité n'est pas exclusive ; elle est limitée par une assemblée à laquelle tous les hommes libres peuvent prendre part et qu'on appelle *palabre*.

Le chef est fréquemment consulté par ses sujets, qui lui prodiguent les marques de respect. Il est des monarques que l'on n'aborde qu'après des séries de courbettes et de salutations, dont l'ordre est soigneusement réglé. M. Francqui raconte que, chez les Baluba, celui à qui une audience royale est accordée, ne se rend jamais chez son chef sans être porteur d'un petit sachet renfermant une terre ocreuse rouge ou blanche ; il s'en frotte sur la poitrine chaque fois qu'il adresse la parole à son chef ou que celui-ci lui répond, et revient absolument barbouillé de rouge ou de blanc.

Il n'existe pas de règle absolue pour la transmission du pouvoir après la mort du chef. On applique d'ordinaire des principes analogues à ceux qui régissent les successions en droit civil, et que nous avons exposés plus haut ; le successeur est le fils aîné de la sœur aînée du défunt ; à défaut d'enfant mâle de la sœur aînée, c'est l'aîné des fils de la sœur puînée qui hérite, et ainsi de suite. Si le chef n'a pas de sœur, ou si ses sœurs n'ont pas d'enfants mâles, ce sont les fils des frères qui sont appelés au pouvoir, par ordre de primogéniture. A défaut d'enfant mâle, les frères euxmêmes succèdent au défunt, par rang d'âge. Enfin, s'il y a absence complète de mâles, les femmes héritent à leur tour, et l'aînée des sœurs prend le commandement. C'est ainsi que certaines agglomérations ont eu à leur tête des femmes. Il arrive fréquemment que ces femmes-chefs se marient avec un chef agréé par la tribu, lequel exerce, en leur lieu et place, les droits souverains. Quelquefois, quoique mariée, la femme-chef continue à exercer ses fonctions. Son mari, dans ce cas, est réduit au rôle de prince consort.

Principaux chefs. — L'unité étant presque partout le village, les tribus du Congo n'ont pas d'homogénéité politique. On a vu cependant, comme nous le disions plus haut, de grands chefs grouper sous leur autorité de nombreuses cités et acquérir ainsi une réelle puissance. Les Européens qui eurent à traiter avec ces potentats trouvèrent souvent en eux d'utiles alliés, mais, parfois aussi, des adversaires déterminés.

Il y a quelques années, toute la nation balunda était sous la domination d'un monarque célèbre, le Muata Jamvo, dont l'histoire a été racontée par le Dr Pogge. Le premier souverain du pays fut Jamvo. A sa mort, le pouvoir passa à sa fille, qui épousa un chef décidé à étendre ses États. A la suite de plusieurs guerres heureuses, il créa le royaume de Lunda. Sa puissance lui fit décerner par ses sujets le titre de *Muata Jamvo* (le plus grand chef Jamvo) et sa dynastie comprit quatorze rois. Le pays, dont l'organisation eût pu se comparer à celle d'un État féodal, était divisé en plusieurs principautés, dont les chefs payaient tribut au seigneur et lui fournissaient des troupes. Le Muata Jamvo ne gouvernait pas sans contrôle : à ses côtés, sur le trône, était assise une femme célibataire appelée Lukokesha; il devait, en outre, consulter un corps de quatre conseillers. C'est ce conseil qui, à la mort de Muata Jamvo, choisissait son successeur parmi ses héritiers.

Le Katanga fut longtemps sous la domination du fameux Msiri. Celui-ci, originaire du Garenganze, s'était rendu avec quelques compagnons chez le chef Katanga, dont il épousa la fille et auquel il succéda. A la tête de guerriers basanga et bayek, il parcourut tout le pays et força tous les villages à se soumettre à son autorité. Puis il établit sa résidence à Bunkeia et y monopolisa le commerce des esclaves et de l'ivoire. Il doit surtout sa célébrité à son odieuse cruauté. Le vieux tyran, dont nous avons raconté ailleurs la fin tragique, eut pour successeur son fils; des nombreux sujets de Msiri, les Bayek seuls sont demeurés fidèles à ce dernier.

La région de l'Uele a été appelée la région des sultanats du nord. En effet, l'autorité des chefs azande est grande; ils ont des sous-chefs et un système de gouvernement bien organisé. Djabir, ancien soldat de l'armée égyptienne, venu se fixer dans le pays avec quelques aventuriers après la révolte des mahdistes, fit bon accueil à M. Roget, d'abord, qui établit chez lui un poste de l'État, puis à l'expédition Van Kerkhoven. Rafai est également un prince puissant : son territoire est divisé en districts placés sous l'autorité de ses vassaux. Semio fit une réception empressée à M. Milz, puis à l'expédition Van Kerkhoven, qu'il accompagne jusqu'au Nil, à la tête de 600 guerriers, presque tous armés de fusils.

Le livre du Dr Schweinfurth conserve le souvenir du sultan des Mombutu, Munza. C'était un chef puissant et fastueux, qui ne sortait qu'accompagné de plusieurs centaines de gens de sa suite. Il avait

80 femmes et son palais contenait deux salles voûtées, dont l'une était longue de 150 pieds et haute de 50; cinq rangées de colonnes en soutenaient le toit.

Bangaso, sultan des Sakara, a entretenu d'excellentes relations avec les Belges. Des courriers lui arrivent régulièrement à toutes les heures de la journée, pour le mettre au courant de ce qui se passe dans son pays. Il a environ 1,500 femmes; dès qu'un de ses nombreux fils est en âge de commander, il lui donne une chefferie.

Enfin, il est des chefs qui ont joué dans l'histoire de l'État Indépendant un rôle assez important. C'est à ce titre que nous signalerons Makoko et Gongo Lutete.

En 1880, M. de Brazza, pour les besoins de ses projets, érigea un pauvre petit chef bateke en potentat puissant, propriétaire souverain des deux rives du Congo au pool et en amont. Il signa solennellement avec ce Makoko, prétendu descendant et héritier des anciens rois, un traité que la Chambre française discuta sérieusement et ratifia, et dont s'arma ensuite l'explorateur pour essayer de barrer la route à Stanley et de contrecarrer les entreprises belges. Le vaudeville n'obtint pas tous les résultats qu'en espérait son habile metteur en scène et, depuis, on n'entendit plus jamais parler du fameux Makoko.

En 1892, au moment de la révolte, la nation des Batetela s'incarnait dans son chef, Gongo Lutete, jeune guerrier de trente ans, beau et intelligent. Sous-ordre de Tippo-Tip et de Sefu, il résista d'abord à l'État. Battu par M. Dhanis en avril 1892, il fit sa soumission; puis, avec 2,000 guerriers armés de fusils, il coopéra loyalement à la campagne du Manyema, pendant laquelle il remplit tous les engagements qu'il avait pris. C'est en grande partie à sa vigilance et à son énergie, dit le Dr Hinde, que l'on dut les succès remportés pendant la première phase de la campagne. En dépit des services qu'il avait rendus, Gongo Lutete, accusé de trahison par les officiers résidant à Gandu, fut mis en accusation et fusillé le 14 septembre 1893. M. Dhanis, surpris, essaya de sauver son brave et fidèle allié; mais ses ordres arrivèrent quarante-huit heures trop tard. Aucune faute politique n'eut, pour la tranquillité de l'État, des conséquences plus néfastes que l'exécution de ce jeune chef, si bien doué et qui eût pu devenir pour le gouvernement un auxiliaire des plus précieux. Aussitôt après sa mort, sa garde, composée de 600 hommes, manifesta l'intention de le venger. Pour calmer son effervescence, on l'envoya en garnison à Luluabourg : elle s'y révolta, après avoir tué ses officiers; la répression de cette rébellion fut longue et sanglante. Une nouvelle révolte, provoquée par les contingents batetela de l'avant-garde du capitaine Leroy (février 1897), eut pour premier effet la complète désorganisation de l'expédition que M. Dhanis conduisait au Nil.

La justice et les lois. — A part les cas où le féticheur intervient pour imposer une épreuve, la justice est généralement exercée dans des réunions publiques, sans aucune espèce de procédure et sans même que l'accusé soit entendu. En principe, toute infraction commise par un homme libre est rachetable par le payement d'une prestation en nature au ésé; souvent, le coupable est frappé, en outre, l'une amende, qui entre dans la caisse du chef.

Quant aux esclaves et à ceux qui ne possèdent rien, on leur applique des peines plus rigoureuses, presque toujours des peines corporelles.

Le droit pénal indigène atteint sévèrement certains délits ; il va jusqu'à punir de mort ceux qui se commettent sur les marchés. Par contre, il se montre singulièrement indulgent pour l'assassinat et le vol : l'assassinat commis à l'étranger, sur un individu d'une autre tribu, n'est pas poursuivi ; le nègre qui réussit à voler un blanc gagne même dans l'estime de ses concitoyens.

L'adultère est puni de mort dans le bas Congo. Dans le haut, la vengeance est laissée au mari ; celui-ci, le plus souvent, se contente de répudier sa femme, et, comme il tient entre ses mains la vie du complice, de réclamer une rançon à la famille de ce dernier. Au Katanga le châtiment, pour la femme, consiste en une raclée que lui inflige le mari ; lorsqu'on surprend le suborneur, on condamne la femme à lui administrer elle-même une cinquantaine de coups de chicote. Chez les Azande, la femme est mise à mort ; quant au complice, on lui coupe les oreilles et les mains.

Le palabre. — *Palaver* est un mot portugais qui signifie parole, discours : on en a fait *le palabre*. Le palabre est, à proprement parler, une réunion de tous les hommes libres de la tribu, où l'on discute et où l'on tranche des questions d'intérêt général.

Les nègres, dit M. Van de Velde, font des palabres à chaque instant, et d'autant plus volontiers que c'est un moyen pour eux de donner libre cours à leur verbosité. Ce sont de petits parlements, qui établissent des droits, tranchent des différends, punissent des délits ; ils se tiennent entre tribus différentes ou entre blancs et noirs.

La cérémonie est toujours entourée de beaucoup de solennité. La réunion a lieu en plein air, à l'ombre d'un grand arbre ou d'un groupe de palmiers. Un cercle est tracé sur le sol et est divisé en autant de sections qu'il y a de chefs présents. Derrière eux s'accroupissent leurs sujets. Les deux partis se font face, laissant libre un espace réservé aux orateurs. Ceux-ci sont de vrais avocats : choisis parmi les plus éloquents et les plus retors, ils sont au courant de tous les détails de l'affaire. Insinuants, adroits, convaincus, ils ont, en parlant, une intonation et une mimique qui sont des chefs-d'œuvre d'expression.

Le chef expose l'objet de la réunion, ou le fait expliquer par un fondé de pouvoirs. Nul ne peut interrompre son discours, et les applaudissements sont obligatoires. Ensuite seulement commence la discussion. Il est rare que le palabre se passe dans le calme le plus parfait : il finit ordinairement par un vacarme effrayant et une orgie générale.

Lorsque le palabre n'aboutit pas à une solution contentant les parties en cause, celles-ci se déclarent la guerre. Les motifs sont parfois des plus futiles : une contestation au sujet d'un droit de chasse ou d'un droit de pêche, par exemple. Il arrive même que les hostilités ne soient précédées d'aucun palabre, et qu'elle n'aient d'autre motif que l'esprit de conquête d'un chef ambitieux. Aussi l'état de guerre est-il presque permanent dans certaines régions.

Communications, signaux. — Le premier soin, lorsque la guerre paraît imminente ou qu'un danger quelconque menace le village, est de prévenir les localités voisines et alliées. Les nègres arrivent, en un temps prodigieusement restreint, à transmettre au loin ces nouvelles. Ils se servent, à cet effet, d'un xylophone à deux ou quatre sons, et ont un langage frappé très complet, composé d'un certain nombre de phrases et de mots usuels permettant d'entamer une conversation quelconque. Les nouvelles se transmettent, par ce moyen, de village en village, mais en s'amplifiant peu à peu, et le moindre événement, grossi de proche en proche, prend bientôt de formidables proportions.

Quand les indigènes croient devoir se préparer à la guerre, c'est plus souvent au moyen du tambour qu'ils l'annoncent à leurs alliés. Le tambour de guerre a des sonorités prodigieuses : des voyageurs l'ont entendu à 10 kilomètres de distance. Stanley parle souvent de l'horrible tambour, dont le bruit l'accompagna durant des semaines, le long des rives du Congo, lorsqu'il descendit le fleuve pour la première fois.

Si, pendant la nuit, le voyageur entend résonner le tambour, il peut toujours savoir s'il doit s'attendre à la guerre pour le lendemain. Lorsque l'instrument est battu sur un ton de mélopée plaintive, il n'y a rien à craindre : les indigènes dansent et sont en liesse. Mais si le son est grave, sonore, cadencé, on peut en inférer à coup sûr que la guerre se prépare.

L'échange du sang. — L'échange du sang n'est autre chose qu'un pacte d'alliance; s'il se produit après une guerre, il constitue un traité de paix. Il a lieu aussi entre un voyageur blanc et un chef indigène, en vue de l'établissement de bonnes relations. La cérémonie rend les contractants frères pour toujours, frères « par le sang »; cette fraternité est scrupuleusement respectée, et celui qui a enfreint sa loi est considéré comme sacrilège.

Il est de règle qu'un supérieur ne peut échanger le

sang avec un inférieur : ce dernier, quand une telle aventure lui arrive, devient l'égal de celui qui s'abaisse jusqu'à lui. Le blanc en expédition au Congo doit parfois se plier à cet usage, mais, à moins que le chef indigène ne soit vraiment puissant, le commandant de l'expédition ne se soumet pas lui-même à l'opération : il commet ce rôle à un de ses adjoints blancs, si le chef occupe une position tant soit peu élevée, ou bien à un de ses chefs d'escorte de couleur.

L'échange du sang est entouré de rites solennels et minutieux, dont l'observation est de stricte rigueur. Nous savons, par les récits des premiers explorateurs, que la cérémonie était, jadis, peu agréable : chacun des deux contractants devait avaler quelques gouttes du sang échappé des blessures. Voici comment il est généralement procédé aujourd'hui : on pratique une ou plusieurs incisions, soit sur la poitrine soit dans le bras des deux frères. On recueille quelques gouttelettes de sang sur une feuille, sur un morceau de bois ou sur la lame d'un couteau, et on les frotte sur la légère blessure de chaque contractant. Cela fait, le féticheur adresse un petit discours aux deux frères : « Vous, blanc, et vous, chef, retenez bien ceci : si vous trahissez votre nouveau frère soit par vos yeux soit par vos mains ou par vos pieds, vous mourrez ; vous, blanc, vous serez tué par cette lance, et vous, chef, par ce fusil. Désormais, toutes les richesses du blanc appartiennent à son frère, notre chef, et toutes les femmes, toutes les chèvres, toutes les récoltes de notre maître appartiennent au blanc. »

L'échange du sang est toujours suivi de nombreuses libations, d'offres de cadeaux et parfois de festivités pantagruéliques. C'est, naturellement, le blanc qui en supporte les frais, parce qu'il passe pour posséder des richesses immenses.

Le fétichisme. — Les nègres sont accessibles au sentiment religieux : les résultats obtenus par les missions, tant catholiques que protestantes, sont là pour le prouver. Mais ils n'ont, à proprement parler, pas de religion propre. Leurs fétiches, c'est-à-dire leurs dieux, font partie de la nature et n'en sont pas les créateurs; ils sont mortels; on peut les forcer à accomplir les volontés de l'homme; le moyen de les supplier est plus souvent la danse que la prière; enfin, ils ne s'inquiètent pas du vice ou de la vertu, du bien ou du mal. Le fétichisme n'est même pas l'idolâtrie : on adore une idole, tandis que, pour en obtenir la réalisation de ses désirs, on bat le fétiche.

Les fétiches sont parfois des figurines de bois grossièrement sculpté, couvertes de clous à tête dorée, de boutons de porcelaine, de morceaux de fer, de perles, et révélant une réelle imagination dans le genre fantastique. Ces figurines représentent généralement des monstres : une tête énorme et grotesque est plantée sur un corps minuscule; les mains sont ramenées sur le ventre, dans lequel est incrusté un miroir de pacotille. Dans le Kwango, sous la lointaine influence des Portugais, les natifs ont pour amulettes des croix de bois ou de cuivre, et même des crucifix achetés aux traitants de la côte occidentale. Mais le plus souvent, les fétiches sont beaucoup plus primitifs : une brindille d'herbe, une feuille de bananier, une branche de palmier, une plume de poule, une peau de chat sauvage, de la terre prise sur une tombe et serrée dans un morceau d'étoffe, une griffe de léopard, etc.

Chacun de ces objets a une vertu spéciale; il y a des fétiches pour faire une bonne pêche ou une bonne chasse, pour faire réussir la coulée d'un forgeron, pour obtenir une abondante récolte, pour écarter les rôdeurs, pour empêcher les canots de chavirer, pour guérir les maladies, pour rendre les femmes fidèles ou fécondes, etc. Les sorciers entretiennent soigneusement la crédulité des nègres, parce qu'ils fabriquent et vendent les fétiches et que ce commerce est lucratif.

Dans beaucoup de villages, il existe une case réservée aux fétiches publics, protecteurs de la tribu. Les indigènes ont aussi leurs dieux lares, qu'ils laissent dans leur hutte, et des porte-bonheur, qu'ils s'attachent au cou ou à la ceinture. La manière dont ils se rappellent au souvenir de ces divinités est assez singulière; ils les battent, les immergent, y plantent des clous, espérant les réveiller par la souffrance.

Croyances diverses. — Cependant la croyance aux esprits est assez répandue. Quelques indigènes du bas Congo disent qu'il y a un être suprême, le grand Nzambi. Mais leurs notions sur lui sont assez vagues; quand on leur parle de sa forme, de son pouvoir, de l'endroit qu'il habite, il ne savent que répondre : la métaphysique ne les tourmente pas. Au reste, Nzambi ne s'occupant pas de la vie journalière des mortels, ceux-ci ne lui rendent aucun culte; on ne trouve pas de trace de rites ou de cérémonies en son honneur.

Chez beaucoup de peuplades du haut Congo, on retrouve cette croyance aux esprits; mais ceux-ci, pas plus que Nzambi, ne sont jamais l'objet d'une vénération active. Des voyageurs nous ont rapporté des légendes et des mythologies rudimentaires, qui ne manquent pas d'un certain charme. Les Mongo, par exemple, croient qu'il y a un être suprême, tout-puissant et créateur de toutes choses. Il s'appelle Djakomba, a toujours existé et s'est un jour créé une compagne : il la sculpta dans un arbre, de façon à lui donner une forme humaine, puis il l'anima pour en faire sa femme. Djakomba créa ensuite la terre, les eaux, les animaux et les plantes, gigantesque travail qui dura plus de dix mille lunes. Sa femme mit au monde chaque jour plus de mille enfants, et, lorsque le monde fut suffisamment peuplé, la divinité créa le soleil, la lune et les étoiles.

La croyance à la métempsycose est très fréquente. Les Azande prétendent que le guerrier, à sa mort, passe dans le corps du léopard, avec cette particularité que, si de son vivant il était anthropophage, sous sa nouvelle forme il attaquera l'homme pour continuer d'en faire sa nourriture; dans le cas contraire, ce sera un léopard d'un caractère plus doux. Quant aux femmes, elles deviennent des serpents excessivement dangereux, etc. Les indigènes du Katanga, dit M. Brasseur, s'imaginent que le hoche-queue est un roi qui, après sa mort, a pris cette forme pour revenir sur la terre; aussi le vénèrent-ils tout particulièrement.

On a observé une infinité d'autres superstitions.

Féticheurs. — Le sorcier ou féticheur est un personnage important, dont les fonctions sont si nombreuses qu'on peut le considérer comme un des rouages essentiels de l'organisation sociale indigène. Aussi les noirs ont-ils pour lui une crainte respectueuse et exécutent-ils fidèlement ses décisions.

Dans le haut Congo, le métier de féticheur se transmet généralement de père en fils, à moins que le titulaire n'ait pas de descendant mâle, auquel cas il enseigne ses pratiques à un enfant d'adoption. Dans toute la région du bas fleuve, y compris celle des cataractes, le recrutement et l'initiation des féticheurs sont entourés de pratiques mystérieuses, jusqu'ici assez peu connues. On sait seulement qu'il y existe une corporation de jeunes gens dont les membres reçoivent une affiliation secrète et sont désignés sous le nom d'*inkimba*.

Les féticheurs portent un costume spécial, généralement de haute fantaisie, destiné à impressionner fortement les nègres naïfs. Ils se font des crinières en piquants de porc-épic et portent des masques en bois sculpté ornés de barbes en poils de chèvre, qui ne manquent pas de caractère et qui pourraient rivaliser avec ceux que confectionnent les artistes de la race jaune. Dans le Kasai, on trouve non seulement des masques couvrant le visage, mais encore d'énormes têtes creusées, que le féticheur s'enfonce jusqu'aux épaules.

Le métier des féticheurs est rémunérateur, mais il est loin d'être facile. Il s'agit, pour eux, de faire obtenir aux gens qui les consultent tout ce qu'ils désirent ou de leur persuader que leurs vœux seront exaucés; et ils sont consultés par tous et à propos de tout. Doute-t-on de la fidélité de son épouse, vite on court chez le féticheur. Une jeune femme est-elle frappée de stérilité, le sorcier intervient. Désire-t-on faire une bonne pêche ou une bonne chasse, on fait des cadeaux à ce dernier.

Le féticheur s'occupe aussi de confectionner et de distribuer les fétiches, lesquels sont, autant que possible, différents de ceux que vendent les confrères du voisinage, car il ne faut pas se faire la concurrence. L'un aura le fétiche des maladies, un autre le fétiche de la pluie, un troisième celui des tempêtes, un quatrième celui de la fidélité, etc. Enfin, le féticheur a encore d'autres attributions importantes. Il préside à toutes les cérémonies, telles que funérailles, échange du sang, etc., joue un rôle dans l'administration de la justice indigène, remplit les fonctions de bourreau et guérit les malades.

En cas de crime ou de délit, c'est le féticheur qui désigne le coupable.

Celui sur qui pèse l'accusation doit se soumettre à une épreuve ; c'est parfois l'épreuve du feu : on applique sur son corps une lame de fer chauffée à blanc ; c'est plus souvent l'épreuve de la *casque* (du portugais *casca*, écorce). La boisson appelée casque est tirée de l'écorce d'une euphorbiacée, au suc vénéneux. Selon qu'elle est plus ou moins dosée de suc, elle donne la mort ou ne provoque que des vomissements.

Le féticheur administre aussi la casque à ceux qui sont soupçonnés d'empêcher la pluie de tomber ou à ceux qui, lorsqu'un personnage de marque vient à mourir, sont accusés d'avoir jeté sur lui un mauvais sort.

L'État du Congo a cherché à mettre fin à cette coutume barbare. Un décret du 18 septembre 1896 punit de la peine de mort ou de la servitude pénale quiconque, abusant des croyances superstitieuses d'un indigène, l'aura soumis ou fait soumettre à l'épreuve du poison.

BIBLIOGRAPHIE : BAERTS : *Organisation politique, civile et pénale de la tribu des Mousouronghe.* — COQUILHAT : *Le Congo et la tribu des Bangala.* — PRÉVILLE : *Les sociétés africaines.* — DE SAGHER : *Les coutumes des indigènes de l'État indépendant du Congo* — L. VAN DE VELDE : *La région du bas Congo et du Kwilu-Niadi.*

CHAPITRE XX.

MOEURS ET COUTUMES.

Villages et habitations. — La disposition des villages dépend souvent de circonstances locales. Dans le bas Congo, où le terrain ne manque pas et où les conditions de sécurité sont aujourd'hui absolues, les cases sont largement éparpillées. Mais dans le haut fleuve les populations n'ont souvent trouvé entre celui-ci et les marais de l'intérieur qu'une étroite bande de terrain ; les agglomérations ont donc dû s'y développer en longueur. A l'équateur, elles forment ordinairement une avenue, large de huit à dix mètres, s'étendant à perte de vue. Chez les Bangala les huttes appartenant à une même famille sont rangées en demi-cercle, de façon à ménager une cour intérieure qui sert de lieu de réunion. Dans le bas Ubangi, où les peuplades ont perpétuellement à craindre des attaques, les habitations sont très rapprochées les unes des autres et les rues, perpendiculaires au fleuve, permettent une retraite rapide vers les pirogues. Dans le haut Aruwimi, toutes les huttes, de même forme et de même hauteur, tiennent les unes aux autres.

La nature met à la disposition des noirs des ressources puissantes : haies d'euphorbes, de cactus, d'acacias épineux, dont ils se servent habilement pour la défense de leurs cités. Bien plus, ils sont arrivés à créer de véritable fortifications.

Le *boma*, qui est le type principal de la forteresse, consiste en un certain nombre de troncs d'arbres plantés les uns à côté des autres, laissant entre eux des intervalles qui permettent aux défenseurs de darder leurs lances et leurs flèches sur les assiégeants. Il s'ouvre par deux ou quatre portes. Parfois, et c'est le cas pour quelques villages importants obéissant à un chef puissant, il comprend une seconde enceinte réservée au prince et à sa cour.

Les fortifications d'origine autochtone que bâtissent les indigènes du Congo procèdent toutes du boma. Cependant, du côté du Tanganika, les naturels, stylés par les Arabes, ont élevé quelques *tembe*, constructions plus solides, plus aisées à défendre, mais, par suite de leur étroitesse, moins agréables à habiter. Le tembe est une enceinte rectangulaire, généralement en pisé, rarement en pierre, dont les murs extérieurs, très solides, sont percés de meurtrières. Aux deux extrémités se trouve une herse; au milieu est ménagée une cour.

L'indigène ne demande à son logis qu'un abri contre les éléments; aussi son habitation réalise-t-elle un maximum de simplicité.

Il y a deux types généraux de cases (*shimbek*) : les constructions rondes et les constructions rectangulaires, évidemment imitées des habitations des anciens traitants. On voit celles-ci là où les noirs sont depuis longtemps en contact avec les Européens.

Les cases comprennent une ou deux pièces et n'ont d'autre ouverture qu'une porte, ordinairement de 50 centimètres de hauteur, si petite qu'on la prendrait à première vue pour une fenêtre, et que les habitants doivent parfois se coucher complètement pour rentrer chez eux. Cependant, chez quelques tribus, la porte, au lieu d'être au niveau du sol, est au faîte, et l'on se sert d'un échafaudage pour l'atteindre.

Les huttes rectangulaires sont les plus perfectionnées; il en est qui ont une véranda, formée par le prolongement du toit et appuyée sur des piliers. Mais les huttes circulaires offrent plus de variété. Leur toit conique leur donne parfois l'aspect de gigantesques éteignoirs ou de formidables pains de sucre. Dans la vallée du Sankuru, elles sont construites en forme de gobelet; dans l'Ubangi et chez les Holo, elles ressemblent à des ruches à foin; dans l'Uele, les cases des nains rappellent l'aspect d'un œuf coupé en deux.

Cependant l'architecture nègre ne se borne pas toujours à la construction de ces petites habitations. Certaines tribus élèvent de véritables palais, réservés aux chefs, et des halls immenses pour les réceptions et les assemblées publiques.

Alimentation. — La plupart des nègres se contentent, en prenant leurs repas, de boire de l'eau. Cependant ils ont imaginé, plutôt pour satisfaire leur goût que pour calmer leur soif, plusieurs boissons, parmi lesquelles il en est d'excellentes. Quoiqu'elles soient généralement peu alcoolisées, ils en absorbent de si grandes quantités qu'ils parviennent à se griser.

Les unes sont comparables à nos cidres; on les appellent *pombe, masanga*, etc. On les prépare, soit en laissant fermenter dans l'eau des tranches de bananes mûres, soit en pilant des morceaux de canne à sucre dans une auge, puis en recueillant et laissant fermenter le jus qui s'en écoule. Dans certaines régions, on connaît l'hydromel, mélange de miel et d'eau, aromatisé au moyen de quelques herbes. D'autres boissons, rappelant nos bières, sont extraites du sorgho, du maïs, de l'éleusine; on les fabrique dans toutes les régions où ces céréales sont cultivées, c'est-à-dire à l'est et au nord-est du bassin.

Mais, de toutes les boissons, la plus appréciée est le *malafu*, extrait des palmiers *raphia* et *elaïs*. Le vin de palme, lorsqu'on vient de l'extraire, a un aspect laiteux et un goût sucré d'amandes. Mais à mesure qu'il vieillit, il devient plus acide, et il suffit d'un jour, de quelques heures même, pour le faire passer à l'aigreur accentuée.

Les nègres se nourrissent de peu de chose ; le plus souvent, ils ne mangent que des légumes : bananes bouillies, fraîches ou rôties, patates douces bouillies, cuites sous la cendre ou pulvérisées. Leurs céréales, maïs, sorgho, éleusine, etc., se préparent presque toujours en bouillie. C'est la chickwangue, ou pain de manioc, qui forme la base de leur alimentation.

Généralement ils aiment le poisson : il n'est pas de population habitant à proximité d'un lac ou d'une rivière qui ne se livre à la pêche. Cependant la viande est leur mets préféré. Aucun animal ne leur répugne : ils mangent des chiens, des serpents, des œufs de crocodiles, des vers blancs, des termites et des chenilles.

Mais de tous les aliments, le plus recherché, dans un grand nombre de tribus du haut Congo, est l'être humain, chassé, capturé et vendu comme viande de boucherie.

A notre avis, l'anthropophagie est avant tout d'origine physiologique : elle est née de la faim, du besoin de se procurer de la chair. Si elle existe dans des pays riches, où la nourriture tant végétale qu'animale abonde, il ne faut en accuser que l'instinct de l'imitation, qui a amené une véritable perversion du goût. Il est aujourd'hui reconnu que le cannibalisme est pratiqué dans tout le bassin, du Stanley-Pool au Tanganika, de l'Uele aux sources du Lualaba.

Les Bateke, dit M. Guiral, proclament la chair humaine «extraordinairement savoureuse» et n'abandonnent jamais sur le champ de bataille le corps d'un ennemi, dont le nom est, dans leur langue, synonyme de « gibier ».

Certaines peuplades n'ont d'autre occupation que la chasse à l'homme; M. Delcommune nous apprend que les Mongo ou Balolo s'adonnent à ce négoce odieux. Ils se procurent les esclaves destinés au couteau au moyen de razzias faites dans les territoires des tribus voisines, qui sont moins fortes et moins bien armées qu'eux, ou bien par des achats et des échanges. La plupart de ces malheureux sont expédiés dans l'Ubangi, où on les troque contre de l'ivoire et d'autres produits. A certains jours il se tient sur le bord de la rivière de véritables marchés, où l'on expose en vente un grand nombre d'indigènes destinés à être mangés.

Mgr Augouard fournit de nombreux détails sur le cannibalisme des riverains de l'Ubangi. Il ne se passe pas de jour que l'un ou l'autre village n'immole une victime destinée à faire les frais d'un festin. Les prisonniers faits à la guerre sont immédiatement consommés : l'échange de captifs n'est pas connu, chacune des parties préférant manger ses prisonniers. Il n'y a pas d'esclaves, parce qu'ils sont aussitôt dévorés qu'achetés; cependant, aux sujets maigres, on accorde un sursis de quelques mois *pour se refaire la santé*.

Les Bangala mangent leurs prisonniers et leurs esclaves. Pour eux, la chair humaine est un aliment noble. L'homme, disent-ils, est *une viande qui parle*. M. Coquilhat nous a fait le récit d'une exécution à laquelle il a assisté : le chef fit d'abord casser les bras et les jambes de la victime ; il la fit ensuite tremper toute la nuit, encore vivante, dans le fleuve, la tête seule émergeant de l'eau, afin de pouvoir enlever plus facilement l'épiderme. Au point du jour, on décapita le malheureux, puis on l'écorcha.

Les Bapoto sont, eux aussi, grands mangeurs d'hommes. Ils dépècent et débitent les corps de leurs victimes avec l'adresse de parfaits bouchers. Il arrive souvent, dit M. Van Mons, que le malheureux destiné au couteau soit exposé en vente au marché. Il se promène de long en large, et les amateurs, qui viennent l'examiner, désignent les parties qu'ils préfèrent, qui un bras, qui une cuisse, la poitrine ou la tête. On circonscrit au moyen de lignes de terre colorée les sections achetées. Quand le corps entier est vendu, on abat le malheureux.

Tel est le goût des Basoko pour la chair humaine, qu'ils mangent même leurs morts. Le plus souvent ils découpent le corps en menus morceaux qu'ils enfilent sur un bâton et qu'ils sèchent en les exposant au-dessus du feu. Ils font également mariner la « viande » dans des pots et en fondent la graisse.

Le nom que les indigènes de certaines régions donnent à l'homme « comestible » est celui de *nyama*, viande. De là le surnom de Niam-Niam, mangeurs de viande, donné aux Azande, si grands amateurs de chair humaine. Ils se font gloire de cette coutume, dit Schweinfurth. Leurs ménestrels chantent, en même temps que les hauts faits des guerriers, les festins faits avec la chair de leurs victimes, qu'ils proclament « extraordinairement savoureuse », surtout quand elle a passé une nuit dans l'eau.

Chez les Mombutu, les cadavres des ennemis tombés sur le champ de bataille sont immédiatement répartis entre les vainqueurs et découpés en longues tranches qu'on fait bouillir et qu'on emporte en guise de provisions de bouche. Les prisonniers sont amenés au village, parqués comme de vrais troupeaux et réservés pour les besoins futurs. Les enfants sont considérés comme une friandise et destinés à la cuisine des chefs.

Les Manyema sont d'une anthropophagie plus révoltante encore. Ils n'aiment que les corps « faisandés ». Ils les font macérer dans l'eau vive jusqu'à ce que les chairs soient presque putréfiées, et les dévorent sans plus de préparation.

Tous les explorateurs du Congo sont unanimes à constater la pratique de la monstrueuse coutume dans le bassin entier, et plusieurs d'entre eux font cette observation sensationnelle que l'anthropophagie paraît plus générale et plus invétérée chez les tribus qui se distinguent par un certain progrès social. Ainsi, les Mombutu, qui possèdent déjà quelque culture intellectuelle et une organisation politique assez bien ordonnée, sont en même temps des cannibales féroces. D'autres, dit le Dr Hinde, qui hier n'étaient pas des cannibales, le sont devenus ou le deviennent, grâce à leurs relations plus fréquentes avec leurs voisins, car, depuis l'entrée des Européens dans le pays, les voyageurs circulent plus facilement et avec plus de sécurité.

Par quel moyen arrivera-t-on à la suppression du cannibalisme? Il ne faut pas se faire d'illusion, — et ceux qui ont l'expérience des choses africaines ne s'en font pas, — les moyens violents ne sauraient aboutir. Selon nous, l'on devra d'abord s'attaquer à la cause initiale du mal, qui est la faim, et développer l'élevage du bétail jusqu'à ce que les natifs puissent se procurer une nourriture animale en quantité suffisante. Mais, nous ne nous le dissimulons pas, ce remède ne sera complètement efficace que si l'on arrive à transformer progressivement l'état social des populations congolaises, en multipliant les centres de civilisation : ce sera l'œuvre des agents de l'État et surtout du commerce privé.

La toilette. — En général les indigènes semblent attacher à leur costume moins d'importance qu'à leur coiffure, à leurs tatouages, à leur denture, aux peintures qu'ils se font sur le corps et aux parures de toute espèce.

Certaines déformations artificielles sont presque générales : l'épilation, l'arrachement des cils et des sourcils, l'extraction et le bris des dents. D'autres ne sont que fréquentes ; par exemple, l'allongement du lobe de l'oreille, qui est alors percé et reçoit comme ornement un morceau de bois, une vieille douille de cartouche, des dents de fauve, etc. Certaines peuplades du haut fleuve se passent des cordes dans les cartilages des oreilles et du nez. On a vu, dans la haute Busira, des indigènes qui avaient un tablier naturel obtenu par l'étirement continu de la peau de l'abdomen. La coutume de déformer la tête chez les enfants en la comprimant a été souvent signalée.

L'usage du « pelele », petit disque de bois ou d'ivoire introduit dans la lèvre supérieure, est singulièrement réparti : sa frontière occidentale, qui, en certains points, ne correspond à aucune grande division de peuplades, suit une ligne sinueuse touchant le haut Ubangi, contournant le pays des Azande et des Mombutu, poussant une pointe jusqu'au Lualaba, aux Stanley-Falls et longeant la ligne des lacs jusqu'au Shire.

Partout où les nègres sont depuis longtemps en relation avec les commerçants européens, le costume indigène tend à disparaître. On y voit un bizarre mélange de vieilles hardes et de guenilles abandonnées par les blancs. Mais lorsqu'on s'avance vers l'intérieur, on trouve un costume original, qui est le pagne. Dans les régions où les blancs ont introduit leurs articles d'échange, il consiste en un morceau de cotonnade importée, dont la couleur et les dessins varient avec la mode.

Le pagne qu'on rencontre le plus souvent est une pièce de tissu indigène, parfois coloré, orné de dessins rouges ou noirs, ou entouré de franges. Il s'attache à la ceinture comme un tablier, ou bien est passé entre les jambes et retenu, devant et derrière, par une corde qui serre la taille. Chez quelques peuplades, il consiste en un certain nombre de ceintures à longues franges; les femmes bangala, par exemple, se superposent dix, quinze et vingt de ces jupes, ce qui leur donne un peu l'allure de nos ballerines. Quelques tribus ignorent le tissage et se font des pagnes d'écorces battues. D'autres, comme les Azande, qui se livrent presque exclusivement à la chasse, se vêtent de peaux de bêtes et laissent descendre la queue jusqu'à mi-jambe.

La toilette et le luxe des habillements sont l'apanage du sexe fort; le costume des femmes est généralement plus sommaire. Ainsi, dans le haut Ubangi, les jeunes filles n'ont, pour tout vêtement, qu'une ceinture faite de deux ou trois crins d'éléphant noués bout à bout ou de quelques fibres.

Cependant il est peu de régions où hommes et femmes soient tout à fait nus ; des voyageurs assurent même que plus la pénétration européenne s'accentue, plus on voit les noirs soucieux de se couvrir le corps. Selon eux, cela serait dû au sentiment naissant de la pudeur, plutôt qu'à l'instinct de l'imitation.

Les Congolais apportent beaucoup de soin à la toilette de leur tête.

Presque partout, les cheveux sont graissés à l'huile de palme et parsemés d'une poudre rouge appelée ngula. La façon de les porter varie selon les tribus ; rarement ils sont rasés ; parfois ils sont coupés courts ; le plus souvent ils sont divisés en nattes et tressés ; en bien des endroits ils sont même réunis en chignon.

Il existe des modes très singulières. Ainsi, dans le haut Ubangi, les jeunes filles sango et bongo portent des cheveux postiches, ceux d'une morte ou d'une prisonnière, qu'elles s'attachent si habilement que des Européens s'y tromperaient ; ou bien elles se contentent de prolonger leur chevelure par une multitude de fines cordelettes. Leur tresse prend alors des dimensions extraordinaires, jusqu'à 2 ou 3 mètres, et pèse 10 et 15 kilogrammes ; elles l'enroulent en boule et la serrent dans un filet qu'elles portent suspendu à l'épaule ou sur la tête. La même coutume se retrouve chez les élégantes mongwandi ; seulement, à la hauteur de la ceinture, elles tournent les cordelettes autour d'un bâton, de façon à former un gros paquet qu'elles portent constamment dans leurs bras et qui, la nuit, leur sert d'oreiller.

Les coiffures constituent, de même d'ailleurs que les tatouages, des signes ethniques différenciant les tribus.

La pratique du tatouage est très répandue et varie à l'infini : tel individu se contente d'un signe sur le front ou sur la poitrine, tandis que d'autres ont le corps couvert de dessins, de la tête à la plante des pieds. Le désir de s'orner, d'être remarqué, de plaire est probablement la principale cause de cette coutume; il faut y ajouter le besoin de créer une marque indélébile permettant aux hommes d'une même tribu de se reconnaître. C'est ainsi qu'on peut distinguer deux espèces de tatouages : les tatouages de race et les tatouages de fantaisie. Les premiers, qui se font généralement sur la figure, sont les mêmes pour les hommes et pour les femmes. Ils consistent en lignes, pois, loupes, excroissances diverses, présentant des dispositions traditionnelles [1].

Les tatouages décoratifs présentent une plus grande variété. Parfois ce ne sont que des cicatrices couturant le dos, la poitrine, les épaules, formant des bourrelets de chair ou des tuméfactions semblables à de larges brûlures. Le plus souvent, ce sont de capricieuses arabesques, des pois alternant avec des feuilles de palmier, des représentations d'emblèmes. Les tatouages servent encore à rappeler des événements mémorables : nubilité, mariage, premier, deuxième, troisième enfant, fin des allaitements, etc. Au bout de quelques années de séjour au milieu des noirs, on arrive même aisément à lire sur eux toute leur biographie : leur lieu d'origne, par qui ils ont été achetés, vendus, rachetés, etc.

Il faut un temps assez long pour qu'un tatouage

---

[1] Voir pour plus de détails sur les coiffures et les tatouages, le chapitre XVIII.

réussisse : on l'applique petit à petit et par parties, dès que l'enfant a atteint l'âge de cinq à six ans. Il est obtenu, tantôt par des entailles pratiquées à l'aide d'un couteau, tantôt par des piqûres faites avec une épine ou une fine aiguille. On l'entretient en y injectant quelque substance irritante, quelque liquide corrosif qui produit des boursouflures : soit du jus de citron, soit du suc de rocouyer, soit encore de la poudre de chasse.

Quelques objets de parure méritent d'être signalés. Beaucoup de noirs portent des brassières et des jambières en fer ou en cuivre, sur lesquelles sont gravées d'innombrables figures. Au cou, ils ont une variété infinie de colliers de perles, de cauris, de lamelles de dents d'hippopotame, de cuivre, de fer, de plumes, de graines, etc. Des colliers de femme, en cuivre massif, atteignent un poids de 12 à 15 kilogrammes. M. Van Gèle a pesé les parures d'une dame nègre de l'Équateur : il y en avait près de 29 kilogrammes.

Les colliers de dents humaines se rencontrent chez les populations cannibales. Les guerriers seuls arborent cet atroce tour de cou : plus ils ont de dents d'hommes, plus ils sont fiers et plus ils sont admirés, car le nombre de ces dents est un indice du chiffre de leurs victimes.

BIBLIOGRAPHIE : Outre les relations de voyages cataloguées à la suite des chapitres II, III et V, et les nombreux articles sur les mœurs et coutumes publiés par le *Mouvement géographique*, le *Congo illustré*, la *Belgique coloniale*, le *Bulletin de la Société d'études coloniales* et les publications du Cercle africain, nous signalerons encore : VON DANCKELMAN : *Kalamba*, etc. — FUCHS : *Mœurs congolaises*. — GOBLET D'ALVIELLA : *Croyances religieuses des peuples du Congo*. — MERLON : *Les noirs ; mœurs, législation, croyances, superstition*.

CHAPITRE XXI.

AGRICULTURE, INDUSTRIE ET COMMERCE INDIGÈNES.

A. AGRICULTURE.

Presque partout les naturels travaillent le sol. Chaque village est entouré de champs de bananiers, de manioc, de patates, d'ignames, d'arachides, de maïs, de sorgho, de riz, de millet, d'éleusine, etc.

A côté de ces plantations on trouve d'autres végétaux utiles, cultivés sur une moins grande échelle : des légumes, tels que les haricots, dont les plus réputés sont les haricots foncés des Falls et les haricots du Kasai; des plantes à fumer, le tabac et le chanvre; la canne à sucre de Java, à tige violette, et de Bourbon, à tige jaune, qu'on cultive pour la mâcher ou pour en faire une boisson.

Le plus souvent, pour préparer de nouveaux terrains de culture, on défriche successivement diverses parties de la forêt, en laissant, sur les confins de chacune d'elles, des rideaux d'arbres d'une certaine épaisseur : il se forme ainsi une suite de clairières et de massifs boisés qui donnent au pays l'aspect d'un vaste parc.

On rencontre parfois de belles plantations savamment conduites, couvrant des centaines d'hectares; les indigènes, ne se contentant pas de cultiver une seule espèce sur le même terrain, font même de véritables cultures combinées : ils sèment à la fois du maïs et du sorgho, qui mûrissent et sont récoltés à des époques différentes.

Au point de vue agricole, l'État se divise en deux parties, dont le mode d'alimentation diffère sensiblement. Les tribus qui occupent les territoires occidentaux (Bateke, Bangala, etc.) se nourrissent plutôt de manioc, de patates et d'ignames ; celles qui habitent les régions orientales et le nord cultivent surtout les céréales. En d'autres termes, on peut dire que, d'une façon générale, les indigènes soumis à des influences musulmanes, anciennes ou récentes, sèment des graminées, tandis que les peuplades placées en dehors de l'action des Arabes ont conservé leur alimentation primitive.

Dans toutes les parties du pays, de l'océan au Tanganika, du pays des Azande au Katanga, les voyageurs ont signalé des plantations de bananiers ; deux espèces sont cultivées : la banane d'argent et la banane plantain.

Le manioc est la plante alimentaire par excellence : une plantation d'un hectare peut nourrir de 40 à 50 personnes pendant un an ; on en fait la chickwangue. Il en existe deux variétés dont l'une est très vénéneuse, à cause de l'acide cyanhydrique contenu dans l'enveloppe de sa racine ; mais, comme ce poison est très volatil, on s'en débarrasse assez facilement.

La patate douce occupe partout des champs plus étendus que le manioc, sans cependant avoir la même importance : ses applications culinaires sont moins nombreuses, elle est moins nourrissante et se conserve moins bien.

Il y a plusieurs espèces d'ignames ; la plus répandue est l'igname ailée ; on rencontre fréquemment aussi l'igname à bulbes aériens. L'igname ressemble à notre pomme de terre, et quelques voyageurs, notamment Schweinfurth, la trouvent délicieuse; elle est aisée à cultiver et d'un bon rapport. Cependant elle n'est estimée dans aucune partie du pays au même titre que les autres plantes formant la base de l'alimentation; aussi nulle part ne la plante-t-on sur de grandes étendues : on n'en trouve que quelques pieds autour des villages.

Le fruit de l'arachide, ou pistache de terre, donne de 36 à 45 p. c. de son poids d'une huile qui, obtenue par compression à froid, est comestible et rappelle le goût des haricots verts. L'arachide du Congo, qui est la plus estimée, a aussi le rendement le plus élevé : de 80,000 à 100,000 hectolitres à l'hectare. Elle est cultivée principalement dans le bas Congo, au Katanga et au lac Tanganika.

Ainsi que nous l'avons dit, ce sont surtout les régions septentrionales et orientales qui produisent les céréales. Cependant le maïs se rencontre partout; son aire de dispersion n'est pas limitée comme celle des autres plantes alimentaires de la même famille, sans doute à cause de ses qualités de résistance, de sa facilité de culture et de sa croissance rapide. Les noirs considèrent le maïs comme une plante de luxe, qui leur procure des friandises précieuses, de nature à rompre un peu la monotonie de leur régime.

L'espèce de sorgho que l'on rencontre le plus souvent a une graine blanchâtre, avec un point plus sombre; le *sorgho incarnado* des Portugais, dont la graine a une teinte rougeâtre, est très répandu dans le Katanga.

Au point de vue de la richesse en fécule, le riz est la première des graminées; cependant les indigènes ne le prisent guère et assurent qu'il ne fait que passer dans le corps, sans le nourrir ni le fortifier; en réalité il a surtout, à leurs yeux, l'inconvénient d'exiger certains soins de culture. Le riz pousse dans les plaines irriguées; mais des variétés connues sous le nom de riz de montagne ont été introduites et sont cultivées dans les régions pluvieuses. Le Congo doit ses rizières aux Arabes : on sn voit partout où ceux-ci s'établissent à demeure.

Le millet et l'éleusine, dont on fait des bières, ne forment qu'un faible appoint pour l'alimentation. Le premier ne se rencontre guère que dans les régions excentriques de l'Uele, du Tanganika et du Katanga. Quant à l'éleusine, c'est la céréale des régions à sol pauvre; certaines tribus azande en possèdent de vastes champs.

B. — INDUSTRIES.

Bien que les peuplades du Congo vivent encore à l'état barbare, elles ne laissent pas d'avoir une industrie, intéressante à un double titre : d'abord, parce qu'elle est née sur place, grâce aux seuls efforts de l'artisan indigène, et qu'elle n'a presque rien emprunté à l'étranger; ensuite, parce qu'elle décèle souvent une préoccupation de l'ornementation bien faite pour nous surprendre.

On voit, notamment dans le Kasai, des artistes sculpter le bois et confectionner des coupes, des masques de féticheur et des figurines-fétiches; ces dernières, qui représentent des hommes ou des animaux, sont caractérisées par un réalisme et un souci du détail étonnants. Les ivoiriers fabriquent beaucoup d'amulettes, figurant souvent des personnages accroupis; dans le bas fleuve, ils sculptent aujourd'hui l'ivoire sur commande. Les peuples du sud incrustent leurs fers forgés de cuivre rouge; ceux du nord de l'équateur ont une prédilection pour la ciselure et les fines découpures de métal.

Les industries extractives s'excercent sur une grande échelle; elles produisent, par des procédés naturellement très primitifs, du fer, du cuivre et du sel en assez grande quantité. Mais c'est surtout dans les industries manuelles que les naturels montrent une habileté et un savoir-faire extraordinaires, à tel point que beaucoup d'ouvriers européens ne pourraient, avec les mêmes outils rudimentaires, les surpasser ni même les égaler.

Le fer et le cuivre. — L'extraction du fer n'est pratiquée que par quelques tribus qui se sont, en quelque sorte, réservé le monopole de cette industrie. Lorsque le minerai n'est pas à fleur de sol, on creuse des fosses de 1 mètre à 1^{m}50 de diamètre, et dont la profondeur ne dépasse ordinairement pas 3 mètres; parfois ces puits sont réunis par des galeries établies à hauteur d'homme. Les paniers contenant le minerai sont déposés dans des mares d'eau; on les agite violemment, afin de dégager l'argile. Le minerai est ensuite placé, avec du charbon de bois, dans des fourneaux coniques garnis intérieurement de terre glaise : on allume et on active la combustion par le jeu d'un soufflet. Le métal fondu est recueilli dans un canal rempli de sable creusé pour le recevoir et où il se solidifie : c'est un fer spongieux, assez fruste, qu'il faut battre pour l'expurger. Ce ne sont pas ceux qui fabriquent le fer qui le travaillent pour en faire des outils : les lingots sont vendus aux forgerons des peuplades voisines.

L'extraction des minerais de cuivre se pratique, dans le bas Congo et au Katanga, dans des excavations à ciel ouvert ; il est assez rare que les mineurs creusent des puits. Au Katanga, dit le lieutenant Brasseur, lorsqu'il y a une quantité suffisante de minerai, on en remplit de grands pots en terre ; ceux-ci sont placés sur des fourneaux et leur contenu est chauffé jusqu'à ébullition ; après un premier nettoyage, on recommence la même opération, mais cette fois dans des pots plus petits et d'un maniement plus facile ; dès que le minerai est de nouveau en ébullition, on le verse sur une pierre entaillée d'une croix de Saint-André ; après refroidissement, on retourne la pierre pour faire tomber ce qu'on appelle une croisette.

Le sel. — Le sel, qui est un produit des plus recherchés, constitue une marchandise d'échange de grande valeur et, parfois, un étalon monétaire.

Dans la région des grands lacs, où existent de petits étangs salés, on se le procure soit en recueillant les couches blanches délaissées sur les bords par suite de l'évaporation, soit en faisant bouillir l'eau saturée de sel. A Moashia, où les grands cristaux de chlorure de sodium abondent, les indigènes, armés d'un coquillage, se contentent de racler la surface du sol à la saison sèche. Les habitants des environs de Mpala ont détourné deux ruisseaux fortement salés et ont établi sur leurs bords, dans des prairies, des espèces de marais salants, où l'eau coule et s'évapore sous l'action du soleil, en laissant le sel sur la terre.

Au sud de Nyangwe, le mode de fabrication est fort simple ; on emplit de terre saline un entonnoir, au fond duquel se trouve un coussin d'herbes, et l'on y verse de l'eau bouillante ; le sel, dissous, tombe avec l'eau dans un récipient ; ce liquide est évaporé et le résidu, un sel impur et boueux, contenant beaucoup de salpêtre, est mis en pains coniques.

Rendus ingénieux par la nécessité, les indigènes, dans les contrées dépourvues de dépôts salins, mais où croissent certaines plantes aquatiques, se procurent le condiment nécessaire à leur cuisine par l'incinération de ces végétaux.

Armes. — Il faut attribuer à l'incroyable patience du forgeron indigène les résultats surprenants auxquels il aboutit, principalement dans la confection des armes, résultats qu'on peut constater en examinant les belles collections que les voyageurs ont rapportées et dont il y a surtout de remarquables séries au musée ethnographique de Berlin et au musée de Tervueren. Ces armes, fabriquées en vue de la guerre ou de la chasse, sont : le bouclier, la lance, le javelot, la sagaie, les arcs et les flèches, les couteaux et les haches.

Les boucliers sont généralement de grandes dimensions. Celui des Wangata, riverains de l'embouchure du Ruki, compte parmi les plus élégants : étroit et long, fait de fibres de jonc tressées, il est bordé de peau de chèvre blanche ou noire et agrémenté de jolis dessins. Celui des Bangala est plus bombé et plus lourd. Dans le haut Ubangi, il est orné de peintures noires et de plumes, de peaux de bête ou de grelots en fer. Le bouclier des Azandé est en rotin et couvre les deux tiers du corps. Enfin, chez les Mombutu, ce n'est qu'une planche rectangulaire et peu solide, renforcée par des coutures de rotin.

Presque partout, on trouve la lance à armature de fer. A l'Equateur elle est souvent remplacée par une simple perche dont l'un des bouts est effilé et durci au feu. Chez les Bangala, le fer se termine à sa base par un renflement ciselé. Dans l'Ubangi, les lances ont un certain cachet artistique : le fer est long, la hampe très travaillée, sculptée sur une petite étendue, entourée de fer ou de cuivre.

Les arcs et les flèches sont les armes de prédilection des populations de l'intérieur. Les flèches sont longues ; dans le Ruki, elles atteignent jusqu'à 1^{m}50. Dans le haut Ubangi, on en trouve qui sont des chefs-d'œuvre de finesse ; le fer, délicatement barbelé, est fixé sur un léger roseau par une ligature en caoutchouc ; c'est par milliers que ces flèches se dépensent en temps de guerre. Les flèches empoisonnées sont surtout employées par quelques tribus sylvaines. Ceux qui en sont atteints meurent au bout de quelques heures.

Les couteaux affectent des formes des plus intéressantes. Ceux des Wangata ont un large fer, en forme de feuille, une poignée et une gaine de bois, et sont suspendus par un baudrier de peau. Chez les Bangala, on trouve, pour les exécutions, un couteau en forme de large cercle. Les Mongwandi confectionnent de jolies poignées de cuivre massif. Les Azande se servent avec beaucoup d'adresse du couteau à lancer, qui a plusieurs branches découpées en folioles ; il est connu dans toute la région septentrionale du Congo, jusqu'au lac Tshad. Le couteau mombutu, en forme de spatule ou de faucille, a un manche renforcé d'une crosse cylindrique en bois. Les couteaux sont d'une grande abondance dans le Kasai : les Bakuba les rehaussent souvent d'incrustations de cuivre ; il en est dont l'aspect est très séduisant : la poignée est garnie de laiton et la lame est en cuivre rouge ciselé.

Parmi les produits de l'industrie du forgeron, les haches peuvent prendre la place d'honneur. Ce sont tantôt des instruments de guerre ou de travail, tantôt des insignes réservés aux chefs et aux notables. Les haches de fer ouvragé, que confectionnent les Zappo-Zap peuvent concourir avec nos plus habiles ferronneries d'art. Les haches en cuivre des Bakuba sont peut-être plus brillantes, mais d'une moindre valeur ethnographique.

L'introduction des armes à feu amènera la disparition des armes indigènes ; les Arabes disent, dans leur langage énergique, que « le fusil est le sultan de l'Afrique ». Les nègres ne l'ignorent pas et s'imposent les plus grands sacrifices pour acquérir ce précieux objet.

Instruments de musique. — Les artisans indigènes ont atteint un certain degré de perfection dans la fabrication des instruments de musique. Les tambours revêtent les formes les plus diverses et sont de toutes dimensions ; il en est de minuscules, sur lesquels s'exercent les enfants ; il en est qui atteignent 5 ou 6 mètres. Les tam-tams sont parfois énormes : toute une section du tronc d'un géant de la forêt est évidée ; une rainure longitudinale, coupée souvent d'une rainure transversale, divise l'instrument en deux ou quatre parties donnant deux ou quatre sons. Les natifs manient cet instrument avec une vélocité étonnante et s'en servent pour correspondre au moyen d'un langage frappé très complet. Le xylophone ou claque-bois consiste dans une rangée de lames de bois, parfois de fer, placées sur un châssis.

Les instruments à vent sont assez répandus ; partout on trouve des trompes de bois, de corne ou d'ivoire, des sifflets, des ocarinas et des pipeaux.

Les luthiers fabriquent des instruments d'une grande délicatesse. Tout autour de la grande forêt, on trouve la *marimba*, caisse de résonnance portant à sa partie supérieure une demi-douzaine de lames de fer ; en promenant les doigts sur les touches, on produit une série de sons, un peu aigrelets, échelonnés et qui constituent une espèce de gamme; chez les Basoko, la *marimba* se fabrique souvent avec la calotte d'un crâne humain en guise de boîte d'harmonie. La guitare se rencontre chez les Bateke ; elle est formée d'une caisse grossièrement taillée, de laquelle partent autant de manches que de cordes : c'est assurément le modèle le plus primitif de cet instrument.

Les tissus. — Toutes les tribus n'ont pas une égale adresse dans la confection des tissus. Vers la côte cette industrie est en décadence, les naturels trouvant aisément à se procurer des étoffes dans les factoreries, où l'on débite des tissus de grande largeur, alors que les métiers indigènes ne produisent que des fragments de la dimension des fibres, soit 75 centimètres.

Les tisseurs indigènes montrent une grande dextérité. Ils parviennent, par des changements spéciaux de la trame, à produire des dessins dans leurs étoffes. Ils n'ont que quatre teintes à leur disposition : le noir, le rouge, le brun et le jaune, qui est la couleur naturelle de la fibre. Le noir est obtenu de deux manières : on enfouit les fibres dans une argile noire et on les y laisse séjourner quelques jours; ou bien on les fait bouillir dans une eau où macèrent les feuilles de certains végétaux. La teinture rouge est fournie par le *Pterocarpus santalinoïdes*. Enfin, au moyen de ce rouge mélangé au noir, on obtient un ton lie de vin.

Dans quelques tribus on imprime les tissus; les impressions sont simples, représentent des lignes brisées, des losanges, des carrés, des triangles. Les Basongo-Meno du Sankuru et quelques peuplades de la haute Lukenie fabriquent des étoffes de luxe vraiment remarquables, analogues à nos velours frappés.

Vannerie. — L'art de la vannerie n'est pas moins intéressant et l'on peut dire que les natifs y excellent. Les végétaux qu'ils utilisent à cet effet sont le palmier, le bananier, le papyrus et l'herbe.

La première application que firent les indigènes des feuilles de palmier fut la *mutete*, qu'il se posent sur la tête et sur laquelle il placent tout ce qu'ils ont à transporter. Vient ensuite, comme objet de première nécessité, le tamis servant à passer l'huile de palme. Les fibres de palmier servent encore à confectionner des peignes et des tambours de danse.

Le bananier produit des filaments textiles qui ont surtout l'avantage de bien prendre les teintures végétales. On les utilise dans la confection des ouvrages délicats, principalement des hottes et des bonnets.

Le papyrus s'emploie pour la fabrication des nattes de repos et pour tapisser l'intérieur des huttes. Enfin, les herbes servent à faire les paniers de toutes formes et de toutes dimensions que l'on trouve dans la plupart des villages : ils présentent parfois une maille si serrée qu'ils sont parfaitement étanches et qu'on peut s'en servir pour puiser de l'eau ou conserver un liquide quelconque.

C. — COMMERCE.

Aptitudes commerciales. — L'indigène de l'Afrique est né commerçant, déclarait Stanley à la Conférence de Berlin. De son côté, M. R. Hartmann estime que les Africains de diverses nationalités paraissent nés pour le commerce. L'explorateur français Du Chaillu exprime la même opinion : ce sont de grands commerçants, dit-il, et si les fleuves s'ouvrent un jour librement aux spéculations des blancs, leur passion pour le commerce aura bientôt développé les abondantes ressources du pays.

Tous les voyageurs et tous les résidents ont constaté que le nègre du Congo a cette passion du négoce à un degré supérieur. C'est un commerçant habile, retors, parfois entreprenant, qui a toutes les ruses et toutes les malices. S'il achète, il marchande pendant des heures le moindre objet. S'il vend, il débat longuement le prix de sa marchandise. La plupart des tribus sont en rapports d'affaires entre elles et pratiquent le commerce avec les blancs.

Dans bien des rivières, les steamers sont suivis presque chaque jour par des indigènes en canot, sollicitant les passagers par des offres de produits de toute espèce. Le même spectacle se présente sur les rives : au passage des bateaux, les places de débarquement se couvrent d'une foule sympathique qui montre des tissus du pays, du bois de chauffage, des chèvres, des poules, des bananes, du manioc, etc. Cette ardeur pour le trafic aura une grande influence sur la rapide évolution qui se produit dans le bassin du Congo.

Les marchés. — Une autre preuve de l'intelligence commerciale des noirs, c'est le développement donné partout à l'institution des marchés. Ceux-ci fonctionnent à jour fixe, suivant un roulement bien organisé. Stanley dit que dans le haut Congo, entre Nyangwe et les Falls, il a vu des marchés tout le long du fleuve, à des intervalles d'environ une lieue. Livingstone vante les marchés du Manyema : « Il y en a toutes les trois ou quatres lieues, dit-il, et l'on y vient de très loin ; car c'est une institution féminine non moins entrée dans les mœurs que chez nous de courir les boutiques... » Ajoutons que sur tous les sentiers fréquentés on rencontre des petits marchés, où les indigènes trouvent toujours chickwangue, légumes, fruits et malafu.

C'est au marché que les noirs échangent les produits de leur sol, de leur chasse, de leur pêche ou de leur industrie. Il n'est pas rare de voir s'y rendre des caravanes nombreuses, venant de très loin, franchissant des distances de 25 à 50 lieues; ou bien des flottilles de 10 à 20 pirogues, fortement chargées, ayant accompli un voyage de plusieurs mois.

Les marchés se désignent ordinairement par le nom du jour où il se tiennent, suivi des noms du village et du chef qui l'approvisionnent. L'emplacement choisi se trouve le plus souvent à une certaine distance des habitations. Il est défendu d'y venir en armes. L'ordre est sévèrement maintenu par un des chefs de village, délégué par ses collègues. Il règle les différends et, en cas de contestation, met les parties d'accord en fixant lui-même la valeur du produit.

Les marchés importants sont bien ordonnés : chaque catégorie de commerçants a sa place marquée, l'occupe depuis de longues années et la conserve sans se permettre le moindre changement : ici, les poteries ; là, le sel, dans de longs paniers en feuilles de palmier tressées; plus loin, la poudre, les amorces, les pierres à fusil; puis, les légumes, la viande, le poisson fumé, le tabac, la vannerie, les étoffes, et, au point le plus animé, dans des calebasses pansues, le malafu, dont les indigènes s'offrent d'amples rasades.

C'est au marché que se vendent les esclaves. L'acheteur les examine de la tête aux pieds, exagérant le moindre défaut, afin d'obtenir une diminution de prix. Ordinairement, ils proviennent de razzias faites dans les villages voisins. Fréquemment aussi, ils sont mis en vente à la suite de quelque larcin qu'ils ont commis : en effet, en vertu du droit coutumier, celui qui a été volé par un esclave a le droit d'être indemnisé par son propriétaire; faute de quoi, l'esclave lui appartient de plein droit. Est-il besoin de dire que le commerce du bétail humain tend à disparaître partout où se manifeste l'influence européenne?

Les marchés tiennent une place essentielle dans la vie des peuplades congolaises : ce sont non seulement des rendez-vous d'affaires, mais encore des lieux neutres où s'échangent les nouvelles, où s'agitent les questions politiques, où se règlent pacifiquement les contestations.

Unités monétaires. — Une autre preuve tout à fait extraordinaire des dispositions des indigènes pour le commerce se trouve dans ce fait que partout ils ont créé entre eux de véritables unités monétaires. Ils n'en sont plus au troc en nature; rarement on peut échanger directement un objet d'Europe contre une marchandise quelconque exposée en vente au marché : il faut se procurer l'équivalent de l'objet d'Europe en monnaies de la région, opération qui s'exécute à l'intervention de changeurs qui fonctionnent sur tous les marchés importants.

L'étalon monétaire varie d'une contrée à l'autre, suivant la richesse des populations, leurs besoins ou le goût du jour. Les principales monnaies indigènes sont le laiton, le cuivre, les étoffes, les perles et les coquillages. Il y a aussi la monnaie de fantaisie, d'un usage moins général : dans le Kwango, le petit cube de caoutchouc; aux Falls, au Lualaba, au lac Albert et dans le Manyema, la houe de fer. L'esclave sert parfois d'unité monétaire conventionnelle; par exemple, une pointe d'ivoire vaudra un nombre déterminé d'esclaves et l'acheteur remettra au vendeur leur équivalent en marchandises.

Les bâtonnets de cuivre ou de laiton appelés *mitakos* constituent la monnaie la plus répandue. Ce sont des fils de 2 millimètres d'épaisseur et dont la longueur varie suivant les régions ; elle est de 18 centimètres dans le bas et atteint 52 centimètres aux environs des Stanley-Falls. Au Katanga, on se sert de lingots de cuivre, en forme de croix de Saint-André, d'un poids qui dépasse 1 kilogramme et qui font penser à la célèbre et incommode monnaie des Spartiates.

Les étoffes européennes, qui ont pris partout la place des tissus indigènes, sont d'un usage courant. On pourrait, à cause de leur prix plus élevé, les appeler l'étalon monétaire proprement dit, tandis que les autres ne seraient que le billon. L'inconvénient de cet article d'échange, c'est qu'il subit une assez grande dépréciation quand il est abondant sur le marché ; d'autre part, sa valeur subit le contre-coup des fluctuations de la mode : il arrive souvent qu'un dessin nouveau ou une couleur nouvelle « démonétisent » les étoffes introduites précédemment.

Les perles, qui étaient jadis un objet de parure, sont également un article de transaction ; on les enfile sur des fibres de palmier pour en faire des colliers.

Trois espèces de coquillages, le cauri, le cône et l'olive, ont été employés autrefois à la côte occidentale. Tombés aujourd'hui en désuétude, ils ne conservent d'importance que dans quelques parties de l'intérieur. Le cauri, petit coquillage récolté le long du littoral de Zanzibar et de Mozambique, est encore l'étalon monétaire dans le haut Kasai et ses affluents, ainsi que dans la région des sources de l'Uele.

QUATRIÈME PARTIE.

SITUATION ÉCONOMIQUE.

CHAPITRE XXII.

LES PRODUITS DU PAYS.

Certains produits coloniaux entrent pour une large part dans le commerce du monde entier et constituent la fortune, non seulement des pays dont on les tire, mais aussi de ceux qui les achètent, les transportent et les vendent sur les marchés. A l'époque où les Belges sont arrivés dans le bas Congo, on n'y exploitait que l'huile de palme, les coconottes, l'arachide et l'ivoire. Lorsqu'ils s'installèrent dans le haut fleuve, ils furent amenés, en premier lieu, à récolter et à transporter de l'ivoire. L'occupation du pays ayant fait de rapides progrès et les moyens de communication s'étant améliorés, l'attention fut ensuite portée sur le caoutchouc. L'ivoire et le caoutchouc ont été, jusqu'ici, les principaux articles d'exportation. Mais à présent que le railway, qui doit permettre les transports à bon marché, est terminé, un grand nombre d'autres produits vont être exploités; de nouvelles cultures seront créées et celles qui existent se développeront sur une grande échelle.

A. — PRODUCTIONS ANIMALES

Les produits exploitables fournis par le règne animal ne sont guère nombreux. Nous ne pouvons mentionner que l'ivoire, un peu de cire et quelques dépouilles d'animaux.

D'après les dernières statistiques, la consommation annuelle d'ivoire dans le monde est d'environ 700 tonnes, l'Afrique fournissant à elle seule environ 600 tonnes. On peut donc dire qu'en dehors de quelques stocks d'ivoire fossile des Indes et de la Sibérie, la presque totalité de ce précieux produit est fournie par le continent noir. Il y a un demi-siècle, il s'exportait surtout par la voie de l'Égypte et de Zanzibar, plus rarement par la côte occidentale. Actuellement, l'État du Congo arrive au premier rang des pays exportateurs : en 1897, il a dirigé vers l'Europe 245 tonnes d'ivoire, soit près de la moitié de la production africaine. Inauguré le 31 juillet 1888, avec 15 tonnes, le marché d'ivoire d'Anvers dépassait déjà celui de Liverpool, en 1890, et celui de Londres, en 1895. Il est aujourd'hui le plus important du monde. Il s'y fait quatre ventes publiques par an, au commencement des mois de février, mai, août et novembre.

Voici les statistiques des quantités qui furent écoulées annuellement dans ces ventes, en

	Défenses.	Kilog.	Francs.
1889	5,585	45,252	1,522,000
1890	7,080	76,448	1,695,000
1891	6,422	59,686	1,248,000
1892	14,505	118,759	2,250,000
1893	32,691	225,384	3,594,000
1894	25,504	185,558	2,799,000
1895	30,955	275,287	4,427,000
1896	39,045	246,125	3,906,000
1897	29,985	280,117	4,882,000

Le prix moyen du kilogramme d'ivoire, à Anvers, est actuellement de 18 francs.

Les principaux exportateurs congolais ont été :

	1895. Kilog.	1896. Kilog.	1897. Kilog.
Domaine privé de l'État . .	206,846	156,735	187,550
Société du Haut-Congo . .	74,756	41,625	48,820
Société comm. anversoise .	21,920	12,922	7,478
Anglo belgian India Rubber.	5,663	5,595	3,298

On s'est demandé d'où peut provenir l'ivoire que le Congo exporte en si grande quantité. Des écrivains fantaisistes ont imaginé des réserves inconnues que l'exploration faisait subitement découvrir, des cimetières d'éléphants, endroits mystérieux où ces animaux allaient finir leurs jours ! D'autres ont parlé de chasses fantastiques, de tueries monstres, hauts faits cynégétiques des blancs, nouveaux venus dans l'antique domaine des puissants pachydermes.

La vérité est moins compliquée. Les troupeaux d'éléphants sont encore extrêmement nombreux dans les vastes forêts vierges du centre du pays. L'indigène leur fait la chasse, moins pour l'ivoire que pour l'aliment apprécié qu'ils fournissent. Mais cette chasse est, en somme, assez peu fructueuse et ne fournit qu'une faible partie des défenses exportées. Celles-ci proviennent en majeure partie des récoltes anciennes : ainsi, en 1897, sur les 29,985 pièces qui ont passé par le marché d'Anvers, on en comptait 8,539 « d'ivoire vivant », contre 21,446 « d'ivoire mort ».

Depuis des siècles, les naturels recueillent et amassent les dépouilles des éléphants, les considérant comme une matière sans grande utilité pour eux-mêmes, mais précieuse par sa valeur d'échange. Cet ivoire demeura caché très longtemps, non sollicité par le commerce. Les gens de Khartum furent les premiers à le récolter dans le haut Nil, dans le Bahr-el-Ghazal et jusque dans le bassin de l'Uele. Puis des marchands de Zanzibar poussèrent vers le Tanganika et au delà, en même temps que les métis portugais de l'Angola pénétraient dans le Lunda et le Katanga. Quelques années plus tard, l'exploration de l'Afrique centrale ayant conduit les Européens jusqu'au cœur du pays, l'État du Congo s'étant constitué et des compagnies s'étant formées, les champs de récolte s'élargirent rapidement.

L'ivoire d'Afrique est plus recherché que celui d'Asie. Il est plus dur et d'un grain plus serré, moelleux à travailler et franc de fissures et de défauts. Les défenses sont, en général, très grosses. Elles atteignent un poids moyen de 30 kilogrammes. Il en est qui ont des dimensions extraordinaires : à l'exposition de Bruxelles, en 1897, étaient exposées deux dents de belle qualité, provenant du Congo, formant paire et pesant chacune 78 kilogrammes ; leur longueur était de 2m60 et leur diamètre au plein de 60 centimètres.

Un décret, en date du 25 juillet 1889, interdit la chasse à l'éléphant dans toute l'étendue du territoire de l'État, sauf permission spéciale ; les dépouilles des animaux tués en contravention à cette disposition sont confisquées au profit de l'État.

B. – PRODUCTIONS VÉGÉTALES NATURELLES.

Produits oléagineux. — Parmi les plantes qui fournissent des huiles et des corps gras, l'élaïs de Guinée vient en premier ligne. Il n'est l'objet d'aucune culture, mais sa force de propagation est telle que certaines régions en sont littéralement envahies ; ainsi, dans le Mayombe, des milliers de régimes pourrissent sur place tous les ans. Il est tout aussi répandu dans le haut Congo, surtout au delà de Bolobo; dans le haut Kasai, au delà du confluent du Loange; dans le Ruki, la Lulonga, l'Aruwimi et le Lomami. Dans quelques régions, il forme même de véritables forêts. Les produits de l'élaïs, qui ne sont encore exploités que dans les districts du bas Congo, tiennent une place importante dans les exportations de l'État. En 1897, il en a été enregistré 5,645 tonnes, représentant une valeur de 1,749,085 francs, se décomposant en 1,250 tonnes d'huile de palme et 4,395 tonnes de noix palmistes, fournies par les seuls districts du bas fleuve.

Dans la région des chutes et dans le haut fleuve, les noirs ne songent pas encore à faire des produits de l'élaïs des articles d'échange : ils se bornent à utiliser son feuillage pour le chaume de leurs huttes, ses fibres pour le tissage de leurs étoffes, son huile comme beurre, sa sève comme boisson (malafu) et, enfin, son cœur (chou palmiste), placé à la naissance des feuilles, comme légume. Mais le chemin de fer étant aujourd'hui achevé, les habitants du haut Congo suivront sans doute l'exemple de ceux du bas et feront à leur tour le trafic de l'huile de palme et des noix palmistes.

Le bas Congo exploite également, mais sur une moins grande échelle, l'arachide, le sésame et la mulla panza, tandis que d'autres végétaux, qui fournissent aussi des produits oléagineux, n'ont pas encore attiré l'attention des commerçants, malgré leur abondance : deux palmiers, le *Raphia vinifera* et le cocotier (*Cocos nucifera*); l'oba (*Irvingia gabonensis*); l'arbre à beurre (*Bassia Parkii*); le ricin (*Ricinis communis*) et le pignon d'Inde (*Curcas purgans*).

Gommes et résines. — Le caoutchouc constitue, même avant l'ivoire, la plus grande richesse du Congo; il est peu probable qu'il soit jamais détrôné par les matières oléagineuses ou par le café.

Son exploitation est récente. Elle a commencé, mais sur une toute petite échelle, il y a une quarantaine d'années, un peu après l'arrivée des Européens dans le bas fleuve. Les premières récoltes dans le haut datent de 1889. Dès lors, les progrès ont été rapides, au point qu'à l'heure actuelle, le Congo, avec son exportation qui approche de 2,000 tonnes, a pris la tête des pays producteurs africains [1] :

	POIDS. Kilogrammes.	VALEUR. Francs.
1887	30,050	116,768
1888	74,294	260,029
1889	151,113	458,895
1890	155,666	556,497
1891	81,680	326,720
1892	156,359	625,356
1893	241,153	964,612
1894	558,194	1,472,944
1895	576,517	2,882,585
1896	1,317,546	6,586,750
1897	1,662,580	8,311,900

Les statistiques du marché du caoutchouc, à Anvers, alimenté presque exclusivement par les produits congolais, ne sont pas moins éloquentes :

	Kilog.		Kilog.
1889.	4,700	1894.	274,580
1890.	30,000	1895.	513,074
1891.	21,000	1896.	1,115,875
1892.	62,965	1897.	1,602,599
1893.	167,196		

[1] La production totale de caoutchouc du globe, en 1897, a été d'environ 34,000 tonnes : 22,000 provenant de l'Amérique, 10,000 de l'Afrique et 2,000 de l'Asie et de l'Océanie.

A la vente du 18 août 1898, 240,000 kilogrammes de caoutchouc étaient catalogués, chiffre rarement atteint dans les enchères de Londres et de Liverpool. Ajoutons que les principales marques congolaises sont en hausse constante et régulière, ce qui permet de prévoir pour bientôt le cours de 10 francs le kilogramme pour les belles sortes du Kasai, du Lopori, du Lomani, de la Busira, de l'Équateur, de l'Uele, du lac Léopold II et de la Mongala.

Les principaux importateurs congolais ont été :

	1895.	1896.	1897.
Domaine privé de l'Etat .kil.	284,721	565,546	721,541
S. A. B.	125,872	244,650	458,862
A. B. I. R.	70,555	190,084	256,707
Société comm. anversoise .	20,255	59,285	95,251
Soc. des prod. vég. du Kasai.	1,468	58,226	58,965

Si on recherche l'origine, par district, des 1,600 tonnes importées en 1897, on trouve approximativement : Équateur, 600; Kasai, 300; Bangala, 150; Stanley-Falls, 130; Kwango, 120; Uele, 120; Aruwimi, 60; Lac Léopold, 50; Ubangi, 30; Lualaba, 20; Stanley-Pool, 10; Cataractes, 10 tonnes. Il faudra bientôt y ajouter le Lomami, qui est une région extrêmement riche en caoutchouc.

Dès sa première exploration, Stanley avait signalé l'avenir du caoutchouc du Congo. « Sur les seules iles du fleuve, disait-il, j'estime que l'on pourrait recueillir en un an assez de caoutchouc pour payer les frais de la construction du chemin de fer! » Cameron est encore plus catégorique : « On récolterait, dans les jungles et les fourrés inextricables que j'ai traversés, assez de caoutchouc pour répondre à toutes les exigences du monde civilisé. » Dans un rapport adressé à la Compagnie du Congo, M. Delcommune s'exprime comme suit : « De tous les produits congolais, celui qui deviendra un jour le plus abondant sur les marchés d'Europe est, sans contredit, le caoutchouc. Toutes les rivières du bassin du haut Congo que j'ai visitées renferment la liane *Landolphia*. Le rendement que, dans ces régions, donnera un jour le précieux produit, est incalculable. » Enfin, le capitaine Stairs, arrivant sur le Luapula, en aval du lac Moero, écrit que « lorsque le caoutchouc deviendra plus rare à la côte, c'est en cet endroit qu'il faudra aller le chercher. »

La plante caoutchoutière la plus abondante, au Congo, est la liane *Landolphia*, qui fournit un caoutchouc de première qualité; mais la présence d'autres plantes à gomme a été signalée. En 1898, M. Hennebert découvrit de nombreux irehs (*Kickxia africana*), arbres caoutchoutiers exploités à Accra et à Lagos et renommés pour leur grand rendement; leur exploitation a déjà commencé dans diverses stations congolaises. D'autres végétaux gummifères ont été trouvés à Bangaso, dans le Kwango, à l'Équateur, dans la Wamba. L'État n'a pas négligé d'augmenter encore ces richesses naturelles, par l'introduction d'essences nouvelles, telles que le *Ficus elastica*, le *Ceara* et l'*Hevea brasiliensis*, fournissant le célèbre Para du Brésil.

Dans cette exploitation intensive, entreprise avec le concours de la main-d'œuvre indigène et ordinairement sans un contrôle suffisant, un danger était à craindre : l'épuisement qui pourrait résulter d'une récolte imprudente. Fréquemment les naturels, pour recueillir beaucoup de gomme en peu de temps, employaient le moyen expéditif qui consiste à couper la liane au lieu d'y pratiquer des incisions. L'État a cherché à enrayer le mal par un décret

(30 octobre 1892) disposant que « le caoutchouc ne pourra être récolté qu'au moyen d'incisions. »

L'arbre à copal (*Trachylobium hornemannium*) doit être rangé également parmi les végétaux précieux du pays. Très répandu dans toutes les régions boisées, il forme même, sur les hauts plateaux de l'est, d'épaisses forêts. Le copal congolais est une des meilleures gommes d'Afrique, et son commerce semble destiné à prendre une grande extension. Il en a été exporté, en 1897, 39,176 kilogrammes.

Produits divers. — Parmi les autres produits végétaux, extrêmement abondants, bien peu font l'objet d'un trafic quelconque à l'heure actuelle.

Les millions d'arbres géants des forêts constituent une mine inépuisable pour le commerce du bois : leur exploitation est commencée dans le Mayombe et à Lukolela. Aujourd'hui déjà, quelques bois du Congo sont utilisés dans l'ébénisterie d'art, entre autres l'acajou jaune du Congo (*Sarcocephalus Didderichi*), de couleur d'or et admirablement flammé, et le *mpennze*, qui a l'aspect du palissandre clair. Les statistiques accusent, pour 1897, une exportation de 745.510 mètres cubes, ayant une valeur de 74,551 fr.

Le pays est très riche en plantes médicinales. Le kolatier (*Cola Ballayi*) est déjà exploité. Quant aux matières colorantes, leur commerce est en décroissance, à cause de la diminution de la demande : on exporte encore un peu de rocou (*Bixa orellana*) et d'orseille (*Roccella tinctoria*).

Les plantes textiles ont, pour les indigènes, une réelle importance, la vannerie et le tissage tenant une place marquée dans leur industrie. Citons, parmi les plus intéressantes, les palmiers, notamment le *Raphia vinifera*; ses fibres servent à faire des étoffes et les pétioles de ses feuilles entrent dans la construction des habitations des nègres et des blancs; le *Calamus secundiflorus*, qui donne des rachis exportés sous le nom de rotangs, et l'*Attalea funifera*, qui fournit le piazzava, dont on fait des brosses. Les cotons, produits par plusieurs espèces de cotonniers, pèchent souvent par le manque de longueur de leurs fibres, mais ils sont fort soyeux et conviennent pour faire de l'ouate. Quant à l'arbre à coton (*Bombax pentandrum*), on lui doit le duvet appelé *kapok*, qui sert à bourrer les coussins.

Les épices sont des productions spéciales aux pays chauds. Le Congo possède le poivre de Cayenne (*Capsicum annuum*), le pili-pili (*Capsicum frutescens*), le poivre de Guinée (*Xylopicum œthiopicum*) et la maniguette (*Amomum meneguetta*). Mentionnons quelques épices de valeur : la muscade de Calabar (*Monodora myristica*), le gingembre (*Zinginber officinal*), le cubèbe africain (**Piper Clusii**) et la vanille dont diverses espèces ont été signalées.

Les plantes à fruits comestibles constituent une importante ressource alimentaire. La liste en est longue. Ce sont : le tamarinier, le safoutier, le papayer, l'aubergine, la tomate, le citronnier, la barbadine, le manguier, le goyavier, l'avocatier et surtout l'ananas, le roi des fruits de l'Afrique tropicale.

C. — CULTURES COLONIALES.

Caféiers. — Le sol du Congo convient parfaitement au développement du caféier, dont la présence à l'état sauvage a été constatée en différents points. M. Glave, le premier, l'a rencontré près de Lukolela; M. Dybowski, dans l'Ubangi ; M. de la Kéthulle, sur le Bomu ; M. Laurent, sur le Lualaba ; M. Dewèvre, sur le Lomami ; enfin, M. le Dr Hinde nous dit : « Dans toutes les parties de la forêt vierge que j'ai visitées, le café sauvage est si abondant et si bon que nous laissâmes fermées nos tines de café importé. »

Dès l'établissement des premières stations de l'Association internationale du Congo, on se préoccupa d'introduire la culture du café. C'est M. Teusz, agronome allemand, qui planta, en 1884, les premiers caféiers de Léopoldville. En 1885, des caféiers de Maragogipe — caféiers géants du Brésil — furent plantés à Mateba, Boma, Matadi, Lukungu. Puis, les efforts se multipliant, la colonie reçut, en 1888, des *Coffea arabica, liberica, myrtifolia*. La plante précieuse se répandait un peu partout, sans cependant qu'il existât de grandes cultures.

En 1892 et en 1894, le gouvernement entreprit de faire établir de vastes plantations. Les principaux centres de culture sont actuellement à l'Équateur, Bangala, Banzyville, Basoko et Stanley-Falls. Un arrêté, en date du 30 avril 1897, prescrit aux chefs indigènes d'établir et d'entretenir sur les terres de l'État des plantations de café et de cacao, d'une étendue proportionnelle à la population placée sous leur autorité ; ils reçoivent de ce chef une indemnité et le produit des récoltes est remis à l'État.

Les sociétés commerciales ont suivi, mais sans déployer la même activité, l'exemple donné par l'État, en créant des plantations près de chacun de leurs établissements. De leur côté, les Arabes ont jadis introduit le café dans le Manyema et sur le Lualaba ; partout où ils s'installaient, ils en semaient de vastes champs, lesquels ont été maintenus.

Cacaoyers et tabacs. — Le cacaoyer trouve au Congo la chaleur et l'humidité dont il a besoin pour prospérer ; aussi sa culture donne-t-elle de bons résultats. C'est encore à M. Teusz que revient l'honneur de l'avoir introduit, en 1884, au Stanley-Pool. Trois ans plus tard, le lieutenant Liebrechts trouva un des cacaoyers de M. Teusz ; il portait un fruit dont les graines furent semées : c'est là l'origine des milliers de cacaoyers que l'on trouve aujourd'hui au Congo. Les principaux centres de culture sont : Bangala, Irebu, Équateur, le bas Congo et Stanley-Falls.

La culture du tabac est moins avancée que celle du caféier et du cacaoyer. Le gouvernement a prescrit l'établissement de champs de tabac importants et a fait procéder à des essais avec des graines de toutes variétés : Maryland, Richmond, Havane, Sumatra, Deli, Kentucky, Clarksville, etc. Les produits obtenus permettent de bien augurer de l'avenir.

A l'heure présente, le Congo compte environ 4 millions de caféiers, 125,000 cacaoyers et 76,000 plants de tabac.

Il est incontestable que ces cultures sont destinées à s'étendre sur une grande échelle, et aussi que, d'ici peu, de nouveaux produits seront étudiés et exploités.

BIBLIOGRAPHIE : Pour les différents chapitres de cette partie, nous ne pouvons que renvoyer nos lecteurs aux publications déjà mentionnées dans la « Bibliographie générale » qui suit l'Introduction, et plus spécialement au *Bulletin officiel de l'État Indépendant du Congo*, au *Mouvement géographique* et au *Catalogue de l'exposition de Tervueren*.

CHAPITRE XXIII.

LA MAIN-D'OEUVRE.

La plupart des anciennes colonies résolurent la question de la main-d'œuvre par le servage des populations indigènes ou par l'achat d'esclaves étrangers. Les premiers commerçants établis dans le bas Congo recoururent aussi à l'esclavage, et cela jusqu'à une époque relativement récente. L'État Indépendant, conformément à ses aspirations humanitaires, interdit aux blancs d'employer des esclaves, afin d'empêcher de se perpétuer une institution que la morale condamne.

L'immigration de travailleurs libres étrangers est un expédient auquel on a eu recours dans la période d'enfance de presque toutes les entreprises coloniales. Elle prête le flanc à la critique : tout d'abord, elle est très onéreuse; d'autre part, les ouvriers recrutés au dehors ne s'établissent pas à demeure dans l'État qui les importe. L'initiation d'indigènes est, sans conteste, bien préférable. Mais, au Congo, elle présentait jadis des difficultés qui paraissaient insurmontables. Dans certaines régions, notamment dans le bas fleuve, la traite et l'abus de l'alcool avaient en quelque sorte frappé les habitants de déchéance. Ailleurs, les nègres se montraient réfractaires à tout travail, le considéraient comme une servitude. Aussi voyons-nous les premiers explorateurs se faire accompagner de porteurs zanzibarites, de Haoussah, de Krooboys, etc.

La Compagnie du chemin de fer se vit forcée, ainsi que nous l'exposons plus loin, d'introduire au Congo de nombreux ouvriers exotiques. De même, au début, l'armée congolaise se composa uniquement de volontaires immigrés qui s'engageaient généralement pour trois ans, au salaire de 1 fr. 25 c. par jour, plus la nourriture, l'habillement, les soins médicaux et les frais de voyage et de rapatriement.

Dans beaucoup de stations, on trouve, à l'heure actuelle, des travailleurs étrangers, principalement des Accra, des Monroviens, des Lagos, des Sierra-Léonais, enrôlés pour deux ans en qualité de maçons, forgerons, charpentiers, mécaniciens, etc. On les paye de 2 à 8 liv. st. par mois, plus la nourriture, le logement et les frais de voyage. C'est aussi parmi les nègres de ces différentes nationalités que se recrutent les commis (clercs), lesquels exigent de 6 à 8 liv. st. par mois.

Était-il cependant impossible de se procurer la main-d'œuvre sur place? La question se présentait-elle de manière à décourager toute tentative d'organisation du travail? Bien loin de là. La population du Congo est relativement dense. L'habitant est généralement bien constitué et a l'intelligence ouverte. S'il a peu de besoins, il est néanmoins avide d'acquérir des produits européens. Son aptitude au travail est démontrée par l'existence d'une agriculture et d'une industrie primitives des plus intéressantes. On sait enfin que les huit millions de nègres des États-Unis, employés si utilement aux travaux agricoles et domestiques, appartiennent presque tous aux races de la côte occidentale d'Afrique.

Mais, d'autre part, il y avait à vaincre certains obstacles : la méfiance instinctive des naturels à l'égard des blancs, méfiance accrue probablement par le souvenir des cruautés des traitants; leur paresse héréditaire, conséquence de l'état de barbarie dans lequel ils vivaient depuis toujours; enfin, leur mépris pour le travail de la terre, réservé surtout aux femmes et considéré comme servile. Pour ces différents motifs, la main-d'œuvre était à la fois rare et défectueuse. Toutefois, les difficultés n'étaient pas telles qu'on ne pût, à force d'énergie et de persévérance, en triompher.

C'est pour le service des transports à travers la région des chutes qu'il importait surtout, dès le début, de se procurer des bras. Les progrès réalisés dans ce domaine furent rapides et méritent d'être signalés.

Lorsque Stanley, en 1880, après avoir établi sa base d'opération à Vivi, commença à organiser sa marche en avant, il ne put recruter que 40 indigènes, qui désertèrent tous. En 1881, un paquet de dépêches très urgentes fut adressé de Bruxelles à l'explorateur. Un contremaître cabinda réussit, grâce à la promesse d'une forte rémunération, à décider sept de ses hommes à accompagner un Européen jusqu'à Isangila. D'autres Cabinda consentirent ensuite à aller à Isangila. Dès lors, les progrès furent rapides : les indigènes de la région, chez qui passaient journellement des porteurs parlant la même langue qu'eux, se rassurèrent; ils les accompagnèrent, puis marchèrent seuls, et enfin se substituèrent complètement à eux. Un pas immense venait d'être accompli : l'indigène avait compris le bien-être qu'il pouvait retirer de son travail. En 1882, après la fondation de Léopoldville, on parvint à assurer ainsi un transport mensuel de 75 à 100 charges de Vivi à Léopoldville. A la fin de 1883, Stanley établit une nouvelle route par la rive sud.

Le service des transports prit un essor magnifique : 12,000 charges furent transportées en 1885, 50,000 en 1887, 80,000 en 1893. Depuis lors, la progression a continué. Dans cette région où l'on ne pouvait trouver un travailleur dix ans auparavant, le voyageur rencontrait souvent, en une seule journée de marche, plus de mille porteurs indigènes ; la route des caravanes était plus fréquentée que beaucoup de nos grandes routes européennes : 50,000 nègres circulaient à travers les défilés des cataractes, accomplissant un travail très fatigant, moyennant une rémunération d'environ 1 fr. 50 c. par jour.

Mais les Européens n'avaient pas seulement besoin de porteurs : il leur fallait aussi des ouvriers. Dans les villages du bas Congo, de temps en temps on réussissait, grâce à l'intervention du chef, à se procurer un travailleur. Celui-ci, son terme de service achevé, retournait parmi les siens pour y jouir du produit de son labeur. Le spectacle de sa richesse produisait de l'émulation et d'autres nègres venaient s'engager, désireux d'améliorer à leur tour leur condition par le travail. C'est ainsi que l'administration du chemin de fer a finalement pu se procurer un certain nombre d'ouvriers indigènes, qui ont rendu service comme terrassiers et même comme poseurs de voie. Dans les ateliers de Boma, Matadi, Léopoldville et Kinshasa, les natifs sont aujourd'hui forgerons et riveurs ; dans la forêt de Mayombe, organisés en équipes d'abatteurs, d'équarrisseurs et de scieurs, on les voit débiter des planches avec une adresse extrême.

Tout le service intérieur des stations et des factoreries du bas Congo est fait par des naturels, qui louent leurs services pour un ou deux ans, et même moins. Ils sont valets de ferme, jardiniers, terrassiers, garçons de peine, et l'on est généralement satisfait de leur travail. Les plus intéressants de ces serviteurs sont peut-être les cuisiniers, les laveurs et les boys. Le cuisinier s'initie rapidement à la confection des différents mets que le maître désire voir figurer sur sa table. Le laveur est parfois aussi habile que nos meilleures lavandières; il fabrique lui-même l'amidon dont il se sert pour empeser les chemises et repasse en perfection. Le boy est un jeune nègre dont l'Européen fait son domestique, ou plutôt son véritable factotum; grâce à son esprit éveillé, à sa mémoire fidèle et à son don d'imitation, son éducation est des plus aisée. Le salaire moyen des ouvriers du bas Congo est de 1 fr. 50 c. par jour. Les cuisiniers, les laveurs et les boys réclament 30 francs par mois, et quelquefois davantage, plus la nourriture.

Mais c'est surtout dans le haut fleuve que des progrès se constatent. Le capitaine Coquilhat, le premier, obtint des Bangala l'essai d'un travail régulier et consenti volontairement. Cet essai fut concluant : aujourd'hui, les Bangala s'engagent par centaines. Le personnel de mécaniciens et de chauffeurs des steamers du haut Congo comprend presque exclusivement des Bangala, des Wangata et des Upoto, et dans toutes les stations on emploie de nombreux indigènes. Cette main-d'œuvre est beaucoup moins onéreuse que celle qui se recrute à l'étranger; les naturels libres, engagés généralement pour un an, se contentent d'une rétribution assez minime : quelques pièces d'étoffe, à 5 francs l'une, par mois. Les femmes qui se livrent au travail de la terre sont moins exigeantes encore.

Parfois, on engage les individus habitants dans les environs de l'établissement; mais, vivant chez eux, ils travaillent irrégulièrement, d'une façon intermittente, et ne donnent qu'un faible rendement. Au contraire, les noirs dépaysés, transplantés de leur pays dans un autre, se soumettent facilement à 9 heures de travail par jour, sous l'œil de surveillants vigilants; à l'expiration de leur terme de service, ils retournent pour quelque temps dans leur village, puis demandent à être réengagés.

Plusieurs institutions congolaises s'efforcent de former des ouvriers. Des missionnaires catholiques s'occupent de l'éducation professionnelle de l'enfance et s'appliquent à constituer des centres d'exploitation où des naturels sont initiés aux travaux agricoles; les missionnaires protestants dirigent surtout leurs efforts vers le développement intellectuel de leurs disciples. De son côté, le gouvernement a organisé des colonies scolaires où l'on envoie les enfants délaissés, abandonnés ou orphelins; récemment, il a fondé à Boma une école de candidats sous-officiers comptables. Quant aux milliers de natifs enrégimentés sous les drapeaux de l'État, ils ne reçoivent pas seulement l'instruction militaire : on les exerce aussi aux métiers manuels. C'est ainsi que l'État a pu se créer, à peu de frais, de vastes plantations.

La question de la main-d'œuvre semble donc en voie de solution. Les résultats obtenus en si peu d'années permettent de bien augurer de l'avenir. On peut entrevoir le jour où il deviendra inutile d'importer des travailleurs exotiques, où les bras s'offriront sur tous les points du territoire et où, grâce à l'organisation du travail sur les bases de la liberté, chacun des pauvres villages d'aujourd'hui sera transformé en un centre de production et de richesse.

La législation de l'État sur le louage de service a été inspirée surtout par le désir de garantir aux indigènes engagés par des particuliers la liberté individuelle et d'éviter que le contrat de travail ne dégénérât, pour eux, en esclavage domestique. La matière est réglée par les décrets du 8 novembre 1888, des 12 mars et 19 novembre 1889; par les arrêtés du gouverneur général du 17 novembre 1888, des 1er janvier et 28 mars 1890 et du 20 novembre 1895.

Le gouverneur général peut désigner des localités et régions où il sera interdit aux particuliers d'opérer des recrutements. Le même pouvoir appartient aux commissaires des districts situés à l'est de celui de Matadi. Les particuliers qui veulent recruter des travailleurs doivent se munir au préalable d'un permis de recrutement, qui donne lieu à la perception d'une taxe annuelle. Les capita, ou chefs de travailleurs, ainsi que les travailleurs eux-mêmes, doivent être munis d'une licence, qui donne lieu également à la perception d'une taxe annuelle.

Aucun contrat de louage de service entre noir et non-indigène ne peut être passé pour une durée de plus de sept ans. Dans les districts autres que ceux de Banana et de Boma, un acte doit, par les soins du maître, être dressé par écrit et présenté au visa des autorités compétentes, visa qui est accordé moyennant payement d'un droit.

Le directeur de la justice exerce, par lui-même ou par les fonctionnaires délégués à cette fin par le gouverneur général, une protection spéciale sur les noirs. Il surveille l'exécution de leurs contrats de service et s'occupe, s'il y a lieu, de leur rapatriement.

Les maîtres doivent pouvoir justifier en tout temps que les noirs à leur service fournissent leur travail volontairement ou à des conditions par eux acceptées. Les officiers du ministère public agissent au civil au nom et dans l'intérêt des noirs qui auraient été lésés.

Il arrive que des équipes entières d'ouvriers de couleur désertent subitement, sans autre motif que leur paresse atavique. Pour protéger les engagistes contre de pareilles mésaventures, la loi frappe d'une peine la rupture ou l'inexécution du contrat de travail. Ce principe, admis d'ailleurs dans plusieurs pays de civilisation avancée, a été introduit au Congo, parce que l'action civile y serait, le plus souvent, illusoire. La peine consiste en une amende.

On a vanté les avantages qu'offrirait, autant comme procédé de colonisation que comme moyen de se procurer une main-d'œuvre régulière et à bon marché, la déportation des individus condamnés dans la mère patrie, les vagabonds et les malfaiteurs. Ce système, qui a fait ses preuves au Brésil et surtout en Australie, a trouvé en Belgique des partisans, notamment M. Nyssens, aujourd'hui ministre du travail. Cependant, on ne saurait le préconiser ; ce n'est pas en mettant les indigènes en contact avec le rebut de la société européenne, avec des êtres lâches, paresseux et corrompus, cueillis sur le pavé de nos grandes villes, qu'on arrivera à rehausser le niveau moral et intellectuel des races africaines : la présence de pareils déchets serait extrêmement nuisible au développement de la colonie.

BIBLIOGRAPHIE. — *La main-d'œuvre aux colonies.* (Publication de l'Institut colonial international). — *Compte rendu du Congrès international colonial de 1897.*

CHAPITRE XXVI.

VOIES DE COMMUNICATION ET MOYENS DE TRANSPORT.

A. — LE SERVICE MARITIME ENTRE L'EUROPE ET LE CONGO ET DANS LE BAS FLEUVE.

Au début de l'occupation du Congo, la partie méridionale de la côte occidentale d'Afrique n'était desservie que par des lignes anglaises, partant de Liverpool, dont les bateaux touchaient assez irrégulièrement à Banana. Le fret total d'Anvers à Banana s'élevait à 55 shillings à la tonne et le voyage durait souvent plus de deux mois. Plus tard, en 1883, des navires portugais et allemands commencèrent à toucher le Congo. Mais ce n'est qu'à partir de 1888 et grâce à l'appoint du fret des sociétés commerciales que les départs se régularisèrent : en 1890, ils devinrent mensuels. En 1891, l'État et les sociétés commerciales passèrent des conventions avec un syndicat formé par la *British and African Steam Navigation C°*, l'*African Steamship C°*, de Liverpool, et la *Woermann-Linie*, de Hambourg, qui s'engagèrent à expédier un steamer, directement d'Anvers à Matadi, le 6 de chaque mois; le trajet devait s'effectuer en 25 jours à l'aller et en 30 jours au retour. Un nouveau progrès fut accompli, en 1895, par la constitution à Anvers, sous le patronage du syndicat précité, de la *Compagnie belge maritime du Congo* et de la *Société maritime du Congo*, lesquelles assurèrent un service mensuel par des steamers navigant sous pavillon belge. Il n'est pas douteux que, dans un avenir rapproché, des marcheurs plus rapides ayant été mis en service, on franchisse en 15 jours les 4,900 milles ou 9,000 kilomètres qui séparent Anvers de Matadi.

Les lignes de navigation entre l'Europe et le Congo sont actuellement au nombre de six, savoir :

1° La *Compagnie maritime belge du Congo* et la *Société maritime du Congo* (service combiné). Départ d'Anvers, le 6 de chaque mois, par les steamers *Léopoldville, Albertville* et *Bruxellesville*. Le voyage dure de 18 à 21 jours, avec escale à Las Palmas et parfois dans un des ports de la côte occidentale. Prix du passage, en 1re classe, 1,000 francs; en 2e, 800 fr.; en 3e, 500 francs. Prix du fret : 1,000 francs la tonne. Le retour vers Anvers a lieu immédiatement après le déchargement du steamer à Boma et Matadi. Agents à Anvers : MM. John P. Best et Co, pour la *Compagnie maritime belge du Congo;* Walford et Cie, pour la *Société maritime du Congo;*

2° L'*Empreza nacional de Navegacao*. Départs de Lisbonne le 6 et le 23 de chaque mois. Trajet entre Lisbonne et San Antonio, à l'embouchure du Congo, en 20 à 22 jours, avec escale à San-Yago, San-Thomé et Cabinda ou San-Antonio. Prix du voyage : en 1re classe, environ 900 francs. Un steamer de l'État va prendre à Cabinda ou à San Antonio les passagers et la correspondance à destination du Congo. Le retour vers Lisbonne a lieu, de Cabinda, le 2 de chaque mois, et de San-Antonio, le 18;

3° Les *Chargeurs réunis*, du Havre, et *Fraissinet et Cie*, de Marseille (service combiné). Départs du Havre les 5 janvier, mars, mai, juillet, septembre et novembre (avec escale à Bordeaux, le 10), et de Marseille, les 15 février, avril, juin, août, octobre et décembre.

Trajet jusqu'à Matadi en 26 jours. Prix du voyage : de Bordeaux, en 1re classe, environ 1,000 francs;

4° La *Woermann-Linie*. Départ de Hambourg à la fin de chaque mois; arrivée au Congo après un voyage d'environ 5 semaines;

5° L'*African Steamship C°* et la *British and African Steam Navigation C°* (service combiné). Départ de Liverpool toutes les semaines. Escales aux différents points de la côte occidentale d'Afrique.

On a longtemps discuté sur la question de l'accessibilité du bas fleuve aux vaisseaux de mer. Les premiers bâtiments d'Europe s'arrêtaient, au début de ce siècle, à hauteur de Ponta da Lenha. En 1889 encore, les steamers de fort tonnage ne dépassaient pas Boma; une sorte de légende s'était créée sur l'insécurité absolue qui régnait en amont. Le capitaine John Murray, du *Lualaba*, à l'*African Steamship Company*, alla le premier, le 20 janvier 1889, jeter l'ancre dans le port de Matadi avec un navire de 1,860 tonnes. Les conséquences économiques de ce fait devaient être très importantes : la possibilité vérifiée de débarquer des marchandises à Matadi, choisi comme tête de ligne du chemin de fer, supprimait les coûteux transbordements sur les petits vapeurs qui, auparavant, dépassaient seuls Boma.

Il y a sur le bas Congo trois ports de mer : Banana, Boma et Matadi.

Le port de Banana est constitué par une crique séparée de la mer par la langue de terre qu'on désigne sous le nom de « Pointe de Banana ». L'entrée de la rade est resserrée entre deux vastes bancs de sable, visibles à marée basse. Au delà de cette passe, le port s'élargit considérablement. Il mesure jusqu'à 600 mètres de largeur et 4,000 mètres de longueur. La profondeur des eaux, qui varie entre 8 et 10 mètres, permet aux navires du plus fort tonnage de venir y chercher un mouillage sûr, à l'abri des courants et des vents du large. Cette crique constitue le plus beau port naturel de la côte occidentale d'Afrique. C'est Banana qui avait, il y a quelques années, le mouvement le plus actif des trois ports congolais. Voici les chiffres concernant l'entrée des navires au long cours :

1888	125 navires jaugeant	140,053 tonneaux.
1889	104 —	139,855 —
1890	132 —	172,920 —
1891	115 —	155,456 —
1892	77 —	85,401 —
1893	80 —	94,159 —
1894	74 —	97,316 —
1895	84 —	150,061 —
1896	87 —	140,376 —
1897	103 —	171,961 —

Mais Boma, siège du gouvernement local, prenant d'année en année plus d'importance, déplaça bientôt à son profit une partie du mouvement maritime, ainsi que le démontre le tableau suivant :

1888	22 navires jaugeant	25,995 tonneaux.
1889	34 —	42,163 —
1890	51 —	67,139 —
1891	72 —	82,391 —
1892	79 —	88,163 —
1893	86 —	110,444 —
1894	70 —	76,588 —
1895	68 —	112,649 —
1896	68 —	117,008 —
1897	98 —	170,848 —

Devant Boma, le Congo a 5,000 mètres de largeur; l'île portugaise de Nkete le divise en deux bras; le chenal est large de 1,450 mètres.

Le mouvement des ports de Banana et de Boma continue de se développer; mais c'est Matadi, tête de ligne du chemin de fer du Stanley-Pool, qui deviendra le principal port maritime de l'État. La Compagnie du chemin de fer y a fait exécuter les travaux nécessaires pour faciliter le déchargement rapide des navires. Deux jetées en fer y ont été construites : elles permettent l'abord aux bateaux de 7 mètres, aux eaux les plus basses. Le *Bulletin officiel* n'a pas encore commencé la publication du mouvement du port, ainsi qu'il le fait pour Banana et Boma.

Un service de pilotage a été organisé à Banana. Afin de pouvoir approfondir certaines passes, notamment celle de Mateba, où, à l'époque de l'étiage, la profondeur d'eau est parfois insuffisante, un dragueur fonctionne. La flottille du bas fleuve ne comprend que les quelques embarcations à vapeur nécessaires au service des communications : l'*Hirondelle*, le *Héron*, le *Prince Baudouin*, le *Camille Janssen*, l'*Argus*, et des chalands en acier pour le transbordement et le remorquage des cargaisons.

B. — LES CHEMINS DE FER.

a) *Le chemin de fer de Matadi au Stanley-Pool.* — Le système hydrographique du Congo, avec ses biefs navigables séparés par des gorges coupées de rapides infranchissables, fait naître la conception d'un vaste réseau de chemins de fer, mettant les hautes terrasses en communication rapide et économique avec la mer. Parmi ces voies ferrées, il en est une qui a une importance capitale : c'est celle qui, à travers la chaîne côtière, relie le bas fleuve au haut Congo et à sa ramure d'affluents navigables. Jadis il n'existait entre Matadi et le Stanley-Pool qu'un chemin de portage. Depuis 1898, ce sentier pénible à suivre et si souvent maudit par les voyageurs est remplacé par une ligne ferrée dont le rôle, par rapport à l'Afrique centrale, peut se comparer à celui du canal de Suez vis-à-vis de la mer des Indes.

Historique. — Stanley était encore en Afrique, après sa traversée du continent mystérieux, que déjà, à Bruxelles, on avait compris que la véritable route de l'Afrique centrale venait d'être découverte et que la construction d'une voie ferrée traversant la région, en aval du Stanley-Pool, s'imposait. Dès le début de l'année 1878 et sous l'impulsion de S. M. Léopold II, un syndicat se constitua en vue d'envoyer au Congo une mission ayant pour but d'« examiner la question de la construction d'une voie de communication par chemin de fer et bateaux à vapeur entre le bas et le haut Congo et d'étudier, en même temps, les chances de rendement par la possibilité d'établissements de commerce sur le haut fleuve ».

La question du chemin de fer était dès lors posée. Quelques années plus tard, en 1885, un syndicat de capitalistes anglais se constitua et en demanda la concession. Mais il réclamait de l'État du Congo des pouvoirs tels que celui-ci ne put les lui accorder; les négociations échouèrent et le syndicat fut dissous. Peu de temps après, à l'iniative de M. A. Thys, l'affaire fut reprise, à Bruxelles, sur un pied plus modeste, par la *Compagnie du Congo pour le Commerce et l'Industrie* qui se constitua le 9 février 1887, dans le but immédiat de « poursuivre l'étude, la construction et l'exploitation d'un chemin de fer reliant le bas Congo au Stanley-Pool ». Cette étude fut faite avec succès, jusqu'au mois de décembre 1888, par plusieurs brigades d'ingénieurs placées sous la direction de MM. Cambier et Charmanne. Les résultats, avec le devis général de l'entreprise et le cahier des charges, furent consignés dans un fascicule connu sous le nom de *Brochure blanche*, qui contenait un exposé complet et probant de la question. Elle concluait qu'un capital de 25 millions suffirait pour construire, entre Matadi et le Pool, une voie de 436 kilomètres de longueur, acheter le matériel roulant, couvrir les frais généraux et servir les intérêts intercalaires pendant la période de construction évaluée à quatre années.

La Compagnie du Congo ayant décidé que l'entreprise serait confiée à une société spéciale, la *Compagnie du chemin de fer du Congo* fut fondée à Bruxelles, le 31 juillet 1889, au capital de 25 millions de francs. Le gouvernement belge, sur la proposition de M. Beernaert, chef de cabinet, fut autorisé par la loi du 29 juillet 1889 à s'intéresser dans l'entreprise et souscrivit pour 10 millions de francs. Les 15 millions restants furent fournis par un groupe dans lequel figuraient les principaux établissements financiers de Belgique, trois maisons de banque allemandes et quelques personnalités anglaises, représentées par sir W. Mackinnon. La première brigade d'ingénieurs quitta Anvers le 11 octobre; d'autres suivirent dans les premiers mois de l'année 1890; elles mirent la main aux premiers travaux de terrassement de la ligne au mois de mars.

Pendant toute la première période l'avancement fut d'une désespérante lenteur à Matadi, dans le ravin Léopold, le long du Congo, dans la vallée de la Mpozo, à la montée de Palabala.

Le manque de confort et de vivres frais, l'action

débilitante de la température, la difficulté des travaux à exécuter, les maladies contagieuses, tout contribua à rendre excessif le taux de la mortalité. Ainsi, sur 4,500 hommes ayant travaillé sur les chantiers de janvier 1890 à mai 1892, 900 succombèrent. A chaque départ les bateaux emportaient des malades par centaines. Ces calamités jetaient l'effroi parmi les contingents réduits. Les désertions se multipliaient, des révoltes éclataient, la démoralisation était complète dans les rangs du personnel noir.

Le 30 juin 1892, la ligne n'était encore qu'au kilomètre 9 et l'on avait dépensé 11 $^1/_2$ millions, près de la moitié du capital social. Tout paraissait compromis; à Bruxelles, comme à Matadi, les appréhensions étaient grandes. Mais dans le personnel dirigeant il ne se produisit pas une défaillance; chacun redoubla d'ardeur et l'œuvre ne subit pas un seul jour d'arrêt.

C'est en 1893 que la locomotive atteignit le col de Palabala (kilom. 16). Dès lors, l'avancement prit une allure plus rapide : la première section de la ligne, comprenant 42 kilomètres, put être inaugurée par le gouverneur général Wahis, le 4 décembre.

Tandis qu'en Afrique la situation devenait relativement satisfaisante, elle restait grave en Belgique : l'insuffisance du capital était évidente et la Compagnie allait devoir prendre des mesures énergiques, pour accroître, à brève échéance, ses moyens financiers. Les établissements belges qui avaient participé à la formation du capital de la Compagnie, en 1889, n'abandonnèrent pas celle-ci dans ces moments difficiles : dès le 31 mars 1894, ils se constituèrent en syndicat et lui garantirent le placement d'un premier emprunt de 6 millions de francs, pour la continuation des travaux.

De son côté, l'État belge, principal actionnaire de la Société, lui conserva sa confiance et se montra disposé à lui faciliter sa tâche ; mais des manœuvres de parti et certaines circonstances firent, qu'à la Chambre, l'opposition parut un moment devoir triompher des sympathies du Parlement. Engagée le 24 avril 1894, la lutte ne prit fin que le 15 mai 1896. Sur la proposition de M. de Smet de Naeyer, ministre des finances, appuyé par M. Helleputte, rapporteur de la section centrale, et soutenu par MM. Woeste et Nothomb, le Parlement approuva une convention par laquelle l'État belge portait sa souscription de 10 à 15 millions et accordait, en outre, l'aval du trésor à une émission de 10 millions d'obligations.

Pendant qu'à Bruxelles M. A. Thys, directeur général, et le comité permanent d'administration présidé par M. Jules Urban multipliaient leurs efforts finalement couronnés d'un succès complet, au Congo, les progrès de la construction ne cessaient de s'accentuer. Deux mois après le vote de la législature, le chemin de fer atteignit Tumba, la station médiane, au kilomètre 188, qui était inaugurée officiellement, le 22 juillet 1896, par M. Wangermée, vice-gouverneur général. A la fin de l'année, il escalada allègrement la montée de Sona-Gongo (kilom. 234), tout aussi dure cependant que celle de Palabala et, au mois d'avril suivant, atteignit la rive gauche de l'Inkisi. L'avancement des travaux s'accéléra encore la dernière année : chaque mois, on posa, en moyenne, 10 kilomètres de rail, et le coût kilométrique de la construction descendit à 87,000 francs. La voie ferrée franchit le pont de l'Inkisi en mai 1897, atteignit la mission de Kimuenza en décembre, et la locomotive s'arrêta enfin à Dolo, à la rive du Stanley-Pool, le 16 mars 1898, huit ans après son départ de Matadi.

Les cérémonies de l'inauguration officielle de la ligne furent présidées par M. le lieutenant-colonel Thys, directeur général, assisté de MM. les administrateurs Cambier et Cousin et des directeurs Espanet et Goffin. Elles eurent lieu du 2 au 8 juillet, en présence de M. le général Daelman, représentant du Roi-Souverain, de M. Fuchs, vice-gouverneur général de l'État du Congo, de M. le comte H. d'Ursel, représentant du gouvernement belge, des délégués officiels des gouvernements de l'Allemagne, de l'Autriche-Hongrie, de l'Espagne, de la France, de la Grande-Bretagne, de l'Italie, du Portugal et de la Russie, de M. Buls, bourgmestre de Bruxelles, et de nombreux correspondants de la presse belge et étrangère.

Le tracé et le profil de la voie. — Dans la série de chaînons dont l'ensemble constitue la chaîne côtière, il en est deux qui dominent les autres : celui de l'ouest, dont les massifs de Matadi et de Palabala et le plateau de Congo da Lemba sont les expressions principales pour la région qui nous occupe, et celui de l'est, que caractérise le massif de Bangu. Le passage de ces deux chaînons était un des plus graves problèmes de la construction.

C'est en traversant, d'Isangila à Boma, le chaînon occidental, que le fleuve forme son dernier défilé et franchit ses derniers rapides ; le plateau de Palabala, que traverse l'ancienne route des caravanes par près de 750 mètres d'altitude, est un de ses points culminants. Le chaînon oriental n'est autre chose que la ligne de faîte qui limite le bassin de l'ancienne mer intérieure. C'est en le franchissant, de Léopoldville à Manyanga, que le Congo a creusé l'étroit défilé où se trouve la gorge de Zinga; on y a observé des altitudes de 1,000 mètres et plus. Entre ces deux chaînons s'étend un pays de plaines, drainé par des rivières parallèles s'écoulant vers le Congo et dont les bassins sont séparés, à leur tour, par des reliefs. Le fleuve traverse ce pays en un cours relativement calme que l'on désigne sous le nom de « bief navigable de Manyanga ».

Ces renseignements généraux permettent d'entrevoir le profil général de la ligne. Dès la station de départ, elle s'engage dans le massif de Matadi-Palabala et franchit l'impétueux torrent de la Mpozo (kilom. 8). Aussitôt après commence la montée de Palabala, qui s'étend du kilomètre 9 (alt. 67) au kilomètre 16 (alt. 288), soit, pour un trajet de 7 kilomètres, une différence de niveau de 221 mètres. Après avoir vaincu ce premier obstacle, la voie ne tarde pas à entrer dans la région moins accidentée dite du bief navigable et qui s'étend depuis les environs du kilomètre 75 jusqu'au kilomètre 210. Elle traverse successivement les rivières *Lufu*, à la station de Lufu (alt. 293); *Kunkula*, près de Songolo (alt. 319); *Sansikua*, près de Zole (alt. 334); *Kwilu*, avant d'arriver à Kimpese (alt. 345); *Gongo*, au delà de Tumba (alt. 402). Comme on le voit, les écarts ne sont pas considérables; les cotes vont de 293 à 402 mètres. Après chacune de ces rivières, le terrain se relève en formant des crêtes que la ligne franchit, sans difficulté, par des cols; les deux plus élevés sont le col de Zole (alt. 480) et celui de Bafu (alt. 400).

Dès qu'elle a dépassé la Gongo, la voie se trouve

au pied d'un grand obstacle qui se dresse devant elle comme un véritable rempart : le prolongement méridional du massif de Bangu. L'escalade commence vers le kilomètre 223 (alt. 580) pour atteindre, au kilomètre 232, le sommet du massif, au col de Sona Gongo (alt. 746). Comme on le voit, sur une distance de 9 kilomètres, l'altitude regagnée est de 166 mètres.

Au delà de Sona Gongo jusqu'à Tampa, la voie traverse les hautes terrasses du chaînon, terrasses dont les altitudes sont sensiblement les mêmes, variant entre 625 et 550 mètres. Les cotes les plus basses sont observées au passage des rivières Inkisi (alt. 530) et Lukusu (alt. 520). Immédiatement au delà du plateau de Tampa (alt. 645), la ligne s'engage dans la vallée étroite et boisée de la Lukaya, sous-affluent du Stanley-Pool.

Partie de Matadi à la cote 26 et après une interminable succession de descentes et de montées qui la porte jusqu'à la cote maximum 743, la ligne atteint finalement Dolo, sur le Pool, à la cote 276, ce qui met un écart de 270 mètres de niveau entre son point de départ et son point d'arrivée.

Le personnel et la construction. — Le recrutement du personnel ouvrier a été, au début, la grande difficulté de l'entreprise. Le peu de densité de la population dans le bas Congo et la région des chutes où, du reste, la plupart des hommes valides étaient requis par le service de portage, imposa à la Compagnie la nécessité de recourir à la main-d'œuvre étrangère.

Les principaux centres d'engagement furent Zanzibar, Freetown, Lagos, Accra, Elmina, dans les possessions anglaises du littoral africain, et Dakar, au

Sénégal. Mais lorsqu'on apprit l'excessive mortalité des ouvriers sur les chantiers du chemin de fer, ces centres de recrutement se fermèrent successivement et l'absence de bras faillit arrêter la marche de la construction. C'est à ce moment que l'on fit des essais malheureux et coûteux avec des Chinois et des noirs des Barbades, qui ne rendirent guère de services.

Par la suite, les progrès de la ligne et l'amélioration des conditions sanitaires firent renaître peu à peu la confiance, et les contingents se complétèrent ; lorsque le rail atteignit Palabala, ils comportaient 2,000 ouvriers. Pendant les dernières années de la construction, il ne fut plus nécessaire de recourir à l'intermédiaire d'agents recruteurs pour l'enrôlement des travailleurs. Ceux-ci venaient d'eux-mêmes et à leurs frais offrir leurs services. En 1897-1898, le personnel noir compta jusqu'à 9,000 hommes ; les plus nombreux et aussi les meilleurs étaient les Sierra-Léonais et les Sénégalais.

A l'origine, la production journalière d'un terrassier noir n'était que d'un tiers de mètre cube. Elle progressa lentement, pour atteindre 3 mètres cubes. D'une part, les travailleurs étaient devenus plus habiles ; d'autre part, un sentiment d'émulation régnait parmi eux, grâce à l'institution d'un ingénieux système de primes. Cette heureuse progression dans le rendement amena un abaissement du coût de la construction qui, du chiffre fantastique de 240,000 francs, tomba graduellement à 87,000 francs par kilomètre de voie construite.

Le service de l'exploitation et de l'entretien est confié actuellement à environ 2,000 ouvriers, indigènes pour la plupart, qui se sont peu à peu initiés au travail.

L'absence de route ou de rivière navigable, celle de tout moyen de transport autre que le portage à dos d'homme ont été une autre cause de lenteur. Elles ont imposé pour la construction la même méthode que celle qu'a employée le général Annenkoff, au Transcaspien, la méthode dite télescopique : tout le matériel et tous les approvisionnements réclamés par la section à construire devaient être convoyés au moyen des sections déjà construites. Pendant toute la durée de la construction, il n'y a donc jamais eu qu'une seule zone d'attaque : celle du bout du rail qui n'a jamais dépassé 10 à 15 kilomètres.

Etant données les nombreuses difficultés à surmonter, on s'explique la lenteur de l'avancement et le prix élevé des travaux dans le début de l'entreprise.

ANNÉES.	AVANCEMENT.	PRIX DE REVIENT KILOMÉTRIQUE.
	Kilomètres.	Francs.
1890.	4.5	240,000
1891.	15.8	144,000
1892.	22.7	120,000
1893.	33.2	120,000
1894.	42.1	100,000
1895.	71.1	100,000
1896.	100.0	87,000
1897.	117.0	

Les chiffres afférents aux dernières années peuvent être considérés comme brillants. Pour arriver à de pareils résultats, il a fallu, de la part du personnel blanc, les plus puissants efforts, en même temps qu'une organisation tout à fait supérieure.

Trois ingénieurs se sont succédé à la direction de la construction : MM. Charmanne (1890-94), Espanet (1892-1897) et Goffin (1895-1898). La plupart des Européens engagés ont été des Belges, auxquels il faut ajouter quelques ingénieurs français et italiens et un assez grand nombre de chefs de chantier italiens. A l'avant-garde fonctionnait le service des études, sous la direction de M. Bergier, puis de M. Adam aidé de M. Cote qui a fait le piquetage définitif; au centre, le service de l'infrastructure, sous la direction de M. Paulissen, et le service de la superstructure, sous celle de M. Cito; à l'arrière-garde suivait le service des parachèvements et des ouvrages d'art, sous celle de M. Biermans; enfin un service de transports qui, avec celui de l'exploitation provisoire, était placé sous les ordres de M. De Backer.

Le personnel européen qui, pendant les débuts, a compris de 125 à 175 agents, en a comporté, pendant les trois dernières années, environ 250, répartis en sept services techniques, auxquels il faut ajouter le secrétariat général qui a eu pour titulaire M. Trouet, le service médical dirigé par M. le Dr Bourguignon, celui de la police fait par la compagnie auxiliaire de la force publique sous les ordres de M. le commandant Weyns et le service hospitalier de l'hôpital de Kinkanda confié à des sœurs de Charité.

La mortalité des ouvriers noirs a été considérable pendant les années 1891 à 1893. Celle des Européens s'est élevée, pour les deux années d'études et les huit années de construction, au chiffre de 127 décès, dont 14 par accident et 113 par suite de maladie; parmi ces derniers nous citerons plus particulièrement ceux de MM. les ingénieurs Gilmont (1888), Glaesencer (1892), Magery (1893) et Eymar (1894).

La voie, les ouvrages d'art et le matériel roulant. — Grâce aux variantes heureuses apportées au tracé primitif de 1887-1888 par les brigades d'opérateurs qui précédaient celles des services de la construction, le développement de la ligne qui, dans le principe, devait s'élever, de Matadi à Dolo, à 460 kilomètres, fut ramené à 388 kilomètres. Un embranchement de 11 kilomètres relie Léopoldville à Dolo.

Le chemin de fer des chutes est à voie unique avec de nombreux garages et à écartement de 0ᵐ75; le poids des rails est de 21 1/2 kilogrammes; les traverses métalliques, du type Ponsard et Boyenval, pèsent 33 kilogrammes chacune; elles sont espacées de 0ᵐ80; l'ensemble de la voie atteint ainsi un poids de 100 kilogrammes au mètre courant.

Dans la montée de Palabala on trouve des rampes maximum de 45 millimètres. Au delà du kilomètre 90, ce maximum a été réduit à 35 millimètres en alignement, sauf quelques rares exceptions dans le massif de Sona Gongo. Quant aux courbes, les plus accentuées ont 50 mètres de rayon dans les passages très accidentés où les rampes ont été portées à 45 millimètres, et 60 dans les autres.

Les travaux d'art ont été évités le plus possible : le tracé épouse presque toujours les contours du terrain. Le nombre des ponts est cependant considérable; les plus importants sont ceux qui ont été jetés sur les rivières :

Inkisi kilomètre	264	100	mètres.
Kwilu —	150	80	—
Kibueza —	30	70	—
Mpozo —	8	60	—
Kimeza —	40	60	—
Lufu —	50	50	—

La longueur des autres est de 4 à 40 mètres d'ouverture. Les tabliers de ces ponts sont tous en acier. Un grand nombre d'entre eux sont en rampe accentuée atteignant parfois 45 millimètres. D'autres sont en rampe et en courbe, et parmi ceux-ci le curieux pont du ravin de la Chute (kilomètre 14) qui a 40 mètres de portée et que la voie franchit avec une rampe de 28 millimètres et en courbe de 50 mètres de rayon. Le pont tubulaire de 100 mètres, d'une travée, sur l'Inkisi, complètement monté dans l'axe de la passerelle de service, fut charioté d'une seule pièce sur ses maçonneries; le tablier pesant 400 tonnes a effectué ainsi un parcours total de 230 mètres.

La Compagnie possède 56 locomotives appartenant à quatre types différents : 1° locomotives de travaux, à quatre essieux, de 34 tonnes; 2° locomotives légères de travaux, à deux essieux, de 14 tonnes; 3° locomotives d'exploitation pour marchandises, à trois essieux, de 26 1/2 tonnes; 4° locomotives d'exploitation, rapides, pour trains de voyageurs, à deux essieux, de 18 1/2 tonnes, pouvant conduire un train de trois voitures, de Matadi au Pool, en vingt heures, avec une vitesse de 23 kilomètres à l'heure. Les wagons métalliques, de quatre types différents, sont de 10 tonnes. Les voitures à voyageurs se composent d'une plate-forme, d'un compartiment central contenant 12 places et d'un coupé à 2 places, pour malades.

Un fil téléphonique relie entre elles les diverses stations de la ligne.

L'exploitation. — La ligne a été provisoirement ouverte à l'exploitation par section, au fur et à mesure de l'avancement de la construction. Le tableau suivant renseigne mois par mois sur cette période d'exploitation partielle. Il est à noter qu'il ne s'agit ici que des transports effectués par le service de l'exploitation publique, à l'exclusion complète de ceux du service de la construction de la ligne.

Tableau du mouvement et des recettes de la ligne pendant la période d'exploitation provisoire et partielle.

Années.	Mois.	Stations.	Nombre de kilomètres exploités.	Nombre de voyageurs.	Marchandises.	Recettes.
					Kil.	Fr.
1894	Mars.	Kenge.	40	25	3,005	491 00
	Avril.	—	"	66	9,400	1,771 00
	Mai.	—	"	109	36,200	4,706 00
	Juin.	—	"	219	81,456	8,744 20
	Juillet.	—	"	240	138,890	15,911 30
	Août.	Congo di Tanga.	52	280	102,569	11,403 50
	Septembre.	—	"	272	73,500	8,793 60
	Octobre.	—	"	364	71,000	7,535 50
	Novembre.	—	"	265	59,100	8,29 60
	Décembre.	Monolithe.	65	162	44,100	5,683 90
1895	Janvier.	—	"	422	117,600	15,525 55
	Février.	—	"	491	75,000	10,348 51
	Mars.	—	"	436	72,000	11,499 30
	Avril.	—	"	426	57,600	9,194 10
	Mai.	—	"	348	52,800	12,102 90
	Juin.	Lufu.	82	417	215,300	38,210 35
	Juillet.	—	"	685	428,200	70,659 95
	Août.	—	"	427	407,600	71,417 85
	Septembre.	—	"	396	366,400	73,486 45
	Octobre.	—	"	272	480,000	93,863 00
	Novembre.	—	"	232	251,500	49,113 60
	Décembre.	—	"	851	228,000	51,247 30
1896	Janvier.	—	"	500	277,900	54,512 45
	Février.	—	"	310	227,800	45,934 80
	Mars.	—	"	358	213,100	48,981 05
	Avril.	Kimpese.	160	464	303,900	63,968 48
	Mai.	—	"	584	244,800	76,742 03
	Juin.	Tumba.	187	818	480,200	153,19 95
	Juillet.	—	"	449	527,690	195,458 93
	Août.	—	"	327	470,360	195,418 03
	Septembre.	—	"	342	520,490	205,741 60
	Octobre.	—	"	472	476,420	215,177 36
	Novembre.	—	"	362	445,000	191,568 86
	Décembre.	—	"	599	335,460	160,639 31
1897	Janvier.	—	"	502	319,760	144,799 03
	Février.	—	"	475	416,940	192,912 58
	Mars.	—	"	429	385,040	165,777 56
	Avril.	—	"	437	459,540	205,812 91
	Mai.	—	"	865	796,910	358,872 30
	Juin.	—	"	926	829,330	360,020 35
	Juillet.	—	"	573	627,750	228,832 35
	Août.	Inkisi.	264	733	1,009,260	415,639 73
	Septembre.	—	"	761	675,910	326,467 91
	Octobre.	—	"	593	820,280	456,844 07
	Novembre.	—	"	613	397,670	200,182 58
	Décembre.	—	"	907	630,320	356,505 70
1898	Janvier.	—	"	1,066	844,080	514,748 87
	Février.	—	"	818	790,350	477,790 87
	Mars.	—	"	1,226	949,470	558,281 10
	Avril.	—	"	1,429	1,304,650	652,047 58

L'ouverture de l'exploitation publique de la ligne entière a eu lieu le 1ᵉʳ mai 1898, à tarif plein, de Matadi à Inkisi et à demi-tarif d'Inkisi à Dolo. La première recette encaissée dans ces conditions, pendant le mois de mai, a été de 731,000 francs ; celle du mois de septembre, à tarif plein, a atteint 985,000 francs. Ce résultat dépasse considérablement les prévisions de la *Brochure blanche,* qui n'estimait qu'à 2 1/2 millions les recettes annuelles ; il compense heureusement l'erreur des devis relative au coût total de la construction.

Le trajet Matadi-Dolo et vice versâ se fait en deux jours, avec arrêt de nuit à Tumba. Les stations ouvertes au service des voyageurs et marchandises sont Matadi, Kenge, Songololo, Tumba, Inkisi, Madimba, Dolo, Kinshasa et Léopoldville.

Le nombre de trains réguliers pour voyageurs est actuellement de trois par semaine dans chaque sens ; ils partent de Matadi et de Léopoldville le lundi, le mercredi et le vendredi. La Compagnie organise autant de trains de marchandises que les besoins du trafic en réclament.

Les tarifs adoptés sont élevés ; ils paraissent même excessifs si on les compare à ceux des voies ferrées d'Europe. Ils n'en représentent pas moins une économie considérable sur les anciens frais de voyage et de transport par la route des caravanes. Le prix du ticket de 1ʳᵉ classe, de Matadi à Kenge, est de 50 francs ; à Songolo, de 125 ; à Tumba, de 233.50 ; à Inkisi, de 330 ; à Dolo, de 485 ; à Kinshasa, de 487 ; à Léopoldville, de 500. Les voyages aller et retour bénéficient d'une réduction sur la valeur du billet double. Dans la 2ᵉ classe, qui est réservée aux noirs, le prix, de Matadi à Tumba, est de 35 francs et de Tumba à Léopoldville, de 75 francs.

A la montée, de Matadi à Léopoldville, toutes les marchandises payent un prix uniforme de 10 francs par 10 kilogrammes. Il est accordé 40 p. c. de réduction sur le transport des marchandises suivantes : bateaux, matériel agricole et industriel, de chemin de fer et de télégraphie; le sel jouit d'une réduction de 50 p. c.

Le tarif est moins élevé à la descente, la Compagnie ayant voulu faciliter l'exportation. Les produits sont taxés différemment et proportionnellement à leur valeur sur le marché d'Europe, de manière à permettre à ceux d'entre eux qui n'ont qu'une valeur secondaire d'entrer dans le mouvement commercial. Voici les prix pour 10 kilogrammes, de Léopoldville à Matadi :

Ivoire	fr. 10.40
Caoutchouc	4.50
Copal rouge	3.20
Tabac	2.70
Copal blanc	1.80
Café	1.70
Orseille	1.70
Huile de palme	1.20
Arachides	1. »
Amandes de palme	1. »
Bois de construction	1. »
Sésame	1. »

Les marchandises non dénommées sont taxées, par 10 kilogrammes, à raison de 75 centimes, plus 1 1/2 p. c. de leur valeur en Europe

Le 1ᵉʳ juillet 1898, le gouvernement du Congo français a transféré à Brazzaville, sur le Pool, le siège du service administratif de Loango, chargé jusqu'à cette date des transports de la colonie vers le haut fleuve. Depuis lors, les steamers des compagnies françaises de navigation touchent Matadi et les transports d'hommes et de marchandises de la colonie française se font désormais par la voie du chemin de fer.

Telle qu'elle est, la ligne répondra longtemps encore à toutes les exigences du trafic. En effet, pendant le mois d'octobre 1897, 500 wagons de 10 tonnes ont pu être expédiés à la montée pour les besoins des deux services de la construction et de l'exploitation; la circulation pourrait même dépasser considérablement ce chiffre : c'est une question de matériel roulant, de croisements et d'entretien.

La Compagnie et son cahier des charges. — La Compagnie du chemin de fer du Congo est une société anonyme, au capital de 30 millions de francs, représenté par 36,000 actions ordinaires de 500 francs chacune et 24,000 actions de capital également de 500 francs; ces dernières, souscrites par l'État belge, ne jouissent que d'un dividende limité à 3 1/2 p. c. et sont remboursables au pair. Elle a émis 4,800 parts de fondateur sans stipulation de valeur et des obligations à concurrence de 35 millions de francs, se répartissant comme suit : 20,000 obligations de 500 francs 3 p. c., créées avec la garantie de l'État belge, et 50,000 obligations de 500 francs 4 1/2 p. c.

La concession consentie à la Compagnie le 9 novembre 1889 est accordée, sous réserve de reprise anticipative, pour un terme de 99 ans à dater de la mise en exploitation de la ligne entière. Elle comporte les avantages suivants :

1° La faculté d'établir les tarifs dont nous avons donné plus haut le détail ; 2° la pleine propriété des terres déterminées ci-après : *a)* toutes les emprises nécessaires pour l'établissement de la voie et de ses dépendances, y compris le quai d'embarquement et de débarquement à Matadi ; *b)* tous les terrains se trouvant dans une zone de 200 mètres à droite et à gauche de la voie ferrée ; *c)* 1,500 hectares de terres pour chaque kilomètre de ligne construite et livrée à l'exploitation. Ces dernières peuvent être choisies, avec certaines restrictions, dans le territoire de l'Etat. Du chef de ces concessions, la Compagnie est propriétaire de 15,000 hectares environ, par suite du litt. *b)* et de 600,000 hectares, par suite du litt. *c)*, soit au total, de 616,000 hectares, plus du cinquième de la superficie de la Belgique ; 3° enfin, pendant les vingt-cinq premières années de l'exploitation de la ligne, l'Etat s'engage à ne pas construire de voie ferrée et à n'accorder aucune concession de voie ferrée servant à relier, en tout ou en partie, le bas Congo au haut fleuve. Sous certaines conditions qu'on trouvera énumérées dans les plublications de la Compagnie et résumées dans une étude de M. Trouet, l'Etat du Congo a le droit de racheter la concession en tout temps, à partir du 1ᵉʳ janvier 1909, et l'Etat belge possède le même droit pendant les 5 années qui suivront le 1ᵉʳ janvier 1909, mais sans préjudice du droit de rachat de l'Etat du Congo. Toutefois ces conventions, qui sont connexes, doivent être approuvées par la législature belge.

b) Autres chemins de fer. — Le chemin de fer de Matadi au Stanley-Pool est à peine inauguré que déjà on entreprend la construction d'une ligne secondaire, destinée à rattacher la province du Mayumbe à Boma. Disons ici que déjà depuis 1889, Boma-plateau est relié à Boma-rive par un tramway à vapeur de (2 kilomètres) ; cette ligne fut construite par la *Compagnie des Magasins généraux* et, par la suite, reprise par l'État; ses locomotives furent les premières machines qui roulèrent dans le bassin du Congo.

La nouvelle voie ferrée partira de Boma et se dirigera vers Lengi et Boma-Sundi, sur la Lukula, (environ 60 kil. à écartement de 0^{m}60). La *Société des chemins de fer vicinaux du Mayumbe*, qui va la construire, s'est constituée le 21 septembre 1898; c'est une société congolaise, à responsabilité limitée. L'État du Congo, qui figure parmi ses souscripteurs, lui a accordé les avantages suivants : *a)* usage de tous les terrains nécessaires pour l'établissement de la voie et de ses dépendances, y compris les quais d'embarquement et de débarquement aux deux points terminus; *b)* entière propriété de 1,000 hectares de terre pour chaque kilomètre de voie ferrée construit et livré à l'exploitation; *c)* droit d'exploiter pendant trente ans les forêts appartenant à l'État dans une bande de 5 kilomètres de largeur de chaque côté des chemins de fer; *d)* concession pendant trente ans, à partir du jour où elles auront été signalées au gouvernement, de mines dont la société concessionnaire aura fait connaître l'existence dans les districts du bas Congo, au nord du fleuve. (Convention du 21 septembre 1898.) Une première brigade d'agents techniques, sous la direction de M. Cocu, chef de service, s'est embarquée, en septembre 1898, pour le Congo.

Il est certain que l'activité des hommes qui sont, en Belgique, à la tête de l'œuvre congolaise, ne sera pas satisfaite par ces seuls efforts, réalisés en si peu d'années. En effet, au delà du point terminus de la navigation des rivières, en amont des chutes, s'ouvrent de nouveaux biefs navigables rayonnnant vers le nord, l'est et le sud. Il s'agit de les utiliser de manière à arriver économiquement aux régions du Tshad, du Nil, du Tanganika et du Katanga. Ainsi, il est question de créer des voies ferrées entre le terminus de la navigation du Lomami et le bief navigable du Lualaba (Bena-Kamba-Nyangwe) et entre le Lubefu navigable et le Kamolondo, en amont de la Porte d'Enfer. Un autre railway relierait l'extrémité navigable du Rubi (Ibembo) au confluent du Bomokandi et de l'Uele; celui-ci est même en voie de réalisation, le gouvernement ayant décrété un premier subside pour l'étude de ce projet. Enfin, les explorations des voyageurs français dans la région du Tshad permettent d'entrevoir la possibilité de rattacher le coude de l'Ubangi aux affluents navigables du Shari. Certains travaux, de moindre envergure, mais peut-être plus pratiques, seront sans doute également entrepris sous peu : ils auront pour but de franchir, au moyen d'installations mécaniques peu importantes, les chutes qui entravent la circulation sur le fleuve et ses affluents et de gagner ainsi à la navigabilité les briefs successifs qui s'étagent sur toute l'étendue du bassin.

Pour le moment, la plupart de ces projets demeurent encore dans le domaine de l'hypothèse et du rêve; mais, comme le dit Schweinfurth, examinant les chances d'avenir de la colonisation européenne dans l'Afrique tropicale, « le monde, de notre temps, n'est pas habitué à reculer devant les entreprises d'une utilité reconnue, par les seules raisons qu'elles seraient d'une envergure considérable et qu'il y aurait de grandes difficultés à surmonter ».

Les chemins de fer de l'État Indépendant, comme du reste le pays lui-même, sont ouverts à l'activité de toutes les nations. La Conférence de Berlin, après avoir proclamé la liberté complète de la navigation du Congo et de ses affluents, a ajouté, dans l'article 16 de l'Acte général :

> Les routes, les chemins de fer ou les canaux latéraux qui pourront être établis dans le but spécial de suppléer à l'innavigabilité ou aux imperfections de la voie fluviale sur certaines sections du Congo, de ses affluents et des autres cours d'eau qui leur sont assimilés par l'article 15, seront considérés, en leur qualité de moyens de communication, comme des dépendances de ce fleuve et seront également ouverts au trafic de toutes les nations. De même que sur le fleuve, il ne pourra être perçu sur ces routes, ces chemins de fer et ces canaux que des péages calculés sur les dépenses de construction, d'entretien et d'administration et sur les bénéfices dus aux entrepreneurs. Quant au taux de ces péages, les étrangers et les nationaux des territoires respectifs seront traités sur le pied d'une parfaite égalité.

Les puissances signataires de l'Acte général de Berlin et celles qui y ont adhéré ont, le cas échéant, le droit de provoquer la nomination d'une commission internationale chargée de faire respecter l'exécution de ces dispositions.

C. LE RÉSEAU NAVIGABLE ET LE SERVICE FLUVIAL DU HAUT CONGO.

Arrivé au Pool, le chemin de fer des chutes a atteint sa plus grande longueur ; son prolongement naturel est constitué par l'immense réseau fluvial du bassin supérieur.

Tous les fleuves de l'Afrique tropicale sont barrés dans leur cours inférieur par des chutes et des rapides ;

mais, tandis que partout ailleurs leur partie supérieure demeure quasi impraticable aux steamers, au Congo, les rapides franchis, on arrive au Stanley-Pool, magnifique port intérieur où débouche un réseau de voies navigables qui, sous le rapport de son extension, ne le cède, dans le monde entier, qu'à celui de l'Amazone.

Du Stanley-Pool partent, en effet, dans toutes les directions, d'importantes routes fluviales libres, conduisant aux confins de l'Adamaua, du Bahr-el-Gazal, du Manyema, de l'Urua, du Lunda et dont le développement se chiffre déjà par près de 18,000 kilomètres de rivières explorées et reconnues accessibles aux bateaux à vapeur. Si à cette puissante ramure on ajoute l'appoint des branches secondaires, ouvertes seulement à la navigation des pirogues, on admettra, avec M. Grenfell, que « pas un seul endroit du bassin du haut Congo ne se trouve à plus de 160 kilomètres d'une escale quelconque abordable par eau ».

C'est principalement à cette disposition hydrographique si favorable que le bassin du Congo doit sa grande supériorité économique sur les autres régions de l'Afrique centrale.

Le lancement du premier bateau à vapeur sur les eaux du haut Congo date de décembre 1881 : c'était l'*En Avant*, que Stanley, secondé par le lieutenant Valcke, mit à flot et que suivirent bientôt le *Royal* et l'*A. I. A*. A cette époque, le fait sembla prodigieux et l'on estima que le transport de ce bateau constituait un véritable tour de force. Depuis lors, ce « tour de force » a été renouvelé à maintes reprises et avec des steamers autrement importants : chaque année voit quelque nouveau vapeur grossir la flottille du haut

Congo, si bien qu'à l'heure actuelle 45 steamers, dont deux de 250 tonneaux, sillonnent le fleuve et ses affluents, ravitaillant les établissements, chargeant et déchargeant des marchandises, transportant des voyageurs. Ce sont 22 bateaux congolais, 11 belges, 6 hollandais, 4 anglais et 2 français, savoir :

1° l'État Indépendant du Congo : le *Brabant*, et le *Hainaut* (250 t.) ; la *Ville de Bruxelles*, la *Ville d'Anvers*, la *Ville de Bruges*, la *Princesse Clémentine* et l'*Archiduchesse Stéphanie* (50 t) ; le *Stanley* (35 t.), la *Ville de Paris* (50 t.), la *Florida* et la *Délivrance* (20 t.), la *Ville de Gand* et le *Baron Dhanis* (15 t.), le *Roi des Belges* (10 t.) la *Ville d'Ostende*, la *Ville de Charleroi*, la *Ville de Liége*, l'*En Avant*, l'*A. I. A.*, le *Baron Lambermont*, le *Colonel Wahis* et le *Capitaine Schagestrōm* ;

2° l'État français : l'*Ubangi* ;

3° la Société belge du Haut-Congo : la *France*, le *Général Sanford*, le *Daumas*, le *Katanga*, l'*Oise*, le *Président Brugmann*, le *Major Cambier* et le *Camille Delcommune* ;

4° la Société hollandaise : le *Mfumu Tangu* (40 t.), le *Frederik* et l'*Antoinnette* (10 t.), le *Holland*, la *Wendelina* et l'*Henriette* ;

5° l'Abir : le *Colonel North* ;

6° les Missions protestantes : le *Peace* et le *Godwill* (10 t.), le *Henri Reed* et le *Pioner* ;

7° la Mission belge des PP. de Scheut : la *N.-D. du Perpétuel Secours* ;

8° la Mission française des PP. du Saint-Esprit : le *Léon XIII* ;

9° la Compagnie du Congo pour le Commerce et l'Industrie : un bateau de 40 t. (sur le sleep).

Le chiffre actuel de 45 bateaux ne tardera pas à être dépassé, l'État du Congo et les Compagnies commerciales belges ayant environ 15 nouveaux vapeurs en cours de transport ou en construction sur les chantiers de la Société John Cockeril, à Hoboken.

Ces steamers sont de trois types principaux : le petit modèle allant jusqu'à 15 tonneaux, ayant comme propulseur l'hélice ou la double hélice ; le modèle moyen, allant jusqu'à 50 tonneaux, mû par une roue à aubes placée à l'arrière, et le grand modèle, de 250 tonneaux de charge, également à roue d'arrière. Le premier type est employé par l'État pour la police des rives du fleuve et par les sociétés pour le service de leurs établissements ; les deuxième et troisième types servent à assurer les transports sur le fleuve et ses grands tributaires. Tous ces steamers ne marchent que le jour, la navigation sur les cours d'eau parsemés d'îles, de bancs et de hauts-fonds restant des plus compliquées.

Un décret du 7 juillet 1898 dispose que « les propriétaires ou capitaines de vapeurs, navigant sur le haut Congo et ses affluents, sont autorisés à faire en cours de voyage des coupes de bois dans les forêts de l'État, pour l'alimentation des chaudières, moyennant le payement d'une taxe annuelle sur la capacité de transport des vapeurs et de leurs remorques. Cette taxe est fixée à 240 francs par tonneau de mer de jauge pour les steamers ne dépassant pas, en vitesse, sept nœuds à l'heure. Les vapeurs d'une marche plus rapide sont soumis à une taxe supplémentaire de 10 francs par demi-nœud ou fraction de nœud et par tonneau de jauge. La susdite taxe est réduite à 120 francs pour les steamers d'un tonnage inférieur à 10 tonnes, servant exclusivement au service des factoreries dans un même affluent ou un même sous-affluent ».

Depuis le 1ᵉʳ juillet 1896, le gouvernement a été en mesure d'organiser, sur le haut fleuve, un service régulier, à la suite d'une convention par laquelle la Société du Haut-Congo lui a vendu huit de ses steamers (29 décembre 1897). Deux fois par mois, un bateau de fort tonnage part de Léopoldville pour les Falls; la durée du voyage, aller et retour, est d'environ cinquante jours, escales comprises. D'autres vapeurs assurent le service du Kasai et de l'Ubangi. Sous peu, un nouveau progrès sera réalisé; l'État fait construire un bateau postal de 50 tonneaux, à deux hélices et à faible tirant d'eau, filant 12 nœuds, qui sera exclusivement réservé au transport des voyageurs et de la correspondance; il effectuera le voyage entre le Pool et les Falls en onze jours à la montée et cinq à la descente.

Le tarif des transports sur le haut fleuve a été établi par un décret du 12 mars 1892 :

Marchandises.

	La tonne.
Du Pool à destination des stations situées sur le Congo et sur les affluents qui s'y jettent en aval de Bumba . . . . fr.	500
A destination des stations en amont de Bumba . .	400
A destination des stations de l'Ubangi, en aval des chutes de Zongo	350
A destination des stations du Kasai et de ses affluents	300

Marchandises expédiées d'une station de l'intérieur, directement accessible, à destination du Pool :

	La tonne.
Ivoire . . . . fr.	500
Caoutchouc et autres produits indigènes	200
Autres marchandises.	150

Voyageurs.

Le prix du passage (nourriture non comprise), de Léopoldville à une station située en amont jusqu'aux Falls va de 30 à 200 fr.; à la descente, ce prix est réduit à peu près de moitié. Les nègres payent le quart de ce que payent les blancs.

En certains endroits, où la navigation est interrompue par des rapides, l'État a organisé un service complémentaire, à l'aide de chalands en acier ou de pirogues indigènes. Il existe de ces services entre Manyanga et Isangila, sur le haut Ubangi, sur le haut Lomami et sur le Lualaba. Ils sont desservis par des canotiers indigènes, dont tous les voyageurs se plaisent à reconnaître les qualités de courage, d'adresse et de patience. Parfois, ce transport par barques à rames constitue un impôt payé à l'État par les chefs indigènes : il en est ainsi du service établi entre Kirundu et la station des Stanley-Falls, dont M. von Götzen vante la parfaite organisation : « En quatre jours, dit-il, nous avons franchi la distance qui sépare Kirundu des Falls. Il y a trois relais, où des piroguiers attendent les voyageurs. On rompt charge avec une rapidité extraordinaire et la navigation se poursuit sans arrêt, les embarcations étant entraînées par-dessus les rapides par des équipages aussi vaillants qu'adroits. »

D. — LES ROUTES DE PORTAGE.

La route, cette première expression de la civilisation, n'existait même pas au Congo, lorsque les Belges y arrivèrent. Les chemins que suivent les caravanes de trafiquants, ceux qu'utilisent les explorateurs pour se rendre d'un village à un autre, sont généralement des sentiers de 50 centimètres à 1 mètre de largeur, qui traversent en zigzaguant la brousse, la savane ou les bois, et que les pas des voyageurs ont plus ou moins aplanis. Les cours d'eau qu'ils coupent se passent à gué, sur des ponts de lianes ou en pirogues. Il existe de ces sentiers dans toutes les régions populeuses de l'État, là surtout où l'activité commerciale produit un certain mouvement de va-et-vient. Sur ces routes primitives, il n'y a, jusqu'ici, d'autre moyen de transport que le portage à dos d'homme.

On a tenté plusieurs fois d'utiliser, pour le service des transports, certains animaux tels que le bœuf et l'âne. Ces essais ont donné de bons résultats au camp de Zambi, où des bœufs sont dressés à tirer la charrue et la herse. Une autre catégorie d'animaux rendent aux blancs de précieux services en matière de transports : ce sont les animaux de selle, le taureau, la mule, l'âne et le cheval.

A Luluabourg et à Lusambo les taureaux et les bœufs de selle sont d'un usage courant. Les chevaux qu'on voit au Congo sont, pour la plupart, importés des Canaries; récemment, dans le but d'obtenir des croisements, on a envoyé à Mateba des étalons ardennais et des juments de même sang; dans les stations de l'Uele on voit des chevaux arabes venus du nord. L'âne, que sa sobriété fait préférer au cheval, est généralement originaire des Canaries; dans la partie orientale de l'État, on rencontre une race africaine : l'âne de Mascate. Ce sont encore les îles Canaries, et quelquefois le Sénégal, qui fournissent les mules; mais elles sont moins répandues que les ânes à cause de leur prix élevé, de 1,200 à 1,500 francs pour une bête de belle qualité.

Devons-nous parler ici des projets d'utilisation des éléphants ? Certes, les éléphants africains sont aussi susceptibles d'être domestiqués que leurs congénères asiatiques : la plupart de ceux qu'on nous exhibe dans les jardins zoologiques, les ménageries et les cirques, viennent, en effet, d'Afrique. En outre, l'histoire nous apprend que, pendant plus de cinq siècles, depuis le règne de Ptolémée Philadelphe (285 avant J.-C.) jusqu'à celui de Dioclétien (285 après J.-C.), ces animaux furent chassés dans le nord et dans l'est de l'Afrique et dressés pour le service des armées, des cours et des cirques. Mais le moment n'est, croyons-nous, pas encore venu de faire semblables expériences au Congo. La chasse et la capture de l'éléphant en vue du dressage sont des opérations coûteuses, et l'Afrique centrale, à peine ouverte aux Européens, n'offre pas encore, il s'en faut de beaucoup, les aménagements nécessaires pour pouvoir tirer parti d'animaux aussi délicats et exigeant autant de soins.

E. — LES POSTES ET LES TÉLÉGRAPHES.

Conformément aux dispositions de l'Acte de Berlin, la convention de l'Union postale universelle a été appliquée à l'État du Congo. Les premiers timbres-poste furent créés le 1er janvier 1886. On a fait, depuis lors, plusieurs émissions de cartes postales et de timbres. Ceux-ci actuellement sont de 5, 10, 15, 25, 40 et 50 centimes; de 1, 3.50, 5 et 10 francs.

Le service des postes a été organisé en 1885 par MM. De Keyzer et Massart. Il comporte actuellement 18 bureaux et comprend, outre la transmission des correspondances, celle des mandats-poste (par l'intermédiaire du bureau de Bruxelles) et le transport des colis postaux (entre Anvers et Boma). Ces derniers ne peuvent dépasser en volume 20 centimètres cubes, en dimension 60 centimètres sur chaque face et en poids 5 kilogrammes. Le prix de transport est de 2 fr. 50 c.; il faut y ajouter, au Congo, une taxe de 1 franc et, en Belgique, 25 centimes pour la remise à domicile. Le mouvement postal se développe d'année en année : il était, en 1886, de 37,096 objets; en 1897, il a atteint 843,292 objets.

L'État Indépendant n'est pas encore en relation télégraphique directe avec l'Europe; les télégrammes sont expédiés via San Thomé (taxe par mot : 8 fr. 30 c.) ou via Saint-Paul de Loanda (taxe par mot : 10 fr. 80 c.).

Un décret du 14 novembre 1893 a décidé la construction d'une ligne télégraphique allant de Boma aux stations du haut fleuve et au Tanganika. Le fil, qui traverse le fleuve à Underhill, est arrivé à Matadi, en 1895 et à Léopoldville, en 1898; la section Léopoldville-Bolobo, actuellement en construction sous la direction de M. Mahieu, sera achevée en 1899. Un décret ouvre un crédit de 3 millions de francs pour l'établissement de la partie orientale de la ligne. Une expédition, placée sous la direction de M. Mohun, a quitté l'Europe en août 1898, pour le Tanganika; elle a pour mission de construire la section de 300 kilomètres qui doit relier Towa à Nyangwe.

BIBLIOGRAPHIE : FRANCKEN, HUET, CLAES ET CORNET : *Rapport adressé au gouvernement par la commission d'enquête.* — HELLEPUTTE: *Rapport de la section centrale de la Chambre des représentants.* (Documents parlementaires, 1896.) — HUBERT : *Rapport sur le chemin de fer du Congo.* — THYS : *La brochure blanche.* — ID. : *Rapports* présentés aux assemblées générales de la Compagnie. — TROUET : *Le chemin de fer du Congo.* — A. J. WAUTERS : *Carte du chemin de fer du Congo, de Matadi au Stanley-Pool*, au 100,000°. — Voir aussi les *Annales parlementaires*, années 1884, 1894, 1895, 1896, et les nombreux articles publiés par le *Mouvement géographique* et le *Congo illustré* à l'époque de la construction du chemin de fer.

CHAPITRE XXVII.

LE COMMERCE PRIVÉ.

A. — HISTORIQUE.

Les relations commerciales entre l'Europe et le Congo sont de création récente. C'est en 1858 que des agents de la maison française Régis et Cie (Daumas, Béraud et Cie, successeurs) s'établirent à la bouche du fleuve, sur la pointe de Banana qui longtemps a été désignée sous le nom de « Pointe française ». Mais la première impulsion donnée au commerce dans ces parages ne date réellement que de deux ans plus tard. L'honneur en revient à la société hollandaise *Afrikaansche Handelsvereeniging*, de Rotterdam, qui, en 1860, installait un établissement à Boma, où quelques années après, venaient la rejoindre les agents de la société anglaise Hatton et Cookson, puis les négociants portugais Valle et Azevedo (1871).

Quand au mois d'août 1877, Stanley arriva à Boma, il y trouva six factoreries, dirigées par seize Européens : deux Anglais, un Hollandais, douze Portugais et un Belge, agent de la factorerie française, M. Alexandre Delcommune, qui n'allait pas tarder à jouer un rôle actif dans l'histoire de la découverte et de l'exploitation commerciale du haut Congo. A l'époque de l'inauguration de la Conférence de Berlin (15 novembre 1884), l'occupation des rives du bas fleuve n'avait pas dépassé Fuka-Fuka.

La civilisation de l'Afrique par le commerce est l'idée qui a présidé à la rédaction du programme de la Conférence. Elle est nettement exprimée dans le discours prononcé par le prince de Bismark, président de la haute assemblée, lors de l'ouverture de ses travaux : « Le véhicule de la civilisation en Afrique, dit-il en substance, l'instrument par excellence qui doit y contribuer au développement graduel de la paix et de l'humanité, c'est le commerce. » Aussi, la préoccupation d'en favoriser l'expansion en Afrique et d'y garantir sa liberté, domine-t-elle les discussions de chacune des séances; elle est formulée dans les protocoles par chacun des représentants des puissances. De toutes les déclarations qui furent faites alors, les plus importantes et les plus décisives sont celles de M. le baron Lambermont, plénipotentiaire belge, à qui avait été confié le soin de rédiger les rapports de la commission. En nous servant des paroles mêmes des plénipotentiaires, nous pouvons résumer comme suit les déclarations en faveur de la liberté commerciale enregistrées dans les protocoles de la Conférence :

Le régime à appliquer au Congo doit reconnaître aux indigènes le droit de disposer librement d'eux-mêmes et de leur sol héréditaire. Il doit tendre à stimuler chez eux le goût du travail, afin de hâter leur marche vers un meilleur état social. Le commerce doit avoir au Congo une grande liberté d'allures et pouvoir s'y développer à la faveur d'un large système de tolérance et de garanties. Chacun doit y avoir la liberté illimitée de vendre et d'acheter; la carrière doit rester ouverte, sans restrictions, à la libre concurrence. Il ne peut être créé aucun monopole, aucune situation privilégiée, quels qu'ils soient.

Si ce régime devait un jour être revisé, la revision ne pourrait avoir lieu que pour le rendre encore plus favorable aux intérêts commerciaux. La proclamation de la liberté commerciale pleine et entière, au Congo, est marquée comme but aux efforts des puissances. Celles-ci sont unanimes à se prononcer en faveur de la permanence du régime le plus libéral.

L'article 1er de l'Acte général délimite comme suit le bassin conventionnel du Congo auquel ces dispositions sont appliquées :

> Le commerce de toutes les nations jouira d'une complète liberté : 1° Dans tous les territoires constituant le bassin du Congo et de ses affluents. Ce bassin est délimité par les crêtes des bassins contigus, à savoir : notamment les bassins du Niari, de l'Ogowé, du Shari et du Nil, au nord; par la ligne de faîte des affluents du lac Tanganika, à l'est; par les crêtes des bassins du Zambèse et de la Logé, au sud. Il embrasse en conséquence tous les territoires drainés par le Congo et ses affluents, y compris le lac Tanganika et ses tributaires orientaux ; 2° dans la zone maritime s'étendant sur l'océan Atlantique, depuis le parallèle situé par 2°30' de latitude sud jusqu'à l'embouchure de la Logé. — La limite septentrionale suivra le parallèle situé par 2°30', depuis la côte jusqu'au point où il rencontre le bassin géographique du Congo, en évitant le bassin de l'Ogowé, auquel ne s'appliquent pas les stipulations du présent Acte. — La limite méridionale suivra le cours de la Logé jusqu'à la source de cette rivière et se dirigera de là vers l'est jusqu'à la jonction avec le bassin géographique du Congo; 3° dans la zone se prolongeant à l'est du bassin du Congo, tel qu'il est délimité ci-dessus, jusqu'à l'océan Indien, depuis le 5e degré de latitude nord jusqu'à l'embouchure du Zambèse au sud; de ce point, la ligne de démarcation suivra le Zambèse jusqu'à

5 milles en amont du confluent du Shiré et continuera par la ligne de faîte séparant les eaux qui coulent vers le lac Nyassa des eaux tributaires du Zambèse, pour rejoindre enfin la ligne de partage des eaux du Zambèse et du Congo.

Les dispositions libérales adoptées par la Conférence de Berlin et proclamées dans son Acte général ne pouvaient manquer de provoquer en Belgique un courant favorable parmi les hommes d'action désireux de soutenir les projets du fondateur de l'œuvre. A l'initiative du capitaine d'état-major Albert Thys, alors attaché à l'administration de l'État du Congo, la Société belge des ingénieurs et industriels, à Bruxelles, commença la campagne par une série de conférences sur le Congo. Les débats ouverts pendant les premiers mois de l'année 1887, au Palais de la Bourse, provoquèrent un vif mouvement en faveur de la participation des capitaux belges à l'œuvre royale : l'année ne s'était pas écoulée que trois sociétés commerciales belges s'étaient constituées, en vue d'entreprendre des opérations en Afrique.

La première était le *Syndicat de Mateba*, fondé à Anvers par MM. Ad. de Roubaix et consorts, pour la création d'établissements agricoles dans le bas fleuve ; à cet effet, le syndicat acquit de l'État l'île de Mateba, d'une superficie de 14,000 hectares et quelques îlots voisins. La deuxième société, la *Sanford Exploring Expedition*, fut fondée à Bruxelles par M. Sanford, ancien membre du comité de l'Association internationale africaine, et M. Georges Brugmann, en vue d'entreprendre le commerce de l'ivoire et du caoutchouc dans le haut Congo. La troisième, la *Compagnie du Congo pour le commerce et l'industrie*, fut constituée, à Bruxelles, par MM. Thys, Jules Urban et Ad. de

Roubaix. Elle ne devait pas tarder à grouper les efforts des coloniaux et à assumer seule, pendant plusieurs années, la direction des entreprises commerciales belges au Congo.

La *Compagnie du Congo* se donna pour tâche d'étudier le pays et de le faire connaître en Belgique. Ses statuts visaient, avant tout, l'étude et la construction d'un chemin de fer. Le gouvernement congolais appréciant les services multiples qu'elle s'apprêtait à lui rendre, lui concéda, par une convention en date du 26 mars 1887, la pleine propriété de 150,000 hectares de terre, qu'elle a choisis depuis dans les bassins de la Busira et du Momboyo. Dès le commencement de l'année 1888, la Compagnie put établir les grandes lignes d'un plan d'ensemble pour la réalisation duquel des capitaux furent sollicités. Successivement furent constituées, à son iniative :

1° La *Compagnie des Magasins généraux* (20 octobre 1888), qui installa des hôtels et des magasins dans le bas Congo ;

2° La *Société anonyme belge pour le commerce du Haut-Congo*, qui fusionna avec la *Sanford Exploring Expedition* et se livra dans le haut fleuve au commerce de l'ivoire et du caoutchouc (10 décembre 1888) ; MM. Alex. Delcommune, le lieutenant Valcke, Camille Delcommune, le major Parminter et le Dr Briart se succédèrent à sa direction, en Afrique ;

3° La *Compagnie du chemin de fer* (31 juillet 1889) ;

4° La *Compagnie des produits du Congo*, qui fusionna avec le *Syndicat de Mateba* et s'occupa de l'élevage du bétail, dans le bas Congo (29 novembre 1889) ;

5° La *Compagnie du Katanga*, qui se constitua dans des conditions sur lesquelles nous devons insister. Depuis six mois déjà, la *Compagnie du Congo* avait chargé une expédition, dirigée par M. Delcommune, d'explorer les régions du Katanga, lorsqu'on apprit à Bruxelles que la *British South Africa*, la société de M. Cecil Rhodes, avait envoyé en Afrique deux agents, MM. Thomson et Grant, qui, en toute hâte, avaient gagné le pays de Msiri, d'où ils revenaient, disait-on, avec d'importantes concessions territoriales. Cette tentative d'usurpation des droits politiques de l'État, immédiatement soutenue par quelques journaux anglais à la dévotion de M. Cecil Rhodes, provoqua à Bruxelles une assez vive émotion. La *Compagnie du Congo* mit à la disposition de l'État les services de l'expédition Delcommune, qui se trouvait alors sur le Lomami, et lui offrit de compléter l'action de cette mission par un ensemble de promptes et énergiques manifestations, qui devaient avoir pour résultat de couper court aux agissements de la société anglaise. Le 15 avril 1890 se forma la *Compagnie du Katanga*, qui reprit pour son compte l'expédition Delcommune et envoya d'urgence, en Afrique, les expéditions Stairs et Bia-Francqui, dont les chefs furent commissionnés par l'État et munis de pleins pouvoirs. Moins d'un an après, les trois colonnes avaient atteint la résidence de Msiri, fait reconnaître le drapeau de l'État par les chefs du Katanga et poussé leurs investigations et leurs reconnaissances jusqu'aux limites extrêmes du pays.

L'importance des concessions faites à la *Compagnie du Katanga* par l'État montre à quel point celui-ci a tenu à reconnaître le concours si patriotique que les fondateurs de la Société ne lui ont pas marchandé, à un moment où l'intégrité du territoire était compromise; en vertu de la convention du 24 mars 1891, la Compagnie possédait en pleine propriété le tiers des terres domaniales situées dans un territoire délimité, comprenant les bassins du haut Lualaba, du haut Lomami, le Manyema, l'Urua et le Katanga. A la suite d'un accord intervenu le 9 mai 1896, la partie septentrionale de ces concessions a été échangée contre des terrains d'une superficie équivalente, situés dans le bassin du Lomami inférieur.

Tandis que s'affirmait ainsi, à Bruxelles, le mouvement commercial provoqué par MM. Thys, Brugmann, Jules Urban, de Roubaix et Sanford, soutenus par un groupe imposant de personnalités politiques, industrielles et financières, la *Société hollandaise* de Rotterdam, dirigée par M. Greshoff, et la *Société française Daumas, Béraud et C*^{ie} accentuaient leur action en développant de plus en plus vers l'intérieur la chaîne de leurs factoreries. Bientôt elles s'installèrent toutes à la rive du Pool, les Français à Brazzaville, les Hollandais et les Belges à Kinshasa, et se hâtèrent d'y envoyer le matériel fluvial indispensable à leurs opérations futures.

Ce n'est certes pas un des faits les moins intéressants de la conquête du bassin du Congo, que la confiance et l'entrain avec lesquels les intérêts privés se sont ainsi associés aux intérêts politiques et humanitaires ; que l'élan avec lequel le commerce libre a suivi, sans hésitation, les pas des explorateurs. Dans ce « rush », qui n'est que le prélude du mouvement plus intense qui va se produire maintenant que le railway des chutes est ouvert au trafic public, le premier rôle appartient à la *Compagnie du Congo pour le commerce et l'industrie* et à ses filiales. Alors qu'en Belgique, il n'y avait encore qu'incrédulité à l'égard des « rêves du Roi », méfiance vis-à-vis du « minotaure africain », résistance à « l'engrenage congolais », elles n'hésitèrent pas à s'aventurer, avec la foi la plus ardente, l'activité la plus entraînante. La reconnaissance complète de la région des chutes pour les études du chemin de fer, l'exploration du réseau navigable du haut Congo, la création d'importants troupeaux de bétail à Mateba, la constitution de toute une flottille de vapeurs sur le Stanley-Pool, l'exploration du Katanga, enfin la construction du chemin de fer sont leurs principales contributions à l'œuvre du Congo. Une haute pensée de patriotisme a inspiré leurs fondateurs, toujours guidés par la volonté de soutenir la conception coloniale et les projets grandioses du fondateur de l'État. Depuis leur constitution, les unes et les autres n'ont cessé d'affirmer cette préoccupation en donnant la plus large publicité à leurs travaux : chaque société a ses publications spéciales; le journal *Le Mouvement géographique*, fondé il y a quinze ans par l'auteur de ce livre, est devenu leur organe périodique.

Dans le haut fleuve, la *Société du Haut-Congo* ne tarda pas à prendre l'avance sur les autres. Le 16 avril 1892, elle absorba la *Compagnie française Daumas, Béraud et Cie*, reprit ses établissements et ses bateaux, et commença l'exploitation du Congo français par l'Ubangi et la Sanga. Déjà, six mois auparavant, le 21 octobre 1891, avec le concours de la *Compagnie du Katanga*, elle avait organisé, sous la dénomination de *Syndicat commercial du Katanga*, une entreprise placée sous la direction de M. Hodister, destinée à mettre immédiatement en valeur une partie des territoires concédés par l'État le 12 mars 1891. Malheureusement, lorsque M. Hodister arriva sur son terrain d'action, les chefs arabes dessinaient leur hostilité contre l'État. Les agents qu'il envoya à Riba-Riba et Nyangwe, par la voie du Lualaba, durent rebrousser chemin et lui-même fut tué avec le Dʳ Magery et plusieurs de ses compagnons de route, aux avant-postes de Riba-Riba, le 15 mai 1892. Depuis lors, le *Syndicat du Katanga* a été liquidé et remplacé par un organisme nouveau, la *Compagnie du Lomami*, constituée le 5 juillet 1898 et ayant pour directeur M. le lieutenant Lemery.

La *Compagnie du Congo pour le commerce et l'industrie* et ses six filiales, présidées par MM. Jules Urban, Georges Brugmann et Thys, ont toutes leur siège social, à Bruxelles, rue Bréderode. Distinctes l'une de l'autre au point de vue de leur existence sociale et de leurs opérations, elles sont unies par leur personnel dirigeant : leur administrateur délégué unique est M. le colonel Thys, secondé par quatre directeurs chefs de service : MM. A.-J. Wauters, secrétaire général, le major Laurent, le major Cambier et l'ingénieur Trouet.

En cette même année 1892, l'État inaugura une politique économique nouvelle, qui provoqua un conflit avec les intérêts privés engagés au Congo depuis quatre années. Cette politique est caractisée : 1° Par la mise en pratique du droit de l'État de monopoliser à son profit les produits des terres vacantes du territoire ; 2° par l'apparition de sociétés commerciales nouvelles, à concession et à privilège, constituées en vue de l'exploitation du « domaine privé » avec l'appui moral et effectif de l'État.

Les sociétés du type nouveau qui se constituèrent furent la *Société anversoise du commerce au Congo* et l'*Anglo-Belgian India Rubber C°*.

La *Société anversoise du commerce au Congo*, fondée

à Anvers, le 2 août 1892, au capital de 400,000 francs porté plus tard à 1,700,000 francs, est présidée par M. de Browne de Tiége. Elle obtint, pour un terme renouvelable de 50 années, la concession des forêts domaniales situées dans le bassin de la Mongala, avec le droit exclusif d'exploiter tous les produits de la forêt ; cette concession comporte la location, pour le même terme de 50 années, de toutes les terres domaniales situées dans la Mongala. Par contre, la société concessionnaire s'engageait à payer à l'État des redevances spéciales s'élevant à 300 francs par 1,000 kilogrammes de caoutchouc récolté, 150 francs pour la même quantité de cire ou de copal et 5 p. c. de leur valeur sur les marchés d'Europe pour l'ivoire et les autres produits.

L'*Anglo-Belgian India Rubber and Exploration C°* (A. B. I. R.) fut fondée à Anvers le 6 août 1892, au capital de 1 million de francs, sous la présidence de feu M. le colonel anglais North, remplacé, en mai 1896, par M. Van de Nest. Elle obtint l'entière propriété des terres vacantes appartenant au domaine dans les bassins du Lopori et de la Maringa autour de huit postes d'exploitation et dans un rayon de 5 lieues ; en outre, on lui accorda, pour un terme de 30 années, le droit d'exploiter tous les produits de la forêt, dans les bassins du Lopori et de la Maringa, à partir de Basankusu.

A partir de 1894, on vit se constituer toute une série de société nouvelles qui acquirent de l'État des territoires plus ou moins étendus, principalement en vue de la récolte de caoutchouc : la *Société des Produits végétaux du haut Kasai*, ayant pour administrateur délégué M. Roose; la *Société d'agriculture et de plantation au Congo* (S. A. P.), présidée par M. le baron de Stein, et dont le terrain d'action s'étend à la rive gauche du Congo, en aval et en amont du confluent du Lomami ; le *Comptoir commercial congolais* (C. C. C.), fondé par M. Mols, qui obtint des concessions dans le bassin de la Wamba, affluent du Kwango ; la *Société de la Djuma*, constituée par MM. J. de Hemptinne et L. Bethune, qui travaille dans le bassin de cette rivière, sous la direction de M. Rossignon ; la *Société agricole du Lubefu*, qui a des domaines dans le bassin de cette rivière et que dirige M. le lieutenant Cassart ; la *Kassaïenne*, qui a des terrains dans le bassin du Kasai et qui a pour directeur M. le commandant Rom ; la *Centrale africaine*, qui a les siens dans la rivière Djuma ; la *Société équatoriale*, qui en a dans le bassin de l'Ikelemba (Équateur) et à la tête de laquelle est placé M. le capitaine Christiaens ; etc.

B. LES SOCIÉTÉS COMMERCIALES.

Sociétés étrangères. — Jusqu'à la fin de l'année 1897, toutes les sociétés par actions possédant des établissements au Congo avaient été fondées à l'étranger : en Belgique, en Hollande, au Portugal. Leur situation juridique est réglée par le décret du 27 février 1887 ; elles doivent être constituées conformément à la loi de leur nationalité et sont tenues : 1° De déposer au greffe du tribunal de 1re instance, à Boma, dans les six mois de la création de leur premier siège d'opérations, un extrait de leurs actes constitutifs, contenant certaines indications ; 2° de faire élection de domicile dans l'État Indépendant.

Vingt-cinq sociétés étrangères par actions, ayant ensemble un capital d'environ 60 millions de francs, se sont formées ainsi, en vue de l'exploitation commerciale du Congo. Le tableau suivant en présente la liste chronologique.

Tableau chronologique des sociétés commerciales par actions fondées à l'étranger.

DÉNOMINATIONS.	CONSTITUTION.	BULL. OFFICIEL.	CAPITAL.	SIÈGE SOCIAL.	SIÈGE LOCAL.
Nieuwe Afrikaansche Handelsvennootschap.	1880	mai 1887	3,000,000 fl.	Rotterdam.	Banana.
Cie portugaise du Zaïre	24 janv. 1885	février 1887	2,250,000$000	Lisbonne.	Boma.
Cie du Congo pour le commerce et l'industrie.	27 déc. 1886	avril 1887	1,227,000 fr.	Bruxelles.	
Cie des Magasins généraux du Congo.	20 oct. 1888	juillet 1889	1,200,000 »	id.	id.
Soc. an. belge pour le comm. du Haut-Congo	10 déc. 1888	id.	5,050,000 »	id.	Kinshasa.
Cie du Chemin de fer du Congo	31 juill. 1889	oct. 1889	30,000,000 »	id.	Matadi.
Cie des Produits du Congo	29 nov. 1889	janvier 1890	1,200,000 »	id.	Mateba.
Cio du Katanga	15 avril 1891	sept. 1891	3,000,000 »	id.	
Soc. des produits végétaux du Haut-Kasaï.	26 mai 1894	nov. 1894	1.000,000 »	Iseghem.	Galikoko.
Belgika	15 nov. 1894	juillet 1897	2,000,000 »	Bruxelles.	Matadi.
Soc. d'agriculture et de plantation au Congo.	15 juill. 1896	id.	600,000 »	id.	Isangi.
Congolia.	19 août 1897	août sept. 1898	450,000 »	id.	Matadi.
Cie anversoise des plantations du Lubefu	1er déc. 1897	février 1898	600,000 »	Anvers.	Lubefu.
Cie agricole de l'Ouest africain.	28 déc. 1897	id.	400,000 »	Bruxelles.	
Soc. anonyme la Djuma.	29 déc. 1897	id.	250,000 »	Gand.	Boma.
Kassaienne.	27 janv. 1898	avril 1898	150,000 »	Bruxelles.	
Cie gén. pr le dév. du comm. au Congo	2 février 1898		750,000 »	id.	
Centrale africaine	14 avril 1898	août sept. 1898	300,000 »	Alost.	Léopoldville.
Equatoriale congolaise (Ikelemba).	28 avril 1898	id.	400,000 »	Anvers.	Coquilhatville.
Cie du Lomami	5 juill. 1898		3,100,000 »	Bruxelles.	Ilambi.
Trafic congolais	14 juill. 1898		100,000 »	Anvers.	
Africaine	août 1898		3,000,000 »	Bruxelles.	
Crédit commercial congolais	septemb. 1898		1,200,000 »	Anvers.	
Société de la Lulonga.	22 octob. 1898		300,000 »	Bruxelles.	
Société de l'Ikelemba.	29 octob. 1898		300,000 »	id.	

Sociétés congolaises. — Le *Bulletin officiel*, dans son fascicule de décembre 1897, a publié les statuts de la *Société générale africaine*, constituée à Bruxelles, au capital de 3 millions de francs. C'est la première société congolaise à responsabilité limitée. Elle est fondée par décret. C'est le Souverain qui nomme les premiers administrateurs et commissaires; c'est lui aussi qui désigne et révoque le président et le secrétaire, lesquels peuvent être choisis en dehors du Conseil; celui-ci peut déléguer tous ses droits à son président. La Société peut s'occuper d'objets d'ordre non économique et « est autorisée à acquérir toutes concessions, baux, propriétés de toute nature et à exercer tous droits d'administration *politique* en dérivant ». En réalité, la *Société générale africaine* est une institution d'État.

Au mois de janvier 1898, la *Société anversoise du commerce au Congo*, l'*Anglo-Belgian India Rubber Company* (Abir) et le *Comptoir commercial congolais*, qui s'étaient constitués à Anvers, en août 1892 et juillet 1895, furent dissous en tant que sociétés belges, pour être reconstitués aussitôt sous le régime de la loi congolaise. Enfin, le 21 septembre 1898, s'est fondée, à Bruxelles, sous le même régime, *la Société des chemins de fer vicinaux du Mayumbe*.

Aux 25 sociétés étrangères renseignées au tableau ci-contre, viennent donc s'ajouter les 5 sociétés congolaises suivantes :

 a) Société générale africaine, au capital de 3 millions de francs (*Bull. off.*, décembre 1897);

 b) Société anversoise du commerce au Congo; capital divisé en 3,400 parts sans désignation de valeur; siège social : Mobeka; directeur : M. le commandant Lothaire (*Bull. off.*, février 1898);

c) *Abir*; capital divisé en 2,000 parts sans désignation de valeur; siège social : Basankusu (*Bull. off.*, avril 1898);

d) *Comptoir commercial congolais*, au capital de 500,000 francs; siège social : Fayala (*Bull. off.*, avril 1898);

e) *Société des chemins de fer vicinaux du Mayumbe*; capital 5 millions de francs (*Bull. off.*, août-septembre, 1898).

Les dispositions de la loi congolaise sur les sociétés commerciales peuvent se résumer en quelques lignes :

« Nulle société par actions, à responsabilité limitée, ne peut se fonder au Congo qu'après avoir été autorisée par décret du Roi-Souverain. Les actes constitutifs sont, à peine de nullité, dans les six mois de leur date, déposés en copie et pour extrait au greffe du tribunal de première instance. Il sont ensuite publiés au *Bulletin officiel* par les soins du département des affaires étrangères. » La loi congolaise ne requiert pas, comme la loi belge, qu'il y ait au moins sept associés, que le capital soit intégralement souscrit et que chaque action soit libérée jusqu'à concurrence d'une certaine quotité; elle ne dit rien de la responsabilité des fondateurs, administrateurs et commissaires; enfin, il n'est pas légalement nécessaire qu'un inventaire soit dressé chaque année, ou que le bilan et le compte de profits et pertes soient publiés au *Bulletin officiel*.

BIBLIOGRAPHIE : *Fascicules* renfermant les statuts, rapports et bilans des sept sociétés commerciales ayant leur siège rue Bréderode, à Bruxelles. Le *Mouvement géographique* a publié *in extenso* la plupart de ces documents.

CHAPITRE XXVIII.

LE DOMAINE PRIVÉ DE L'ÉTAT.

Dès le 1er juillet 1885, une ordonnance proclama la règle juridique qui veut que les biens sans maître appartiennent à l'État : « *Les terres vacantes*, dit-elle, *doivent être considérées comme appartenant à l'État.* » Ainsi que le prouve le contexte, cette disposition avait pour but, d'une part, de protéger les naturels contre les étrangers qui tenteraient de les déposséder, d'autre part, d'éviter les contestations et les abus. Les populations indigènes ne furent pas inquiétées dans leur libre jouissance du sol; on ne songea ni à leur enlever le droit d'y récolter des produits pour les besoins de leur subsistance, ni à les empêcher de trafiquer des mêmes produits en vue d'améliorer leur condition.

Le 17 octobre 1889, un décret détermina les conditions de la récolte des produits végétaux, caoutchouc, copal, etc., dans les terres domaniales « où ces substances n'étaient pas encore exploitées par les populations indigènes » : la récolte n'en pouvait avoir lieu qu'en vertu de concessions spéciales; toutefois, le trafic restait ouvert partout à la libre concurrence.

Le décret du 9 juillet 1890, réglant le commerce des dents d'éléphants, autorisa le trafic de l'ivoire dans toute l'étendue du territoire congolais; l'État déclarait même abandonner exclusivement au commerce privé la récolte des dents d'éléphants, dans les districts du haut fleuve directement accessibles aux steamers, en aval des premiers rapides qui interrompent la navigation du fleuve et de ses affluents, sur une profondeur de rive de 50 kilomètres. Dans le reste du territoire, il se réservait de faire le commerce de l'ivoire concurremment avec les particuliers. Mais, par contre, le produit était fortement imposé; dans la première zone, celle des rives du réseau navigable, il était prélevé un droit de patente de 2 francs par kilogramme; dans la seconde, celle de l'hinterland, un droit de patente de 4 francs; de plus, un droit de sortie de 2 francs frappait chaque kilogramme d'ivoire qui quittait le territoire de l'État.

Ces mesures fiscales provoquèrent des protestations de la *Nieuwe Afrikaansche Handelsvennootschap* de Rotterdam, dont les agents se retirèrent du bas Congo indépendant pour transporter leur action principale à la rive portugaise, et de Kinshasa, sur le Pool, pour passer en face, à Brazzaville. L'abaissement des chiffres des exportations pendant une couple d'années conserve, sur les tableaux du *Bulletin officiel*, le souvenir de cet exode momentané.

Toutefois, si les nouvelles taxes étaient excessives, voire exorbitantes, elles n'en étaient pas moins légitimes. Le gouvernement, dans l'impérieuse nécessité d'équilibrer son budget, cherchait à se créer des ressources par l'impôt. Mais il tenait à sauvegarder le principe de la liberté commerciale; il affirmait même nettement son intention à cet égard en inscrivant ces mots en tête du décret du 9 juillet 1890 : « Considérant qu'il y a lieu de régler la récolte de l'ivoire dans l'État de manière à favoriser la libre concurrence..... »

Seulement ces dispositions se modifièrent, et l'État

ne tarda pas à inaugurer une politique économique diamétralement opposée à celle qui avait prévalu jusqu'alors. Ce changement d'attitude fut marqué par le décret du 21 septembre 1891, non inséré au *Bulletin officiel*, et qui ordonnait aux commissaires de district de l'Aruwimi-Uele et de l'Ubangi-Uele, ainsi qu'aux chefs d'expédition du haut Ubangi, « de prendre les mesures urgentes et nécessaires pour conserver à la disposition de l'État les fruits domaniaux, notamment l'ivoire et le caoutchouc ».

Quelques mois après la signature de ce document, paraissaient trois circulaires : 1° Celle du commissaire de district de l'Ubangi-Uele, qui défendait aux indigènes de chasser l'éléphant, à moins qu'ils n'apportassent à l'État l'ivoire récolté (Bangala, 15 décembre 1891); 2° celle du commissaire de district de l'Équateur, qui disposait que les indigènes ne pouvaient exploiter la liane à caoutchouc qu'à la condition d'en remettre le produit à l'État (Basankusu, 8 mai 1892); 3° celle du commandant de l'expédition du haut Ubangi, qui interdisait aux indigènes « de distraire à leur profit et de vendre quelque partie que ce soit de l'ivoire et du caoutchouc, fruits du domaine de l'État »; la circulaire ajoutait que « les commerçants qui achèteraient aux indigènes ces produits, dont l'État n'autorise la récolte qu'à la condition qu'on lui en apporte les fruits, se rendraient coupables de recel et seraient dénoncés aux autorités judiciaires » (Lakoma, 14 février 1892).

Aussitôt que ces circulaires furent connues en Europe, le commerce privé protesta, aussi bien à Bruxelles qu'à Rotterdam (juillet 1892). L'État répondit en invoquant son droit absolu de disposer, au gré de ses volontés et de ses besoins, des fruits de son domaine, à quoi les compagnies commerciales objectèrent que les circulaires violaient l'esprit et les termes de l'Acte général de Berlin, que le droit de commercer avec les indigènes des fruits de leur sol héréditaire avait été proclamé par la Conférence en 1885 et qu'aucune concession n'était nécessaire pour trafiquer dans le bassin du Congo. Elles ajoutaient que le décret du 21 septembre 1891 et les circulaires qui l'avaient suivi avaient, en somme, pour effet d'établir le monopole de l'État et qu'une pareille mesure, si elle devait être maintenue et appliquée, allait amener la décadence et la ruine du commerce privé.

Une première satisfaction fut donnée aux sociétés par le retrait des circulaires et des interdictions. Mais l'accord entre l'État et les représentants du commerce privé n'ayant pu se faire sur la question de principes, on se contenta d'un *modus vivendi* qui régla la question de la récolte du caoutchouc. Le décret du 30 octobre 1892 a établi, pour un terme qui prendra fin à l'époque où la Belgique exercera son droit de reprise, le régime dont voici les grandes lignes.

Le territoire de l'État est, en réalité, divisé en trois zones assez vaguement délimitées, soumises à des régimes économiques différents. La première comprend les bassins du Bomu, de l'Uele, de la Mongala, de l'Itimbiri, de l'Aruwimi, du Lopori et de la Maringa, des lacs Léopold II et Tumba et de la Lukenie. L'État seul y récolte l'ivoire et le caoutchouc des terres domaniales, soit par lui-même, soit avec le concours de compagnies dans lesquelles il a de puissants intérêts.

La seconde zone, comprenant le Mayumbe et la région des Chutes, les rives du haut Congo depuis le Stanley-Pool jusqu'aux Stanley-Falls, excepté celles des districts de l'Équateur et de l'Aruwimi, la rive gauche de l'Ubangi en aval du confluent du Bomu; les bassins du Ruki, de l'Ikelemba, de la Lulonga, en aval du confluent du Lopori et celui du Kasaï, demeure le domaine du commerce libre; les dispositions libérales de l'Acte général de Berlin continuent d'y être appliquées.

Quant à la troisième zone, formée par les territoires excentriques des bassins du Congo-Lualaba et du haut Lomami, de l'Urua et du Katanga, le décret du 30 octobre 1892 décide que l'exploitation du caoutchouc y sera réglée lorsque les circonstances le permettront. Ce moment n'est pas encore venu et, depuis 1892, ces régions restent fermées aux commerçants.

Telle est la situation : bien qu'elle soit à coup sûr anormale, le temps a démontré qu'elle permet au commerce privé de poursuivre avec succès ses opérations, grâce à l'étendue immense et aux richesses du territoire congolais, grâce aussi à l'abondance et à l'égale répartition des voies de communication naturelles.

L'exploitation des terres domaniales se fait principalement par voie de régie directe (*Bulletin officiel*, octobre 1896). Les agents de l'intendance, sous la direction du commissaire de district, en sont chargés. Ils sont tenus d'accorder aux indigènes une rémunération au moins égale au prix de la main-d'œuvre nécessaire pour récolter le produit. Tout ce qui se rapporte à l'exploitation du domaine privé est séparé nettement des autres services gouvernementaux et fait l'objet d'une comptabilité particulière : les produits récoltés et les articles d'échange, portant la marque D. P. (domaine privé), sont emmagasinés dans des locaux spéciaux et il est tenu, en ce qui concerne leur transport, une comptabilité distincte du service général des transports.

L'exposé historique que nous venons de faire, explique pourquoi l'État du Congo dans les premières années de son existence, ne retira que des sommes insignifiantes des fruits de son domaine. Avec la plupart des économistes, le gouvernement estimait sans doute à cette époque que c'est l'initiative privée et non le commerce officiel qui rend les colonies riches et prospères, et que les meilleures ressources financières sont celles qui proviennent de l'impôt et de l'emprunt.

De 1890 à 1894 ([1]), les évaluations budgétaires et les recettes effectuées furent les suivantes :

	ÉVALUATIONS BUDGÉTAIRES.	RECETTES.
1890. Recettes domaniales : vente et location de terres, coupes d'arbres, réalisation de produits provenant du domaine de l'État, recettes extraordinaires et accidentelles	373,500 00	97,047 61
1891. Produits du domaine et de certains impôts payés en nature par les indigènes . .	(pour mémoire)	142,062 21
1892. Produits du domaine, des tributs et des impôts payés en nature par les indigènes . .	860,000 00	253,012 67
1893. Produits du domaine, des tributs et impôts payés en nature par les indigènes .	237,057 51	547,396 54

A partir de 1894, la récolte des fruits domaniaux a pris un grand essor. En quelques années, le gouvernement congolais est devenu un important exportateur de caoutchouc et le plus grand trafiquant d'ivoire

---

([1]) La comptabilité de l'État, pour les années antérieures à 1890, n'a pas été rendue publique.

du monde. Aussi constatons-nous une notable progression dans les évaluations budgétaires :

1894 (produit brut) . . . . fr.	500,000
1895 —	1,250,000
1896 —	1,200,000
1897 (produit net).	3,500,000

Enfin, au budget de 1898, le *produit du domaine, des tributs et impôts payés en nature par les indigènes* a été porté à 6,700,000 francs, et les dépenses à 3,218,711 francs. Mais dans ces dernières sont compris des droits de sortie que l'administration du domaine privé paye à l'État; d'autre part, les dépenses de personnel n'y figurent pas, le service étant fait par les agents du département de l'intérieur.

Depuis 1894, les recettes effectuées n'ont plus été, comme auparavant, publiées dans les documents imprimés par ordre de la Chambre des représentants belge. Les chiffres relatifs aux années précédentes montrent qu'elles ont pu s'écarter sensiblement des prévisions budgétaires. Toutefois, celles-ci ne peuvent être considérées comme trop élevées, si l'on en juge d'après les quantités considérables d'ivoire et de caoutchouc que l'État du Congo a mises en vente à Anvers :

Statistique des produits du « Domaine privé » vendus à Anvers.

ANNÉES.	IVOIRE. Kilog.	CAOUTCHOUC Kilog.	VALEUR APPROXIMATIVE Francs.
1895.	206,000	285,000	5,500,000
1896.	156,000	565,000	6,000,000
1897.	187,000	722,000	8,500,000

BIBLIOGRAPHIE : Rapport du Conseil d'administration de la *Compagnie du Congo pour le commerce et l'industrie* à l'assemblée générale du 19 décembre 1892. — *État Indépendant du Congo.* Consultation délibérée par M. E. PICARD avec la collaboration de M. F. CATTIER. — Baron VAN EETVELDE : Rapport au Roi-Souverain (*Bulletin officiel*, janvier 1897).

CHAPITRE XXIX.

LES ARTICLES D'IMPORTATION.

Les marchandises dont on charge les navires à destination des ports du bas Congo peuvent se diviser en trois catégories principales : celles qui sont nécessaires à l'outillage du pays, celles qui sont réclamées par les blancs résidant au Congo et celles qu'on utilise dans les transactions avec les indigènes.

Outillage de la colonie. — Les marchandises importées en vue de l'outillage de l'État Indépendant sont celles reprises au tableau suivant, dont les chiffres sont empruntés à la statistique douanière officielle pour l'année 1897 (commerce spécial) :

Armes et munitions . . . . fr.	658,553 09
Matériel fluvial.	806,111 91
Matériel de premier établissement . . .	125,695 45
Matériaux de construction	285,467 58
Constructions métalliques	956,627 52
Instruments et appareils scientifiques . .	27,146 55
Métaux et objets métalliques, y compris le matériel de chemin de fer	4,294,048 75
Total . . fr.	7,151,650 65

Ce poste ne fera que croître en importance pendant de longues années, plus d'un siècle, sans doute; en effet, de nouveaux chemins de fer seront construits en différents points du bassin et la flottille du haut fleuve, encore insignifiante si on tient compte de l'étendue immense du réseau navigable, sera décuplée; un grand nombre de postes nouveaux seront édifiés et outillés; des machines et des outils de tout genre seront réclamés.

MARCHANDISES A L'USAGE DES BLANCS. — Les marchandises à l'usage des blancs comprennent principalement des boissons, des denrées alimentaires, des effets d'habillement, etc. En 1897, il en a été importé pour 6,893,998 fr. 99 c.

Animaux vivants et fourrages . . . . fr.	50,338 35
Boissons :	
Bières	231,005 73
Liqueurs	163,414 14
Vins.	577,798 75
Denrées alimentaires.	3,015,220 76
Habillements et lingeries	969,313 08
Divers	1,916,908 16
Total . . fr.	6,893,998 99

MARCHANDISES CONSOMMÉES PAR LES INDIGÈNES. — Les marchandises utilisées dans les transactions avec les indigènes sont, au point de vue commercial, de loin les plus intéressantes. Le choix de ces articles, indispensables au voyageur et au résident, est très important, les naturels des différents districts n'ayant ni les mêmes besoins ni les mêmes goûts; on peut s'en rendre compte en visitant le Musée colonial de Tervueren, où les marchandises ont été méthodiquement classées suivant les débouchés que leur offrent les quatorze districts de l'État.

Les importations de ces produits se sont chiffrées, en 1897, par la somme de 7,779,058 fr. 77 c., se décomposant comme suit :

Tissus :
  de coton . . . fr.   4,552,010 22 ⎫
  de laine . . . .   264,369 36 ⎬ 4,988,649 28
  autres . . . . .   172,269 70 ⎭
Fils de cuivre et de laiton . . . . fr.   707,356 81
Verroterie 496,903 67
Fusils à silex et à piston 501,590 37
Poudre de traite 228,539 54
Eau-de-vie de traite :
  à 50 degrés ou moins . 186,880 54 ⎫
  à plus de 50 degrés. . 164,671 16 ⎬ 551,551 70
Riz 635,825 80
Sel pour le trafic 69,041 30
                                     ─────────────
                       Total . . fr.   7,779,058 77

LES TISSUS. — Les marchandises les plus prisées des indigènes sont les tissus. On pourrait traverser l'Afrique d'une côte à l'autre sans autre article d'échange. On les débite sous forme de pièces, de couvertures, de pagnes, de mouchoirs, etc. Le pays en consomme chaque année davantage, ainsi que le montre la statistique suivante :

1892 ([1]) . . . . fr.   1,593,579 21
1893 . . . .   2,350,388 86
1894 . . . .   3,067,457 99
1895 . . . .   3,273,162 30
1896 . . . .   4,241,211 76
1897 . . . .   4,988,649 28

Les plus demandés sont les tissus de coton teints, fabriqués pour la plupart en Belgique; il en est de couleur uniforme, tels que les *andrinoples* teints à l'alizarine et les *indigo drills* et les *guinées*, teints à l'indigo pur; les tissus teints multicolores, à rayures ou à carreaux, portent les noms de *checks* ou de *ginghams*, que leur ont donnés les Anglais et les Écossais. Les cotonnades imprimées, *indiennes* à car-

───────────
([1]) Du 9 mai au 31 décembre.

reaux, à rayures, à fleurs et à dessins, s'écoulent très aisément; jusqu'à présent aucun de ces derniers articles n'a été confectionné en Belgique. Citons encore les *americanis*, ainsi baptisés par les traitants de Zanzibar, qui recevaient ces étoffes directement d'Amérique, tissus de coton écru, essentiellement de fabrication belge, et le *savedlist*, tissu de laine et coton, bleu ou rouge.

Comme nous l'avons exposé dans un autre chapitre, les perles et les fils de cuivre et de laiton constituent, en bien des endroits, une véritable monnaie. Le laiton et le cuivre sont importés sous forme de fils d'un diamètre de 4 millimètres et plus; découpés en sections égales, ils deviennent des *mitakos*.

Les spiritueux. — Tandis que le commerce des tissus et des bimbeloteries se développe d'année en année, celui des perles n'augmente guère et celui des spiritueux est appelé à disparaître, grâce aux mesures prises par le gouvernement.

On sait qu'un invincible penchant entraîne les populations barbares et semi-barbares à faire un usage immodéré des boissons enivrantes. L'alcoolisme, spécialement dans les pays torrides, est une cause irrémédiable de destruction physique et morale.

En 1888, l'État du Congo, inquiet à juste titre des ravages que pourrait exercer ce fléau, édicta un décret qui obligeait les commerçants faisant le trafic des alcools au delà de l'Inkisi à se munir d'une licence annuelle de 2,000 francs par établissement et de 5,000 francs par bateau ou embarcation débitant des boissons alcooliques en dehors des installations permanentes. Le 17 juin 1890, un arrêté du gouverneur général interdisait la distribution ou la vente des spiritueux à bord des bâtiments mouillant dans les ports de Banana, Boma et Matadi.

La question de l'alcoolisme préoccupa les délégués réunis à la Conférence antiesclavagiste de Bruxelles. L'Acte général décide que, dans les pays où l'usage des boissons distillées n'existe pas ou ne s'est pas développé, leur entrée et leur fabrication seront interdites, sauf pour la consommation des non-indigènes. Un droit d'entrée de 15 francs par hectolitre à 50° centigrades sera perçu pendant les trois années qui suivront la mise en vigueur de l'Acte général; à l'expiration de cette période, ce droit pourra être porté à 25 francs pendant une nouvelle période de trois ans. Dans la même région il sera établi un droit d'accise au moins égal au minimum des droits d'entrée.

Dès le 16 juillet 1890, l'État appliqua ces mesures. L'importation, le débit et la fabrication de l'alcool furent interdits au delà de l'Inkisi. En deçà de cette rivière, la prohibition absolue eût bouleversé toutes les relations commerciales; mais les débitants furent tenus de se munir d'une licence annuelle, dont le taux variait entre 1,000 et 20,000 francs, selon l'importance de l'établissement. Cette taxe fut, le 19 février 1891, réduite au tiers et supprimée le 4 août de la même année.

Après le protocole de Lisbonne, réglant la perception des droits d'entrée, un décret du 9 avril 1892 vint frapper les spiritueux de la taxe de 15 francs par hectolitre à 50°. Quatre ans plus tard, le 4 mars 1896, un décret ramena la limite de la zone de prohibition de l'Inkisi au Kwilu. Un décret du 15 avril 1898 la ramène à la Mpozo.

Cet exposé de la législation congolaise démontre que l'État Indépendant fait les plus louables efforts pour mettre les indigènes à l'abri des ravages de l'alcool et que, lorsque sir Ch. Dilke, à la Chambre des communes, accusait un jour le gouvernement congolais de ruiner les nègres par le débit de boissons enivrantes, il formulait une imputation calomnieuse.

Enfin, dans l'intérêt de la santé publique, l'État, par décret du mois d'octobre 1898, a prohibé, dans toute l'étendue de son territoire, l'entrée des liqueurs à base d'absinthe, dont quelques résidents faisaient une consommation exagérée.

Les armes a feu. — Si l'importation des spiritueux compromet l'avenir des indigènes, celle des armes à feu est de nature à entraver l'œuvre pacificatrice de l'État.

Aussi, dès 1888, celui-ci a-t-il interdit par un décret l'importation des armes perfectionnées et de leurs munitions dans la totalité des territoires. L'introduction de toutes armes quelconques était même défendue dans le haut Congo, en amont du confluent de l'Ubangi, et dans le Kasai. La Conférence de Bruxelles généralisa ces mesures prohibitives et un décret du 10 mars 1892 vint mettre la législation congolaise en harmonie avec ces dispositions nouvelles. L'importation, le transport et la détention des armes perfectionnées et de leurs munitions restent interdits; toutefois, le gouverneur général peut, exceptionnellement, accorder des permis de port d'armes perfectionnées, moyennant payement d'une taxe. Quant aux autres armes et à leurs munitions, leur introduction et leur trafic ne sont autorisés que dans quelques districts, et ce, moyennant l'observation de nombreuses formalités. Ajoutons que le protocole du 8 avril 1882 fixe à 10 p. c. les droits d'entrée qu'auront à acquitter les armes et la poudre.

CHAPITRE XXX.

LE MOUVEMENT COMMERCIAL.

Le mouvement commercial de l'État du Congo s'est développé avec une remarquable rapidité. En 1887, le commerce spécial d'exportation représentait une valeur de 1,980,441 fr. 45 c.; en 1897, il s'élevait à 15,146,976 fr. 32 c., il a donc augmenté de plus de 700 p. c. depuis la fondation de l'État. Quant aux importations, la statistique n'en a été dressée qu'à partir du 9 mai 1892, date a laquelle à commencé la perception des droits d'entrée. En 1893, elles se chiffraient par 9,175,103 fr. 34 c. (commerce spécial); en 1897, elles atteignaient 22,181,462 fr. 49 c., progressant donc de plus du double en quatre ans seulement.

Nous donnons ci-après, conformément aux documents publiés par le *Bulletin officiel,* les statistiques des exportations et des importations.

Par « commerce spécial d'importation » on entend les marchandises qui sont déclarées pour la consommation au moment de leur importation ou de leur sortie de l'entrepôt; le « commerce spécial d'exportation » ne comprend que les marchandises que l'État produit. Le « commerce général » comprend toutes les marchandises qui entrent dans le territoire de l'État ou qui en sortent.

Statistique générale des exportations.

ANNÉES.	COMMERCE SPÉCIAL.	COMMERCE GÉNÉRAL.
1886 (2ᵉ semestre). fr.	886,432 03	3,456,050 41
1887.	1,980,441 45	7.667,949 41
1888.	2,609,300 35	7,392,348 17
1889.	4,297,543 85	8,572,519 19
1890.	8,242,199 43	14,109,781 27
1891.	5,353,519 37	10,535,619 25
1892.	5,487,632 89	7,529,979 68
1893.	6,206,134 68	7,514,791 39
1894.	8,761,622 15	11,031,704 48
1895.	10,943,019 07	12,135,656 16
1896.	12,389,599 85	15,091,137 62
1897.	15,146,976 31	17,457,090 85

Dans ce mouvement d'exportation, la part de la Belgique devient chaque année plus importante. Celle-ci, qui ne recevait, en 1888, que pour 249,884 francs de marchandises (commerce général), en a reçu, en 1897, pour près de 13 millions, tandis que les Pays-Bas qui, au moment de l'arrivée des Belges au Congo, monopolisaient en quelque sorte le commerce du bas fleuve, ont vu, en ces mêmes dix années, leur trafic se réduire de plus de moitié.

La statistique des exportations par produits et par pays de destination est exposée dans les deux tableaux suivants :

Statistique des exportations par produits (commerce spécial).

PRODUITS.	1886 (¹).	1887.	1888.	1889.
Caoutchouc .	79,503 60	116,768 80	260,029 00	458,895 50
Ivoire . . .	373,320 00	795,700 00	1,096,240 00	2,270,640 00
Noix palmistes	217,630 80	790,781 20	754,791 40	903.627 20
Huile de palme	207,748 80	462,609 90	465,125 40	605,243 25
Bois . . .	—	—	—	—
Copal . . .	2,818 00	4,182 25	7,096 25	8,960 00
Noix de Kola .	—	—	—	—
Arachides .	1,206 88	2 878 84	2,928 30	15,152 70
Divers. . .	4,093 95	7,520 46	20,090 00	35,025 20
Total . . fr.	886,432 03	1,980,441 45	2,609,300 35	4,297,543 85

PRODUITS.	1890.	1891.	1892.	1893.
Caoutchouc .	556,497 00	326,720 00	625,356 00	964.612 00
Ivoire . . .	4,668,887 00	2,835,508 00	3,730,420 00	3,718,668 00
Noix palmistes	1,763,067 33	1,320,133 64	677,309 09	896,248 26
Huile de palme	1,151,963 00	849,523 68	432,302 71	614,114 60
Bois . . .	—	—	—	4,500 00
Copal . . .	3,003 00	1,674 75	573 45	255 66
Noix de Kola.	—	—	48 38	—
Arachides. .	2,975 40	45 00	24 39	82 28
Divers. . .	95,806 70	19,922 30	21 596 87	7,681 88
Total . . fr.	8,242,199 43	5,353,519 37	5,487,632 89	6,206,134 68

PRODUITS.	1894.	1895.	1896.	1897.
Caoutchouc .	1,472,944 00	2,882,585 00	6,586,730 00	8,311,900 00
Ivoire . . .	5,041,660 00	5,844,640 00	3,826,320 00	4,916,480 00
Noix palmistes	1,332,970 00	1,242,898 50	1,143,605 00	1,098,879 00
Huile de palme	889,359 12	935,658 88	790,582 88	650,206 44
Bois . . .	8,400 00	12,200 00	27,082 80	74,551 00
Copal . . .	5,511 55	289 09	15,051 90	66,630 25
Noix de Kola .	—	6,804 00	13,030 50	2,017 50
Arachides. .	2,740 77	13,296 42	506 25	1 62
Divers. . .	7,038 71	4,647 18	6,140 52	26,311 51
Total . . fr.	8,761,622 15	10,943,019 07	12,389,599 85	15,146,976 31

Statistique des exportations par pays de destination (commerce général).

	1888.	1889.	1890.	1891.
Belgique . .	249.884 00	556,489 50	2,217,599 04	1,514,175 94
Pays-Bas . .	4,943,177 12	6,127,551 79	8,073,208 90	6,448,353 10
Congo portug.	363.720 15	489,880 10	1,464,738 84	1,356,645 62
Angleterre .	937,027 65	556,949 70	833,941 31	381,209 80
Congo franç. .	—	—	79,199 60	655,160 00
Allemagne .	312,003 10	324,289 05	395,983 92	134,002 16
France . .	23,184 40	70,578 35	106,540 97	46,072 58
Portugal . .	563,350 95	446,780 70	938 548 69	—
Divers. . .	—	—	—	—
Total . . fr.	7,392,348 17	8,572,519 19	14,109,781 27	10,535,619 25

	1892.	1893.	1894.
Belgique	2,949,149 88	3,184,898 30	6 398,303 57
Pays-Bas	2,501,535 94	1,734,270 44	2,613,926 43
Congo portugais . .	852,497 05	567,309 28	1,042,408 14
Angleterre. . . .	85,829 79	534,769 16	494,212 32
Congo français . .	917,408 00	1,347,335 00	334,940 00
Allemagne. . . .	206,598 66	134,173 92	148,694 02
France.	16,063 54	—	—
Portugal	896 82	12,038 29	—
Divers	—	—	220 00
Total . . . fr.	7,529,979 68	7,514,791 39	11,031,704 48

	1895.	1896.	1897.
Belgique	8,999,660 33	10,866,060 48	12,882,901 27
Pays-Bas	885,405 58	2,324,279 87	2,348,097 73
Congo portugais . .	1,188,901 04	1,121,058 21	1,284,197 43
Angleterre. . . .	592,496 47	438,117 55	339,840 02
Congo français . .	251,100 00	128,000 00	279,805 00
Allemagne. . . .	218,092 74	213,521 51	113,849 40
France.	—	—	14,540 00
Portugal	—	—	—
Divers	100 00	—	193,860 00
Total . . . fr.	12,135,656 16	15,091,136 62	17,457,090 85

En même temps que s'élevait le chiffre des exportations, les importations devenaient chaque année plus considérables :

Statistique générale des importations.

DATES.	COMMERCE SPÉCIAL.	COMMERCE GÉNÉRAL.
Du 9 mai au 31 déc. 1892 fr.	4,984 455 15	5 679,195 16
Année . . . . 1893 .	9,175,103 34	10,148,418 16
Id. . . . . 1894 .	11,194,722 96	11,854,021 72
Id. . . . . 1895 .	10,685,847 99	11,836,033 76
Id. . . . . 1896 .	15,227,776 44	16,040,370 80
Id. . . . . 1897 .	22,181,462 49	23,427,197 83

Enfin, le tableau suivant permet de constater les rapides progrès qu'ont réalisés les Belges dans la fabrication et l'expédition des produits manufacturés réclamés au Congo.

Pendant les premières années de l'entreprise congolaise, c'est l'étranger, l'Angleterre surtout, qui fournissait la presque totalité des cargaisons dirigées sur Banana et Boma. Mais les industriels belges, s'initiant bientôt aux besoins des populations indigènes et des résidents blancs, se sont patiemment appliqués à les satisfaire. En 1892, la Belgique parvenait à dépasser de quelques centaines de mille francs les importations de sa redoutable concurrente. A partir de l'année suivante, le progrès s'affirma davantage; il n'a cessé, depuis lors, de s'accentuer. En 1897, tandis que l'Angleterre n'introduisait que pour 2 1/2 millions de francs de marchandises diverses (commerce spécial), la Belgique en faisait entrer pour une valeur de plus de 16 millions.

Statistique des importations par pays de provenance (commerce spécial).

	1892 (¹).	1893.	1894.	1895.	1896.	1897.
gique . . .	1,913,288 76	4,422,661 73	6,227,909 07	6,003,465 22	10,163,406 76	16,272,028 50
gleterre. . .	1,511,111 68	2,591,237 61	2,480,512 65	2,037.107 88	2,600,682 50	2,593 247 80
emagne . . .	410,972 77	906,531 38	932,894 84	908,473 95	934,706 85	1,174,859 48
ys-Ba . . .	561,977 46	724,460 34	703,797 58	863,203 85	668,612 57	911,013 17
ance. . . .	90,188 19	78,065 27	70,083 38	152,599 84	154,855 96	281,121 23
lie	36 840 08	86,943 59	156,863 31	146,107 58	122,183 24	241,807 42
rtugal . . .	174,546 08	178,408 98	254,487 53	170,340 10	161.834 35	156,014 84
vers	285,530 12	186,793 44	368,182 55	404,547 75	422,494 21	551,370 05
Total. . fr.	4,984.455 15	9.175,103 34	11,194,722 96	10,685,847 99	15,227,776 44	22,181,462 49

(¹) Du 9 mai au 31 décembre.

Le mouvement commercial total de l'État s'est élevé, en 1897, à plus de 40 millions de francs. Quant à la Belgique, dont les relations avec le Congo étaient nulles au moment de la constitution du Comité d'études du haut Congo, ses échanges avec l'État Indépendant se sont chiffrés, en 1897, par près de 30 millions de francs, soit les trois quarts du mouvement total.

Ainsi se trouve vérifié une fois de plus l'axiome économique anglais : *Trade follows flag,* le commerce suit le pavillon.

Statistique du mouvement commercial (exportations et importations).

ANNÉES	COMMERCE GÉNÉRAL	COMMERCE SPÉCIAL	LA PART DE LA BELGIQUE
1893	17,663,209 55	15 381,238 02	7,604 560 03
1894	22,885,726 20	19,956,345 11	12,626,212 64
1895	23,961,689 92	21,628,876 06	15,003,125 55
1896	31,131,508 42	27,617,376 29	21,029,467 24
1897	40,884,288 68	37,328,438 80	29,154,929 77

Pour mieux faire connaître les ressources économiques de l'État, permettre l'étude du marché congolais à ceux qui désirent s'en faire une opinion raisonnée et fournir des indications pratiques aux industriels et aux commerçants, il a été créé à Tervueren, près de Bruxelles, un *Musée colonial,* où sont exposés les produits de la colonie et les marchandises qui peuvent s'y écouler. Ce musée, qui deviendra sans doute une des institutions les plus instructives du pays, est placé sous la direction de M. le lieutenant Masui. Il comprend, outre la partie commerciale, une partie scientifique, avec des sections consacrées à l'anthropologie, l'ethnographie, la géologie, la flore et la faune.

CINQUIÈME PARTIE

ORGANISATION POLITIQUE

CHAPITRE XXXI.

L'ÉTAT.

LE POUVOIR SOUVERAIN. — LE TERRITOIRE. — LE PEUPLE.

A. — LE POUVOIR SOUVERAIN.

L'État Indépendant du Congo est une monarchie absolue. S. M. Léopold II, roi constitutionnel en Europe, est, en Afrique, le seul arbitre des destinées de ses sujets; aucune constitution, dans le sens qu'on attache ordinairement à ce mot, ne limite l'étendue de ses droits.

Toutefois, certains tempéraments ont été apportés à ses pouvoirs par l'Acte général de Berlin, qui forme une sorte de cahier des charges imposant des servitudes et des obligations que nous avons énumérées précédemment ([1]). Bien plus, le chapitre IV de l'Acte général prévoit, ainsi que nous l'avons déjà dit, l'institution au Congo d'une commission internationale chargée de veiller à l'exécution des mesures

---

([1]) Voir chapitre XXVII, p. 387.

relatives à la navigation et à la circulation sur les routes, chemins de fer et canaux. Cette commission aurait des droits presque régaliens. Une pareille institution restreindrait donc dans de fortes proportions l'autorité de l'État et établirait en fait un Parlement au petit pied, gouvernant le Congo de compte à demi avec le Roi-Souverain. Mais la *Commission internationale de navigation du Congo* est restée lettre morte et ne sera vraisemblablement pas réunie, aussi longtemps, du moins, que les prescriptions formulées dans l'Acte général de Berlin seront fidèlement appliquées.

La forme actuelle du gouvernement est certainement provisoire. En effet, en vertu de la convention du 3 juillet 1890, la Belgique a la faculté de s'annexer l'État du Congo dès 1900-1901 ; de plus, le Roi-Souverain le lui a légué par testament. En cas d'annexion, une loi règlera définitivement le régime sous lequel sera placée la colonie.

Si, contre toute supposition, les Chambres belges refusaient le legs royal, on peut se demander quel serait le nouveau souverain de l'État. Jusqu'à présent, aucune disposition légale ne règle l'ordre de succession au trône du Congo, mais il peut être fixé par le Roi-Souverain lui-même. S'il maintient le Congo sous la souveraineté du nouveau Roi des Belges, celui-ci devra, avant d'accepter la succession, solliciter l'autorisation des Chambres, attendu que l'union entre les deux couronnes est exclusivement personnelle, ne vise que S. M. Léopold II et n'a aucun caractère dynastique ou héréditaire : les résolutions prises par les Chambres belges, en avril 1885, le stipulent expressément.

L'Acte général de Berlin dispose que les puissances signataires s'obligent à respecter la neutralité des territoires situés dans le bassin conventionnel du Congo, aussi longtemps que les États qui y exercent des droits de souveraineté, usant de la faculté de se proclamer neutres, rempliront les devoirs que la neutralité comporte. L'État du Congo s'est placé sous le régime de la neutralité perpétuelle par la déclaration en date du 1er août 1885, rectifiée et complétée par celle du 18 décembre 1894. Les territoires que la Grande-Bretagne lui a cédés à bail par le traité du 12 mai 1894 ne sont pas soumis au régime de la neutralité.

Le drapeau de l'État est bleu, avec une étoile d'or au centre. On a dit à tort que ce drapeau était, par une coïncidence bizarre, le même que celui des « anciens rois » du Congo : les chefs nègres ne connaissent aucun emblème de ce genre. L'étendard bleu, étoilé d'or, a été proposé comme drapeau dans la séance du 21 juin 1877 de l'Association internationale africaine et adopté plus tard par le comité d'études du haut Congo, point de départ de l'État Indépendant. Les armoiries et le sceau de l'État combinent les armes du roi Léopold II, c'est-à-dire de Belgique et de Saxe, avec l'étoile d'or et l'image du grand fleuve. Sa divise est : *Travail et progrès*.

B. — LE TERRITOIRE.

Le territoire de l'État Indépendant se développe exclusivement dans le bassin du Congo, à l'exception de deux parties d'étendue restreinte situées, l'une à la côte de l'Atlantique et à la rive gauche du fleuve Tshiloango, l'autre dans les alentours du lac Albert-Édouard, qui relève du bassin du Nil.

Au nord, l'État est contigu à la colonie portugaise de Cabinda, au Congo français et au bassin du Bahr-el-Gazal; à l'est, il touche à l'Uganda anglais, à l'Est Africain allemand et au territoire de la *British South Africa*; au sud, il est borné par cette dernière colonie et par le Congo portugais; à l'ouest, il est baigné, le long de 36 kilomètres de côte, par l'océan Atlantique.

Le point de départ de sa délimitation est le système des conventions intervenues, en 1884-85, entre l'Association internationale du Congo et quatre puissances; la première, conclue avec l'Allemagne, le 8 novembre 1884, est accompagnée d'une carte; la deuxième, signée avec la France, le 5 février 1885, contient une détermination de limites et une carte; la troisième, passée avec le Portugal, le 14 février 1885, ne comporte que des déterminations de limites; la quatrième, faite avec la Belgique, le 23 février 1885, s'appuie sur une carte. Le tracé politique qui résulte de l'ensemble de ces arrangements internationaux a été introduit dans la carte officielle au $5,000,000^e$ dressée par M. Friedericksen et annexée aux « Protocoles et Documents de la Conférence de Berlin ». Il est, en outre, défini dans la déclaration de neutralité adressée aux puissances par l'État Indépendant, le 1er août 1885.

Depuis cette époque, des explorations nouvelles, des nécessités géographiques et des convenances réciproques ont apporté des modifications plus ou moins importantes aux premières frontières congolaises, modifications sanctionnées par de nouveaux arrangements, successivement conclus avec la France, le Portugal et l'Angleterre; ceux-ci sont au nombre de sept, savoir :

1° Convention du 21 novembre, avec la France, relative à la délimitation dans les environs de Manyanga;

2° Protocole du 29 avril 1887, avec la France, relatif à la délimitation du côté de l'Ubangi et du 4ᵉ parallèle nord;

3° Convention du 25 mai 1891, avec le Portugal, concernant le bas Congo, les environs de Noki et le tracé de la frontière jusqu'au Kwango;

4° Déclaration du 24 mars 1894, délimitant les sphères de souveraineté du Portugal et de l'État Indépendant dans la région du Lunda;

5° Arrangement du 12 mai 1894, avec l'Angleterre, réglant la question des frontières du côté du Nil et des lacs Albert, Tanganika, Moero et Bangwelo;

6° Convention du 14 août 1894, avec la France, relative à la frontière le long du Bomu;

7° Déclaration du 5 février 1895, réglant la limite du Congo français dans le Stanley-Pool.

Comme on le voit, il n'a pas fallu moins de cinq conventions pour résoudre la question de la frontière entre le Congo français et l'État Indépendant. A trois reprises, des difficultés surgirent. Les premières datent des débuts de l'œuvre, de l'époque où M. de Brazza contesta à l'Association internationale le droit d'entraver l'extension de la France au Pool et dans le bassin du Kwilu. Elles furent aplanies, et la convention du 23 février 1885 donna pour limites à la colonie française un tracé constitué par la ligne médiane du Stanley-Pool, le cours du Congo jusqu'au confluent de la Likona Kundja, la crête orientale du bassin de cette rivière et le 17ᵉ degré de longitude est de Greenwich. Mais, tandis que ces négociations se terminaient à Paris, l'exploration du bassin du haut fleuve se poursuivait et M. Grenfell découvrait l'Ubangi, que l'auteur de ce livre identifiait, dans le *Mouvement géographique* du 30 mai 1885, avec l'Uele de Schweinfurth et signalait comme devant être la route qui conduirait un jour aux régions du Bahr-el-Gazal. Le bassin de l'Uele, situé à l'est du 17º degré s'étendait donc tout entier dans la zone réservée à l'action de l'État du Congo.

Mais M. de Brazza qui, tout en repoussant l'hypothèse géographique de l'Ubangi-Uele, en appréciait toute la portée politique et économique, éleva immédiatement des prétentions sur le bassin de la rivière que, pour les besoins de sa thèse, il identifia avec la Likona-Kundja. Quant au 17º méridien, limite formelle et sur laquelle aucune divergence d'interprétation n'était possible, il en faisait bon marché et n'en parlait pas. Il s'ensuivit une longue discussion diplomatique doublée d'une polémique géographique.

L'entente ne parvenant pas à se faire, un accord provisoire s'établit pour déférer le litige à l'arbitrage du Président de la Confédération helvétique (juillet 1886). Finalement au lieu de cette procédure — qui eût sans aucun doute donné raison à l'État du Congo, ainsi que les découvertes géographiques postérieures l'ont démontré — on crut, à Bruxelles, plus avantageux de transiger sur la question territoriale, afin d'obtenir par compensation, de la part du gouvernement de la République, une déclaration politique relative au droit de préférence et un arrangement financier visant l'emprunt de 150 millions dont le projet était, en ce moment, soumis aux Chambres belges.

La convention du 29 avril 1887 porta donc la frontière orientale de la colonie française du 17ᵉ méridien à la rive droite de l'Ubangi (19ᵉ méridien environ) et, en même temps, interdit à l'État toute action politique le long de la la rive droite de l'Ubangi, au nord du 4ᵉ parallèle. Pour M. de Brazza, ce fut assurément un succès considérable : non seulement il avait fait annuler la limite indiscutable du 17ᵉ méridien, obstacle à toute conquête française vers l'est, mais il avait, en outre, réussi avec une extraordinaire habileté à limiter l'État Indépendant du Congo vers le nord, alors que la convention du 5 février 1885 laissait à celui-ci toute latitude de s'étendre dans les bassins du Shari et du Nil : les situations étaient tout bonnement renversées.

Immédiatement, des explorateurs français s'avancèrent dans le bassin du Shari, en attendant qu'ils pussent en faire autant dans celui du Nil. Cependant, les officiers de l'État du Congo essayèrent de leur disputer l'accès du Bomu et du Bahr-el-Gazal. Un nouveau conflit éclata. La diplomatie française, invoquant le traité du 29 avril, exigea le respect du paragraphe arrêtant la frontière nord de l'État à la rive gauche de l'Ubangi et au 4ᵉ degré de latitude. On discuta et on négocia de nouveau. Mais la thèse de l'État, cette fois, était plus difficile à soutenir et l'on paya, en 1894, la faute commise en 1887. M. Hanotaux voulut bien admettre pour frontières le cours du Bomu et la ligne de faîte du Nil, au lieu de l'Uele et du 4ᵉ degré ; et, après cette concession, on signa la paix, qui avait été un moment compromise.

Les différentes transactions que nous venons d'énumérer déterminent l'ensemble des limites actuelles de l'État du Congo, telles qu'elles sont énoncées dans la déclaration de neutralité du 24 décembre 1894, remplaçant celle du 1ᵉʳ août 1885. La carte jointe au présent livre nous dispense d'en énoncer ici le détail, que le *Bulletin officiel* a publié dans son fascicule de décembre 1894.

Des calculs géodésiques évaluent la superficie actuelle de l'État à 2,450,000 kilomètres carrés, soit environ soixante-quinze fois la superficie de la Belgique ou cinq fois celle de la France.

C. — LES TERRITOIRES PRIS A BAIL.

Il semble que depuis 1890, époque de l'organisation de l'expédition Vankerckhoven, le Souverain de l'État du Congo n'ait pas cessé d'être préoccupé par la pensée de reconquérir à l'influence de la civilisation les anciennes provinces égyptiennes de Lupton et d'Émin, privées de toute relation avec l'Europe après la révolte du madhi, en 1881.

L'idée n'était pas nouvelle, du reste. Déjà au début de janvier 1884, elle avait été discutée à Bruxelles, avec Gordon-Pacha, au moment où celui-ci fut sur le point de partir pour l'Afrique, en qualité de gouverneur du haut Congo; quelques mois plus tard, le défenseur de Khartum annonça même son intention de se retirer avec ses troupes et ses steamers vers le sud, s'il n'était secouru à brève échéance, et de placer les provinces du Bahr-el-Gazal et de l'Équateur sous le protectorat de l'Association du Congo.

Depuis lors, le concours donné à l'expédition Stanley envoyée au secours d'Émin-Pacha, en 1887; l'organisation de l'expédition du haut Uele, en 1890; la réoccupation des anciens postes égyptiens entre Wadelai et Lado, en 1893; les pointes hardies poussées dans le Bahr-el-Gazal et les régions limitrophes par les officiers de l'État, en 1893-1894 ; la conclusion, avec la Grande-Bretagne, de la convention du 12 mai 1894 ; les luttes victorieuses soutenues contre les derviches pour enrayer l'action de ceux-ci vers le sud, en 1894-1896 ; l'organisation de l'expédition Dhanis, en 1896 ; finalement l'occupation de Redjaf, en 1897, sont autant de preuves de cette préoccupation persistante et dominante.

En échange de certains avantages — parmi lesquels la cession à bail d'une route de 25 kilomètres de largeur, longeant la frontière orientale de l'État, de l'extrémité sud du lac Albert-Édouard à l'extrémité nord du Tanganika — la Grande-Bretagne, qui, depuis le *pronunciamiento* d'Arabi-Pacha, en 1880, avait pris la direction des affaires égyptiennes, entra dans les vues du Souverain du Congo en signant avec lui une convention qui mérite d'être signalée, non seulement à cause de son importance politique, mais aussi parce que, pour la première fois, elle introduit dans le droit international l'idée de l'octroi à bail d'un territoire par une puissance à une autre, — idée tout d'abord critiquée, mais dont, sans doute, la diplomatie a fini par apprécier le côté pratique puisque, depuis, elle l'a appliquée dans les affaires de Chine et de la baie de Delagoa.

Par cette convention datée du 12 mai 1894, la Grande-Bretagne a donné à bail au Souverain du Congo, pour être occupée et administrée par lui pendant la durée de son règne, la rive gauche du Nil, depuis Mahagi, sur le lac Albert, au sud, jusqu'à Fashoda, au nord, ainsi que la partie du bassin du Bahr-el-Gazal limitée, à l'ouest, par le 25e méridien et au nord, par le 10e parallèle. A l'expiration du règne de Léopold II, la rive gauche du Nil, ainsi que la partie de territoire comprise entre le fleuve et le 30ᵉ méridien, feront retour à l'État bailleur, tandis que l'État du Congo ou, éventuellement, la colonie belge qui le remplacerait, conservera un droit de bail sur la partie du bassin du Bahr-el-Gazal, située à l'ouest du 30ᵉ méridien, ainsi que sur une route de 25 kilomètres de largeur partant de la frontière de l'État la plus proche, pour aboutir à Mahagi, sur le lac Albert.

La publication de cette convention fit éclater les plus vives protestations en France et aussi en Allemagne. Le gouvernement allemand ne voulut pas admettre le bail à une autre puissance d'une route longeant sa propre frontière, entre les deux lacs; il obtint que les deux contractants renonçassent à l'article III de la convention, qui traite de cette route; une déclaration en date du 22 juin 1894, insérée au *Bulletin officiel*, lui donna satisfaction.

Quant à la France, avec laquelle l'État du Congo négociait en ce moment la laborieuse question de la délimitation des frontières sur l'Uele et à qui le protocole franco-congolais du 29 avril 1887 avait ouvert toute large la route du haut Nil, elle imposa à l'État l'abandon de ses vues sur le Bahr-el-Gazal, se bornant, dans la convention du 14 août 1894, à admettre son action politique dans le petit territoire borné à l'est par le Nil, à l'ouest par le 30ᵉ méridien et au nord par le parallèle 5° 30' (superficie : 28,000 kil. car.).

C'est à la faveur des deux conventions précitées que l'État a fait occuper, en février 1897, par le commandant Chaltin, auquel a succédé le commandant Hanolet, le territoire improprement appelé « enclave de Lado » et dont Redjaf est le chef-lieu.

La convention anglo-congolaise du 12 mai fixe le terme du bail du territoire de Redjaf à la fin du règne de Léopold II. Quant au bail de la route qui donne accès au lac Albert, il se prolongera aussi longtemps que durera l'indépendance de l'État du Congo ou son annexion à la Belgique.

Les territoires pris à bail sont administrativement rattachés à la zone des Makraka (district de l'Uele).

D. — LE PEUPLE.

Le peuple congolais ne comprend que des individus de race noire. Ceux-ci ne jouissent d'aucun droit politique et on imagine difficilement qu'il en soit autrement dans une jeune colonie. Néanmoins, la plupart des chefs indigènes ont conservé en fait presque toute l'autorité qu'ils avaient avant l'arrivée des Belges; un certain nombre de chefs ont été reconnus par l'État et ont reçu une investiture officielle (chefferies indigènes, décret du 6 octobre 1891).

Les blancs qui résident au Congo sont, sauf une exception, tous des étrangers, car, bien que la loi prévoie la naturalisation, celle-ci n'a été sollicitée qu'une seule fois (par le capitaine français Joubert, qui réside au Tanganika).

Les bureaux de l'état civil procèdent périodiquement au recensement des non-indigènes. Il y en avait :

Le 31 décembre	1886	254 dont	46	Belges.
—	1889	430 —	175	—
—	1890	744 —	358	—
—	1891	950 —	445	—
Le 1ᵉʳ janvier	1895	1,076 —	691	—
—	1896	1,325 —	859	—
—	1897	1,474 —	882	—
—	1898	1,678 —	1,060	—

Les 1,678 étrangers, dont le recensement accusait la présence en 1898, se répartissent comme suit : Belges 1,060, Portugais 102, Italiens 102, Suédois-Norvégiens 94, Anglais-Écossais 91, Hollandais 64, Américains 57, Danois 34, Français 26, Allemands 17, Suisses 11, divers 19.

BIBLIOGRAPHIE : On trouvera le texte des conventions relatives à la délimitation du territoire dans le *Bulletin officiel de l'État Indépendant du Congo*, dans le *Mouvement géographique* et, pour celles qui sont antérieures à 1885, dans le *Partage politique de l'Afrique*, de BANNING.

CHAPITRE XXXII.

LE POUVOIR LÉGISLATIF.

L'État du Congo étant une monarchie absolue, il est évident qu'on n'y trouve pas, à proprement parler, de pouvoirs législatif, judiciaire et administratif séparés et indépendants. Néanmoins, nous avons adopté cette division, empruntée au droit public des pays constitutionnels, parce qu'elle nous a paru plus méthodique que toute autre.

Tous les pouvoirs émanent du Souverain, qui les exerce par lui-même ou par ses délégués. Il consulte, s'il le juge bon, le Conseil supérieur siégeant à Bruxelles. Il prend en personne les mesures les plus importantes; toutefois, le gouverneur général, ou le fonctionnaire qui le remplace, peut édicter non seulement des règlements sanctionnés par des pénalités, mais encore des ordonnances ayant force de loi; le gouverneur peut même, mais seulement en cas d'urgence, rendre une ordonnance suspendant l'exécution d'une décision du Souverain; ces ordonnances cessent leurs effets à l'expiration de six mois, si elles n'ont pas été approuvées par décret dans ce délai.

Le Souverain manifeste sa volonté sous la forme de décrets, contresignés par le secrétaire d'État. Tous les actes du gouvernement qu'il y a intérêt à rendre publics sont insérés au *Bulletin officiel*, recueil mensuel qui paraît à Bruxelles. Ils sont rédigés dans la langue française, qui est la langue officielle de l'État (circulaire du 6 août 1887.) Ils sont affichés pendant un mois dans chaque district, à la porte du bâtiment occupé par le commissaire de district. Si la date de leur mise à exécution n'est pas déterminée, ils deviennent obligatoires, dans tout le district, le 10e jour de l'affichage (décret du 16 janvier 1888).

Le législateur congolais s'inspire généralement des lois belges, en les adaptant plus ou moins aux besoins spéciaux de l'État du Congo. Le code civil, qui présente quelques lacunes, reproduit textuellement les articles du code belge, sauf de rares modifications.

Le code pénal du 7 janvier 1886 a été complété par de nombreux décrets. Il reproduit, en les simplifiant, les dispositions de la loi répressive belge. Il rejette la division systématique en crimes, délits et contraventions et n'emploie que l'expression générale : infraction. Les peines prévues sont les suivantes : la mort, la servitude pénale, l'amende de 1 à 5,000 francs et la confiscation spéciale.

De nombreux décrets règlent certains points de droit commercial, l'organisation judiciaire et la procédure. Quant aux matières qui n'ont pas encore fait l'objet d'une disposition législative, elles sont jugées d'après les coutumes locales, les principes généraux du droit et de l'équité (ordonnance du 14 mai 1886).

CHAPITRE XXXIII.

LE POUVOIR ADMINISTRATIF.

LE GOUVERNEMENT CENTRAL. — LE GOUVERNEMENT LOCAL. LES DISTRICTS. — SERVICES PRINCIPAUX.

A. — LE GOUVERNEMENT CENTRAL A BRUXELLES.

Le roi Léopold II a placé à Bruxelles le gouvernement central de son État africain. Ainsi que le fait observer M. Cattier, celui-ci, bien qu'il possède le statut d'État, est gouverné comme une colonie. Le gouvernement central comprend : 1° Le département des affaires étrangères; 2° le département des finances; 3° le département de l'intérieur. Au début, chaque département avait à sa tête un administrateur général; en septembre 1891, ce titre a été remplacé par celui de secrétaire d'État. MM. le général Strauch, Hubert Van Neuss, Edmond Van Eetvelde, Camille Janssen et le comte Legrelle-Rogier ont rempli ces hautes fonctions. Depuis le 1er septembre 1894, il n'y a plus qu'un seul secrétaire d'État, M. le baron Van Eetvelde.

Le secrétaire d'État est chargé de contresigner les décrets et d'assurer leur exécution. Il est assisté, indépendamment d'un chef de cabinet, d'un trésorier général et de trois secrétaires généraux, attachés respectivement aux trois départements. Depuis quelques années, les titulaires de ces fonctions sont : trésorier général, M. Pochez (bureaux : rue de Namur, n° 10); secrétaires généraux : MM. le chevalier de Cuvelier, pour le département des affaires étrangères; le commandant Liebrechts, pour l'intérieur; H. Droogmans, pour les finances (bureaux : rue Bréderode, n° 4); chef de cabinet du secrétaire d'État : M Baerts.

La trésorerie générale s'occupe de la comptabilité générale des recettes et des dépenses de l'État, de la dette publique.

Le département des affaires étrangères comprend les services suivants : relations internationales; services diplomatiques et consulaires; extraditions; état civil; successions, etc. des étrangers; ports et rades; sociétés de commerce; immigration; postes et télégraphes; organisation judiciaire; législations civile, commerciale et pénale; bienfaisance, cultes et instruction publique.

Le département des finances : budget général de l'État; création et perception des impôts de toute nature; questions et statistiques commerciales et monétaires; commerce intérieur et extérieur; régime foncier, cadastre et hypothèques; domaine de l'État; concession de chemins de fer; mines.

Le département de l'intérieur : administration et police du territoire de provinces et de communes; force publique; matériel d'artillerie, armes et munitions; marine de l'État; service des transports; collections scientifiques; hygiène publique et service médical; voies de communication et voirie; service de l'intendance; travaux publics, constructions, entretien et mobilier des bâtiments de l'État, agriculture, industrie et plantations; exploitation du domaine privé.

Le siège du gouvernement central est établi à Bruxelles, rue de Namur, 20. Étant donné le principe de l'exterritorialité des souverains en pays étrangers, et, par conséquent, du Souverain du Congo en Belgique, faut-il admettre que cette exterritorialité s'étend à son gouvernement et entraîne la franchise diplomatique des locaux de celui-ci? Bien que la question soit discutable, l'État du Congo l'a résolue par l'affirmative; il a fait la déclaration suivante à un huissier belge qui l'a constatée : « Le bénéfice d'exterritorialité couvre les ministres de l'État du Congo et ses administrateurs. »

Ordres et médailles. — Pendant trois ans, l'État du Congo a offert le rare spectacle d'un pays n'ayant aucun ordre à conférer. Mais cette lacune a été vite comblée. Mieux loti même que la Belgique, laquelle n'a qu'un seul ordre, le jeune État en a déjà quatre, sans compter les médailles. Ce sont : 1° *L'Ordre de l'Étoile africaine*, créé en 1888; 2° *l'Étoile de service*, instituée en 1889 et conférée à ceux qui ont honorablement accompli un terme de service au Congo; 3° *l'Ordre royal du Lion*, qui date de 1891; 4° *l'Ordre de la Couronne*, fondé en 1897.

B. — LE GOUVERNEMENT LOCAL AU CONGO.

Le gouvernement local est installé à Boma depuis 1885. Avant cette époque, Vivi, qui se trouve un peu en amont, avait été pendant cinq ans la résidence de l'agent supérieur de l'*Association internationale du Congo*. Il est probable que Boma, dont la situation n'est pas suffisamment centrale, ne demeurera pas la capitale de l'État; il est question du transfert de l'administration au Stanley-Pool; il est possible aussi que l'on choisisse un emplacement entre le Pool et le bas, sur les hauts plateaux salubres que dessert le chemin de fer.

Le gouvernement local est placé, depuis le 17 avril 1887, sous la haute direction d'un *gouverneur général*, représentant le Roi-Souverain, et dont l'autorité embrasse tous les services administratifs et militaires. Il assure l'exécution des mesures décidées par le pouvoir central et peut prendre des règlements de police et d'administration publique sanctionnés par des peines. Il pourvoit provisoirement aux emplois vacants; peut charger les agents de l'État de toutes les fonctions pour lesquelles il juge qu'ils ont les aptitudes voulues et commettre, pour le terme d'un an, des fonctionnaires aux fins d'inspecter certaines parties du territoire. Enfin, le droit de légiférer lui est accordé dans une certaine mesure.

Antérieurement à 1887, le représentant du gouvernement en Afrique portait le titre d'administrateur général (M. Janssen, 1886). Depuis la création du titre de gouverneur général, deux nominations seulement ont été faites : M. Camille Janssen, le 17 avril 1887, et M. le colonel Wahis, le 1ᵉʳ juillet 1892. L'intérim des fonctions de gouverneur général a été, à certains moments, confié à MM. les vice-gouverneurs Ledeganck, les commandants Coquilhat et Wangermée et le juge d'appel Fuchs, ainsi qu'à MM. les inspecteurs d'État Gondry et Cambier.

Le gouverneur général est assisté d'un *vice-gouverneur général*, d'un ou de plusieurs *inspecteurs d'État*, d'un *secrétaire général* et de plusieurs *directeurs*. En cas d'absence ou d'empêchement du gouverneur général, il est remplacé par le vice-gouverneur, par un inspecteur d'État ou par un intérimaire nommé par Roi-Souverain; enfin, dans le cas où aucun intérimaire .. aurait été désigné, par un *comité exécutif*, composé du secrétaire général, des directeurs, du commandant de la force publique et, éventuellement, de membres choisis par le Roi-Souverain.

Un *comité consultatif* donne son avis au gouverneur général sur toutes les mesures d'intérêt public qu'il peut y avoir lieu d'adopter ou de proposer au gouvernement central. Il se compose du vice-gouverneur général, de l'inspecteur d'État, du secrétaire général, des directeurs, du juge d'appel, du conservateur des titres fonciers et d'un certain nombre d'autres membres ne dépassant pas cinq.

Outre les personnalités déjà citées comme ayant occupé de hautes fonctions administratives, nous nommerons encore : MM. le baron Dhanis et le major Van Gèle, vice-gouverneurs; MM. le capitaine Vankerckhoven, le major Fivé, les capitaines Baert, Georges et Paul Le Marinel, inspecteurs d'État.

Les grands services de l'État sont assurés par sept directions administratives :

I. *La direction de la justice*, qui a dans ses attributions les questions relatives à la justice, au notariat, à l'état civil, au régime pénitentiaire, aux cultes et aux registres de chancellerie ;

II. *La direction des transports, de la marine et des travaux publics* ;

III. *La direction de l'intendance*, chargée de la vérification des comptes et de l'exploitation du domaine privé; elle a été organisée par M. l'intendant en chef Vanden Plas;

IV. *La direction de l'agriculture et de l'industrie*, ayant à sa tête M. Didderich, qui s'occupe des plantations et des troupeaux de l'État, de l'étude des essences forestières et de leur exploitation ;

V. *La direction des travaux de défense*, qui a construit, à Shinkakasa (1891-94), sous la direction de M. le commandant Pétillon, un fort cuirassé qui met Boma et Matadi à l'abri d'un bombardement ;

VI. *La direction de la Force publique;*

VII. *La direction des finances.*

C. — LES DISTRICTS ET LES LOCALITÉS PRINCIPALES.

L'action de l'État rayonne sur toute l'étendue du territoire par l'intermédiaire de fonctionnaires appelés *commissaires de districts*, nommés par le Roi-Souverain ou par le gouverneur général, représentant l'administration générale, et chargés d'exécuter les ordres du gouvernement et du gouverneur dans la circonscription qui leur est assignée.

L'État est divisé en quatorze districts. Le commissaire réside au chef-lieu du district.

Deux districts ont, pour des raisons politiques ou administratives, été subdivisés en *zones :* ce sont ceux de l'Uele et des Stanley-Falls. Ces zones sont commandées par des *chefs de zone*, placés sous l'autorité du commissaire de district.

Les limites des districts ont été définies par le décret du 1er août 1888, modifié par celui du 17 juillet 1895.

Indépendamment des noms des districts et de leurs chefs-lieux, le tableau suivant donne pour chacun d'eux le chiffre de la population européenne et le nombre des localités habitées par des blancs, d'après les résultats du recensement officiel du 1er janvier 1898.

NOMS	Localités occupées par des Européens	Population européenne	CHEFS-LIEUX
Banana.	25	93	Banana.
Boma	12	248	Boma.
Matadi.	19	372	Matadi
Cataractes.	20	81	Tumba.
Stanley-Pool	30	214	Léopoldville.
Kwango oriental. . .	13	34	Popokabaka.
Ubangi.	6	16	Banziville.
Stanley-Falls	32	160	Stanley-Falls.
Lualaba-Kasai . . .	23	90	Lusambo.
Lac Léopold II . . .	7	15	Kutu.
Équateur	29	99	Coquilhatville.
Aruwimi	12	34	Basoko.
Bangala	16	85	Nouvelle-Anvers.
Uele.	21	137	Djabir.
TOTAUX. . .	265	1,678	

Comme on le voit, au 1er janvier 1898, il y avait, au Congo 265 localités habitées par des Européens; les plus peuplées étaient les suivantes : Boma, 210 blancs ; Léopoldville, 96 ; Matadi, 64 ; Banana, 35 ; Stanley-Falls, 32 ; Kinshasa, 28 ; Bangala, 26 ; Tumba, 25 ; Redjaf, 21 ; Lusambo, 19 ; Luluabourg et Shinkakasa, 17 ; Baudouinville et Luebo, 16 ; Gongolo, 15.

La liste suivante renseigne les localités principales, classées par districts :

1° District de Banana (93)(¹). Chef-lieu : *Banana* (35) bureau postal, poste fiscal, bureau de l'état civil, office notarial, service de pilotage, phare, factoreries.

Autres localités : *Moanda* (8), mission catholique; *Shimbete* (10), poste fiscal; *Zobe* (1), bureau postal, poste fiscal; *Lemba* (5), conseil de guerre; etc.

2° District de Boma (248). Chef-lieu : *Boma* (210), capitale de l'État, tribunal de 1re instance, tribunal d'appel, conseil de guerre, bureau postal et télégraphique, bureau de l'état civil, office notarial, station médicale, institut vaccinogène, école de candidats sous-officiers comptables, colonie scolaire, missions catholique et protestante, factoreries.

Autres localités : *Mateba* (4), établissement principal de la Compagnie des Produits du Congo; *Shinkakasa* (17), fort cuirassé; *Zambi* (5), camp d'instruction; *Loango* (5), factoreries; *Lengi* (1) et *Boma Lendi* (2), établissement agricole; *Tshoa* (1), poste fiscal, etc.

3° District de Matadi (272). Chef-lieu : *Matadi* (64), tête de ligne du chemin de fer du Stanley-Pool, tribunal territorial, conseil de guerre, bureau postal et télégraphique, poste fiscal, office notarial, bureau de l'état civil, station médicale, missions catholique et protestante, factoreries.

Autres localités : *Kinkanda* (7), hôpital de la Compagnie du chemin de fer; *Gangila* (4), *Palabala* (1), *Congo da Lemba* (4), *Vivi* (1), *Isangila* (1) et *Vunga* (4), missions protestantes; *Fuka-Fuka* (2), factorerie, etc.

4° District des Cataractes (81). Chef-lieu : *Tumba* (25), conseil de guerre, bureau postal et télégraphique, bureau de l'état civil, station médicale, poste fiscal, office notarial, station du chemin de fer.

Autres localités : *Lukungu* (6), bureau de l'état civil et mission protestante; *Banza-Manteka* (6), *Diadia* (5),

---

(¹) Les chiffres entre parenthèses renseignent la population blanche à la date du 1er janvier 1898.

Mukimbungu (5), missions protestantes ; *Manyanga* (3), bureau de l'état civil ; *Gombe Lutete* (4), bureau de l'état civil et mission protestante ; *Kitobola* (5) ; *Kibunzi* (5) ; etc.

5° DISTRICT DU STANLEY-POOL (214). Chef-lieu : *Léopoldville* (96), tribunal territorial, conseil de guerre, bureau de l'état civil, bureau postal, poste fiscal, office notarial, station médicale, colonie scolaire, siège de l'évêché catholique, mission protestante, station du chemin de fer.

Autres localités : *Kinshasa* (29), poste fiscal, bureau télégraphique, mission protestante, établissement principal de la S. A. B., factoreries ; *Dolo* (1) et *Gongolo* (15), stations du chemin de fer ; *Kisantu* (9), *Dombo* (12), *Kimuenza* (11), mission catholique, établissement principal des PP. de Scheut, *Berghe-Sainte-Marie* (3), mission catholique ; *Kwamouth* (1), poste fiscal ; *Tshumbiri* (8), mission protestante ; *Bolobo* (11), bureau de l'état civil, camp d'instruction et mission protestante ; *Yumbi* (5) ; etc.

6° DISTRICT DU KWANGO ORIENTAL (34). Chef-lieu : *Popokabaka* (10), tribunal territorial, conseil de guerre, bureau de l'état civil, bureau postal, office notarial, station médicale.

Autres localités : *Fayala* (5), établissement principal de la C. C. C. ; *Tumba Mani* (4), bureau postal ; etc.

7° DISTRICT DE L'UBANGI (16). Chef-lieu : *Banziville* (7), bureau de l'état civil, bureau postal, station médicale.

Autres localités : *Yakoma* (2) ; *Mokwange* (1) ; *Libenge* (2), conseil de guerre ; *Imese* (1) ; etc.

8° DISTRICT DES STANLEY-FALLS (160). Ce district est divisé en six zones, savoir :

a) La zone des Stanley-Falls ; chef-lieu : *Stanley-Falls* (32), tribunal territorial, conseil de guerre, bureau de l'état civil, bureau postal, station médicale, office notarial, mission catholique, factoreries ;

b) La zone du Tanganika ; chef-lieu : *Albertville* (11), tribunal territorial, conseil de guerre, bureau de l'état civil, bureau postal, poste fiscal, office notarial, station médicale, mission catholique ;

c) La zone de Kabambare; chef-lieu : *Kabambare* (10), conseil de guerre, station médicale, office notarial;

d) La zone du Manyema; chef-lieu : *Nyangwe* (10), conseil de guerre, station médicale, bureau postal, office notarial;

e) La zone de Ponthierville; chef-lieu : *Ponthierville* (5), conseil de guerre, office notarial;

f) La zone du haut Ituri; chef-lieu : *Avakubi* (10), conseil de guerre, office notarial.

Autres localités : *Baudouinville* (16), siège d'un évêché catholique; *Saint-Louis du Rumbi* (1) et *Pala* (7), missions catholiques; *Romée* (4), établissement agricole; *Pweto* (1) et *Moliro* (2), postes fiscaux; *Senge* (8); *Lofoi* (4); *Lusaka* (4); *Lokandu* ou *Riba-Riba* (4); *Kasongo* (2); *Towa* (1); etc.

9° DISTRICT DU LUALABA-KASAI (90). Chef-lieu : *Lusambo* (19), tribunal territorial, conseil de guerre, bureau de l'état civil, bureau postal, office notarial, station médicale, établissement agricole Lacourt, factoreries.

Autres localités : *Luluabourg* (17), tribunal territorial, bureau de l'état civil, mission catholique, factoreries; *Luebo* (16), bureau de l'état civil, mission protestante, factoreries; *Galikoko* (3), établissement principal de la Société des Produits végétaux; *Inkongu* (5), mission protestante, factoreries; *Saint-Trudon* (5), mission catholique; *Bena-Bendi* (1), bureau postal; *Bena Dibele* (2); etc.

10° DISTRICT DU LAC LÉOPOLD II (15). Chef-lieu : *Kutu* (8), conseil de guerre, bureau de l'état civil, poste fiscal, office notarial.

Autres localités : *Talo* (2); *Mushie* (1); etc.

11° DISTRICT DE L'ÉQUATEUR (99). Chef-lieu : *Coquilhatville* (12), tribunal territorial, conseil de guerre, bureau de l'état civil, poste fiscal, station médicale, office notarial.

Autres localités : *Bamania* (12), mission catholique, établissement principal des PP. trappistes; *Irebu* (9), camp d'instruction, bureau de l'état civil, poste fiscal, mission protestante; *Lulongo* (9), mission protestante, factoreries; *Basankusu* (4), établissement principal de l'Abir; *Équateurville* (4), mission protestante, factoreries; *Lukolela* (5), exploitation forestière, poste fiscal, mission protestante; *Bonginda* (4), *Ikoko* (4), *Ikau* (4) et *Bongandanga* (5), missions protestantes; *Bombinda* (2), *Boyenge* 2 et *Busira-Moneue* (2), factoreries; *Bikolo* (4); *Bolondo* (5); *Ikenge* (2); etc.

12° District de l'Aruwimi (54). Chef-lieu : *Basoko* (14), tribunal territorial, conseil de guerre, bureau de l'état civil, bureau postal, station médicale, office notarial.

Autres localités : *Isangi* (5) établissement principal de la Société d'agriculture et de plantation; *Ilambi* (5) établissement principal de la Compagnie du Lomami; *Yambuya* (2); etc.

13° District des Bangala (85). Chef-lieu : *Nouvelle-Anvers* ou *Bangala* (26), tribunal territorial, conseil de guerre, bureau de l'état civil, bureau postal, station médicale, office notarial, colonie scolaire, mission catholique, factoreries.

Autres localités : *Umangi* (8, camp d'instruction; *Mobeka* (4), établissement principal de la Société anversoise; *Irengi* (4), factoreries; *Bumba* (1), bureau postal, poste de transit pour l'Uele; *Upoto* (5), mission protestante et factoreries; *Mosembi* (4), mission protestante; *Lie* (2), *Yambinga* (2), *Bokopa*, *Populi*, *Mobuaka* et *Monweda*, factoreries; *Mandungu* (4); etc.

14° District de l'Uele (157). Ce district est divisé en quatre zones, savoir :

a) La zone du Rubi-Uele; chef-lieu : *Djabir* (17), conseil de guerre, station médicale, office notarial;

b) La zone de l'Uere-Bomu; chef-lieu : *Uere* (8), conseil de guerre, station médicale, office notarial;

c) La zone de la Makua; chef-lieu : *Nyangara* (9), conseil de guerre, bureau de l'état civil, station médicale, office notarial;

d) La zone des Makraka, chef-lieu : *Vankerckhovenville* ou *Surur* (7) conseil de guerre, office notarial.

Autres localités : *Dungu* (11); *Enguetra* (6); *Bomokandi* (2); *Bembo* (3) bureau postal; etc.

A la zone des Makraka sont rattachés les territoires pris à bail, dont le chef-lieu est *Redjaf* (21), conseil de guerre, bureau de l'état civil, station médicale, office notarial.

On trouve de nombreux renseignements scientifiques sur la plupart de ces localités dans un travail intitulé : *Conditions physiques, climatologiques et hygiéniques des principales stations, missions, etc.*, publié par MM. Lancaster et Meuleman, dans le volume édité par le Congrès national d'hygiène et de climatologie médicale de 1897.

D. — PRINCIPAUX SERVICES.

La force publique. — Au début, la force publique ne se composait que d'éléments étrangers : les soldats se recrutaient, dans des conditions onéreuses, à Zanzibar, Lagos, Sierra-Leone, Accra, Elmina, beaucoup parmi les tribus Haoussa et jusqu'en Abyssinie, où M. le capitaine Hancuse fut chargé d'en enrôler.

Le gouvernement s'efforça de créer une armée indigène. Le capitaine Coquilhat, le premier, en 1886, parvint à engager un certain nombre de Bangala; sur le contingent qu'il décida à se rendre à Léopoldville, 10 hommes consentirent à descendre à Boma où ils furent exercés. Ces 10 hommes furent les premiers soldats indigènes de l'État. Par la suite, on amena divers petits contingents d'autres parties du territoire et on les exerça à Léopoldville. En 1889, le capitaine Van Dorpe enrôla des Manyanga qui descendirent à Boma. Aujourd'hui, l'action de l'État s'exerçant sur tous les points du territoire, les soldats étrangers deviennent de moins en moins nombreux.

Le recrutement a lieu en partie par des engagements volontaires et en partie par des levées annuelles opérées par les commissaires de district, de commun accord avec les chefs indigènes. Le service actif est de cinq ans; à l'expiration de ce terme, les soldats font partie des cadres de réserve. La solde est de 21 centimes par jour; en outre, les hommes mariés touchent une ration de vivres pour leur femme. Indépendamment de la réserve de l'armée active, il a été institué, en 1898, un corps de réserve dans lequel la durée du service est de douze ans.

Les volontaires enrôlés pour un terme de moins de quatre années sont incorporés d'emblée dans la compagnie qui tient garnison dans leur district; quant aux miliciens et aux autres volontaires, ils sont dirigés sur des camps d'instruction où se fait leur éducation militaire. L'effectif maximum de chacun de ces camps est d'environ 500 hommes; il y en a quatre, établis à Zambi, Bolobo, Irebu et Umangi.

L'armée congolaise comptait, au 1er janvier 1897, 14,000 hommes, dont 8,000 miliciens, 4,000 volontaires indigènes et 2,000 volontaires exotiques. Le fusil en usage est l'Albini, avec bayonnette. Les cadres blancs sont pourvus du Mauser. Le matériel d'artillerie comprend des canons Krupp, Hotchkiss et Nordenfelt et des mitrailleuses Maxim.

Le commandement suprême de la force publique est exercé par le gouverneur général. Les commissaires de district, représentant le gouverneur général, ont la haute direction des forces qui sont en garnison dans leur circonscription. L'armée est divisée en compagnies à la tête desquelles se trouvent des capitaines et administrée par un commandant en chef. Le premier commandant en chef de la force publique de l'État, en même temps que son organisateur, a été M. le capitaine Roget (1886-88). Il a eu pour successeurs : MM. les capitaines Avaert (1888), Vande Putte (1890), Fourdin (1891), Dielman (1892), Van Dorpe (1895) et Tonglet (1898).

Le service de la force publique se développe d'année en année, absorbant une part notable des ressources de l'État. Voici les chiffres qui figurent aux budgets :

1891	Fr. 2 271.628
1892	1.635.864
1893	2.126.479
1894	3.308.700
1895	3.556.672
1896	4.820.795
1897	4.944.045
1898	6.870 631

Il est vrai que les soldats ne se consacrent pas seulement à la défense du territoire et au maintien de la sécurité : ils sont tenus d'exécuter certains travaux pour le compte de l'État, qui se procure ainsi une main-d'œuvre abondante et sûre, à bon marché.

Il est à noter qu'en matière pénale le droit commun n'est pas appliqué à la force publique. Le règlement disciplinaire prévoit des peines corporelles.

Cultes et instruction publique. – La Conférence de Berlin a imposé aux États établis dans le bassin du Congo l'obligation de garantir à tous les habitants la liberté de conscience et la tolérance religieuse. L'État du Congo, observant fidèlement cette mesure libérale, a édicté des peines contre ceux qui porteraient atteinte à la liberté des cultes, à leur libre exercice public ou à la liberté de conscience. De plus, pour favoriser l'évangélisation des indigènes, il a permis aux missions des différentes confessions d'acquérir aisément le bénéfice de la personnalité civile.

L'organisation religieuse actuelle est l'œuvre de l'initiative privée. Nous avons fait précédemment l'historique des institutions tant protestantes que catholiques. Rappelons que ces dernières sont dirigées par deux évêques résidant, l'un à Léopoldville, l'autre à Baudouinville, et que, grâce aux efforts de Mgr Stillemans, évêque de Gand, le service religieux est assuré à Boma et à Matadi par deux curés.

Les missions se préoccupent non seulement du relèvement moral, mais aussi du relèvement matériel des noirs. Presque toutes, elles se consacrent à l'éducation intellectuelle et professionnelle de l'enfance.

De son côté l'État, par décret du 12 juillet 1890, a créé des « colonies agricoles et professionnelles », où sont recueillis les enfants victimes de la traite, ceux envers qui leurs parents ne remplissent pas leurs devoirs et les orphelins abandonnés. Les garçons seuls y sont admis ; ils quittent la colonie à 14 ans et restent jusqu'à 25 ans soumis à la tutelle de l'État. L'effectif de chaque colonie est de cinq cents enfants. Ces colonies scolaires sont surtout des écoles régimentaires destinées à faciliter le recrutement de la force publique ; les élèves qui n'ont pas d'aptitudes pour le service militaire sont désignés pour être employés, à leur sortie de la colonie, soit comme artisans du service des travaux publics, soit comme auxiliaires de services administratifs. L'État envoie en Belgique quelques jeunes enfants choisis qui sont confiés, pour leur éducation, à l'institut que dirige, à Gyseghem, près de Termonde, M. l'abbé Van Impe.

Les colonies agricoles et professionnelles de Boma, Léopoldville et Nouvelle-Anvers sont, jusqu'ici, les seuls établissements d'instruction officiels. Dans cet ordre d'idées, presque tout reste donc à organiser. Ce sera l'œuvre du siècle prochain.

Le service sanitaire. — L'État se préoccupa, dès le début, de mettre les blancs résidant au Congo à même de lutter efficacement contre l'insalubrité du pays et la rigueur du climat. Le Dr Allart organisa le service des secours médicaux dans le bas Congo et construisit, à Boma, le premier sanatorium; puis le Dr Mense jeta les bases d'une organisation sanitaire à Léopoldville. Au fur et à mesure que se poursuivait l'occupation des districts, de nouveaux postes médicaux étaient fondés, sous la direction du Dr Étienne, à Banana; du Dr Reytter, à Boma; du Dr Dryepondt, à Léopoldville; du Dr Dupont, à Basoko; du Dr Van Campenhout, à Djabir. Ces praticiens étaient secondés par les Drs Vourloud, Charbonnier et Montangie, et par les médecins des missions protestantes, MM. Sims, à Léopoldville, et Hoste, à Lukungu.

Aujourd'hui, la plupart des localités importantes sont dotées de stations médicales, ravitaillées régulièrement de médicaments et d'instruments. Les médecins de l'État soignent gratuitement les agents du gouvernement et les indigènes. Cette gratuité ne s'étend pas aux Européens étrangers à l'administration : les honoraires pour une visite sont, comme d'ailleurs tout le long de la côte occidentale d'Afrique, fixés à 25 francs.

La Compagnie du chemin de fer des Chutes a organisé, pour son personnel, un service sanitaire dirigé par MM. les Drs Bourguignon et Villa; il comprend plusieurs médecins et un hôpital. La Compagnie des chemins de fer vicinaux du Mayumbe a placé à la tête de son service médical M. le Dr Jullien. L'Association de la Croix-Rouge congolaise a élevé et entretient des pavillons où sont soignés les malades européens.

Notons enfin que l'État, afin de mettre fin aux terribles ravages qu'exerce la variole parmi les naturels, a créé à Boma un institut vaccinogène. La pratique du vaccin s'est rapidement généralisée et les nègres se rendent en grand nombre, pour se faire inoculer, dans les centres où existe le précieux remède.

Les progrès de l'hygiène ont suivi ceux de l'organisation sanitaire et un certain confort commence à régner dans les stations. Dans le bas fleuve, on a importé des habitations de bois et des constructions en fer, telles que le palais du gouverneur, l'église et l'hôtel de Boma, l'hôtel et les installations du chemin de fer de Matadi. Mais le bois et le fer ont été délaissés et c'est avec raison qu'on leur préfère aujourd'hui la brique.

Les premières briques furent fabriquées à Nouvelle-Anvers, en 1887, sous la direction de M. Verhees. Trois ans après, des maisons en briques furent édifiées à Boma. L'impulsion était donnée : successivement, Basoko, Luluabourg, Bumba, Léopoldville, Banziville, Niangara. Lusambo, Zambi, Lukungu, Coquilhatville, Kinshasa, Djabir, etc., virent s'élever des habitations en briques, couvertes de tuiles, confortables et d'un aspect coquet.

Ces progrès si satisfaisants ne sauraient cependant avoir une influence immédiate sur le taux de la mortalité des non-indigènes. En effet, pour quelques postes anciens où l'on constate une amélioration des conditions de la vie, on en compte 10, 15 et 20 nouveaux, dont les aménagements et où les conditions d'existence sont, par la force des choses, tout à fait primitifs.

L'histoire nous dit que toutes les entreprises coloniales ont exigé de lourds sacrifices et que la période d'occupation, dans les régions nouvelles, quelle que soit leur latitude, a toujours entraîné une mortalité élevée. Le Congo, bien qu'il ait coûté moins de vies humaines que la plupart des autres colonies africaines, n'a pas échappé à cette loi douloureuse.

MM. les Drs Bourguignon, chef du service sanitaire de la Compagnie du chemin de fer; Dryepondt, ancien médecin de l'État, à Léopoldville, et Firket, professeur de pathologie des pays chauds à l'université de Liége, ont présenté, au Congrès national d'hygiène et de climatologie médicale qui s'est tenu à Bruxelles, en 1897, un travail d'ensemble très approfondi sur la question de la mortalité des blancs. Pour formuler leurs conclusions ils se sont basés sur les statistiques régulièrement dressées, des trois grands personnels européens : ceux des départements de l'intérieur et des finances de l'État et celui de la Compagnie du chemin de fer. Ces administrations ont eu ensemble jusqu'à 1,389 agents (en 1896) et les moyennes obtenues résultent d'une observation de 12 années (1885-1896), pour le personnel de l'État, et de 7 années (1890-1896) pour celui de la Compagnie du chemin de fer. Elles ne sauraient être sensiblement modifiées par les statistiques nécrologiques des missions et des sociétés commerciales à personnel restreint. Voici des extraits de ce travail :

a) **Département de l'intérieur de l'État.**

ANNÉES	NOMBRE D'AGENTS	DÉCÈS			TAUX POUR MILLE DE LA MORTALITÉ	
		PAR ACCIDENT	PAR MALADIE		TOTALE	PAR MALADIE
			EN STATION	EN EXPÉDITION		
1885 .	160	2	7	"	56	44
1886 .	133	3	4	"	53	30
1887 .	152	1	1	"	13	7
1888 .	177	"	7	"	40	40
1889 .	226	"	11	2	58	58
1890 .	292	1	5	1	24	21
1891 .	408	5	13	15	81	69
1892 .	492	11	21	15	96	73
1893 .	628	8	12	21	65	53
1894 .	703	8	18	34	85	74
1895 .	758	28	24	11	83	46
1896 .	939	8	31	24	67	59

Le personnel du département de l'intérieur est donc le plus éprouvé : 60 pour mille de mortalité totale, 48 pour mille de mortalité par maladie. C'est, en effet, dans les différents services qui ressortissent à ce département qu'on trouve le plus de « Robinsons », le plus d'agents lancés aux avants-postes, le plus d'officiers faisant campagne dans des pays inconnus, bref, le plus d'imprévu et le moins de confort.

b). La Compagnie du chemin de fer.

ANNÉES	AGENTS EN SERVICE	DÉCÈS PAR MALADIE	DÉCÈS PAR ACCIDENT.
1890. . . .	155	4	"
1891. . . .	337	15	"
1892. . . .	318	27	5
1893. . . .	294	15	2
1894. . . .	319	10	4
1895. . . .	299	13	"
1896. . . .	399	12	2

Le chemin de fer donne 52 pour mille au total, 44 pour mille par maladie. Ici, beaucoup de travail, beaucoup de danger par le fait des terrassements, mais un ravitaillement et des logements satisfaisants.

c) Le département des finances de l'État.

ANNÉES	NOMBRE D'AGENTS	DÉCÈS		TAUX POUR MILLE DE LA MORTALITÉ	
		PAR ACCIDENT	PAR MALADIE	TOTALE	PAR MALADIE
1885 . .	3	"	"	"	"
1886 . .	6	"	"	"	"
1887 . .	11	1	"	91	"
1888 . .	13	"	"	"	"
1889 . .	16	"	"	"	"
1890 . .	24	1	1	83	42
1891 . .	29	"	"	"	"
1892 . .	40	1	"	25	"
1893 . .	42	"	3	71	71
1894 . .	45	1	1	44	22
1895 . .	47	"	2	43	43
1896 . .	51	1	2	59	39

Les agents du département des finances ont l'existence la moins troublée ; ils habitent surtout des districts où règne déjà un certain confort. La moyenne totale des décès est de 35 pour mille ; celle des décès par maladie de 18 pour mille.

Prenant pour base les moyennes de ces trois personnels, MM. Bourguignon, Dryepondt et Firket évaluent à 57 pour mille la mortalité totale, y compris les morts violentes, et à 46 pour mille la mortalité par maladie. Le premier chiffre est probablement au-dessous de la réalité pour les années 1897 et 1898, à cause des décès assez nombreux survenus à la suite des opérations et des révoltes militaires.

Il est instructif de comparer cette moyenne de 57 pour mille avec celle de la mortalité dans quelques autres colonies. Ainsi au Kamerun, la moyenne pour quatre années (1891-1894) est de 112 pour mille ; au Niger, elle a été de 75 pour mille en 1894-1895 ; au Dahomey, elle a été de 108 pour mille pendant la période d'occupation qui a suivi la campagne de 1892.

Si le taux de la mortalité au Congo est actuellement élevé, il n'est pas douteux que, lorsque l'ère des expéditions militaires sera close et que le territoire sera mieux exploré et plus complètement occupé, le taux n'atteindra guère plus de 35 et 18 pour mille, qui est la moyenne actuelle de la mortalité des agents du département des finances, pour descendre probablement plus bas encore, à mesure que s'amélioreront les conditions de la vie.

CHAPITRE XXXIV.

LE POUVOIR JUDICIAIRE.

Un des premiers devoirs de l'État Indépendant était de pourvoir à l'administration de la justice. Il en allait de l'intégrité de ses droits souverains, puisque, dans les traités passés avec l'Association internationale, les puissances étrangères s'étaient réservé le droit d'organiser une juridiction consulaire au Congo (capitulations) jusqu'à ce qu'il fût pourvu, d'une manière suffisante, à l'administration de la justice à l'égard des étrangers. Aussi, dès le 7 janvier 1886, paraissait un décret sur l'organisation judiciaire. La matière fut complétée par la suite et codifiée le 22 avril 1896. Il est à noter que les magistrats, tant assis que debout, ne sont pas inamovibles; non seulement ils sont nommés pour un temps déterminé, mais encore ils sont aussi révocables que des fonctionnaires quelconques.

En matière civile et commerciale, les différends sont tranchés par les tribunaux de l'État si un non-indigène, l'État ou une administration publique est partie au procès. Si les deux parties en cause sont l'une et l'autre indigènes, le différend est jugé par le chef local, conformément à la coutume, à moins que l'une des parties ne saisisse l'autorité légalement établie.

En matière répressive, celle-ci est compétente pour statuer sur toutes les infractions à la loi pénale, qu'elles soient commises par des blancs ou par des gens de couleur; toutefois, le code pénal dispose que les indigènes peuvent être abandonnés à la juridiction de leur chef et à l'application des coutumes locales.

Les juridictions établies par l'État du Congo sont : en premier ressort, le tribunal de première instance, les tribunaux territoriaux et les conseils de guerre; en appel, le tribunal d'appel et le conseil de guerre de Boma; en dernier ressort et en cassation, le conseil supérieur de Bruxelles.

Le tribunal de première instance et les tribunaux territoriaux sont autorisés à siéger dans toutes les localités de leur ressort, selon les nécessités de la bonne administration de la justice. Ils se composent d'un juge, d'un greffier et d'un substitut du procureur d'État, qui occupe le siège du ministère public; l'absence de ce dernier n'est pas une cause de nullité de la procédure.

Le tribunal de première instance est établi à Boma. Sa compétence, en matière civile et commerciale, s'étend à tout l'État. Il connaît des infractions au code pénal et est seul compétent pour juger les individus de race européenne qui auraient commis des délits passibles de la peine de mort.

Les tribunaux territoriaux statuent également en matière répressive; mais, en général, leur compétence ne dépasse pas les limites de leur circonscription. Ils siègent dans la plupart des chefs-lieux de district.

Les conseils de guerre, composés comme le tribunal de première instance et les tribunaux territoriaux, fonctionnent aux lieux indiqués par le gouverneur, généralement dans les centres militaires; ils connaissent des infractions aux lois pénales ordinaires et, en outre, des fautes commises par les officiers, sous-officiers et soldats. Lorsque la sécurité publique l'exige, une région déterminée peut être soumise temporairement à un régime militaire spécial, une sorte d'état de siège. Dans ce cas, toutes les personnes indistinctement se trouvant dans cette région deviennent justiciables du conseil de guerre et ses décisions sont en dernier ressort pour les indigènes et pour les Européens militaires ; seuls, les Européens civils conservent le droit de se pourvoir en appel à Boma (décret du 22 décembre 1888). L'interprétation de cette dernière disposition dans l'affaire du commerçant anglais Stokes, que le commandant Lothaire condamna à être pendu et fit exécuter à Lindi (haut Aruwimi), le 14 janvier 1895, faillit un instant compromettre les bons rapports de l'État du Congo avec l'Angleterre et l'Allemagne.

Le tribunal d'appel siège à Boma ; il comprend un président, deux juges, un procureur d'État et un greffier. Il connaît de l'appel de toutes les sentences du tribunal de première instance, des tribunaux territoriaux ; la règle est qu'en toute matière il y a deux degrés de juridiction.

L'appel des décisions des conseils de guerre est déféré à un autre conseil de guerre, siégeant à Boma, composé du président du tribunal d'appel et de deux suppléants, ayant le grade d'officier, désignés par le gouverneur général.

Les fonctions d'officier du ministère public sont exercées sous l'autorité du gouverneur général : près du tribunal d'appel, par un procureur d'État nommé par le Souverain ; près des autres tribunaux, par des substituts du procureur d'État, désignés par le gouverneur général parmi certains magistrats nommés par décret.

Le conseil supérieur, qui se réunit à Bruxelles, forme le degré suprême de l'organisation judiciaire; il se compose d'un président, de conseillers, d'auditeurs et d'un secrétaire, choisis par le Souverain parmi les jurisconsultes belges et étrangers. Ses attributions sont multiples : en matière civile et commerciale, il siège comme Cour de cassation et, lorsqu'il casse un jugement, évoque le fond et statue sans renvoi; dans les mêmes matières, il connaît de l'appel des jugements rendus sur premier appel par le tribunal d'appel de Boma, lorsque la valeur du litige dépasse 25,000 francs ou que celui-ci n'est pas susceptible d'évaluation; il est compétent, en matière répressive, pour juger certains délits en première et dernière instance. Enfin, il constitue un corps consultatif et s'occupe de l'élaboration des différents codes.

Le conseil supérieur est une institution anormale : c'est un tribunal d'un État siégeant sur le territoire d'un autre État. Ses décisions ne sauraient avoir aucune force exécutoire en Belgique.

En dehors de ces rouages judiciaire, une *commission pour la protection des indigènes*, choisie parmi les membres de certaines associations philanthropiques et religieuses, a pour mission de signaler à l'autorité locale les actes de violence dont les naturels seraient victimes.

CHAPITRE XXXV

LES FINANCES DE L'ÉTAT

BUDGET. — DETTE PUBLIQUE.
IMPÔTS. — VENTE DES TERRES. — RÉGIME FONCIER ET MINIER.
RÉGIME MONÉTAIRE.

Budget. — Voici les chiffres des recettes et des dépenses ordinaires, d'après les budgets des années 1890 à 1898.

	RECETTES.	DÉPENSES.
Année 1890 . . . . . Fr.	3,147,156	»
— 1891	4,554,931	4,554,931
— 1892	4,731,981	4,731,981
— 1893	5,220,681	5,440,681
— 1894	4,949,444	7,383,554
— 1895	6,004,764	7,370,939
— 1896	7,002,735	8,256,300
— 1897	9,369,300	10,141,871
— 1898	14,765,050	17,251,975

Mais ce ne sont là que des prévisions budgétaires. Pour ce rendre compte des recettes et des dépenses effectives, il faudrait connaître les résultats financiers de chaque exercice. Ceux-ci n'ont été publiés que pour les années 1890 à 1893; les chiffres qui y figurent diffèrent très sensiblement de ceux des budgets; il est à supposer qu'il en a été de même pour les années postérieures à 1893; mais les éléments dont nous disposons ne permettent à cet égard que des conjectures.

Les recettes et les dépenses pour l'année 1898 ont été évaluées conformément aux tableaux détaillés suivants :

Tableau des recettes.

NATURE DES RECETTES.	MONTANT DES PRÉVISIONS.
Avance du Trésor belge . . . . . . fr.	2,000,000
Versement du Roi-Souverain.	1,000,000
Taxes d'enregistrement	6,700
Vente et location de terres domaniales, coupes d'arbres, etc.	50,500
Droits de sortie	2,400,000
Droits d'entrée, y compris les droits sur les alcools	1,100,000
Impositions directes et personnelles . . .	95,000
Péage sur la route de Matadi à Léopoldville	5,000
Taxes sur les coupes de bois.	6,750
Recettes postales	120,000
Taxes maritimes.	55,000
Recettes judiciaires.	50,000
Droits de chancellerie	4,000
Transports et services divers de l'Etat. . .	500,000
Taxes sur le portage	2,000
Produit du domaine, des tributs et impôts payés en nature par les indigènes . . .	6,700,000
Exploitation des forêts du Mayumbe . . .	50,000
Émission de monnaies et de billets d'État .	50,000
Produit du portefeuille	650,000
Total des recettes . . fr.	14,765,050

Tableau des dépenses.

Traitement du secrétaire d'État . . . . fr.	21,000
Traitements du personnel du service central.	58,560
Matériel et frais d'administration	6,000
Dépenses imprévues des divers services . .	106,000

Département de l'intérieur.

Service administratif d'Europe	123,640
Service administratif d'Afrique	1,495,278
Force publique	6,870,631
Service de la marine	1,945,558
Service sanitaire.	533,500
Travaux publics.	1,595,960
Agriculture	553,658
Missions diverses et établissements d'instruction	174,469

Département des finances.

Service administratif d'Europe	64,000
Service administratif d'Afrique	331,800
Exploitation du domaine	3,218,711
Divers	176,100

Département des affaires étrangères et de la justice.

Service administratif d'Europe	50,250
Postes	20,900
Navigation	50,500
Justice	227,860
Cultes	26,200
Total des dépenses. . . fr.	17,251,975

L'examen du tableau des recettes montre que les ressources de l'État sont de deux espèces : 1° les ressources extraordinaires provenant du subside royal (1 million de francs par an), de l'avance annuelle du gouvernement belge (2 millions de francs par an) et de l'emprunt ; 2° les ressources ordinaires provenant de l'exploitation du domaine privé, de la vente des terres domaniales et du recouvrement des impôts.

Le relevé ci-après, que nous empruntons à un rapport de M. le baron Van Eetvelde, montre la progression qu'ont suivie les ressources ordinaires depuis l'année 1886. Comme nous l'expliquons ailleurs, l'exploitation par l'État de son domaine privé est la cause principale de cette augmentation.

ANNÉES.	MONTANT DES RECETTES.				
1886.	74,261	francs représentant	4.87 p.c. des dépenses.		
1887.	200,763	»	»	10.61 »	»
1888	268,506	»	»	9.21 »	»
1889.	515,094	»	»	16.06 »	»
1890.	462,602	»	»	14.69 »	»
1891.	1,519,145	»	»	28.97 »	»
1892.	1,502,515	»	»	51.75 »	»
1893.	1,817,475	»	»	53.40 »	»
1894.	2,454,778	»	»	53.25 »	»
1895.	5,600,000	»	»	47.00 »	»
1896.	5,887,404	»	»	56.85 »	»
1897.	9,185,560	»	»	68.21 »	»

Dette publique. — En vertu d'un décret du 5 juillet 1887, des obligations au porteur produisant intérêt à 2 1/2 p. c., à partir du 1ᵉʳ janvier 1900, ont été créées au profit des anciens membres et souscripteurs du Comité d'études du haut Congo, en représentation des dépenses qui avaient été faites par eux et dont les résultats ont été cédés à l'État Indépendant. Le capital nominal de cette dette s'élève au total de 11,087,000 francs et comprend les sommes que le Roi-Souverain lui-même avait versées au Comité d'études. Mais une lettre du secrétaire d'État, en date du 12 janvier 1895, constate que les titres appartenant à Sa Majesté ont été annulés et que, par conséquent, l'emprunt ne représente plus qu'un capital de 422,200 francs.

Le second emprunt, d'un capital de 150 millions de francs, décrété le 7 février 1888, est représenté par 1,500,000 obligations de 100 francs au porteur, remboursables en 99 ans, avec primes, ou bien au pair avec augmentation annuelle de 5 francs à titre d'intérêt (soit par 105,110,115 francs jusqu'à 595 francs). L'ensemble des primes annuelles s'élève à 1 million de francs pour les huit premières années et 512,000 francs pour une nouvelle série de huit années. Enfin, pour les 75 dernières années, le montant des primes annuelles s'élève à 270,000 francs.

Le service de cette dette n'est pas entre les mains de l'État : il a été créé un fonds d'amortissement, qui est la propriété des porteurs de titres et qui est géré pour leur compte, par un comité parmanent composé de délégués de l'État et de délégués des établissements financiers qui ont pris part à l'émission. Ce fonds est déposé à la « Société générale », à Bruxelles.

L'émission de cet emprunt en Belgique a été autorisée par une loi du 29 avril 1887. Par un arrangement connexe à la transaction territoriale du 29 avril 1887, le gouvernement français s'est engagé à ne pas s'opposer à l'inscription des titres à la cote officielle, à la bourse de Paris, jusqu'à concurrence de 80 millions de francs ; cette inscription n'a finalement été autorisée qu'au mois de juin 1894. Tous les titres ne sont pas dans la circulation. Sur les 1,500,000 obligations, 700,000 seulement ont été lancées sur le marché, par des décrets en date du 14 février 1888 et du 6 février

1889. Il en résulte que, lors des tirages, le hasard favorise tantôt celles qui sont aux mains du public, tantôt celles qui n'ont pas été placées.

L'État belge conclut, le 3 juillet 1890, avec l'État du Congo, une convention par laquelle le premier s'engageait à avancer au second, à titre de prêt, une somme de 25 millions de francs ; 5 millions ont été versés immédiatement après l'approbation de la législature et 2 millions sont payés annuellement pendant dix ans. Pendant ce terme, le prêt n'est pas productif d'intérêts ; si, en 1900, l'État belge s'annexe l'État du Congo, la créance de la Belgique s'éteindra par confusion (¹).

Au moment du projet d'annexion, au début de l'année 1895, l'État du Congo fit connaître qu'il s'était vu obliger de contracter un autre emprunt, demeuré secret, dans des conditions si onéreuses qu'une nouvelle intervention financière de la Belgique s'est imposée. M. de Browne de Tiège, banquier à Anvers, avait consenti, en 1892, 93 et 94, un prêt au taux de 6 p. c. l'an, remboursable, au 1ᵉʳ juillet 1895, par 5,287,415 fr. 65 c. Il était stipulé, dans la convention intervenue, qu'en cas de non payement à l'échéance, le prêteur deviendrait propriétaire de vastes territoires comprenant la plus grande partie des bassins de l'Aruwimi, du Rubi, du Lomami, du lac Léopold II, de la Lukenye, ainsi que du Manyema. L'État du Congo, dans l'impossibilité de rembourser sa dette, allait devoir aliéner environ 16 millions d'hectares, soit la quatorzième partie du territoire de l'État ou plus de cinq fois la superficie de la Belgique. Le gouvernement et le Parlement estimèrent que la Belgique

---

(¹) Voir le texte de la convention, p. 100.

avait à sauvegarder son droit de propriété éventuel et à empêcher la cession, dans de pareilles conditions, d'une fraction aussi importante du domaine. La Chambre vota, le 27 juin 1895, et le Sénat, le lendemain, un prêt de 5,287,415 francs, destiné à éteindre la créance de Browne de Tiège, en même temps qu'un autre prêt de 1,517,000 francs, destiné à couvrir l'insuffisance des ressources budgétaires pour l'année 1895. On accorda à l'État du Congo, pour ces nouvelles avances, les mêmes avantages que pour celles qui avaient fait l'objet de la convention du 3 juillet 1890.

Un décret du 17 octobre 1896 a créé des obligations au porteur représentant un capital nominal de 1,500,000 francs, portant intérêt à raison de 4 p. c. Le 14 juin 1898, un nouvel emprunt, représentant un capital nominal de 12,500,000 francs, a été émis dans des conditions analogues.

Impôts. — Les impôts forment, après l'exploitation du domaine privé, la branche la plus importante des revenus de l'État. Les uns n'atteignent que les indigènes, les autres que les non-indigènes. Les premiers sont payés en nature, soit en produits, soit en prestations de services pour aider aux exploitations agricoles ou pour assurer le service des transports. Il est prescrit aux agents d'accorder aux contribuables une rémunération proportionnelle à la valeur de la main-d'œuvre et de procéder, autant que possible, par la persuasion plutôt que par la contrainte. Les impôts qui frappent les non-indigènes se payent en espèces; les bases sont — pour les contributions directes et personnelles, qui figurent au budget de 1898 pour 95,000 francs, — la superficie des bâtiments et enclos, le nombre d'employés et d'ouvriers, les bateaux et embarcations; les contributions indirectes comprennent toutes les autres taxes, parmi lesquelles les droits de douane ont le rendement le plus élevé.

Les recettes douanières se sont longtemps bornées au produit des seuls droits de sortie, levées depuis le 1ᵉʳ juillet 1886 et dont la perception était autorisée par l'Acte général de Berlin. Ils sont renseignés au budget pour une somme sans cesse grandissante :

1892	fr.	372,855
1893		500,000
1894		710,000
1895		715,098
1896		1,105,000
1897		1,500,000
1898		2,400,000

Les principaux produits que le pays exporte sont taxés conformément au protocole de Lisbonne, dans les proportions suivantes :

Pour 100 kilos de dents de plus de 6 kilos	fr.	210 00
» » de dents de moins de 6 kilos		160 00
» » de morceaux d'ivoire		100 00
» » de caoutchouc		40 00
» » de copal rouge		8 25
» » d'huile de palme		2 75
» » de copal blanc		1 50
» » de noix palmiste		1 40
» » d'arachides		1 55
» » de sésame		1 25

Le café est taxé à 5 p. c. de sa valeur.

L'article 4 de l'Acte général de Berlin stipulait que les marchandises importées au Congo resteraient affranchies de droits d'entrée pendant 20 ans au moins. Cette disposition ne fut néanmoins appliquée que pendant cinq ans. Les signataires de l'Acte général se trouvant réunis à Bruxelles, en une conférence ayant pour objet la répression de la traite des nègres, M. le baron Lambermont, président de la haute assemblée, dans la séance du 10 mai 1890, annonça qu'il avait été chargé de recommander à la bienveillante attention des plénipotentiaires la proposition de reviser l'article 4 de l'Acte général de Berlin et d'autoriser la perception des droits d'entrée dans le bassin conventionnel du Congo. Il exposa que cette demande du Souverain de l'État du Congo était surtout basée sur la nécessité de faciliter aux États compris dans le bassin de ce fleuve les moyens de faire face aux dépenses que l'Acte de Bruxelles allait leur imposer en vue de la répression de la traite. Les représentants de l'État du Congo soutinrent ce projet, qui fut, du reste, chaudement appuyé par tous les autres délégués, à l'exception du délégué des Pays-Bas, lequel fit immédiatement des réserves, qui se transformèrent bientôt en une opposition dont on n'eut raison qu'après de longues et laborieuses négociations. Le 2 juillet 1890, une déclaration signée par toutes les puissances réunies à Bruxelles autorisa, pour un délai de 15 années, la perception de droits d'entrée dont le taux ne pourrait dépasser 10 p. c. de la valeur au port d'importation, sauf pour les spiritueux, qui acquitteraient un droit plus élevé.

A la suite de cet accord, et la signature des Pays-Bas ayant été finalement obtenue, des négociations s'ouvrirent entre les trois puissances ayant des possessions dans le bassin occidental du Congo, l'État du Congo, la France et le Portugal, en vue de l'établissement d'un tarif commun. Elles aboutirent au protocole signé à Lisbonne, le 8 avril 1892, qui régla le tarif des droits d'entrée.

Le tarif appliqué est le suivant :

1° Armes, munitions, poudre, sel : 10 p. c. de la valeur; 2° spiritueux : 15 francs par hectolitre à 58 degrés centésimaux; 3° navires et bateaux, machines à vapeur, appareils mécaniques servant à l'industrie ou à l'agriculture, outils d'un usage industriel ou agricole : 3 p. c. de la valeur; 4° locomotives, voitures et matériel de chemins de fer : 3 p. c. de la valeur; 5° autres marchandises, généralement quelconques : 6 p. c. de la valeur.

Sont exempts de droits d'entrée : les instruments de science et de précision; les objets servant au culte; les effets d'habillement et bagages à l'usage personnel des voyageurs et des personnes qui viennent s'établir sur le territoire de l'État; les animaux vivants de toute espèce; les graines destinées à l'agriculture.

Le produit des droits d'entrée a donc introduit dans le budget de l'État, à dater du 1er mai 1892, un poste nouveau, dont voici les chiffres, année par année, d'après les prévisions budgétaires; ils comprennent les droits sur les alcools :

1892 (8 mois) . . . . fr.	350,000
1893 (12 mois)	422,515
1894	447,520
1895	480,205
1896	615,200
1897	720,000
1898	1,000,000

Vente des terres. Régime foncier et minier. — La vente des terres deviendra assurément une source de revenus. Si elle n'a procuré, jusqu'à présent, que des sommes insignifiantes, tout porte à croire qu'il n'en sera plus de même à l'avenir. Les conditions dans lesquelles l'État met en vente les biens de son domaine ont été déterminées par une série de décrets. S'il s'agit de terres situées dans des centres urbains, le prix est fixé spécialement pour chaque lot. S'il s'agit d'autres terres, le tarif varie suivant que l'acheteur les destine à la fondation d'établissements de commerce et de récolte des produits domaniaux, ou bien qu'il les destine exclusivement à une exploitation agricole. Dans le premier cas, les terres situées dans les régions du Mayumbe et des cataractes, des deux côtés de la voie ferrée, coûtent 100 francs par hectare, plus 10 francs par mètre de développement du côté de la rive d'un cours d'eau navigable; les terres situées dans d'autres régions coûtent 2,000 francs par hectare, avec minimum de 3,000 francs par terrain d'un seul tenant. Dans le second cas, le prix est de 10 francs par hectare, avec obligation pour l'acquéreur de mettre au moins la moitié des terres achetées en valeur dans les six ans. Si cette dernière obligation n'était pas remplie, l'aliénation serait nulle et sans effet en ce qui concerne la partie non exploitée, le prix d'achat restant, toutefois, acquis à l'État. (*Arrêté du 3 février 1898.*) En ce moment, l'État semble peu disposé à aliéner de nouvelles parcelles de son domaine; un avis publié au *Bulletin officiel* d'avril 1898 annonce que, jusque dans le courant de l'année 1899, il ne sera plus donné suite aux demandes d'achat de terres situées dans le haut fleuve, en dehors des centres urbains.

On distingue trois espèces de terres : celles qui son vacantes, celles qu'occupent les indigènes et celles qui appartiennent aux non-indigènes. Les terres vacantes et sans maîtres, dont l'étendue est immense, forment le domaine privé de l'État. Les points occupés par les indigènes continuent d'être régis par les coutumes et les usages locaux, mais la vente ou la location n'en peut avoir lieu qu'à l'intervention du gouverneur général ou de son délégué. Dans le principe, elles ont été considérées comme la propriété des indigènes, propriété acquise par occupation : une circulaire du 25 octobre 1889 (*Recueil administratif*, 1890) s'exprimait comme suit : « Les terres, au Congo, se distinguent, *au point de vue du droit de propriété*, en trois grandes catégories : les terres occupées par les indigènes, les terres occupées par les non-indigènes et les terres qui, jusqu'à présent, sont demeurées inoccupées ». Une disposition législative parue au *Bulletin officiel* en nov.-déc. 1893 réduit ce droit de propriété acquis par occupation à un simple droit d'occupation : « Les terres peuvent être classées, *au point de vue administratif*, en trois catégories : les terres occupées par les populations indigènes et sur lesquelles celles-ci ont *un droit d'occupation*, etc. » L'État est donc devenu, en quelque sorte, nu-propriétaire des fonds encore détenus par les naturels; leur droit s'éteint dès que cesse leur occupation : le sol devenant alors *res nullius*, le domaine privé s'agrandit de quelques arpents. Quant aux *terres acquises par les non-indigènes*, elles sont régies par des lois spéciales.

Il importe, dans une colonie plus encore que dans la mère patrie, que l'appropriation du sol puisse s'effectuer avec facilité, économie et sécurité. Ce desideratum a été réalisé au Congo. En organisant le régime foncier, le gouvernement s'est inspiré de l'*Act Torrens*, qui donne à la propriété foncière tous les avantages attachés aux valeurs mobilières et aux valeurs immobilières. Toute personne qui désire acheter une parcelle de terrain n'appartenant pas encore à un non-indigène doit en faire la demande au gouverneur général ou au secrétaire d'État. Les demandes sont examinées par une « Commission des terres ». Si la terre peut être vendue, le conservateur des titres fonciers est autorisé à la céder au prix du tarif, lequel varie suivant la destination, l'étendue et la situation du bien. Dès que l'aliénation a été consentie, il est dressé un acte de vente ; la parcelle est mesurée par les géomètres officiels et inscrite au cadastre sur les plans dits « communaux » ; le conservateur des titres fonciers délivre un certificat d'enregistrement, lequel constitue un titre de propriété transmissible. Aucune opération de nature à changer la situation juridique de l'immeuble tels que baux, hypothèques, servitudes, n'est valable si elle n'est inscrite sur le dos du titre et sur la copie de ce document, que garde le conservateur ; grâce à cette combinaison, le certificat fournit immédiatement aux tiers l'histoire du fonds et leur procure tous les éléments d'une complète sécurité en cas d'achat. Pour opérer la vente d'une propriété, le vendeur rédige un acte qu'il remet, en même temps que son titre, au conservateur; celui-ci inscrit le transport au dos du titre et du duplicata, et l'aliénation est réalisée. Comme on le voit, le titre de propriété, au Congo, est aussi maniable qu'une action de société ; les actes coûteux, si nombreux dans nos législations, sont supprimés, l'État ne prélevant qu'une taxe fixe de 25 francs pour chaque enregistrement.

Le propriétaire du sol n'a aucun droit sur les richesses du sous-sol. Celles-ci font partie du domaine privé de l'État. On ne peut les exploiter qu'en vertu d'une concession spéciale accordée par le Souverain. Toutefois, les indigènes peuvent continuer à pratiquer pour leur compte l'exploitation des mines sur les terres qu'ils occupent.

Système monétaire. — Le système monétaire a été organisé par un décret du 27 juillet 1887. L'État a frappé une monnaie de payement, en or, de 20 francs; des monnaies divisionnaires, en argent, de 1, 2 et 5 francs, et de 50 centimes, et des monnaies d'appoint, en cuivre, de 1, 2, 5 et 10 centimes. Toutes ces monnaies sont, sous limitation de quantité, acceptées en payement des impôts. Le stock en circulation serait d'environ 700,000 francs.

Un décret du 7 février 1896 a institué des billets d'État au porteur, émis par l'État lui-même. Une première émission a été autorisée jusqu'à concurrence de 400,000 francs. Ces billets, payables à la Trésorerie générale, sont acceptés en payement des sommes dues à l'État concurremment avec les autres monnaies.

APPENDICE

NOTICE HISTORIQUE SUR LA CARTE DU CONGO ET DE L'AFRIQUE CENTRALE

Dès le ivᵉ siècle avant l'ère chrétienne, on avait une vague notion de l'existence, au centre de l'Afrique, d'un massif montagneux qu'on nommait *Montagnes d'Argent*, sans doute à cause des neiges qui couronnent ses sommets. Aristote signale ces montagnes dans ses *Météorologiques* et place à leur pied des marais dont il fait la source du Nil. Quelque cent ans plus tard, Eratosthène, dans des fragments conservés par Strabon, nous transmet les informations rapportées d'Éthiopie par l'expédition de Ptolémée Philadelphe et décrit, sans trop s'éloigner de la vérité, l'hydrographie du pays. Au 1ᵉʳ siècle après Jésus-Christ, Ptolémée d'Alexandrie coordonne ces données, baptise *Monts de la Lune* les « Montagnes d'Argent » d'Aristote et renseigne comme étant les sources du Nil deux grands lacs situés sous la latitude de Mombas.

Plus tard, du vɪᵉ au xɪvᵉ siècle, les Arabes poussèrent leurs investigations vers le sud, et leurs établissements, jalonnant la côte orientale, atteignirent Sofala. Leurs géographes, depuis Almamoun (850) jusqu'à Edrisi (1150) et Aboulféda (1350), introduisirent dans leurs traités et leurs cartes l'hypothèse de l'existence d'un lac central à écoulements multiples, le *Koura*, source unique de tous les fleuves d'Afrique connus à cette époque.

Mais au milieu du xvᵉ siècle, l'arrivée de religieux abyssins en Italie allait faire faire un progrès notable à la cartographie africaine en transformant, tout au moins pour la région éthiopienne, les théories anciennes en vérités géographiques. Les documents fournis par ces moines permirent au cosmographe vénitien Fra Mauro (1457), de composer savamment, dans sa mappemonde du palais des Doges, une carte de l'Abyssinie dont l'hydrographie a pour organe fondamental un lac désigné sous le nom de *Saph*, source de la branche bleue du Nil.

Ce rapide exposé des données anciennes, grecques, arabes et italiennes, fournit la clé de la formule géographique en honneur à la fin du xve siècle, au moment où les navigateurs portugais achevaient de reconnaître les rivages de l'Afrique méridionale. Elle peut se résumer en trois propositions : 1° Une chaîne de montagnes, les *Monts de la Lune*, coupe l'Afrique de l'est à l'ouest ; 2° au pied du versant septentrional de cette chaîne s'étendent des lacs plus ou moins nombreux et dont les contours sont vaguement indiqués ; 3° d'un ou de plusieurs de ces lacs s'écoulent, vers le nord, le Nil d'Égypte, vers l'est, le Djuba qui va déboucher à la côte de Mombas, et vers l'ouest, le Nil des Noirs ou Niger qui se rattache au Sénégal. Tel est le thème sur lequel les géographes vont broder pendant deux siècles.

Au commencement de ce livre, nous avons exposé que la navigation de Cam et de Behaim, qui découvrirent la bouche du Congo, date de 1484 ; que celle de Barthélémy Diaz, qui atteignit le Cap de Bonne-Espérance, s'accomplit en 1486 et celle de Vasco de Gama, qui le doubla, découvrit le Zambèse et reconnut la côte orientale jusqu'à Mombas, en 1497. Les plus anciens monuments cartographiques qui enregistrent ces mémorables événements sont : 1° La carte de Martellus (1489) qui, pour la première fois, donne approximativement à l'Afrique sa forme véritable ; 2° le globe de Behaim (1492), conservé à Nurentberg, qui ne compte pas moins de quinze lacs au centre du continent ; 3° la mappemonde de de la Cosa (1500), du

Musée naval de Madrid, qui adopte la théorie arabe du lac central à écoulements multiples : le Nil, le Niger-Sénégal, le Djuba, le Zambèse et le Congo (Rio de Padron), en sont les émissaires. En dehors de ces souvenirs des anciennes formules dont, en somme, le Nil et ses lacs font tous les frais, l'intérieur du continent demeure vierge de tout détail.

Mais, dès le premier quart du xvie siècle, on constate un changement radical dans l'aspect des cartes nouvelles. Elles révèlent tout à coup de puissantes chaînes de montagnes, des fleuves et des rivières sans nombre, aux cours nettement tracés, sortant de lacs aux contours parfaitement définis ; des royaumes aux frontières attentivement délimitées, et des provinces, et des villes, et des villages. Il semble que, sous le coup d'une baguette magique, tout l'intérieur du pays des nègres, du Cap de Bonne-Espérance à l'Abyssinie, du royaume du Congo à celui de Mozambique, ait subitement livré ses secrets aux cartographes d'Italie, des Flandres, d'Allemagne et de France. Le premier travail qui comporte une telle richesse de renseignements est le globe de Jean Schoner, daté de 1520, que conserve le Musée germanique de Nuremberg.

Sur quelles bases reposaient ces indications en apparence si précises ? Étaient-elles le résultat d'audacieuses explorations ayant pénétré jusqu'au cœur du continent ? L'hypothèse est inadmissible, attendu qu'à cette époque les Portugais avaient à peine pris pied sur le littoral. A la bouche du Congo, ils occupaient Sonho et San Salvador depuis 1490 ; à Quiloa et Sofala, sur la côte orientale, des fortins avaient été élevés en 1505 et 1506, et l'île de Mozambique avait reçu une garnison en 1507 ; nous savons, d'autre part, par une lettre de Manoël Pacheco, qu'en 1536 on ne connaissait du Congo que la section située en aval de la chute d'Yelala ; enfin, la fondation de Saint-Paul de Loanda ne date que de 1575. Établis en quelques points du littoral, où leur existence matérielle était des plus précaires, ces blancs n'avaient pu songer à entreprendre de longs, coûteux et dangereux voyages jusqu'au cœur du continent.

Au surplus, l'étude attentive et comparée des documents du temps nous a démontré que la métamorphose soudaine des cartes du xvi⁰ siècle n'a aucun rapport avec l'exploration scientifique des régions centrales; elle est due à une cause bien différente

Tandis que les navigateurs portugais longeaient les côtes de l'Afrique, Guttenberg, Jean Brito et quelques autres inventaient l'imprimerie (1456). Parmi les auteurs anciens que leurs presses mettaient à la mode figurait Ptolémée. Ce fut, pour sa *Géographie* et pour les cartes d'Agathodemon, dressées d'après ses *Tables*, une brillante renaissance : de 1475 à 1599, il n'en parut pas moins de 56 éditions. Les cartographes de l'époque, qui manquaient de renseignements fournis par l'observation pour remplir les vides de la *Terra incognita*, se jetèrent avidement sur les éléments fournis avec tant d'autorité par le célèbre géographe grec. En quelques années, ses indications, démesurément enflées, complètement dénaturées, accommodées à tous les besoins et interprétées suivant l'imagination de chaque auteur, prirent possession de la carte d'Afrique. Ptolémée ne suffisant pas, on s'adressa à Fra Mauro ; seulement, au lieu de grouper les données du moine vénitien dans la région à laquelle elles appartenaient, on les étendit fort avant vers le sud et le sud-ouest, si bien que l'Éthiopie finit par occuper tout le centre de l'Afrique, confinant avec le royaume de San Salvador (Congo) et avec celui du Monomotapa (Zambèse).

Alors parurent ces cartes fameuses, signées des plus célèbres cartographes de la Renaissance. Après Behaim, de la Cosa et Schoner, ce furent Ribeiro (1529) et Sébastien Cabot (1544), respectivement cosmographe et pilote-major de Charles-Quint ; Gérard Mercator, avec son globe de 1541 et sa carte marine de 1569 ; Desceliers et sa grande mappe dite de Henri II (1542) ; Ramusio, dont la carte jointe à la *Description de l'Afrique* de Léon l'Africain demeure le plus étonnant produit de la fantaisie cartographique de l'époque (1554); Le Testu, avec son magnifique atlas du dépôt de la marine, à Paris (1555); Castaldi (1564); Abraham Ortelius, dans son *Theatrum* (1570); André Thevet (1575); Appiani (1576); Livio Sanuto (1586), Pigafetta (1591), etc. Au xviie siècle, les libraires hollandais, qui reprirent les affaires de Mercator, maintinrent et popularisèrent une formule dont un siècle de succès avait fait un dogme, dans la longue série d'atlas qu'ont signés Jansson (1610), Blaeu (1625), De Witt (1670), Dapper (1680), etc.

En réalité, les noms qui, dans toutes ces cartes, couvrent l'intérieur de l'Afrique, ont été empruntés, pour la plupart, aux travaux de Ptolémée et de Fra Mauro. Le lac *Zaflan* ou *Zaphat* est l'ancien Saph, de Mauro; les lacs *Zambre* ou *Zembere*, *Barcena* ou *Colue* sont des lacs ptoléméens; le Nil, le Niger, le Djuba, le Congo et le Zambèse en découlent, conformément à la théorie arabe du Koura, reprise, en 1500, par de la Cosa. Si l'on supprimait les doubles emplois, qui sont nombreux, on réduirait déjà considérablement cette riche nomenclature; si, ensuite, on mettait à leur vraie place, c'est-à-dire dans les régions septentrionales et en Abyssinie, les autres indications, le centre du continent africain ne serait plus qu'un vaste blanc. Par un mélange de toutes les hypothèses, par une confusion de toutes les notions léguées par les siècles, la géographie de l'Afrique, loin d'être, au xvie et au xviie siècle, très proche de la réalité, comme d'aucuns se l'imaginent, avait plutôt rétrogradé. Une revanche du sens critique était inévitable : elle fut judicieuse et savante.

Ce fut l'œuvre des géographes français du xviiie siècle, de de Lisle et de d'Anville. de Lisle fit table rase de toutes les données imaginaires et ne laissa subsister que ce qui avait été observé *de visu*, dans les régions voisines de l'océan; il procéda de cette façon pour le Congo et le Zambèse, dont les rapides n'avaient pas été franchis. Par contre il introduisit dans sa mappemonde de 1720 et dans sa carte d'Afrique de 1722 des nouveautés hardies qui honorent grandement sa clairvoyance : il donna au lac Maravi, notre Nyassa, sa véritable position et sépara le Sénégal du Niger, en assignant au cours moyen de celui-ci sa direction ouest-est.

Il est intéressant de voir la réforme des géographes français recevoir une consécration décisive et quasi officielle dans une carte portugaise, celle que dressa, en 1790, le lieutenant-colonel Furtado, à la demande du baron de Mossamedes, gouverneur général de l'Angola. On n'y trouve plus trace des fantaisies lacustres et fluviales des cartes de la Renaissance ; les indications sur le Congo se bornent à la région de l'estuaire ; celles qui sont relatives à l'Angola ne vont même pas jusqu'au Kwango. Le tissu de légendes qui, aujourd'hui encore, donnent le change à quelques écrivains, disparaît, enfin, de la carte d'Afrique.

Au commencement du xix@ siècle, les documents restent rares. En 1814, l'expédition du capitaine Tuckey apporte une carte du bas Congo jusqu'à Isangila, la première qui, depuis l'époque lointaine de la découverte par Cam, fournisse quelques données précises : elle indique la position de Boma et la chute d'Yelala. En 1824, le capitaine Oven lève pour l'amirauté la carte de l'estuaire

Il faut attendre la deuxième moitié de ce siècle pour voir enfin des cartes du centre du continent, dressées d'après les méthodes scientifiques, sur des positions de lieux astronomiquement observées et des renseignements recueillis sur place.

La série s'ouvre par l'étude sur les pays de Congo et d'Angola, des D@rs Petermann et Hassenstein, publiée à Gotha, par l'Institut de Justus Perthes, qui, à partir de ce moment, va rendre à la science géographique des services sans nombre. Les bulletins des sociétés de géographie de Londres et de Berlin lui emboîtent le pas et se distinguent à leur tour. C'est de cette brillante période d'émulation géographique que datent toutes ces cartes savantes, signées des noms célèbres des Drs Petermann, Hassenstein, Berghaus, Stulpnagel, Henri et Richard Kiepert, Andrée, Keith Johnston, Ravenstein, Langhans, etc.

Nous nous bornons à énumérer ici les plus remarquables des cartes qui traitent du bassin du Congo : celles des voyages de Schweinfurth (1874), de Stanley (1880), de Capello et Ivens (1882), de von Mechow (1884), de l'ingénieur Jacob (1889); celles des itinéraires de Cameron, dressées par Turner (1879), et des itinéraires de Pogge-Wissmann (1883-1885), de Schutt (1886), de Böhm et Reichard (1886-1889), du Dr Stuhlmann (1890) et du lieutenant von Götzen (1895), dressées par Richard Kiepert; celles des itinéraires de von François (1886), de von François et Grenfell (1884), de Ludwig Wolf (1886), du Dr Junker (1888), dressées par le Dr Hassenstein; celle de la section du Congo entre le Pool et les Falls, levée par le Dr Baumann et dressée par Langhans (1888); celle de la section du fleuve entre Léopoldville et l'Équateur, par le capitaine Rouvier (1886); l'esquisse géologique de la région des chutes, par M. Ed. Dupont (1889), celle de la partie sud-est de l'État, rédigée par M. J. Cornet (1894), etc.

Désormais, les grandes lignes de l'orographie et du l'hydrographie du continent noir se dessinent et l'on peut songer à édifier une représentation scientifique de l'Afrique, à grande échelle. Il en paraît deux, à quelques années d'intervalle : en 1881, la carte au $2,000,000^e$, en 62 feuilles, de M. le colonel de Lannoy de Bissy, du service cartographique de l'armée française; en 1885, la carte au $4,000,000^e$, en 8 feuilles, par M. Habenicht, de l'Institut de Gotha. Ces deux monuments se disputent la palme, au triple point de vue de l'érudition, de la critique et de la conscience professionnelle.

Jusqu'ici, l'État Indépendant n'a pas encore publié de carte officielle de ses territoires, et les cartes spéciales du bassin du Congo, dues à l'initiative privée, demeurent peu nombreuses. La première en date est celle au 6,600,000ᵉ, publiée, en 1887, par le *Mouvement géographique*. Depuis lors on en a édité quelques autres pour les besoins de la librairie.

La carte au 5,000,000ᵉ, spécialement tirée pour le présent volume, est extraite d'une *Carte nouvelle de l'État Indépendant du Congo* au 2,000,000ᵉ, dressée par l'auteur de ce livre et dont les dix feuilles ont paru, avec des notices explicatives, dans le *Mouvement géographique* (1895-1898). Cette carte est construite sur les observations astronomiques de MM. Cameron, Lux, Pogge, Büchner, Capello et Ivens, Cambier, Rouvier, Delporte et Gillis, von François, Francqui, Hackannson, G. et P. Le Marinel, Stairs. Indépendamment des documents gravés déjà cités, l'auteur a eu à sa disposition un certain nombre d'itinéraires manuscrits levés par MM. Le Marinel, Martini, Francqui, le Dr Briart, Hackannson, Stairs, Mohun, Heymans, Brasseur, etc. Une édition définitive au 2,000,000ᵉ, en deux feuilles coloriées, est sous presse.

Pour l'orthographe des noms propres de ces deux cartes, de même que pour celle de cet ouvrage, nous nous sommes conformé aux règles phonétiques établies par M. H. Droogmans et indiquées dans la circulaire du gouverneur général Janssen, en 1892, règles confirmées et légèrement modifiées, en 1898, par une note administrative.

BIBLIOGRAPHIE : D'ANVILLE : *Mémoire concernant les rivières de l'intérieur de l'Afrique.* — BANNING : *Mémoire sur les droits et les prétentions du Portugal.* — BODWICH : *An account of the discoveries of the Portuguese*, etc. — J. BRÜCKER : *Découvreurs et missionnaires dans l'Afrique centrale aux* XVIᵉ *et* XVIIᵉ *siècles.* — ID. : *L'Afrique centrale des cartes du* XVIᵉ *siècle.* — CORDEIRO : *L'hydrographie africaine au* XVIᵉ *siècle.* — FURTADO : Carte de la colonie portugaise de l'Angola (dans BODWICH et dans l'*Atlas de l'Afrique*, de VANDER MAELEN). — HABENICHT : Notes sur la rédaction des feuilles de la *Special-Karte von Afrika* au 4,000,000ᵉ. — JOMARD, *Les monuments de la géographie*, recuei d'anciennes cartes. — DE LANNOY DE BISSY : *Notices sur la carte d'Afrique au 2,000,000ᵉ*. — LELEWEL : *Géographie du moyen âge*, avec un atlas. — Dʳ PH. PAULITSCHKE : *Die Africa Litteratur in der Zeit von 1500 bis 1750*. — SANTAREM (Vᵗᵉ DE) : *Recherches sur la découverte des pays situés sur la côte occidentale d'Afrique*, avec un atlas — SA DA BANDEIRA : *Fact and statements concerning the right of the crow of Portugal*. — VIVIEN DE ST-MARTIN : *Histoire de la géographie*. — WALCKENAER : *Recherches géographiques sur l'intérieur de l'Afrique septentrionale*. — A.-J. WAUTERS : *Le lac Sachaf*. — ID. : *Niger et Benué*. — ID. : *Le Congo et les Portugais. Nouvelles études sur les origines de la cartographie africaine*. — ID. : *La mappemonde de Fra Mauro* (M. G., 1894). — ID. : *La mappemonde de de la Cosa* (M. G., 1891). — ID. : *Notre carte de l'Etat Indépendant du Congo au 2,000.000ᵉ* (M. G., 1895 à 1898).

La question du Zaïre, memorandum publié par la Société de géographie de Lisbonne.

Orthographe des noms géographiques au Congo. Règles à suivre. (*M. G.* 1898, c. 141.)

ADDITIONS ET CORRECTIONS

Page 13, ligne 7. Au lieu de : *Mpala*, lire : *Pala*.

— 61, — 8. Après les mots : *de Kinena*, ajouter : *et du Lomami*.

Page 61. Après les mots : *à l'instigation de Kibonge*, ajouter : *enfin, au mois de novembre, à la rive du Lomami, le sergent De Bruyn, prisonnier des Arabes, mais qui eût pu s'échapper de leurs mains, s'y refusa, ne voulant pas abandonner son chef, le capitaine Lippens, résident de l'État à Kasongo; il resta le prisonnier de Sefu, qui lui fit payer de sa tête cet acte d'héroïque abnégation.*

Page 64, ligne 2. Ajouter : (*Bull. off.*, 1889, p. 197).

— 69, — 5. Au lieu de : *Kwandelungu*, lire : *Kundelungu*.

— 72, — 25. Au lieu de : *Kirimi*, lire : *Karimi*.

— 73, — 24. — *Popobabaka*, lire : *Popokabaka*.

— 77, — 19. — *enclave*, lire : *territoire*.

— 87, — 3. — *Van Encxthoven*, lire : *Van Hencxtenhoven*.

Page 110, ligne 13. Au lieu de : *Kwandelungu*, lire : *Kundelungu*.

Page 137, dernière ligne. Au lieu de : *Pechuel-Louche*, lire : *Pechuel-Loesche*.

Page 140, ligne 29. Au lieu de : *que forment*, lire : *par où s'écoulent*.

Page 140, ligne 30. Au lieu de : *1,200 m.*, lire : *1,135*.

— 140, — 31. — *890 m.*, — *869*.

— 142, — 10. — *550 m.*, — *650*.

Page 143, ligne 10. Supprimer les mots : *et de Zungu.*

— 157, — 30. Au lieu de : *l'Unionzo*, lire : *la Lunionzo.*

— 169. — 24. — *Kundja Liokna*, lire : *Likona-Kundja.*

Page 169. Avant-dernière ligne, après : *le Zelai* (r. g.), ajouter : *qui se jette dans le Stanley-Pool et que le* Bulletin officiel *appelle Lukunga.*

Page 172, ligne 22. Au lieu de : *Gaba*, lire : *Gada.*

— 176, — 4. Au lieu de : *500 mètres*, lire : *1,000 mètres.*

— 177, — 8. Après : *la chute Stéphanie*, ajouter : *et.*

— 185. Ajouter à la « Bibliographie » : Cap. Jungers : *le bas Congo.*

Page 241. Ajouter à la ligne 20 : *En certains endroits on a constaté la présence de la vigne sauvage.*

Page 243. Au lieu de : *Les cultures*, lire : *Les plantes cultivées.*

— 246. Ajouter à l'avant-dernière ligne : *Les membres de l'expédition Vankerckhoven ont signalé la présence de girafes, à la rive septentrionale de l'Uele, entre Dungu et Niangara.*

Page 259, ligne 1. Après : *enfin*, ajouter : *dit M. le docteur Victor Jacques dans une note qu'il nous remet sur ce sujet.*

Page 268, ligne 24. Au lieu de : *Guinners*, lire : *Guinness.*

— 289, — 31. — *Richard*, lire : *Reichard.*

— 336. Avant le chapitre « Productions végétales naturelles », introduire la note suivante :

Le gros bétail. — L'État du Congo, diverses sociétés commerciales et la mission de Scheut ont introduit le gros bétail dans le bas Congo, dans la région des chutes, ainsi qu'au Stanley-Pool. Les plus importants de ces troupeaux sont ceux que possède la Compagnie des Produits du Congo. La première tentative d'introduction de bétail dans l'île de Mateba est due à M. De Roubaix, d'Anvers, et date de 1886. Un an plus tard, une centaine de bêtes venues pour la plupart de Mossamédès y étaient réunies. Actuellement, les kraals de la Société renferment 4,000 têtes de bétail. Les troupeaux du Kwango et du Kasai sont originaires de l'Angola. Ceux qui se trouvent dans quelques postes du Bomu et de l'Uele ont été ramenés du Kuka par M. le commandant Hanolet. Les Arabes en ont introduit dans le Manyema et jusqu'aux Falls.

Les chevaux. — La Compagnie des Produits a créé également, à Mateba, un haras où elle tente l'élevage du cheval avec des types de races belge, espagnole, irlandaise et de Madère. L'établissement comptait, au commencement de l'année 1898, 18 chevaux dont 9 nés dans l'île.

Page 341. Ajouter à la ligne 2 : *Il a fait plus, il a pris des dispositions en vue d'ordonner la multiplication des lianes et des arbres protecteurs dans les centres où s'exerce son autorité effective.*

Page 342, ligne 25. Ajouter : *l'oranger.*

— 344, à la ligne 20, ajouter : *Le « Syndicat des tabacs », constitué, en 1892, sous la gérance de M. le baron de Stein, a de belles plantations à Lengi et à Boma Lendi, dans le Mayumbe.*

Page 374, ligne 6. Au lieu de : *dans le territoire de l'État*, lire : *dans toute l'étendue du territoire de l'État.*

Page 379. Ajouter au tableau de la flottille : 10° *Compagnie du Lomami* : *l' « Auguste Beernaert. »*

Page 394, lignes 11 et 12 : A *MM. Urban, Brugmann et Thys*, ajouter : *Despret.*

Page 398, ligne 26. Ajouter : *président : M. de Browne de Tiège.*

Page 398, ligne 31. Ajouter : *porté le 5 novembre 1898, à 12 millions. A citer parmi les administrateurs nommés par le Roi* : *MM. de Browne de Tiège, Bunge et A. Mols.*

Page 399. Ajouter à la « Bibliographie » : Plas et Pourbaix : *Les Sociétés commerciales belges et le régime économique et fiscal de l'État.*

Page 451, ligne 6. Au lieu de : *variole*, lire : *petite vérole.*

INDEX ALPHABÉTIQUE

Il n'a pas été tenu compte des particules dans la classification des noms propres allemands, français et italiens : *von Danckelman* est à la lettre **D**, *de Mérode* à la lettre **M**. Tous les noms propres flamands commençant par *Van, Vande, Vander, Vanden* sont à la lettre **V**. Tous les accords internationaux sont au mot *Convention*. Les *Sociétés commerciales* sont réparties entre les mots : *Compagnies, Sociétés, Syndicats*. Au mot : *Statistiques* on trouvera la liste de tous les tableaux statistiques du livre.

ABA

Abarambo, 278.
Ababua, 277.
Abdulah, 76.
Abeilles, 254.
Abir (v. Société).
Aboulféda, 474.
Absinthe, 412.
Abyssinie, 446.
Acajou, 341.
Acclimatement, 224.
Accra, 346, 446.
Acte de navigation du Congo, 32.
— général de Berlin, 31, 34, 36, 38, 377, 384, 388, 403, 404, 421, 423, 467.
— général de Bruxelles, 56, 411, 468.
Act Torrens, 471.
Ada, 75.
Adam, 367.
Adamaua, 108.
Administrateur général, 438.

ALC

Adultère, 297.
Affluents du Congo, 138, 161, 181.
Afrikaansche Handelsvennootschap (v. Société hollandaise).
Age du métal, 260.
— de la pierre, 260.
Agriculture indigène, 318.
— et industrie (Direction), 436, 439, 462, 469.
Aigles, 250.
Air (humidité de l'), 203.
Aka, 172, 257.
Akukuga, 154.
Albert (lac), 16, 43, 72, 110, 111, 114, 119, 185, 331, 425, 429, 430, 431.
Albert-Édouard (lac), 72, 110, 114, 184.
Albertville, 60, 443.
Alcoolisme, 410.

Allart (Dr), 23, 450.
Ali-Kobo, 24, 52.
Alima, 169.
Alimentation indigène, 308.
Allemagne, 11, 30, 31, 56, 362, 416, 418, 424, 430, 458, 468.
Almamoun, 474.
Alvernhe, 133.
Amandes de palme, 337, 372, 415, 467.
Amadi, 74, 172.
Ambasi, 3, 4, 83.
Ambatch, 242.
Amende, 434.
American Baptist Missionary Union, 89.
— *Southern presbyterian Mission*, 89.
Amerlinck (Dr), 68.
Ananas, 342.
Anastomoses, 129.
Andrée, 480.
Ane, 383.
Anémie, 224, 225.
Anethan (baron d'), 20.
Angleterre (v. Grande-Bretagne).
Animaux de selle, 383.
— domestiques, 256, 484.
— sauvages, 245.
— vivants, 408, 469.
Ankolo, 71.
Annenkoff (général), 366.
Annexion du Congo à la Belgique, 96, 99, 100, 102, 103, 105, 403, 422, 431, 465.
Antiesclavagisme, 50.
Anthropophagie, 309.
Antilopes, 247.
Anvers, 21, 334, 338, 353, 354, 399, 395, 397.
Anville (d'), 478, 481.

Appiani, 478.
Aptitudes commerciales des indigènes, 328, 346.
Arabes, 48, 50, 58, 59, 65, 269, 279, 280, 307, 319, 321, 343, 393, 474, 483.
Arachides, 320, 333, 337, 372, 415, 467.
Araignée, 255.
Arbitrage, 32, 426.
Arbres, 236, 237, 239, 341.
— à beurre, 337.
— fruitiers, 342.
Arc, 325.
Archéen, 117.
Archéens (terrains), 118, 123, 131, 132, 136
Architecture indigène, 306, 307, 308.
Archéologie, 260.
Argent, 133.
Argile, 124.
Aristote, 474.
Armée belge, 81, 101.
— congolaise, 446.
Armes indigènes, 324.
— à feu, 326, 407, 412, 469.
Armoiries de l'État, 423.
Armuriers indigènes, 284.
Arnot, 67, 89.
Arnould (Victor), 106.
Aroïdées, 236.
Arrangement (v. Convention).
Aruwimi, 17, 24, 43, 45, 60, 80, 112, 119, 168, 178, 182, 257, 274, 306, 337, 339, 403, 404, 441, 445, 465.
— (district de l') 402, 445.
— (forêt de l'), 237.
Articles d'importation, 407.
Assassinat, 297.

Association antiesclavagiste belge, 60, 65, 86.
— *internationale africaine* (*A. I. A.*); 8, 12, 15, 20, 378, 423, 425.
— *internationale du Congo*, 25, 28, 29, 30, 424, 425, 428, 437, 456.
— *de la Croix-Rouge*, 451.
Atmosphère (presssion de l'), 212.
Aubergine, 342.
Augouard (Mgr), 86, 310.
Autriche-Hongrie, 31, 33, 56, 362, 468.
Autruche, 251.
Avaert (cap.), 23, 263, 448.
Avakubi, 78, 80, 444.
Avocatier, 342.
Avungura, 277.
Azande, 259, 276, 277, 297, 303, 311, 314, 324, 325.

Babouin, 249.
Babuendi, 109, 271.
Backer (ingr De), 367.
Baert (cap.), 439.
Baerts, 305, 436.
Baesten (le P.), 90.
Bafu, 363.
Bahr-el-Gazal, 52, 75, 77, 277, 336, 427, 428, 429, 430.
Bail (territoires pris à), 81, 428, 446.
Bakalosh, 281.
Baker (Samuel W.), 11, 42, 53.
— (mont), 111.
Bakongo, 271.
Bakuba, 283, 325, 326.
Bakumu, 280.
Bakusu, 79, 279.

Balamba, 282.
Balamotwo, 282.
Bali, 75, 173.
Ballay (Dr), 31.
Balolò, 273, 310.
Baluba, 264, 281, 292.
Balunda, 282, 293.
Bamania, 88, 444.
Bamba, 4.
Bambare (monts), 111, 167.
Bambous, 236.
Bambue, 281.
Banana, 9, 34, 180, 187, 190, 192, 197, 200, 201, 202, 210, 211, 212, 213, 215, 219, 220, 221, 249, 337, 351, 355, 386, 441, 442, 450.
— (district de), 441, 442.
Bananier, 243, 319, 328.
Bandja, 277.
Bangala, 17, 27, 197, 202, 273, 306, 311, 319, 324, 325, 339, 343, 344, 349, 445, 446.
— (district des), 263, 441, 445.
Bangaso, 46, 289, 295, 340.
Bangu, 109, 362, 364.
Bangwelo (lac), 10, 11, 15, 24, 46, 58, 69, 71, 112, 143, 163, 425, 483.
— (terrasse du), 112, 141.
Baniembe, 275.
Banning (Émile), xii, 11, 13, 27, 31, 37, 56, 63, 106, 432, 481.
Bantu (les), 258, 259.
— (langue), 266.
Banza, 275.
— Manteka, 442.
Banziri, 275.
Banzyville, 46, 173, 441, 443, 451.

Baobab, 239.
Bapoto, 273, 274, 311.
Baptist Missionary Society, 88, 90.
Barbades, 365.
Barbadine, 342.
Barcena (lac), 478.
Bari, 279.
Barker, 18.
Barrat, 137.
Barros (de), 4.
Bartle Frere (sir), 11, 12.
Barttelot (major), 43.
Basange, 282.
Basankusu, 395, 445.
Basenge, 282.
Bashila, 282.
Bashilange, 281.
Bashilile, 283.
Basoko, 17, 48, 59, 199, 200, 201, 225, 231, 262, 274, 311, 327, 343, 441, 448, 450, 451.
Basonge, 281.
Basongo-Meno, 279, 327.
Basses eaux (époque des), 181, 182, 183.
Bassin conventionnel du Congo, 388.
— du Congo, 31, 32, 143.
Basundi, 270.
Bateke, 271, 295, 310, 319, 327.
Bateman (C. S. L.), 48.
Batetela, 68, 79, 262, 279, 295.
Batua, 257.
Baudouinville, 86, 441, 444, 449.
Baumann (Dr), 41, 48, 110, 268, 480.
Ba-Ushi, 282.
Bayanzi, 272.
Bayek, 282, 294.

Bayombe, 284.
Becker (cap.), 13.
Beernaert (A.), 20, 93, 97, 359.
Behaim (Martin), 2, 475, 477.
Behm (Dr), 15.
Bele, 75.
Belgique, 11, 31, 33, 35, 56, 90, 189, 362, 409, 416, 418, 419, 424, 428, 449, 459, 468.
Belgrade (abbé), 85.
Bemba, 164.
Bembandek, 109, 159.
Bembe, 133.
Bembo, 445.
Bena-Bendi, 444.
— Dibele, 444.
— Kamba, 45, 168, 376.
— Kilembwe, 282.
— Luidi, 283.
— Masumba, 282.
— Mitumba, 282.
Beneki, 281.
Bentley (Rév.), 88, 89, 90, 268, 269.
Berghaus (Dr), 480.
Berghe (lieut. de), 263.
Berghe-Sainte-Marie, 87, 443.
Bergier (ing.), 367.
Berlin, 30.
Berlioux, 63.
Best (John P.), 354.
Beri-béri, 226.
Berteli, 7.
Bertrand, 137.
Bétail, 313, 393, 484.
Bethune (baron L.), 396.
Bia (cap.), 66, 67, 68, 69, 110, 391.
— (monts, 118, 122.
Bibliographie du Congo, XIII.
— *générale*, XII.

Bief navigable de Manyanga, 363.
Biermans (ing.), 367.
Bières indigènes, 308, 321.
Biko, 80.
Bikolo, 445.
Billets d'État, 473.
Bili, 46, 173.
Bima, 74, 172.
Bishop Taylor Mission, 89.
Bismarck (prince de), 29, 31, 34, 387.
Blaeu, 478.
Bloeme (de), 31.
Bloyet (cap.), 13.
Boa, 251.
Bodson (cap.), 69.
Bodwich (T. E.), 481.
Bœuf, 256, 383.
Böhm (D^r), 13, 24, 40, 14, 480.
Bois (coupes de), 380.
— de construction, 341, 372, 415.
Boissons, 229, 308, 408.
— indigènes, 308, 337.
Bokopa, 445.
Boko-Songo, 133.
Bokote, 273.
Bolobo, 153, 174, 197, 198, 199, 201, 202, 212, 337, 385, 443, 447.
Bolondo, 445.
Bolongo, 275.
Boma, 27, 34, 37, 86, 180, 202, 337, 343, 348, 351, 354, 355, 374, 385, 386, 437, 441, 442, 449, 450, 451, 457, 458, 479.
— (district de), 263, 441, 442.
— Sundi, 375, 442, 485.
Bomokandi, 10, 74, 171, 172, 182, 277, 279, 446.

Bomu, 10, 46, 77, 108, 119, 173, 182, 248, 262, 343, 403, 425, 427, 484.
Bombindu, 445.
Bonaventure d'Alesamso (le P.), 84.
Bonchamps (marquis de), 69.
Bongandanga, 445.
Bonginda, 445.
Bongo, 276.
Bonny, 43.
Bonvallet (cap.), 76.
Borassus, 239.
Bordeaux, 354.
Bottcher (D^r), 185.
Boucliers, 324.
Bourbouille, 226.
Bourguignon (D^r), XIII, 367, 450, 452.
Boy 349.
Boyenge, 445.
Brackmann (D^r), 222.
Braconnier (lieut.), 23.
Brasseur (lieut.), 66, 70, 110, 134, 140, 141, 163, 222, 248, 265, 282, 303, 323, 481.
Brazza (Savorgnan-de), 13, 22, 27, 28, 29, 425, 426, 427.
Brazzaville, 86, 372.
Bréderode (rue), 394, 436.
Briart (D^r), 66, 67, 141, 162, 222, 390, 481.
Briques, 451.
British and african Steam navigation Company, 353, 355.
Brito (Jean), 477.
Brochure blanche, 359, 371.
Brosse, 342.
Brouillard, 220.
Brousse, 233.

Browne de Tiége (de), 395, 465, 485.
Brucker (le P.), 8, 481.
Brugmann (G.), 20, 389, 392, 394
Bruole, 172.
Bruxelles, 11, 20, 56, 394, 397, 398, 419, 435, 436, 468.
Bubu, 275.
Büchner (D^r), 40, 481.
Budget, 100, 405, 436, 460.
Buffle, 247.
Buls (Ch.), 362.
Bumba, 152, 445, 451.
Bunduru, 275.
Bunge, 485.
Bunkeia, 40, 67, 68, 89, 294.
— (rivière), 163.
Buofanti (marquis de), 26.
Burke, 55.
Burlet (J. de), 103.
Burner (Spencer), 26.
Burton (Richard), 9, 14.
Busira, 168, 313, 339, 390.
— Manene, 445.
Buttner (D^r), 41, 48, 268.
Buyl (A.), xiii.
Bwaka, 275.

Cabinda, 354, 429.
Cabot (S.), 477.
Cacaoyer, 344.
Cadenhead, 13.
Café, 272, 342, 467.
Calamus, 342.
Calcaire, 121, 122.
Cam (Diego), 2, 3, 160, 475.
Cambier (major), 13, 44, 85, 86, 359, 362, 394, 438, 481.
— (le P.), 268.
— (pic), 258.
Caméléon, 251.

Cameron (comm^t), 9, 10, 11, 14, 52, 63, 68, 70, 134, 268, 339, 480, 481.
Camp d'instruction, 447.
Cannibalisme, 277, 309.
Cancrelats, 255.
Canne à sucre, 318.
Caoutchouc, 331, 333, 338, 372, 389, 390, 395, 400, 402, 405, 406, 415, 467, 485.
Capello (lieut.), 22, 27, 39, 40, 134, 162, 268, 480, 481.
Capita, 351.
Capitulations, 456.
Capucin, 84, 85.
Carnassier, 248.
Carona, 268.
Carrie (Mgr), 86.
Castello (le P.), 85.
Carter, 13.
Cartes postales, 384.
Carvalho (H. de), 48, 268.
Casati (cap.), 24, 42, 43, 48.
Casque, 305.
Cassaert (lieut.), 67, 396.
Castaldi, 7, 478.
Castro (de), 5.
Cataractes (district des), 263, 441, 442, 470.
Caltier (F.), xiii, 406, 435.
Cauri, 332.
Cavazzi (le P.), 85, 90.
Cerckel (lieut.), 71, 163.
Cercopithèque, 249.
Céréales, 320, 321.
Cetema, 173.
Chacal, 248.
Chaillu (du), 328.
Chaltin (cap.), 62, 63, 81, 430.
Chambres belges, 36, 94, 95, 97, 103, 359, 361, 422, 466.

Chamites, 258 e suiv.
Chanvre, 243, 318.
Chapaux, xiii.
Chapel, 241.
Charbonnier (Dr), 450.
Chargois, 65.
Chari, 15, 75, 376, 427.
Charles-Quint, 50.
Charmanne (ing.), 359, 366.
Chasse, 234.
— à l'éléphant, 335.
— à l'homme, 310.
Chatelain (Rév.), 268.
Chaudron d'Enfer, 159.
Chauves-souris, 249, 250.
Chavannes (Dr), 48, 180.
Chemin de fer, 32, 357, 374, 376, 407, 469.
Chevelure, 270 et s., 315.
Chefferies indigènes, 431.
Chefs indigènes, 289, 291, 292, 293, 298.
Chemin de fer de Matadi au Stanley-Pool, 95, 96, 348, 358 à 374, 389, 422, 485.
— du Mayumbe, 374, 450.
Chemins de fer projetés, 376.
Chevaux, 383, 485.
Chèvres, 256.
Chickwangue, 319.
Chien, 256.
Chimpanzé, 248.
Chinois (ouvriers), 365.
Chippendall (monts), 110.
Choléra, 227.
Chromides, 252.
Christiaens (cap.), 76, 260, 278, 396.
Chute de Djuo, 141.
— Goie, 172.
— Mokwangu, 172.

Chute de Panga, 168.
— Pemba, 140, 166.
— Stéphanie, 174, 177.
— Wolf, 174, 176.
Chutes Delcommune, 162.
— von François, 174, 176.
— François-Joseph, 174, 177.
— Hanssens, 173.
— Hinde, 141, 143, 146, 149.
— Johnston, 143, 163.
— Livingstone, 156.
— Wissmann, 174, 175 (v. Gorges et Rapides).
Cire, 334, 395.
Cito (ing.), 367.
Citronnier, 342.
Civette, 248.
Claes (ing.), 385.
Clarkson, 54.
Clercs noirs, 346.
Cleveland (mont), 149.
Climat, 186, 223.
Coconottes, 333.
Cocotier, 337.
Code civil, 434.
— pénal, 434.
Codiune, 8.
Coello (Fr.), 31.
Coiffure, 270, 272, 273, 315.
Coléoptères, 253.
Colliers, 332, 317.
Collobes, 249.
Colonies agricoles et prof[les], 449
Colis postaux, 384.
Comber (Rév.), 88.
Comité consultatif, 439.
— *d'études du haut Congo*, 15, 20, 25, 26, 423, 463.
— *exécutif*, 439.
Commerce, 400, 401, 402, 403, 407, 413, 436.

Commerce général, 413.
— indigène, 318, 328.
— (liberté du), 30, 31, 32.
— privé, 386.
— spécial, 413.
Commissaires de district, 434, 440, 447.
Commission des XXI, 104.
— internationale de navigation, 377, 421.
— pour la protection des indigènes, 459.
Communications indigènes, 298
Compagnie agricole de l'Ouest africain, 397.
— *anversoise des plantations du Lubefu*, 397.
— *belge maritime du Congo*, 353, 954.
— *des chargeurs réunis* 354.
— *du Crédit commercial congolais*, 397.
— *du chemin de fer du Congo*, 95, 96, 346, 357, 359, 373, 385, 390, 392, 394, 397, 450, 455.
— *des chemins de fer vicinaux du Mayumbe*, 450.
— *de Jésus*, 87.
— *des Produits du Congo*, 390, 392, 394, 397, 399, 442, 484, 485.
— *du Congo pour le commerce et l'industrie*, 44, 66, 358, 378, 379, 389, 390, 391, 392, 394, 397, 399, 402, 406.
— *du Katanga*, 68, 69, 290, 390, 393, 394, 397, 399.
— *du Lomani*, 339, 394, 397, 445.

Compagnie générale coloniale pour le développement du commerce et de l'industrie au Congo, 397.
— *des Magasins généraux*, 374, 390, 392, 394, 397, 399.
— *maritime belge du Congo*, 354.
— *portugaise du Zaïre*, 397. (Voir aussi *Société*.)
— du *Comptoir commercial congolais* (C. C. C.), 396, 398, 399, 443.
Compagnies commerciales (tableau des), .
Commission des terres, 472.
Compiègne (marquis de), 11.
Comptabilité de l'État, 436.
Concession de mines, 472.
Concessions de terres, 436, 465.
Conférence antiesclavagiste de Bruxelles, 51 56, 362, 411, 412.
— géographique de Bruxelles, 9, 11, 55, 92.
— de Berlin, 30, 31, 34, 35, 36 55, 92, 387, 448.
Confiscation, 434.
Conflit avec les société commerciales, 402.
Congo (affluents du), 161.
— (bassin du), 143.
— (débit du), 180.
— (description du cours du), 145.
— français, 416, 418.
— (genèse du), 138.
— (longueur du), 146.
— portugais, 416.
— (régime du), 178.
— (source du), 144.

Congo (ancien royaume du), 3.
— *Balolo Mission*, 89, 90.
— da Lemba, 197, 442.
Congrégation du Cœur immaculé de Marie, 87.
Congrès de Vérone, 55.
Conseils de guerre, 457.
Conseil supérieur, 433, 459.
Conservateur des titres fonciers, 472.
Conserves, 229.
Constitution belge, 35, 94, 102.
Constructions métalliques, 407.
Contrat de louage, 351.
Contraventions, 434.
Convention anglo-portugaise de 1884, 28, 425.
— avec l'Allemagne, 30, 424.
— avec l'Autriche-Hongrie, 33.
— avec la Belgique, 33, 100, 103, 424, 465.
— avec le Danemark, 33.
— avec l'Espagne, 33.
— avec les États-Unis, 28.
— avec la France, 29, 33, 74, 77, 424, 425, 426, 427, 430.
— avec la Grande-Bretagne, 33, 74, 77, 184, 429, 431.
— avec l'Italie, 33.
— avec les Pays-Bas, 33.
— avec le Portugal, 33, 424, 425.
— avec la Russie, 33.
— avec la Suède-Norvège, 33.
— de Lisbonne relative aux droits d'entrée, 467, 469.
— avec M. de Brown de Tiège, 465.
Coomans (de), 264.
Cooper (J.), 63.

Copal, 341, 372, 395, 400, 415, 467.
Coquilhat (cap.), 23, 27, 48, 63, 263, 305, 311, 349, 438, 446.
Coquilhatville, 441, 444, 451.
Coquillages, 331, 332.
Cordeiro (Lucien), 8, 29, 31, 481.
Cornet (Jules), x, xiii, 66, 68, 69, 81, 110, 115, 137, 138, 139, 141, 162, 170, 174, 185, 236, 249, 260, 385, 480.
Cosa (de la), 7, 475, 477.
Costermans (cap.), 263.
Costumes, 314.
Coton, 342.
Couches du Kundelungu, 124, 125.
— Lubilashe, 126.
Coup de chaleur, 223.
Cour d'appel, 458.
— de cassation, 459.
Courcel (baron de), 31.
Cousin (Jean), 362.
Couteaux, 325.
Coutumes, 306.
Couvreur (Aug.), 11, 33.
Crabe, 253.
Crampel, 75.
Craven (Rév.), 268, 269.
Crespel (cap.), 85.
Crevette, 253.
Crimes, 434.
Criquet, 255.
Cristal (monts de), 108, 109, 138, 146, 154, 159, 184, 362.
Crocodiles, 248, 251.
Croyance, 301, 302.
Crudginton (Rév.), 88.
Crue, 178.

Crustacé, 253.
Cuisiniers, 349.
Cuivre, 132, 133, 134, 135, 322, 331, 332, 410.
Cul de Boma, 159.
Cultes, 436, 439, 448, 462.
Cultures coloniales, 342.
— forcées, 343.
— indigènes, 243, 310.
Curé, 449.
Cuvelier (chev. de), 436.
Cynhyène, 248.
Cynocéphale, 249.

Daelman (général), 362.
Daenen (cap.), 74, 264.
Danckelman (Dr von), 23, 193, 204, 214, 217, 220, 222, 317.
Danemark, 31, 33, 56, 468.
Dannfeldt (lieut.), 25, 270.
Dapper, 7, 478.
Dar Banda, 75.
Darfur, 75, 76.
Daumas, Béraud et Cie, 386, 392, 393.
Dattier, 249.
Deane, 58.
Debruyn, 483.
Déclaration de neutralité, 37, 424, 428.
— relative au retrait de l'article 3 de la Convention du 12 mai 1894.
— (v. Convention).
Décorations, 291.
Décrets, 433.
Défense (direction des travaux de), 440.
Deken (le P. de), 87.
Delhaise (lieut.), 222.

Delanghe (cap.), 75, 76.
Delcommune (Alex.), 25, 26, 44, 45, 66, 67, 81, 110, 141, 175, 257, 266, 279, 310, 339, 386, 390, 391.
— (Camille), 390.
Délits, 434.
Delloye-Mathieu, 20.
Delplace (le P.), 268, 269.
Delporte (cap.), 47, 48, 96, 153, 481.
Dem Bekir, 52, 108.
Dembo, 87.
Demeuse, XIII.
Dem Soliman, 52.
Denrées alimentaires, 409.
Denture, 271, 272, 273.
Départements de l'État, 435.
Département de l'intérieur, 436.
— des affaires étrangères, 436.
— des finances, 436.
Dépenses de l'État, 460, 462, 463.
Déportation des condamnés, 352.
Dépression centrale, 112, 142, 166.
— (système d'eau de la), 182.
Derscheid (lieut.), 68.
Derviches, 429.
Descamps (cap.), 60, 65, 67, 164.
Desceliers, 477.
Despret (Ed.), 485.
Destrain, 26, 137.
Dette publique, 436, 463.
Devise de l'État, 423.
Dewèvre, 244, 343.
Dewitt, 478.
Dhanis (cap.), 13, 46, 48, 61, 63, 65, 73, 78, 80, 248, 295, 296, 439.
— (mont), 149.

Diadia, 442.
Dialectes, 257, 266.
Diaz (Barthélemy), vii, 475.
Diderrich (N.), 67, 133, 439.
Dielman (cap.), 448.
Dikulwe, 463.
Dilke (sir Ch.), 412.
Dilolo (lac), 107, 175.
Dinka, 76.
Diplomatie belge, 93.
Directeurs de l'État, 438.
— des compagnies commerciales, 394.
Directions administratives, 439.
Direction de l'agriculture et de l'industrie, 439.
— des finances, 439.
— de la force publique, 440.
— de l'intendance, 439.
— de la justice, 439.
— des transports, de la marine et des travaux publics, 439.
— des travaux de défense, 440.
Dirfi, 79.
Districts, 440.
Divorce, 287.
Djabir, 24, 220, 294, 441, 445, 450.
Djakamba, 303.
Djique, 226, 255.
Djuma, 45, 174, 177, 396.
Djuo, 24, 68, 141, 143, 169.
Dolez, 20.
Dolo, 364, 368, 371, 443.
Domaine privé de l'État, 335, 339, 394, 400, 404, 405, 436, 439, 462, 463, 470, 472.
Dombo, 443.
Domestication de l'éléphant, 383.

Dominicains, 83.
Donckier de Donceel (lieut.), 75, 77.
Dongu, 74, 76, 81, 171, 172, 182, 279, 446.
Donny (D^r), 222.
Doorme (lieut.), 62, 65, 78, 80.
Doruma, 24.
Douanes, 100, 467.
Drapeau du Congo, 12, 423.
Droit de famille, 286.
— pénal, 297.
— de préférence, 29, 426.
— indigène, 296.
Droits d'entrée, 32, 411, 412, 461, 467, 468, 469.
— de sortie, 461, 467, 468.
Droogmans (H.), xiii, 436, 481.
Dryepondt (D^r), xiii, 231, 450, 452.
Dua, 168, 172.
Dubois (lieut.), 58.
Dufile, 75, 76, 185.
Dupont (D^r), 199, 226, 450.
— (Éd.), 44, 45, 48, 133, 137, 139, 170, 480.
Durand, 244.
Duru, 172.
Duveyrier, 11.
Dybowski, 342.
Dysenterie, 225.

Eaux noires, 170, 177.
— thermales, 163.
Ebola, 168, 178.
Échange du sang, 298.
Écoles, 350.
Écrevisse, 253.
Écriture indigène, 268.
Écureuil, 248.
Eddic (le P.), 268.

Édentés, 249.
Edrisi, 474.
Edwin-Arnold (mont), 114.
Ekwanga, 80.
Élaïs, 336, 399.
Éléphants, 13, 245, 335, 383.
Éléphantiasis, 226.
Éleusine, 321.
Elila, 80, 167, 182.
El-Kuti, 75.
Elliot (Grant), 26.
Elmina, 446.
Elton, 54.
Eluala, 133.
Émigration, 258, 279.
Émin-Pacha, 24, 41, 42, 48, 61.
— (monts), 111, 171.
— (province d'), 428.
Emmanuel-Baptista (le P.), 84.
Emmanuel II, 5.
Empreza nacional de Navegacao, 354.
Emprunts de l'État, 95, 101, 426, 463, 464, 465, 466.
Enclave de Lado (v. Territoires pris à bail).
Encyclique, 55.
Engagements, 228.
Enguetra, 446.
Enregistrement des terres, 472.
Enseignement, 348, 350.
Éperviers, 250.
Épices, 342.
Épreuve du feu, 305.
— du poison, 305.
Équateur (district de l'), 265, 324, 339, 340, 396, 404, 441, 444.
Équateur (province de l'), 428.
Équateurville, 199, 343, 344, 445.

Érasme (le P.), 84.
Ératosthène, 474.
Esclaves (traite des), 50.
Esclavage, 35, 57, 289, 290, 294, 310, 330, 331, 345.
Espagne, 31, 33, 56, 362, 468.
Espanet (ing.), 362, 366.
Estuaire du Congo, 159.
État civil, 436, 439.
— politique des indigènes, 291.
— social des indigènes, 286.
États-Unis d'Amérique, 28, 31, 56, 362, 468.
Étalon monétaire, 333, 334.
États indigènes, 291.
Ethnographie, 257.
Étienne (Dr), XIII, 218, 219, 220, 222, 450.
Étoffes indigènes, 327, 331.
— européennes, 332.
Étoile africaine, 437.
— de service, 437.
Étrangers, 32, 377.
Eucher (le P.), 90.
Euphorbes, 235, 236.
Évêque, 83, 84, 86, 87, 449.
Exemption des droits d'entrée, 469.
Exportations, 334, 335, 338, 339, 341, 413, 414, 415, 416.
Exterritorialité, 437.
Eykman, 224.
Eymar (ing.), 367.

Famille, 286.
Fashoda, 429.
Faucons, 250.
Faune, 129, 130, 245.
Fayala, 399, 443.
Femme, 286, 288, 289, 290, 295, 297.

Fer, 132, 134, 135, 136, 137, 322, 331.
Féris, 231.
Fertilité du sol, 236.
Fétiche (roche), 109.
Fétiches, 304, 321.
Fétichisme, 301, 303.
Féticheurs, 296, 303.
Ficus elastica, 340.
Fiévez (cap.), 265.
Fièvre, 224.
— jaune, 227.
Filaire de Médine, 226.
Fil de cuivre, 409.
Finances de l'État, 463.
— (direction des), 440.
Firket (D^r), xiii, 452.
Fivé (major), 439.
Flèche, 325.
Fleurs, 240.
Flore, 232, 242, 245.
Flottille du bas Congo, 357.
— du haut Congo, 377, 393.
— indigène, 329, 330.
Fondation de l'État du Congo, 28, 34, 36.
Force publique, 346, 350, 436, 446, 449, 462.
Forêt (la), 236.
— équatoriale (la grande), 16, 43, 78, 79, 153, 202, 233, 236, 341, 343.
— de Lukolela, 153, 341.
— du Mayumbe, 184, 341, 461.
Forfeit (Rév.), xiii.
Forgerons, 284, 322, 324.
Forme du gouvernement, 422.
Fortifications indigènes, 307.
Fossiles, 123.
Foudre, 217.

Fourdin (cap.), 448.
Fourmis, 249, 254.
Fox, 55.
France, 11, 29, 31, 33, 34, 55, 56, 362, 416, 418, 424, 425, 430, 464, 468.
Franchise diplomatique, 437.
Francken (ing.), 385.
Franciscains, 83, 84.
François-Joseph (Chutes), 174, 177.
François (cap. von), 27, 40, 48, 176, 480, 481.
— (le P.), 84, 85.
Francqui (cap.), 66, 68, 69, 76, 81, 141, 292, 391, 481.
Friedericksen, 424.
Frontières de l'État, 423.
Fruits comestibles, 342.
Fuchs (vice-gouverneur), 317, 362, 438.
Fuka-Fuka, 442.
Fungwe, 163.
Furtado (lieut.-colonel), 479, 481.
Fusils, 326, 409, 447.

Gabriel, 51.
Gaba, 172, 484.
Galerie, 233, 241.
Galène, 132.
Galikobo, 397, 444.
Gama (Vasco de), vii, 475.
Gamitto (cap.), 9.
Gandu, 68, 296.
Gangila, 442.
Garenganze (voir Katanga), 282.
Gardiner (D^r), 222.
Gavial, 251.
Genèse du fleuve, 138.
Genette, 248.

Géologie, 70, 115.
Georges (le P.), 84.
Gérard (lieut.), 77.
Germain (A.), xiii.
Gessi-Pacha, 53.
— (monts), 111.
Gheluy (le P.), 87.
Gillain (cap.), 65.
Gillis (cap.), 23, 48, 481.
Gilmont (ing.), 367.
Gingembre, 342.
Girafe, 484.
Giraud (lieut.), 24, 27, 140, 165.
Gîtes métallifères, 115, 131.
Glaeseneer (ing.), 367.
Glave, 48, 342.
Gleerup (lieut.), 26, 41, 49.
Glennie (Rév.), 222.
Gneiss, 118, 120.
Goblet d'Alviella (cte), 317.
Gobu, 275.
Goffin (ing.), 20, 362, 366.
Goï Kapoka, 64.
Goldsmith (sir Fr.), 25.
Goliath, 253.
Gombe, 273.
— Lutete, 443.
Gommes, 338.
Gondry (insp. d'État), 438.
Gongo (rivière), 363.
— Lutete, 61, 68, 79, 295, 296.
Gongolo, 441, 443.
Gordon (monts), 111.
— Bennett (mont), 114.
— Pacha, 24, 42, 53, 428.
Gorges, 140. (Voir aussi Chute, Col et Passe.)
Gorge de Djuo, 24, 141, 163.
— d'enfer ou de Hinde, 71, 141, 143, 146, 149.

Gorge de Johnston, 140, 143, 163
— de Kiwele, 24, 141, 163, 164.
— de Kwa, 40, 142, 143, 174, 175.
— de Mitwanzi, 24, 141, 166.
— de Nzilo, 68, 70, 141, 162.
— de Pemba, 73, 140, 166.
— de Zinga, 17, 142, 143, 157, 170, 177, 178, 363.
— de Zongo, 40, 46, 141, 143, 170, 171, 173.
— de Zungu, 141, 143, 167.
Gorille, 248.
Gorin (lieut.), 73, 284.
Götzen (cte von), 72, 82, 110, 112, 114, 167, 181, 220, 236, 262.
Gouvernement de l'État (organisation du), 435.
— central de l'État, 435.
— local de l'État, 437.
Gouverneur général, 433, 438, 439, 447.
Goyavier, 342.
Graça, 9.
Graham (général), 42.
Graines, 469.
Graminées, 234, 235.
Grande-Bretagne, 11, 29, 30, 31, 33, 41, 42, 43, 54, 55, 56, 77, 78, 88, 90, 353, 358, 359, 362, 387, 416, 418, 423, 425, 429, 458, 468.
Grang (lieut.), 23.
Granit, 118, 119, 120.
Grant (colonel), 11, 72, 112.
— (fils), 391.
Granville, 55.
Greindl (baron), 12, 19, 20.
Grêle, 219.

Grenfell (Rév. G.), 39, 46, 73, 89, 142, 175, 257, 378, 426, 480.
Grès, 120, 122, 124, 125, 126, 132.
Greshoff, 181, 392.
Guerre, 298, 310, 312, 317, 324, 325.
— (conseil de), 457.
Guinness (Rév. H.), 90, 268, 483.
Guiral (L.), 310.
Gundu, 284.
Gurba, 172.
Gustin (lieut.), 74, 82.
Guttenberg, 477.
Guyot (le P.), 86.
Gyseghem (institut de), 449.

Habenicht, 480, 481.
Habillements, 314, 408, 469.
Habitants, 431.
Habitation, 230, 306, 342, 451.
Haches, 325.
Hackannson (lieut.), 26, 67, 111, 481.
— (monts), 111, 147.
Hailes (Rév.), 268.
Hambourg, 355.
Hambursin (lieut.), 62, 65.
Haneuse (cap.), 23, 446.
Hanolet (command^t), 46, 75, 248, 430, 484.
Hanotaux, 427.
Hanssens (cap.), 23.
Hanssens (chutes), 173.
Haoussa, 345, 446.
Harou (major), 23.
Hartland (le P.), 88.
Hartmann, 328.
Hassenstein (D^r), 479, 480.

Hatton et Cookson, 385.
Hautes eaux (époque des), 181.
Havre (le), 354.
Helleputte, 361, 385.
Hématite, 132, 136.
Hématozoaire de Laveran, 224.
Hématurie, 225.
Hemptinne (J. de), 396.
Hennebert, 340.
Henri le Navigateur, 1.
Henry (lieut.), 65, 80.
Henry Reed (steamer), 90.
Hépatite, 226.
Herbacées, 235.
Herbier congolais, 243.
Héritage, 288.
Hert (le P. de), 218, 221, 222.
Hevea brasiliensis, 340.
Hervet (amiral), 42.
Heymans (cap.), 220, 264, 481.
Hiboux, 250.
Hicks-Pacha, 42.
Hiéroglyphes, 268.
Hinde (D^r), 63, 71, 141, 246, 250, 265, 280, 296, 312, 343.
— (chutes de), 71, 141, 143, 146, 149.
Hippopotame, 246.
Hippopotames (l'île des), 153.
Hodister, 26, 46, 61, 181, 393.
Hofrah-er-Nahas, 75.
Hollande (voir Pays-Bas).
Holmwood, 54.
Holo, 284, 308.
Homen (Diego), 7.
Hooghe (abbé d'), xiii, 88.
Hôpital de Kinkanda, 367.
Hôpitaux, 450.
Liore, 48, 260.
Hoste (D^r), 450.
Huberlant (le P.), 87.

Hubert (ing.), 285, 385.
Huile de palme, 333, 336, 337, 372, 415, 467.
Humidité de l'air, 203.
Huîtres, 253.
Hutley, 260.
Huttes, 258, 307, 342.
Hydrographie, 138.
Hyène, 248.
Hygiène, 228, 450, 451, 452.
Hypothèse de l'Ubangi-Uele, 46, 426.

Ibanza, 168.
Ibembo, 168.
Ibenga, 169.
Iguane, 251, 319, 320.
Ikau, 445.
Ikelemba, 40, 169, 170, 396, 404.
Ikenge, 445.
Ikoko, 445.
Ilambi, 445.
Imese, 443.
Importations, 407, 413, 417, 418.
Impôts, 382, 406, 436, 461, 466.
Incendie des herbes, 198, 234.
Indigènes (commission pour la protection des), 459.
— (droits des), 32.
Industries, 318, 321.
Infraction, 296, 434.
Inkimba, 304.
Inkisi, 125, 169, 182, 361, 364, 368, 369, 371, 410.
Inkongu, 444.
Insectes, 253.
Insolation, 223.
Inspecteurs d'État, 438.
Institut de Gembloux, 243.
— de Gyseghem, 449.

Institut géographique de Gotha, XII, 479.
— vaccinogène, 451.
Instruction publique, 436, 448.
Instruments de musique, 326.
— scientifiques, 407, 469.
Intendance (direction de l'), 436, 439.
Intérieur (départem. de l'), 435.
International Missionary Alliance (l'), 89.
Intervention financière de la Belgique, 95, 96, 99, 100, 101, 104.
Irebu, 169, 170, 344, 444, 447.
Ireh, 340.
Irengi, 445.
Isangi, 445.
Isangila, 9, 22, 184, 263, 362, 382, 442, 479.
Italie, 11, 31, 33, 362, 366, 418, 468.
Itimbiri, 122, 168, 179, 182, 403.
Ituri, 168, 279, 444.
Ivens (cap.), 22, 27, 39, 40, 131, 162, 268, 480, 481.
Ivoire, 54, 333, 334, 372, 389, 390, 395, 400, 402, 405, 406, 415, 467.
Ivoiriers indigènes, 321.

Jacob (ing.), 480.
Jacques (cap.), 60, 65.
— (Dr V.), 260, 484.
Jameson, 43.
Jansens (lieut.), 23.
Janson (Paul), 7, 101.
Janssen (gouv. gén. C.), 37, 435, 438, 481.
Jardin botanique de Bruxelles, 243.

Jarric (le P. Du), 90.
Jean II, 1.
Jephson (Mounteney), 49.
Johnston, 249, 268.
— (chutes de), 140, 143, 163.
— (Keit), 480.
Jomard, 8, 481.
Joubert (cap.), 86, 431.
Jousset, 231.
Julien (cap.), 78.
Jullien (D^r), x, 223. 451.
Jungers (cap.), 484.
Junker (D^r), 10, 24, 42, 46, 49, 63, 249, 268, 278, 480.
Justice, 296, 436, 439, 456, 462.
— (direction de la), 439.
— indigène, 296, 305.

Kabambare, 62, 80, 444.
Kabele, 68, 71.
Kabue, 71.
Kafila, 163.
Kaizer (D^r), 13.
Kajibajiba, 71.
Kakoma, 13.
Kakongo, 270.
Kalika, 279.
Kalomba, 71.
Kalonguizi, 169.
Kamolondo, 70, 112, 118, 146, 147, 179, 265, 376.
— (système d'eau du), 161, 181.
— (terrasse du), 112, 141, 232.
Kaluilui, 166.
Kambo, 177.
Kampolombo, 163.
Kantsha, 176.
Kaomba (mont), 107, 109, 111, 145.
Karema, 13, 86, 165.
Karimi, 72, 80, 483.

Kasai, 9, 10, 17, 24, 26, 40, 41, 45, 52, 112, 143, 154, 174, 235, 241, 248, 250, 262, 263, 272, 282, 321, 325, 337, 339, 381, 395, 396, 440, 441, 482.
Kasai (système d'eau du), 174, 183
— (terrasse du), 112, 142, 232.
Kasali, 10, 68, 71, 148, 163.
Kasongo, 16, 61, 62, 134, 280, 444.
Kasuka, 16.
Katanga, 13, 40, 52, 65, 66, 120, 121, 122, 125, 134, 136, 179, 235, 245, 247, 248, 260, 262, 282, 289, 294, 297, 303, 320, 323, 332, 376, 391, 392, 393, 404.
Katuaka, 75, 77.
Kavali, 78.
Kavuli, 177.
Kemo, 173.
Kenge, 219, 371.
Kerdyck, 20.
Kersting (D^r), 112.
Kéthulle (cap. de la), 74, 75, 82, 343.
Keyzer (E. de), 384.
Khartum, 24, 52, 76, 78.
Kibala (monts), 110.
Kibali, 10, 74, 171.
Kibanga, 86.
Kibonge, 61.
Kibueza, 368.
Kibunzi, 443.
Kiepert (Dr H.), 480.
— (Dr R.), 480.
Kilwa, 164.
Kimpese, 363.
Kimeza, 368.
Kimuenza, 87, 190, 192, 197, 202, 210, 212, 213, 215, 219, 220, 443.

Kinena, 61.
Kingunshi (chutes de), 177.
Kiniata, 162.
Kinkanda, 367, 442.
Kinshasa, 318, 371, 392, 441, 443, 451.
Kioko, 284.
Kiri, 75, 76.
Kirunga, 112.
Kirundu (Ponthierville), 382, 444.
Kisako, 86.
Kisale, 68, 71, 148, 163.
Kisantu, 87, 443.
Kisigali, 112.
Kisika-Luelo, 110.
Kitangula, 110.
Kitobola, 443.
Kivu (lac), 72, 73, 80, 112, 119, 165, 166, 220, 262.
— (terrasse du), 112, 140, 141.
Kiwele, 24, 71, 141, 163, 164.
Kolano, 284.
Kolatier, 341.
Kondoa, 13.
Kongolo, 148.
Kooiman, 181.
Koto, 75, 173, 182, 248.
Krooboys, 273, 345.
Koura, 474, 478.
Kuka, 484.
Kund (lieut.), 41.
Kundelungu (couches du), 124, 125, 126.
— (monts), 69, 110, 163, 282.
Kunkula, 363.
Kutu, 441, 444.
Kwa, 40, 142, 143, 174, 175.
Kwamouth, 86, 87, 154, 443.
Kwandelungu (v. Kundelungu).

Kwango, 24, 40, 41, 45, 46, 51, 63, 73, 112, 118, 126, 173, 174, 176, 179, 183, 241, 284, 275, 282, 301, 331, 339, 340, 396, 425, 484.
— oriental (district du), 441, 443.
— (mission du), 87.
Kwengo, 177.
Kwilu, 26, 29, 85, 178, 183, 363, 368, 425.

Labat (le P.), 4, 90.
Labore, 75, 76.
Lacaze (Dr), 231.
Lacerda (Dr), 9.
Lacourt, 444.
Lac Léopold II (district du), 441, 444.
Lado, 24, 428, 430.
Lagos, 346, 446.
Laiton, 331, 332, 410.
Lamantin, 128, 249.
Lambermont (baron), 11, 31, 56, 387, 468.
Lambert (baron), 20.
Lamy, 133.
Lancaster (A.), x, xiii, 186, 222, 446.
Lances, 324.
Landolphia, 241, 340.
Lange (lieut.), 65, 73, 140.
Langbans, 480.
Langue officielle, 434.
Langues, 266.
Lannoy de Bissy (colonel de), 480, 481.
Lantsheere (de), 104.
Laurent (major), 394.
— (professeur), 244, 343.
Laveleye (Émile de), 11.

Laveurs, 349.
Lavigerie (cardinal), 55, 63, 86.
Laveran (D^r), 224, 231.
Le Chatelier (cap.), 133.
Ledeganck (vice-gouv.), 438.
Legat (lieut.), 26, 67.
Légendes, 302.
Législation civile, 434, 436.
— congolaise, 318, 433.
— foncière, 471.
Legrelle-Rogier (comte), 431.
Légumes, 337.
Lehmin, 75.
Lehrman (lieut.), 73.
Lelewel (J.), 8, 482.
Lemaire (lieut.), 199, 222, 265, 268, 269.
Le Marinel (cap. G.), 26, 46, 178, 439, 481.
— (cap. P.), 47, 66, 67, 110, 147, 262, 264, 280, 281, 439, 481.
Lemba, 184.
— (Congo da), 362, 442.
Lemery (lieut.), xiii, 394.
Lemmé, 20.
Lendi, 168.
Lengi, 442, 485.
Lenz (Dr O.), 41, 49.
Léon l'Africain, 477.
Léon XIII (S. S.), 55, 87.
Léopard, 248.
LÉOPOLD Ier (S. M.), 91.
LÉOPOLD II (S. M.), son discours au Sénat de Belgique, 92; convoque et préside la Conférence géographique de Bruxelles, 11, 12; constitue un syndicat en vue de la construction d'un chemin de fer, au Congo, 358; envoie deux délégués à Marseille, au devant de Stanley, 19; est nommé président d'honneur du Comité d'études du haut Congo, 20; sollicite des Chambres belges l'autorisation d'assumer la souveraineté de l'État du Congo, 35, 93; notifie aux Souverains la fondation de l'État Indépendant du Congo et son avènement au trône, 36; place à Bruxelles le gouvernement central de l'État, 435; pouvoir souverain, 421; son subside annuel à l'État, 462; lègue par testament le Congo à la Belgique, 96; lettre à M. Beernaert, 97; demande à la Conférence antiesclavagiste de Bruxelles la revision de l'article 4 de l'Acte de Berlin, 467; prend à bail de la Grande-Bretagne la rive gauche du Nil et le Bahr-el-Gazal, 429; annule ses droits personnels dans la première dette de l'État, 463; signe un décret approuvant la reprise immédiate du Congo par la Belgique, 103.
Léopold II (lac), 45, 177, 264, 284, 339, 403, 465.
— (district du lac), 444.
Léopoldville, 17, 23, 89, 197, 198, 201, 202, 343, 347, 348, 368, 371, 381, 385, 441, 449, 450, 451.
Lèpre, 227.
Leroi (cap.), 78, 79, 296.
Lézard, 251.
Liagre (général), 14.

Liagre (le P.), 87.
Liane, 241.
Lianes à caoutchouc, 241, 340, 485.
Libenge, 443.
Liberté de commerce, 30, 31, 32, 387, 401, 402, 403.
— de conscience, 32, 448.
— de navigation, 30, 32, 33, 377.
Liberté individuelle, 351.
Licence pour le débit des alcools, 410.
Lie, 445.
Liénart (lieut.), 46.
Lièvre, 248.
Liffi, 75, 77.
Lignes de navigation, 354.
Likati, 168, 277.
Likema, 168.
Likona-Kundja, 169, 182, 425, 426, 484.
Likuala, 169, 182.
— aux herbes, 170.
Limites de l'État, 423.
Limonite, 133, 134, 135, 137.
Lindi (poste), 458.
— (rivière), 167, 178, 182.
Linzolo, 86.
Lion, 247.
Lippens (cap.), 483.
Lisbonne, 354.
Lisle (de), 8, 478.
Littoral de l'État, 424.
— (système d'eau du), 183.
Liverpool, 355.
Livingstone (Dr D.), 9, 10, 11, 14, 15, 53, 58, 63, 150, 164, 266, 281, 329.
— (chutes de), 156.
Livingstone Inland Mission, 88

Loanda, 200.
Loange, 176, 183, 337.
Loango, 442.
Localités principales, 440.
Locomotive, 369, 375.
Lodji, 177.
Loenze, 107.
Lofoi, 163.
— (poste), 67, 70, 192, 444.
— (rivière), 70, 163.
Loi sur les sociétés commerciales, 396, 399.
Lois (voir *Législation*).
Lokandu (Riba Riba), 444.
Lomani, 10, 40, 45, 60, 61, 69, 112, 118, 167, 178, 179, 182, 241, 257, 264, 279, 337, 339, 343, 376, 382, 392, 396, 404, 465, 483.
— (terrain du haut), 112, 142, 232.
Lomela, 168.
London Missionary Society, 89.
Long (cap.), 60, 65, 80, 140.
Loombo, 163.
Lopez (Ed.), 3, 6, 7.
Lopori, 60, 168, 169, 262, 339, 395, 403, 404.
Lothaire (lieut.), 398, 458.
Louage de service, 351.
Lowa, 73, 80, 112, 119, 167, 178, 182.
Lua, 169.
Lualaba, 15, 61, 119, 120, 121, 146, 150, 167, 245, 279, 331, 339, 343, 355, 376, 382, 392, 394.
— -Kasai (district du), 441, 444.
Lualaba (steamer), 355.
Luama, 112, 119, 167, 182.

Luapula, 24, 46, 71, 121, 148, 163, 181, 265.
Luashimo, 176, 183.
Lubambo, 71.
Lubefu, 41, 176, 279, 376, 396, 397.
Lubi, 176, 264.
Lubilashe, 118, 176, 264.
— (couches du), 126.
Lubishi, 176.
Lububuri, 110, 112, 162, 181.
— (terrasse du haut), 112.
Lubudi, 69, 70, 118, 145, 146, 147, 176.
Lubuzo, 163.
Luebo, 176, 441, 444.
Luembe, 118, 163, 176.
Luembo, 176.
Luena, 164.
Lufila, 68, 70, 110, 112, 121, 125, 135, 162, 181, 262, 282.
— (terrasse de la haute), 112, 141, 142.
Lufoi (v. Lofoi).
Lufu, 178, 183, 363, 368.
Lufua, 163.
Lufubo, 163.
Lufupa, 162.
Lugard (cap.), 72, 82, 114.
Luikuzi, 163.
Luizi, 166.
Lukaya, 364.
Lukenie, 41, 45, 177, 183, 284, 327, 403, 465.
Lukodji, 176.
Lukolela, 341, 342, 445.
Lukuga, 24, 68, 70, 166, 181, 250, 266.
Lukunga (district des chutes), 125, 178, 183.

Lukunga (district du Stanley-Pool), 484.
Lukula, 184.
Lukungu, 231, 343, 442, 450, 451.
Lukusu, 366.
Lulonga, 40, 45, 168, 170, 178, 182, 273, 285, 337.
Lulongo, 445.
Lulua, 40, 174, 176, 183.
Luluabourg, 27, 40, 87, 176, 190, 198, 199, 202, 219, 221, 262, 441, 444, 451.
Lunda, 9, 10, 27, 52, 268, 293, 425.
Lunionzo, 157, 484.
Lunkesi, 163.
Luongo, 163.
Lupton-bey, 42.
Lurimbi, 167.
Lusaka, 86, 444.
Lusambo, 47, 59, 68, 197, 199, 201, 202, 219, 264, 441, 444, 451.
Luvituku, 231.
Luvoi, 118.
Luvu, 167.
Luvua (Kasai), 176.
— (Luapula), 163.
Luvubi, 157.
Luvule, 163.
Luvunzo, 163.
Lux (lieut.), 10, 11, 481.
Lynx, 248.

Macar (cap de), xiii, 221, 222.
Mackinnon (sir Will.), 11, 359.
— (mont), 114.
Madimba, 371.
Magery (D^r), 394.
— (ing.), 367.

Magistrature, 456.
Mahagi, 185, 429, 430.
Mahdi, 24, 42.
Mahdistes, 76, 81, 429.
Mahieu (lieut.), 385.
Main-d'œuvre, 345, 352.
Maïs, 320.
Makoko, 295.
Makraka, 279, 431.
— (zone des), 446.
Makua, 171.
— (zone de la), 445.
Malachite, 133, 134, 135.
Maladies, 223.
— du sommeil, 226, 227.
Malafu, 309, 337.
Malagarazi, 108.
Malaria, 224.
Malange, 40.
Mambati, 257.
Mammifères, 245.
Mandats postaux, 384.
Mandungu, 445.
Mangnétite, 134, 135, 136.
Mangoustes, 248.
Manguier, 342.
Maniguette, 342.
Manika, 125.
Manioc, 319.
Mante religieuse, 256.
Manyanga, 22, 23, 26, 363, 382, 425, 443, 446.
Manyema, 53, 58, 62, 63, 65, 111, 248, 266, 331, 343, 392, 484.
— 280, 312, 329.
— (campagne du), 50.
— (zone du), 444.
Marais du Moero, 164, 233.
Maravi, 479.
Marbre, 122.

Marchandises à l'usage des blancs, 408.
— consommées par les indigènes, 408.
— importées, 407.
Marchés, 32, 310, 329, 330.
Marché de caoutchouc d'Anvers, 338.
— d'ivoire d'Anvers, 334.
Marée, 180.
Marestang (D^r), 224.
Mari, 286.
Mariage, 286, 288.
Marimba, 326.
Marine, 436, 462.
— (direction de la), 439.
Maringa, 168, 395, 403.
Marseille, 354.
Martellus (Henri), 3. 475.
Martini (cap.), 481.
Marungu, 280.
Masanga, 308.
Massabe, 26.
Massari (lieut.), 26
Massart, 384.
Masui (lieut.), xii, 420.
Mata, 178.
Matadi, 5, 88, 109, 180, 192, 219, 343, 348, 354, 355, 357, 362, 371, 372, 385, 441, 442, 449, 451, 484, 485.
— (district de), 442.
Mateba, 160, 343, 383, 389, 393, 442, 484, 485.
Matériel de chemin de fer, 362, 407, 409.
— de construction, 407.
— fluvial, 407.
Mathieu (cap.), 78.
Matumba (voir Tumba).
Mauro (Fra), 7, 475, 477, 478.

Mayaka, 284.
Mayumbe, 184, 235, 263, 270, 336, 341, 348, 403, 450, 470, 485.
— (chemin de fer du), 374, 375, 399, 450.
Mechow (major von), 24, 480.
Médailles, 437.
Médecins, xiii, 450, 452.
Médiation, 32.
Médecine, 341.
Mense (Dr), 40, 198, 222, 231, 260, 450.
— (pic), 155.
Mercator (Gérard), 7, 477.
Mer intérieure (ancienne), 127, 128, 129, 139, 142, 170, 236, 363.
Merlon (le P.), 86, 317.
Merolla (le P.), 85, 90.
Mérode-Westerloo (le comte de), 103, 104.
Métal, 115, 131.
Métempsycose, 303.
Meuleman (Eug.), xiii, 222, 446.
Mfumbiro, 112.
Miambo, 135.
Miami (Mgr), 10.
Micaschistes, 120, 121.
Michaux (lieut.), 264.
Michel, xiii.
Micici, 8.
Miketo, 65.
Mikic (lieut.), 23.
Mila (monts), 110.
Millet, 321.
Milz (cap.), 74, 75, 279, 294.
Mimétisme, 256.
Minduli, 133.
Mines, 66, 134, 135, 322, 436, 472.

Minéraux, 131.
Misasi, 110.
Missions catholiques, 3, 4, 5, 83, 84, 85, 350, 449, 484.
— protestantes, 88, 89, 90, 350, 379, 449, 450.
Mission des Jésuites, 87.
— des Pères blancs d'Alger, 86, 379.
— des Prémontrés, 88.
— du Saint-Esprit, 86, 379.
— de Scheut, 87, 443, 379, 484.
Mitako, 332, 410.
Mitrailleuse, 447.
Mitumba, 67, 68, 70, 108, 109, 110, 111, 140, 141, 163, 236.
Mitwanzi, 24, 141, 166.
Moanda, 442.
Moashia, 135, 163, 323.
Mobeka, 181, 199, 445.
Mobuaka, 445.
Moengashe, 163.
Moero, 10, 24, 46, 58, 69, 71, 73, 112, 119, 143, 164, 282, 340, 425, 483.
— (terrasse du), 112, 141.
Mœurs et coutumes, 306, 286.
Mogwandi, 289.
Mohamed-Ahmed, 42.
Mohun, 71, 141, 149, 385, 481.
Mokwange, 173, 220, 443.
Moliro, 444.
Möller, 49.
Mollusques, 253.
Moloney (Dr), 69.
Mols (Alex.), 396, 485.
Momboyo, 168, 390.
Mombutu, 24, 257, 259, 264, 278, 279, 289, 294, 312, 314, 324.

Momvu, 279.
Mongala, 40, 46, 60, 168, 179, 182, 265, 273, 274, 339, 395, 403.
Mongo, 273, 30?, 310.
Mongwandi, 274, 315, 325.
Monnaies de l'État, 473.
— indigènes, 323, 331, 410.
Monomotapa, 7, 477.
Monopole, 32, 374.
Monroviens, 346.
Montangie (Dr), 450.
Monteiro (cap.), 9,
— (J.-J.), 51, 52.
Montere, 174.
Montagnes bleues, 110.
— d'Argent. 474.
— de la Lune, 114, 474, 475.
Monweda, 445.
Mort (peine de), 434, 458.
Mortalité, 360, 367, 452, 453, 454, 455.
Mounteney-Jephson, 43, 49.
Moustique, 224, 255.
Mouton, 256.
Mouvement commercial, 413.
Mouvement géographique (le), XII, 46, 81, 82, 317, 344, 385, 393, 399, 432, 480, 481.
Movu, 164.
Moyens de transport, 353.
Mozambique, 476.
Mpala (ou Pala), 13, 86, 110, 323, 444.
Mpioka, 124, 178.
Mpoko, 169.
Mpozo, 4, 178, 183, 359, 363, 368.
Msiri, 66, 67, 68, 69, 282, 294, 391.
Muata Yamvo, 9, 27, 264, 293, 294.

Müeller (lieut.), 27, 40, 49.
Muggi, 75, 76.
Mukimbungu, 443.
Mule, 383.
Mulinge, 168.
Mundu, 76.
M'nié Mohara, 61.
Munitions, 407, 469.
Munza, 2??, 289, 294.
Murray (Dr), 231, 355.
— (cap.), 355.
Muscade, 342.
Musée colonial de Tervueren, 324, 408, 419.
— ethnographique de Perlin, 324.
Mushie, 444.
Musique (instruments de), 326.
Musorongo, 270.
Mutombo, 264.

Nachtigal (Dr), 11, 12.
Nains, 257.
Naissance de l'État, 36.
Nakanga, 112.
Nationaux, 377, 431.
Naturalisation, 431.
Navigation (liberté de), 30, 32, 377, 421.
— (acte de), 32.
— (service de) entre l'Europe et le Congo et dans le bas fleuve, 353.
— sur le bas fleuve, 355.
— sur le haut Congo, 378.
— (Mouvement des ports), 356.
Nébulosité, 215.
Nemlao, 86.
Nepoko, 24, 168.
Neutralité, 32, 37, 94, 423, 424, 428.

Ngiri, 169, 170.
Niadi-Kwilu, 26.
Niam-Niam (voir Azande).
Nicolas (Dr), 231.
Niemba, 166.
Nieuwe Afrikaansche Handelsvennootschap, 386, 392, 397, 401.
Nigritiens, 258.
Nikale (monts), 110.
Nil (expéditions vers le), 65.
— (bassin du), 15, 53, 76, 184, 185, 376, 425, 427, 428, 429.
Nilis (lieut.), 23, 75.
Nkete, 356.
Noix de Kola, 415.
— palmistes, 337, 372, 415, 467.
Noki, 5, 28, 109, 425.
Non-indigènes (statistique des), 431, 432, 441.
North (colonel), 395.
Norvège (v. Suède).
Notariat, 439.
Notariaux (offices), 442, 443, 444, 445, 446.
Nothomb (Alph.), 361.
Nourriture indigène, 308, 319.
Nouvelle-Anvers, 192, 197, 199, 201, 202, 216, 441, 445, 450, 451 (voir aussi Bangala).
Novaes (Paul Diaz de), 84.
Nserera, 61.
Ntamo, 17.
Nuba, 259, 266.
Nyangara, 74, 171, 445, 451.
Nyangwe, 10, 16, 53, 61, 265, 280, 323, 376, 385, 394, 444.
Nys (lieut.), 278.
Nyssens (Alb.), 352.
Nzadi, 3.

Nzambi, 302.
Nzilo (gorge de), 68, 70, 141, 162, 249.
— (monts), 118, 122.
— (rivière), 69, 70, 107, 110, 112, 135, 136, 147, 162, 181.
— (terrasse du haut), 112, 141, 142, 262.

Oba, 337.
Obi, 172.
Objets du culte, 469.
Occupation territoriale, 30, 33.
Ogowe, 15.
Oiseaux, 250.
Oligiste, 134, 135, 136.
Oliver, 244.
Oppelt (Gust.), 38.
Orages, 216.
Orban (lieut.), 23.
Orchidées, 236, 240.
Oranger, 485.
Ordres, 437.
Organisation politique de l'État, 421.
— du gouvernement central, 435.
— du gouvernement local, 437.
— de la justice, 436, 457.
— du régime foncier, 471.
— politique des indigènes, 291.
— sociale des indigènes, 286.
Orographie, 107.
Orseille, 341, 372.
Ortelius (Abr.), 7, 478.
Orthographe des noms géographiques, 481, 482.
Oryctérope, 249.
Osman Digma, 42.

Osmar-Saleh, 76.
Outillage de la colonie, 407.
Outils, 469.
Ouvrages d'art du chemin de fer, 367.
Ouvriers, 345, 346, 348, 364.
Oven (cap.), 479.

Pacheco (Manoël), 5, 478.
Pagels (lieut.), 49.
Pagne, 314.
Pala ou Mpala, 13, 86, 110, 323, 444.
Palabala, 109, 359, 360, 362, 363, 368, 442.
Palabre, 292, 297.
Palétuviers, 242.
Palmiers, 239, 328, 332, 333, 336, 337, 341.
Pandanus, 239.
Panga (chute de), 168.
Pangolin, 249.
Paniers, 328.
Papayer, 342.
Papillons, 254.
Papyrus, 242, 328.
Paresseux, 249.
Parke (D^r), 43, 231.
Parminter (major), 25, 264, 390.
Parures, 270, 285.
Pascal (le P.), 86.
Passereaux, 250.
Passe (v. Gorge).
Patates douces, 319.
Patowle (lac), 148.
Paternotte (D^r), 222.
Pathologie, 223.
Paul V (S.S.), 84.
Paulissen (ing.), 367.
Paulitschke (D^r), 482.
Pays-Bas, 31, 33, 56, 468.

Peace (steamer), 90.
Péages, 32, 377.
Pêche, 280.
Peine, 434.
— corporelle, 448.
Peine de mort, 458.
Pelele, 280, 313.
Pemba (chute de), 73, 140, 166.
Pencroffs, 20.
Perles, 331, 332.
Permentier (de), 222.
Perroquet, 250.
Perthes (Justus), xii.
Peschuel-Loesche, 27, 137, 483.
Peste, 227.
Petermann (D^r), 479, 480.
Petermann's Mittheilungen, xii.
Pétillon (cap.) 440.
Petite vérole, 227, 441, 485.
Peuplades, 270, 431.
Phosphate de fer, 133.
Phyllades, 120, 121.
Piazzava, 342.
Pic Cambier, 109, 158.
— Léopold, 158.
Picard (Ed.), 106, 406.
Pierres taillées, 260, 261.
Pigafetta, 6, 8, 478.
Pigeons, 251.
Pignon d'Inde, 337.
Pili-pili, 342.
Pilotage (service du), 357.
Pirmez (Eud.), 33.
Pitt (W.), 55.
Plantations, 243, 259, 318, 342, 350, 436, 439.
Plantes alimentaires, 243.
Plas (J.), 485.
Plomb, 132, 133.
Pluie, 186, 195, 196, 197, 233.

Pluies (régime des), 201.
Pochez (H), 435.
Pocok, 18.
— Pool, 157.
Pogge (D^r), 10, 14, 24, 40, 268, 293, 480, 481.
— (mont), 175.
Pointe française, 386.
Poissons, 129, 252.
Poivre de Cayenne, 342.
— Guinée, 342.
Polygamie, 289.
Pombe, 308.
Pombeiros, 147.
Ponta da Lenha, 180.
Ponthier (cap.), 60, 62, 74.
Ponthierville (Kirundu), 382, 444.
Ponts du chemin de fer, 368.
Popelin (cap.), 13.
Popokabaka, 73, 441, 443.
Population européenne (statistique et répartition de la), 431, 432, 440 à 446.
— indigène (densité et répartition de la), 261 à 266.
Populi, 445.
Porc, 256.
Porc-épic, 248.
Portage (routes de), 382.
Porte d'Enfer, 71, 141, 143, 146, 149.
Porteurs, 345, 347.
Portugal, 1 à 9, 22, 23, 26, 28, 29, 30, 31, 33, 55, 56, 362, 416, 418, 424, 425, 468, 469.
Posse (c^{te}), 25.
Postes, 384, 436, 462.
Potagos (D^r), 10.
Poudre, 469.
Poules, 256.

Pourbaix (V.), 485.
Pourtalès (marquis de), 25.
Pouvoir administratif, 435.
— judiciaire, 456.
— législatif, 433.
— souverain, 421.
Pouvoirs du gouverneur général, 433, 438.
Préemption, 29.
Préférence (droit de), 29.
Préhistoire, 250, 261.
Prémontrés, 88.
Pression atmosphérique, 212.
Prêtre-Jean, 7, 8.
Préville, 305.
Privilège, 32.
Proceedings of the R. Geographical S., XIII.
Proclamation de l'État du Congo, 37.
Productions animales, 334.
— végétales, 336.
— minérales, 131.
Produits du pays, 333.
Propriété du sol, 472.
Protection des indigènes, 459.
Protocoles et documents de la Conférence de Berlin, XII, 424.
Protocole (v. Convention).
Proyart (abbé), 90.
Ptolémée, 474, 477, 478.
— Philadelphe, 474.
Puces pénétrantes, 257.
Puelo, 265, 444.
Pygmées, 257, 258.
Python, 251.

Quadra (Georges de), 5.
Quadrumanes, 248.
Quartz, 132, 135.
Quartzites, 120, 121.

Quatrefages (de), 12.

Races, 257.
Rachid, 58, 59, 61, 62, 63.
Rafaï, 75, 294.
Ramaeckers (cap.) 13
Ramsay (cap.), 54.
Ramusio, 7, 477.
Rangel (Michel), 83.
Raphia, 239, 341.
Rats, 248.
Ravenstein (E. C.), xiii, 480.
Ravin de la Chute, 369.
— Léopold, 359.
Recettes de l'État, 405, 460, 461, 463.
— des douanes, 461.
— des transports, 461.
— du chemin de fer, 370.
— judiciaires, 461.
— postales, 461.
— du domaine, 405, 461.
Rechter (lieut. de), 46.
Reclus (Élisée), xiii, 259, 261.
Reconnaissance de l'A. I. C., 28, 30, 33, 34.
Recrutement de travailleurs indigènes, 351.
— d'ouvriers pour le chemin de fer, 364.
Redjaf, 77, 78, 81, 185, 429, 430, 441, 446.
Régime douanier, 467.
— fluvial du Congo, 138, 178.
— foncier et minier, 436, 469.
— militaire spécial, 458.
— pénitentier, 439.
Région des chutes, 5, 9, 17, 22, 44, 51, 108, 118, 122, 125, 132, 142, 156, 177, 183, 195, 207, 212, 219, 234, 263,

270, 358, 382, 385, 484.
Régions botaniques, 232.
Reichard (Paul), 13, 24, 40, 110, 134, 141, 289, 480, 484.
Relations internationales, 436.
Relief du bassin du Congo, 107.
Religions, 32, 301, 448.
Reprise du Congo par la Belgique, 96, 97, 100, 103, 105, 422.
Reptiles, 251.
Réseau navigable du haut Congo, 377.
Ressources extraordinaires, 462
— ordinaires, 463.
Révolte des chefs Azande, 78.
— des troupes de l'expédition Dhanis, 79, 296.
— des soldats de Luluabourg, 79, 295, 296.
Reytter (Dr), 450.
Rhinocéros, 246.
Rhodes (Cecil), 391.
Riba-Riba (Kirundu), 61, 394, 444.
Ribeiro, 477.
Richthofen (bron von), viii.
Ricin, 337.
Riz, 320, 409.
Roche-Fétiche, 159.
Rocou, 341.
Roelens (Mgr), 86, 449.
Roget (cap.), 46, 48, 294, 448.
Rohlfs (Dr G.), 11.
Roi des Belges (steamer), 45.
Rom (cap.), 396.
Romée, 444.
Romilly, 55.
Rongeurs, 248.
Roose (A.), 395.
Rosée, 220.

Rossignon, 396.
Rotangs, 342.
Roubaix (Ad. de), 389, 392, 484.
Roussette, 249.
Routes, 377, 382, 422.
Rouvier (cap.), 41, 480, 481.
Roux (Dr), 231.
Rubi, 40, 165, 274, 277.
— 465 (v. Itimbiri).
— Uele (zone du), 445.
Ruiki, 167.
Ruki, 40, 45, 88, 168, 169, 170, 178, 182, 257, 265, 325, 337, 404.
Rumaliza, 60, 62, 63.
Rumbi, 110.
Ruminants, 247.
Rusiji, 73, 110, 165, 166.
Russie, 11, 31, 33, 56, 362, 468.
Ruwenzori (mont), 43, 72, 113, 114.

S. A B. (voir Société anonyme belge pour le commerce du Haut-Congo).
Sa da Bandeira, 482.
Saegher (procureur d'État De), 286, 305.
Safoutier, 342.
Saïa, 177.
Saint-Louis du Rumbi, 444.
— Paul de Loanda, 6, 51, 84, 476.
— Trudon, 444.
Saisons, 186, 195.
Sakara, 46, 276, 289, 295.
Salaire des indigènes, 349.
Salonga, 168.
San-Antonio, 4, 84, 85, 354.
Sanatorium, 450.

Sanford (général), 12, 19, 389, 392.
— Exploring Expedition, 389, 390.
Sanga, 108, 112, 119, 169, 178, 179, 182, 393.
Sangliers, 247.
Sango, 276.
Sankuru, 40, 41, 45, 118, 127, 142, 176, 183, 257, 263, 279, 308, 327.
San-Salvador, 3, 4, 5, 6, 7, 83, 84, 88, 202, 210, 211, 476, 477.
Sansikua, 363.
Santarem (vicomte de), 8, 482.
Sanuto (Livio), 7, 478.
Saph, 475, 478.
Sarne, 226.
Sauriens, 251.
Sauterelles, 255.
Savane, 233, 235.
Scaillens, 90.
Sceau de l'État, 423.
Schiez, 244.
Schistes, 120, 122, 124.
Schoner (Jean), 7, 476, 477.
Schütt (ing.), 27, 40, 480.
Schweinfurth (Dr G.), 10, 11, 14, 46, 53, 58, 241, 257, 264, 268, 278, 294, 311, 320, 376, 426, 480.
Schwerin (Dr von), 160.
Schynse (le P.), 86.
Scorpions, 255.
Sculptures indigènes, 321.
Secrétaire d'État, 435.
Secrétaires généraux, 435, 438.
Sée (G.), 231.
Sefu, 61, 295, 480.
Seidel (Dr), 269.

Sel, 323, 409, 469.
Séligo (Cristoforo), 2, 3.
Semio, 24, 75, 294.
Sémites, 259.
Semliki, 43, 72, 73, 80, 110, 184.
Semnopithèque, 249.
Senge, 444.
Serpents, 251.
Service fluvial du haut Congo, 377.
— maritime entre l'Europe et le Congo, 353.
— de pirogues, 382.
— des transports, 436.
— diplomatique et consulaire, 436.
— sanitaire, 436, 450, 462.
Services (principaux), 446.
Servitude pénale, 434.
Sésame, 337, 372, 467.
Sette-Cama, 26.
Shagerström (cap.), 46.
Shambezi, 9, 163.
Shari, 427.
Shark-pointe, 160.
Sharpe, 46, 140.
Shifumauli, 163.
Shimaloa, 71.
Shimbek, 307.
Shimbete, 442.
Shinkakasa, 440, 441, 442.
Shinko, 75, 108, 173.
Siasi (rapides de), 172.
Siège du gouvernement central, 435, 436.
— local, 37, 437.
Sierra-Léonais, 346.
Signaux, 298.
Siguel, 231.
Silex taillés, 260.

Siller (le P.), 84.
Silurides, 252.
Silurien, 121, 123.
Sims (Dr A.), 89, 268, 269, 450.
Singes, 248, 249.
Slatin-Bey, 42.
Smet de Naeyer (de), 105, 361.
Smith, 55.
Sociétés commerciales, 343, 353, 389, 394, 396, 397, 398, 436, 484, 485.
— congolaises (listes des), 398, 399.
— étrangères (liste des), 397.
Société *Abir*, 335, 379, 394, 395, 398, 399, 445.
— *Africaine*, 397.
— *anonyme belge pour le commerce du Haut-Congo* (S. A. B.), 335, 339, 379, 381, 390, 392, 393, 394, 397, 399, 402, 443.
— *anversoise du commerce au Congo*, 335, 339, 394, 398, 445.
— *belge des ingénieurs et industriels*, 389.
— *Belgika*, 397.
— *Centrale africaine*, 396, 397.
— *Congolia*, 397.
— *Daumas Béraud et Cie*, 387, 392, 393
— *d'agriculture et de plantation au Congo*, 395, 397, 445.
— *générale pour favoriser l'industrie nationale*, 464.
— *Lulonga*, 397.
— *Ikelemba*, 397.
— *de médecine publique*, 222.

Société des chemins de fer vicinaux du Mayumbe, 375, 398, 399.
— *des Comptoirs commerciaux congolais* (C. C. C.), 396, 399, 443.
— *des études coloniales*, XII.
— *des produits végétaux du Haut-Kasaï*, 339, 395, 397, 444.
— *du crédit commercial congolais*, 397.
— *équatoriale congolaise*, 396, 397.
— *générale africaine*, 398, 485.
— hollandaise de Rotterdam (N. A. H. V.), 378, 379, 386, 391, 392, 397.
— John Cockerill, 380.
— *la Djuma*, 396, 397.
— *la Kassaïenne*, 396, 397.
— *maritime du Congo*, 353, 354.
— *du Trafic congolais*, 397.
Voir *Compagnie* et *Syndicat*.
Sœurs de charité, 367.
— de Notre-Dame d'Afrique, 86.
— de Gand, 88.
— de Namur, 88.
Sona-Gongo, 361, 364, 368.
Songolo, 363, 371.
Sonho, 4, 6, 84, 476.
Sorciers, 301, 302.
Sorgho, 320.
Soulèvement arabe, 65.
Source du Congo, 138, 144.
Sources du Nil, 474.
— thermales, 163.

Souverain de l'État du Congo, 36.
Souza (Rodrigus de), 83.
— (Ruiz de), 4.
Speke (cap.), 9, 10, 72, 112.
— (monts), 110, 171.
Spencer Burns, 26.
Spiritueux, 56, 408, 409, 410, 469.
Stache, 264.
Stairs (cap.), 43, 66, 67, 69, 70, 82, 115, 134, 340, 391, 481.
Stanley, VII, 14, 15, 16, 26, 27, 31, 41, 43, 49, 53, 58, 63, 142, 150, 180, 237, 257, 261, 266, 295, 328, 329, 339, 347, 378, 428, 480.
— Falls, 17, 53, 58, 59, 61, 62, 126, 146, 151, 262, 265, 331, 339, 343, 344, 381, 382, 441, 443, 484.
— Falls (district des), 441, 443
— Pool, 17, 22, 88, 139, 155, 214, 271, 339, 343, 362, 364, 378, 392, 425, 437, 484.
— Pool (district du), 441, 443.
Stations du chemin de fer, 371.
— de l'État (principales), 442-446.
Statistique du marché caoutchoutier d'Anvers, 338, 339.
— du budget relatif à la force publique, 448.
— du marché ivoirier d'Anvers, 334, 335.
— du mouvement commercial total, 419.
— du mouvement du port de Banana, 356.
— du mouvement du port de Boma.

Statistique postale, 385.
— de l'avancement et du prix de revient par kilomètre du chemin de fer, 366.
— de l'augmentation graduelle des ressources ordinaires de l'État, 463.
— de l'exportation du caoutchouc du Congo, 338.
— de la flottille du haut Congo, 379.
— de la mortalité du département de l'intérieur, 453.
— de la mortalité du département des finances, 454.
— de la mortalité de la Compagnie du chemin de fer, 367, 454.
— de la population blanche, 441.
— comparée des évaluations budgétaires et des recettes effectuées, 405, 406.
— des exportations par pays de provenance, 416.
— des exportations par produits, 415.
— générale des exportations, 414.
— des importations par pays de provenance, 418.
— générale des importations, 417.
— détaillée des importations, 407, 408, 409.
— des lignes de navigation entre l'Europe et le Congo, 354
— des ponts du chemin de fer, 368.
— des produits du D. P. vendus à Anvers, 406.

Statistique des recettes du domaine privé de l'État, 405, 461
— des recettes et des dépenses de l'État d'après les budgets, 460, 461, 462.
— des recettes douanières, 467.
— des recettes des droits d'entrée, 469.
— des recettes du chemin de fer, 370.
— des sociétés commerciales congolaises, 396, 399.
— des sociétés commerciales étrangères, 397.
Steamers du bas Congo, 357.
— du haut Congo, 21, 22, 23, 45, 90, 349, 379, 380, 393, 485.
Stein (baron de), 395, 485.
Stepper, 235.
Stillemans (Mgr), 88, 449.
Stokes (Rév.), 458.
Storms (major), 13, 60, 266.
Strabon, 474.
Strauch (général), 20, 33, 34, 435.
Stroobant (lieut.), 75, 82, 248.
Stuhlmann (Dr), 72, 112, 260, 480.
Stülpnagel, 480.
Subvention de la Belgique, 463.
— du Souverain, 462.
Succession au trône, 422.
Successions, 288.
Suède-Norvège, 31, 33, 56, 468.
Supan (Dr), xii, 261.
Superficie de l'État du Congo, 428.
Superstitions, 303.

Surure, 171, 446.
Swahili, 269.
Swedish Mission, 89.
Swinburne (passe de), 175.
Syndicat commercial du Katanga, 61, 393, 394.
— *de Mateba*, 389, 390.
— *des tabacs*, 458.
— du chemin de fer (premier), 358.
— anglais du chemin de fer, 358.
Syphilis, 227.
Systèmes d'eau, 161.
Système d'eau du Kamolondo, 161, 181.
— d'eau de la dépression centrale, 166, 182.
— d'eau de l'Uele, 170, 182.
— d'eau du Kasai, 174, 183.
— d'eau du littoral, 177, 183.
— monétaire, 473.

Tabac, 243, 344, 372.
Tabora, 53.
Tala, 444.
Tamara, 78.
Tamarinier, 342.
Tambour, 299.
Tampa, 326, 364.
Tam-tam, 326.
Tanganika (lac), 10, 16, 24, 53, 60, 72, 73, 86, 89, 112, 119, 123, 143, 165, 179, 235, 247, 260, 266, 307, 320, 376, 385, 425.
— (terrasse du), 112, 141.
Tappenbeck (lieut.), 41.
Tarif des transports d'Europe au Congo, 354.
— des marchandises à l'entrée, 469.

Tarif télégraphique, 385.
— postal, 384.
— du chemin de fer, 371, 372.
— des transports sur le haut fleuve, 381.
— des produits à la sortie, 467.
— des ventes de terres, 470.
Tatouages, 270, 272, 273, 285, 316.
Taureau, 383.
Taxes, 351, 401, 461.
Teck, 240.
Teinture indigène, 327.
Télégraphe, 384, 436.
Téléphone, 369.
Tembe, 307.
Température de l'air, 186.
— de l'eau, 181.
Tenke, 69.
Termites, 254.
Terrains archéens, 116, 123.
— métamorphiques, 123.
— primaires, 121, 123, 131, 132.
Terrasse, 112, 113, 140, 141, 142, 166, 232, 262.
Terres domaniales, 400, 404, 405, 461, 471.
— vacantes, 394, 400.
— (vente de), 469.
Territoire, 423.
Territoires pris à bail, 77, 423, 428, 430, 446.
Testament du Roi, 96, 422.
Teusz. 343, 344.
Thevet (André), 478.
Thierry, 263, 265.
Thomson (Joseph), 27, 24, 46, 134, 141, 391.

Thys (colonel), v, 44, 45, 106, 358, 361, 362, 385, 389, 392 394.
Tiki-Tiki, 257.
Timbres, 384.
Tippo-Tip, 16, 58, 59, 63, 295.
Tissus européens, 331, 332, 409.
— indigènes, 327, 331.
Titre foncier, 472.
Tobback (cap), 62, 265.
Toilette, 313.
Tolo, 284.
Tomate, 342.
Tomi, 173.
Tonglet (cap.), 448.
Tonnerre, 217.
Torrens Act, 471.
Tortues, 252.
Touchard (G.), xi.
Towa, 60, 385, 444.
Trafic des armes à feu, 412.
— des spiritueux, 411.
Traite des nègres, 32, 48, 50, 63, 310, 468.
Traités (voir Conventions).
Tramway de Boma, 374.
Transports à dos d'homme, 347, 383.
— marine et travaux publics (direction), 439.
— (moyens de), 353.
Transport sur le haut Congo, 381.
Trappistes, 87.
Travail du bois, 321.
— des métaux, 322, 323.
Travailleurs noirs, 345.
Travaux de défense (direction des), 440.
— publics (direction des), 436, 439, 462.

Traversées de l'Afrique centrale par Livingstone, 10; Cameron, 10; Stanley, 16 et 44; Wissman, 24 et 41; Capello et Iwens, 40; Gleerup, 41; Lenz, 41; Trivier, 44; von Gœtze, 72; Versepuy, 72.
Travers Twiss (sir), 31.
Treille (D^r), 231.
Trésorerie générale, 436.
Tribunal d'appel, 458, 442.
— de 1re instance, 442, 457.
Tribunaux, 456.
— territoriaux, 442 à 445, 457.
Tribus indigènes (principales), 270.
Tributs, 406.
Trivier (cap.), 44.
Trouet (ing.), 367, 374, 385, 394.
Troupeaux de bétail, 440, 484.
Tshad, 376.
Tshikapa, 176, 183.
Tshiloango, 177, 184, 423.
— (bassin du), 133, 184.
Tshiombo, 176, 183.
Tshoa, 442.
Tshuapa, 168.
Tshumbiri, 109. 443.
Tuberculose, 227.
Tuckey (cap.), 9, 14, 51, 157, 180, 268, 479.
Tumba (lac), 45, 139, 169, 264, 403.
— Mani, 443.
— (station), 361, 363, 441, 442.
Tungila, 177.
Turner, 480.
Turquie, 31, 56, 468.

Ubangi, 10, 40, 45, 46, 119, 126, 169, 171, 173, 178, 182, 235, 249, 262, 264, 275, 306, 308, 310, 314, 324, 325, 339, 343, 376, 381, 393, 402, 404, 412, 425, 426, 427.
— (district de l'), 441, 443.
— Uele, 274, 402.
Uele, 10, 15, 24, 46, 52, 58, 60, 74, 76, 108, 112, 119, 170, 171, 235, 241, 247, 248, 249, 259, 260, 262, 265, 277, 278, 294, 308, 332, 336, 339, 403, 426, 427, 484.
— (terrasse de l'), 112, 142, 232.
— (système d'eau de l'), 182.
— (district de l'), 441, 445.
Uere, 172, 182, 445.
Ujiji, 53, 62, 86.
Umangi, 152, 445, 447.
Underhill, 159, 385.
Union personnelle, 36, 94, 95, 422.
— postale, 384.
Unionzo, 157.
Unités monétaires, 323, 331.
Upemba, 24, 71, 163.
Upoto, 169, 263, 265, 274, 349, 445.
Urbain VIII (S. S.), 84.
Urban (Jules), 361, 389, 392, 394.
Urindi, 167, 182.
Urreta (le P.), 8.
Ursel (c^{te} H.), 362.
Urua, 10, 66, 70, 122, 134, 392, 404.

Vaccin, 451.
Valcke (cap.), 23, 378, 390.
Valle et Azevedo, 386.
Van Aertselaer (Mgr), 87.
Van Calster (lieut.), 75.
Van Campenhout (D^r), 450.
Vande Bogaerde (colonel), 23.
Vande Nest, 395.
Vanden Plas, 439.
Vande Putte (comm^t), 448.
Van der Deken, 11.
Vander Maelen, 481.
Vander Wielen (lieut.), 72.
Vande Velde (lieut. L.), 23, 26, 27, 271, 297, 305.
Vande Vliet (C.), 82.
Van Dorpe (cap.), 446, 448.
Van Eetvelde (baron), 37, 56, 64, 406, 435, 463.
Van Gèle (major), 23, 44, 46, 58, 59, 172, 289, 439.
Van Henexten hoven (le P.), 87, 483.
Vanille, 342.
Van Impe (abbé), 449.
Van Kerckhoven (comm^t), 26, 59, 60, 73, 75, 78, 294, 428, 439.
Vankerckhovenville (Surure), 171, 446.
Van Maldeghem (conseiller), 56.
Van Mons (A.), 311.
Vannerie, 328, 341.
Van Neuss (H.), 435.
Van Ronslé (Mgr), 87.
Vasconcellos, 185.
Vautours, 250.
Vauthier (R.), xii.
Végétations, 232, 233, 245.
Vente de terres, 169.
Vents, 213.
Ver de Cayor, 226.
Verhees, 451.
Verroterie, 409.

Versepuy, 72.
Vêtements, 229.
Vicariat apostolique du haut Congo, 86.
— du Congo belge, 87.
Vice-gouverneur général, 438, 439.
Vierkandt (Dr), 261, 266.
Vigne, 484.
Villa (Dr), 450.
Villages, 291, 306.
Vin de palme, 309.
Virungo (monts), 72, 73, 107, 108, 112, 166.
Visseq (le P.), 268, 269.
Vivi, 21, 23, 26, 37, 109, 192, 197, 201, 202, 206, 207, 210, 211, 212, 213, 214, 219, 220, 263, 437, 442.
Vivien de Saint-Martin, 482.
Vocabulaire, 267.
Voies de communication, 354, 436.
Vol, 297.
Vourloud (Dr), 222, 450.
Vuagenia, 280.
Vunga, 442.

Wadelaï, 24, 42, 428.
Wagigi, 275.
Wagner (Dr), 261.
Wahis (gouverneur général), 261, 360, 438.
Walckenaer, 482.
Walford (G. P.), 354.
Walker (Rév.), 43.
Wamba, 73, 177, 340, 396.
Wamfumu, 154, 272.
Wangata, 273, 324, 349.
Wangermée (vice-gouv. gén.), 361, 438.

Ward, 43, 49.
Wate, 274.
Wauters (A. J.), xii, xiii, 8, 46, 49, 114, 139, 185, 244, 256, 285, 393, 394, 426, 481, 482.
— (le P.), 84.
Weatherley, 71, 140.
Wester (lieut.), 26.
Weynś (cap.), xiii, 248, 367.
Wia (mont), 109.
Wilberforce, 55.
Wilverth (lieut.), 263, 265.
Winton (sir Francis de), 37.
Wissmann (major von), 24, 27, 39, 40, 41, 49, 175, 176, 262, 264, 281, 480.
— (chutes), 174, 175.
— Pool, 142, 175.
Witt (de), 7.
Woermann, 31.
— Linie, 355, 353
Woeste (Ch.), 361.
Wolf (Dr L.), 27, 40, 49, 198, 231, 257, 260, 268, 480.
Wolf (chutes Ludwig), 174, 176.
Wolff (W.), 41.
Wolseley (lord), 42.
Wouters (lieut. de), 62, 65.
Wurungu, 74.

Xylophone, 299, 326.

Yakoma, 46, 170, 171, 172, 201, 443.
Yambinga, 445.
Yambuya, 43, 168, 445.
Yelala, 5, 6, 158, 476, 479.
Yumbi, 443.

Zaïre, (fleuve), 3.
Zambi, 442, 447, 451.

Zambre, 478.
Zanzibar, 53, 54.
Zanzibarites, 345, 446.
Zaphat, 478.
Zaplan, 478.
Zapo-Zap, 326.
Zboïnski (cap.), 260.
Zèbre, 246.
Zelai, 169, 484.
Zembere, 478.
Zeriba, 52.
Zinga (gorge de), 17, 142, 143, 157, 170, 177, 178, 236, 363.
Zintgraff (Dr), 260.
Zobe, 442.
Zole, 363.

Zones administratives, 440.
Zone orographique inférieure, 111, 138, 233
— — moyenne, 112, 139, 233.
— — supérieure, 112, 139, 233.
— du commerce libre, 388.
— de l'exploitation publique, 403.
— réservée, 403.
— fermée, 404.
Zongo (passe de) 40, 46, 141, 143, 170, 171, 173, 264.
Zoro, 172.
Zucchelli (le P.), 85, 90.
Zungu (gorge de), 141, 143, 167, 484.

TABLE ANALYTIQUE DES MATIÈRES

	Pages.
Dédicace	v
Préface	vii
Bibliographie générale	xii

PREMIÈRE PARTIE
HISTORIQUE

I. La découverte du Congo au xve siècle. — Les essais d'exploration et d'occupation à la bouche du fleuve, au xvie siècle. 1

II. La Conférence géographique de Bruxelles et l'Association internationale africaine 9

III. La descente du Congo par Stanley. — Le Comité d'études du haut Congo et l'Association internationale du Congo. 15

IV. La Conférence de Berlin et la proclamation de l'État Indépendant du Congo 28
   Acte général de Berlin, 31. — Lettre du Roi-Souverain aux Souverains étrangers, 36.

V. Les découvertes géographiques dans le bassin central et les progrès de l'occupation de 1885 à 1890. 39

VI. La traite des nègres. — La Conférence antiesclavagiste de Bruxelles et la campagne du Manyema. 50

VII. Occupation des régions frontières. — L'exploration du Katanga. — Les expéditions vers le Nil. 65

VIII. Histoire des missions religieuses 83
Missions catholiques, 83. — Missions protestantes, 88.

IX. L'Etat du Congo et la Belgique 91
Lettre du Roi au Conseil des ministres, 93. — Testament du Roi, 96. — Lettre du Roi à M. Beernaert, 97. — Convention du 3 juillet 1890, 100 — Projet d'annexion, 103.

DEUXIÈME PARTIE

GÉOGRAPHIE PHYSIQUE

X. Orographie. — Le relief du bassin du Congo. . . 107
Les monts de Cristal, 108. — Les Mitumba 109. — Les Virungo, 112. — Le Ruwenzori, 113.

XI. Géologie et gîtes métallifères, par J. Cornet . . 115
Terrains archéens, 118. — Terrains primaires métamorphiques, 121. — Terrains primaires non métamorphiques, 121. — Formations post-primaires continentales, 124. — Formations détritiques superficielles, 130 — Gîtes métallifères, 131.

XII. Hydrographie. 138
La genèse du fleuve, 138. — Le bassin, 143 — La source, 144. — Le cours, 145 — Les affluents, 161. — Le régime du fleuve. Les crues, 178. — Le débit, 180. — La marée, 180. — La température, 181. — Tableau synoptique des principaux affluents, 181. — Le bassin du Tshiloango, 184. — Le bassin du Nil, 184.

XIII. Climat, par A. Lancaster 186
Température, 186. — Saisons, 195. — Humidité de l'air, 203. — Pression atmosphérique, 212. — Vents, 213. — Nébulosités, 215. — Orages, 216. — Brouillards et rosées, 220.

XIV. Conditions sanitaires, par le Dr Jullien . . . 223
Pathologie, 223. — Hygiène, 228.

Pages.

XV. Flore 232
La brousse, 233. — La savane, 235. — La forêt, 236. — La galerie, 241. — Le marécage, 242. — Les plantes cultivées, 243.

XVI. Faune 245
Mammifères, 245. — Oiseaux, 250. — Reptiles, 251. — Poissons, 252. — Mollusques et crustacés, 253. — Insectes, 253. — Animaux domestiques, 256.

TROISIÈME PARTIE

ETHNOGRAPHIE

XVII. La population indigène 257
Les races, 257. — Archéologie, 260. — La densité et la répartition de la population, 261. — Les dialectes, 266.

XVIII. Les principales peuplades 270
Bas Congo, 270. — Région du Stanley-Pool, 271. — Région centrale, 272. — Région de l'Ubangi-Uele, 274. — Région de l'Est, 279. — Régions du Kasai et du Kwango, 282.

XIX. État social et politique 286
A. Droit de famille, 286. — Mariage, 288. — Polygamie, 289. — Esclavage, 290. — B. Le village, 291. — Principaux chefs, 293. — La justice et les lois, 296. — La palabre, 297. — Communications, signaux, 298. — L'échange du sang, 299. — Le fétichisme, 301. — Croyances diverses, 302.

XX. Mœurs et coutumes. 306
Villages et habitations, 306 — Alimentation et cannibalisme, 308. — Toilette, 313.

XXI. Agriculture, industrie et commerce indigènes . 318
Agriculture, 318. — Industries, 321. — Le fer et le cuivre, 322. — Le sel, 323. — Armes, 324. — Instruments de musique, 326. — Tissus, 327. — Vannerie, 328. — Aptitudes commerciales, 328. — Marchés, 329. — Unités monétaires, 331.

QUATRIÈME PARTIE

SITUATION ÉCONOMIQUE

XXII. Les produits du pays 333

Productions animales; l'ivoire, 334. — Le bétail, 334. — Productions végétales naturelles : produits oléagineux, 336. — Gommes et résines, 338. — Produits divers, 341. — Cultures coloniales; caféiers, 342. — Cacaoyers et tabacs, 344.

XXIII. La main-d'œuvre. 345

XXIV. Voies de communication et moyens de transport 353

Le service maritime entre l'Europe et le Congo et dans le bas fleuve, 353. — Les chemins de fer, 357. — Le chemin de fer de Matadi au Stanley-Pool : historique, 358. — Le tracé et le profil de la voie, 362. — Le personnel et la construction, 364. — La voie, les ouvrages d'art et le matériel roulant, 367. — L'exploitation, 369. — La Compagnie et son cahier des charges, 373. — Autres chemins de fer, 374. — Le réseau navigable et le service fluvial du haut Congo, 377. — Les routes de portage, 382. — Les postes, 384. — Le télégraphe, 384.

XXV. Le commerce privé 386

Historique, 385. — Les sociétés commerciales étrangères, 394. — Les sociétés commerciales congolaises, 396.

XXVI. Le domaine privé de l'État. 400

XXVII. Les articles d'importation. 407

Outillage de la colonie, 407. — Marchandises à l'usage des blancs, 408. — Marchandises consommées par les indigènes, 408. — Les tissus, 409. — Les spiritueux, 410. — Les armes à feu, 412.

XXVIII. Le mouvement commercial 413

Statistique générale des exportations, 414. — Statistique des exportations par produits, 415. — Statistique des exportations par pays de destination, 416. — Statistique générale des importations, 417. — Statistique des importations par pays de provenance, 418. — Statistique du mouvement total, 419.

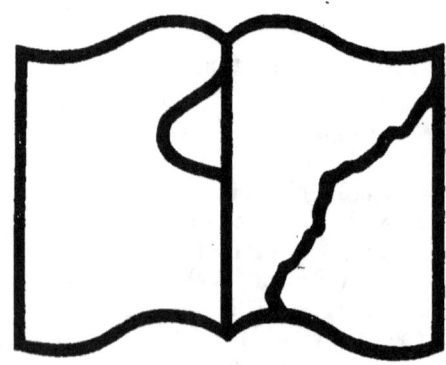

Texte détérioré — reliure défectueuse
NF Z 43-120-11

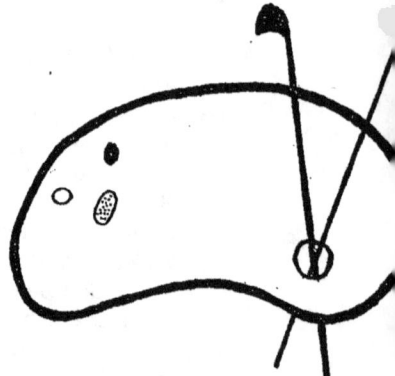

ORIGINAL EN COULEUR
NF Z 43-120-8

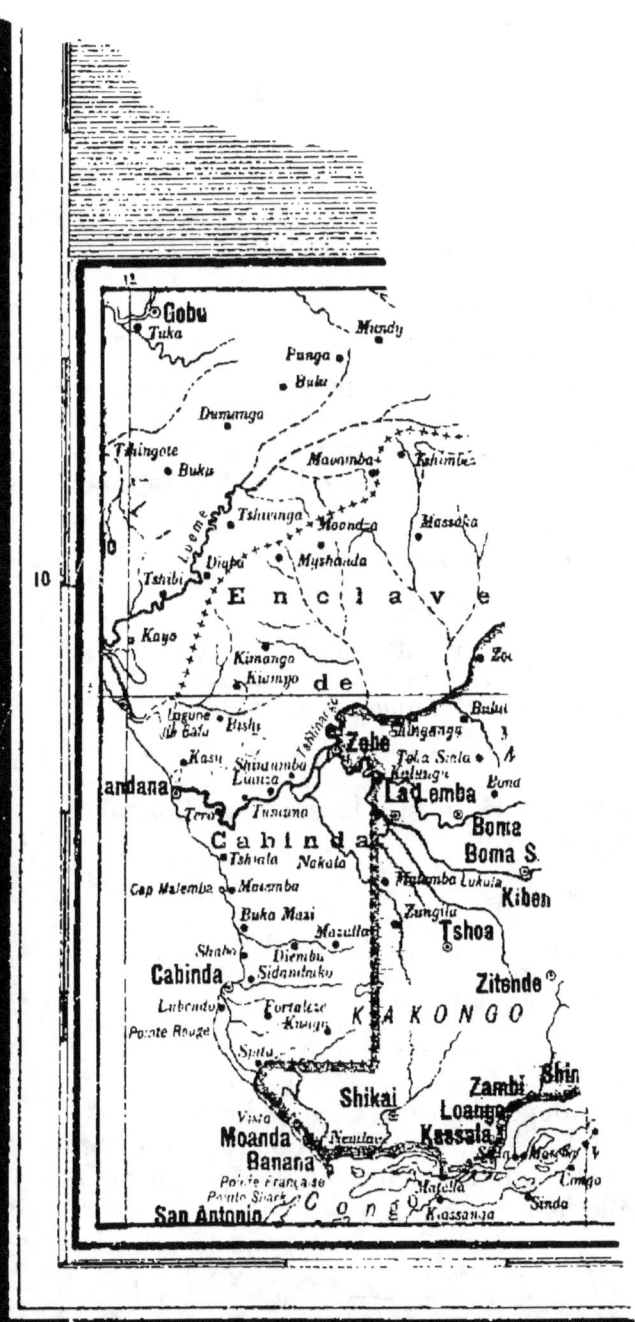

Pages.

CINQUIÈME PARTIE

ORGANISATION POLITIQUE

XXIX. L'État 421
    Le pouvoir souverain, 421. — Le territoire, 423. — Les territoires pris à bail, 428 — Le peuple, 431.

XXX. Le pouvoir législatif 433

XXXI. Le pouvoir administratif 435
    Le gouvernement central, à Bruxelles, 435. — Le gouvernement local, à Boma, 437. — Les districts et les principales localités, 440. — Les principaux services. La force publique, 446. — Les cultes et l'enseignement, 448. — Service sanitaire, 450.

XXXII. Le pouvoir judiciaire 456

XXXIII. Les finances de l'État 460
    Les budgets, 460. — La dette publique, 463. — Les impôts, 466. — Vente des terres. Régime foncier et minier, 469. — Le système monétaire, 473.

Appendice. Note historique sur la carte du Congo et de l'Afrique centrale. 474

Additions et corrections 485

Index alphabétique. 487

Table analytique des matières 523

Carte de l'État Indépendant du Congo, à l'échelle de 1 : 5,000,000ᵉ. — Carte du bas Congo et du chemin de fer de Matadi au Stanley-Pool, à l'échelle de 1 : 2,400,000.

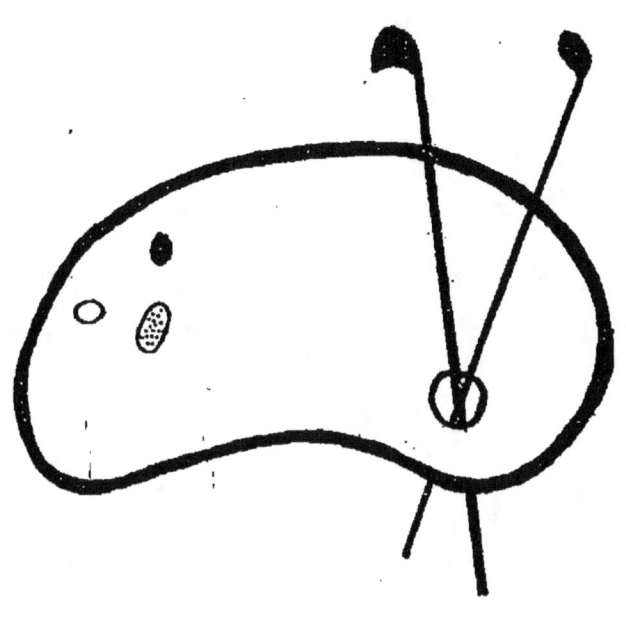

ORIGINAL EN COULEUR
NF Z 43-120-8

www.ingramcontent.com/pod-product-compliance
Lightning Source LLC
Chambersburg PA
CBHW071407230426
43669CB00010B/1473